宁波大学学术文库

ACADEMIC LIBRARY OF NINGBO UNIVERSITY

现代联绵字理论负面影响研究

沈怀兴 著

中国社会科学出版社

图书在版编目(CIP)数据

现代联绵字理论负面影响研究/沈怀兴著. —北京：中国社会科学
出版社，2015.9
ISBN 978 - 7 - 5161 - 6297 - 2

Ⅰ.①现… Ⅱ.①沈… Ⅲ.①现代汉语—联绵字—负面影响—研究
Ⅳ.①H136.7

中国版本图书馆 CIP 数据核字(2015)第 226753 号

出 版 人	赵剑英
选题策划	陈肖静
责任编辑	陈肖静
责任校对	徐本草
责任印制	戴 宽

出　　版	中国社会科学出版社
社　　址	北京鼓楼西大街甲 158 号
邮　　编	100720
网　　址	http://www.csspw.cn
发 行 部	010 - 84083685
门 市 部	010 - 84029450
经　　销	新华书店及其他书店

印　　刷	北京市大兴区新魏印刷厂
装　　订	廊坊市广阳区广增装订厂
版　　次	2015 年 9 月第 1 版
印　　次	2015 年 9 月第 1 次印刷

开　　本	710×1000　1/16
印　　张	22.25
插　　页	2
字　　数	352 千字
定　　价	80.00 元

目　　录

序 *

联绵字理论及实践问题研究是个大工程。笔者从这里面分出三个子课题："联绵字理论问题研究""现代联绵字理论负面影响研究""学者惑于现代联绵字理论问题研究"，研究联绵字理论及实践中的一些突出问题。大致说来，《联绵字理论问题研究》主要揭示现代联绵字理论脱离汉语实际的本质特点；《现代联绵字理论负面影响研究》重点考察现代联绵字理论的负面影响，并且反过来证明现代联绵字理论的无根性；《学者惑于现代联绵字理论问题研究》重点从中国现代语言学、现代语言学工作者、现代教育等方面探讨学者惑于现代联绵字理论的原因。第一个子课题由商务印书馆于 2013 年 7 月出版。本书是第二个子课题的研究成果。

"联绵字"是本书中最常用的一个术语。不用于叙述信守现代联绵字理论者（以下简称"信守派"①）的观点时均指双音词，而不指"双音单纯词"。叙述信守派学人观点时则加引号，写作"联绵字"，表示信守派学者说的"联绵字"有它自己的内涵，即《汉语大词典》给"联绵字"下的定义："由两个音节联缀而成的单纯词。"信守派学者如果用了"联绵词"，本书引述时也加引号，写作"联绵词"。加了引号，意思是说：汉语里实际上没有用一种特殊的构词法创造的"联绵词—双音单纯词"；而今主流学者认为有，却没有举出当其说的例词，所以引述时就只好加引号。有时总述主流学者的观点时写作"联绵字/词"，表示他们有的称"联绵字"，

　＊　鉴于符定一《联绵字典》在近三十年的遭遇，同时为了避免不必要的争论，建议读者先读此《序》。

　①　本书中的"信守派""反思派"只作中性词使用，没有褒贬意味。判断某人是不是信守派学者，则看他是否在遵循现代联绵字观念说话。

有的称"联绵词",均指用"一种特殊的构词法"构成的双音单纯词,实际上是他们不明其语素构成情况而又无意或无力考辨的一些双音词。但是本书中叙述笔者自己的观点时则不用"联绵词"或"连绵词",因为汉语里并没有正统的信守派学人所说的"联绵字/词"——由两个音节联缀而成的单纯词。笔者从事本课题研究十几年了,发现信守派学人列举的"联绵字/词"或"连绵词/字"多是他们自己不明其语素构成情况的合成词,少数是拟声词、音译词等,如《新编联绵词典》《王力古汉语字典》就是较为典型的例子。它们遵循现代联绵字观念收释"联绵字/词",却把象声词、叹词、音译词、重叠词作"联绵字/词"看,完全忽视了它们本来都不是用"一种特殊的构词法"创造的这一事实。总之,在现有文献中,没有谁举出确用特殊的构词法创造的"联绵字/词—双音单纯词"。

"现代联绵字理论"也是本书中一个常用的术语。概括说来,现代联绵字理论是一个内部各理论间有主从关系但却脱离了汉语实际的理论群。其主是"联绵字—双音单纯词"说,其从是各种附庸理论。其各种附庸理论都是在"联绵字—双音单纯词"说的基础上臆造或拼凑而来的。臆造者指义同"特殊的构词法"的各种称说及相关曲证;拼凑者则指那些实际上与其核心理论"联绵字—双音单纯词"说貌合神离,但却被人拉来证明"联绵字—双音单纯词"说的理论,如联绵字语素融合说、复合词过渡说、复合词蜕化说、联绵词不可分训说、联绵词结构凝固说、联绵词语音联系说、部分联绵字上下字位置互易说、联绵字意符趋同说、联绵字词类分布广泛说、语言内部矛盾说、语音系统简化说、语言符号能指和所指的联系是任意的之说以及语言美感说,等等。① 其中多数拼凑性理论本来就是脱离语言实际的臆造,只是信众多一些,臆造的特点可能在一般人眼里不是那么明显了。

"联绵字问题""联绵字研究""联绵字问题研究""联绵字理论问题研究"等,在本书中也较常用。说"联绵字问题"时,主要指被学者误判为"联绵字—双音单纯词"的某些双音词问题。"联绵字研究"就是双音词研究,与信守派学者的"联绵字研究"不是同一概念。"联绵字问题研究"

---

① 沈怀兴《联绵字理论问题研究》第 63—208 页对上述各种理论多有考辨,可参看。

指研究"联绵字"过程中所见种种问题的研究。"联绵字理论问题研究"则指研究联绵字理论中错综复杂的一系列矛盾问题。

笔者在遵循现代联绵字理论教书和做研究二十余年之后，慢慢发现盛行已久的"联绵字—双音单纯词"说脱离了汉语实际，以"联绵字—双音单纯词"说为核心理论不断臆造加拼凑而成的现代联绵字理论群使本来并不太复杂的联绵字研究变得极其复杂，致使不少人无法进行正常研究，于是慢慢变成反思现代联绵字理论者（以下简称"反思派"）。又慢慢发现现代联绵字理论早已成了影响汉语词汇正常研究的突出问题（参看第三章），成了汉语言文字研究古今贯通的障碍，成了汉语学健康发展的瓶颈[1]，于是坚持研究联绵字理论及实践问题，发表了不少讨论性文章。随着研究的不断深入，真切地看到现代联绵字理论影响人才培养的情况（详见本书第五章），于是进一步坚定了继续研究联绵字理论及实践问题的意志。特别是在长期的研究过程中，又看到现代联绵字理论误导字典词典错释"联绵字"，影响词典编纂（参看本书第六章）；反过来，通过新编字典词典的宣传（参看第三章），现代联绵字理论又得到更为广泛的流传，致令学者踵而从之，且安之为固然，遵之为谟训，以致智者不敢生疑，贤者不敢致诘，于是不知不觉全身心投入联绵字理论及实践问题研究，欲罢不能了。

笔者致力于联绵字理论及实践问题研究十几年了，看到现代联绵字理论产生与发展以至于大流行主要有四个方面的原因。一是刻意求真且旨在实用的中国传统语文学被斥为"经学的附庸"，几近失传，现代语言学的研究相对说来没有那样认真负责的科学态度和独立思考的求真精神；二是学术民主精神缺失，强调"学界共识"而排斥不同观点，导致普遍跟风，

---

[1] 王宁《〈文选·赋〉联绵词研究》序（2006）说"连绵词问题是中国特色语言学不可不深入探讨的问题"，孙剑艺《联绵转语考论》（2013）认为"联绵词问题是汉语研究的焦点问题"，周一农《汉语语素学通论》第223页也说"联绵词……对古今词汇学或语义学来说，它都是一个难题，尤其是结构，更是各种学说长期争鸣的焦点"。这些话很有代表性。它们实际上从不同角度透露了现代联绵字理论支配汉语研究特别是汉语词汇研究的一些信息。可以肯定地说，如果没有现代联绵字理论的纠缠，"联绵词问题"不会"是汉语研究的焦点问题"，不会成为古今词汇学、语义学研究的难点，联绵字结构也不会"是各种学说长期争鸣的焦点"，"连绵词问题"也不会"是中国特色语言学不可不深入探讨的问题"。上述四个"不会"，读过《联绵字理论问题研究》或本书者很容易得出。也就是从这个角度说，现代联绵字理论早已成了汉语言文字研究的突出问题，成了汉语学健康发展的瓶颈。

致令学术研究不断庸俗化；三是不少的研究者知识储备不足，从事学术研究不够严肃，甚至屡屡出现读不懂古书却强古人以就己的做法；四是越来越多的人习惯从理论观念出发做研究，忽视了学术研究的客观性要求。这些情况在本课题研究中多有交代，欢迎不同观点者提出批评。

既然现代联绵字理论脱离了汉语实际，那么它的长期流行必然会造成诸多负面影响。具体点说，关于现代联绵字理论影响汉语学健康发展问题，《联绵字理论问题研究》中已有部分论述，本书第四章又重点考察了它对汉语词汇研究的负面影响，其他需要考察的内容还有很多；关于现代联绵字理论影响汉语文教育及人才培养问题，本书第五章第一节《现代联绵字理论贻误学子例说》中已有初步调查分析；关于现代联绵字理论影响学者继续成长问题，本书第五章第二节《现代联绵字理论贻误学人例说》、第三节《现代联绵字理论对顶级学者的负面影响》以及第四节《现代联绵字理论对台湾学者的负面影响》中有较多的考察讨论；关于现代联绵字理论误导字典词典错释"联绵字"、影响汉语辞书学健康发展问题，本书第六章虽然已有约十万字的论述，但主要是举了一些典型的例子。因此，要想彻底弄清现代联绵字理论的危害，还有不少工作要做。本书的研究，希望能够引起学界对上述问题的重视，希望大家一起来澄清现代联绵字理论之是非。为了更好地交流研究心得，下面交代几个相关问题。

首先，土生土长的中国传统语文学和依附于国外语言学思想理论产生发展起来的中国现代语言学，就研究目的与研究方法而言，实际上是没有内在联系的两门学问，所以本书严格区分中国传统语文学与中国现代语言学，行文中的"传统语文学家"和"现代语言学家"各有所指。说"传统语文学家"时，主要指 1949 年之前研究汉语文理解和应用的学者。因为进入 20 世纪 50 年代之后，即使研究古代文献中语文现象者，由于重心不在研究语文理解与应用，也越来越多地采用现代语言学所谓从事语言本体研究的思想方法了。说"现代语言学家"时，主要指着眼于语言本体，研究其内部结构、分析其语素构成情况等问题者。因此，同一术语在不同的学者著作中所指多不相同。如现代语言学家用"联绵字"指双音节单纯词，认为是汉语里一种特殊的构词法构成的，是汉语里一种特有的语言现象；虽然始终没有人举出当其说的例词（参看本书第三、四、五、六章例析），但三人成虎，其说三十多年以来盛行不衰。传统语文学家笔下的"联绵字"及相关术语，从现代语言学角度看则多指双音词，而没有指双音单纯词者①。就其例词看，它们大都为合成词；即使有个别单纯词，也是拟声词或音译词，像宋代张有《复古编》中列举的联绵字那样。《马氏文通》问世之前，中国没有现代语言学家，语文研究者都采用传统语文学的路数，他们没有现代语言学的思想方法，所以那时所有文献中都没有义同"双音单纯词"的术语。20 世纪前半叶，国内传统语文学的研究仍是主流。1949 年之后，传统语文学迅速衰落，甚至成了绝学。如从《中国大百科全书·语言文字》遵循现代联绵字理论错释"谜语"，而强拉明代方以智"谜语者，双声相转而语谜谗也"以附和"联绵字—双音单纯词"说开始，至今如是理解者居多（参看沈怀兴 2015）。方氏之说只过了三百多年，这种现象似乎不好理解，只能是传统语文学已近绝学，时至今日，学者们大都读不懂方以智的谜语说了。又如信守派学者著作中争相引王念孙的连语不可分训说与王国维的"联绵字合二字而成一语，其实犹一字也"之说证明"联绵字—双音单纯词"说，而不知道传统语文学家王念孙的连语说与王国维的联绵字说跟他们现代语言学家的现代联绵字观念没有联系②。因此，本课题研究必须严格区分传统语文学与现代语言学。如果像当前主流学者那样通称中国语言学，则影响正常交流，本课题研究也无法做下去。

另外，本课题研究不称"传统语言学""传统语言学家""传统语言学著作"，一是因为中国传统语文学家是在从事语文理解与应用研究，而不是从事语言本体研究，称"传统语言学""传统语言学家""传统语言学著作"名不副实；二是因为中国传统语文学与现代语言学是没有本质联系的两种学问，称古代语文学家为传统语言学家容易误导读者；三是因为那样做会阻碍我们正确地汲取传统语文学著作的精华，不利于汉语言文字研究的古今贯通。

上面明确地肯定中国传统语文学，或许会引起部分学者的不快，因为

---

① 参看沈怀兴《联绵字理论问题研究》第一、二章。

② 王念孙的连语说，本书第二章第三节中有具体的考察分析。王国维的联绵字说，本书中多处论及，读者只看第三章第一节的相关讨论，就不会相信王国维之说可以支持"联绵字—双音单纯词"说了。

中国传统语文学自民国时期以来常被斥为"经学的附庸"。其实，中国传统语文学之所以被斥为"经学的附庸"，既有历史原因，也有受 19 世纪国外某种学术思想影响的原因，不纯是学术的原因，甚至主要原因不在学术方面。因此，中国传统语文学之为"经学的附庸"实系"屈打成招"，是典型的冤假错案。实际上，帮助理解经学文义只是中国传统语文学的功能之一；即使没有注解经学著作的需要，中国传统语文学照样会产生和发展，因为它与人们的社会生活息息相关。

对中国现代语言学，多数人喜欢唱赞歌，但也不乏批评者。如在现代语言学现状调查中，一位同事说："人称中国现代语言学界没有流派，只有宗派。"是啊，中国现代语言学的思想方法多是舶来的，多数人的研究主要是仿照人家的例题拿汉语做"习题"，没有产生新的思想方法，自然不会产生流派；无意创流派，无意重大学术建树，却有学术以外的某些想法，就只有搞宗派了。然而，说话人讲真话却不愿透露姓名，只因为"人称"？潘文国《索绪尔：绕不过去的存在》（《社会科学报》2013 年 6 月 13 日第 5 版）则认为："一百年来中国的现代语言学，……只是徒有其表，或者说，只是时代碰巧在'现代'，而在方法论上，却还停留在西方的'古代'。"潘先生认为中国现代语言学"徒有其表"，只是"碰巧在'现代'"的观点也有一定的代表性。然而，这样的学术对我们的社会文化发展究竟有什么作用呢？所以早就有人说："作为'有闲人的智力游戏'，现代语言学是现代科学中最没有用的学问。"曹志耘在《语言研究之惑》（《中国社会科学报》2010 年 2 月 23 日第 008 版）里则说得更具体："我从事语言研究工作已经二十多年了，现在还负责着一个语言研究所，但是我们研究这些东西到底有什么用？我也主持着一个学术期刊《语言教学与研究》，每年出版 6 期，每期发表十几篇文章，该刊创刊 30 年了，已经发表 2000 余篇，这些文章到底有多少人看？它们的价值体现在哪里？我还担负着指导研究生的工作，但我能教他们些什么？"看来，中国现代语言学里面需要考察讨论的东西有很多很多，相信后人会做出客观公正的评判。

其次，造词理据问题。什么是造词理据？就是音义结合造就新词的根据。音义结合有没有必然性？中国传统语文学家说有，并据以提出一套训诂学理论方法。现代语言学家或认为没有，或认为有，或认为部分有部分没有，或认为多数没有少数有，或认为少数没有多数有。到底有没有？这里只简单交代笔者的认识。

可能是古代朴素唯物主义反映论在起作用吧，汉语社会给事物命名自古强调理据性，要求命名恰切。这一思想又为儒家继承和发扬，所以孔子有"必也正名乎"之说，荀子有"名有固善，径易而不拂谓之善"之论①，后儒有"循名责实"之传统，百姓有"据实定名"之习惯，于是传统语文学家有"音义互求"之学术，方以智所谓"因声知义，知义而得声"是也。曾几何时，索绪尔语言符号能指和所指的联系是任意的之说传到中国，指导 20 世纪二三十年代以后略知西学之常识而不甚知国学之神髓的部分知识分子臆说"联绵字"，而且他们的观点又跟上了反传统的时代风②，日渐传播开来。同时，传统语文学被打成"经学的附庸"，"永世不得翻身"了，其"因声知义，知义而得声"的思想方法渐少传习，语言符号能指和所指的联系是任意的之说日益充斥学界，于是什么理论都有了。

其实，咱们只要想想自己与别人交流思想时是怎么说话的，就不会迷信索绪尔之说了。否则，咱们在言语交际中使用自己任意联系能指和所指而成的"新词"试试，保准谁也听不懂。为什么？道理很简单：语言交际是双方的，一方用音义任意结合的"语词"跟另一方交谈，另一方无法知道发话者新造的"语词"是什么意思，交际则无法进行下去。古人情况同此。

不要说普通名词，即使专有名词，其音义结合也不是任意的。比如父母给孩子起名字吧，自己的孩子，起个什么名字，一般情况下都是父母说了算，可是有哪个孩子的名字之音义结合是任意的？调查结果表明，就连叫男孩儿"丫头儿"或叫女孩儿"亚男"之类，也有其父母特定的命名理由，非任意为之。然则使用范围小的专有名词尚且如此，使用范围广泛的普通名词之音义结合又怎么会是任意的呢？事实上，普通名词的成词更离不开明确的造词理据，而不能像给孩子命名那样，有时只反映父母的某种

---

①　《荀子·正名》："心有徵知。徵知，则缘耳而知声可也，缘目而知形可也。然而徵知必将待五官之当簿其类，然后可也。五官簿之而不知，心徵知而不说，则人莫不谓不知。此所缘而以同异也。然后随而命之，同则同之，异则异之；单足以喻则单，单不足以喻则兼，单与兼无所相避则共；虽共，不为害矣。"随后讲到命名的原则时又说："名有固善，径易而不拂谓之善。"

②　其实是历史虚无主义思想占了上风。其中原因很多，但主要是社会思潮的原因，研究中国近代思想史的学者已经注意到了这一点，这里不便展开。

愿望就可以了。比如玉米，又叫"包米""包谷""包粟""棒子""大棒子""玉蜀黍""包罗粟"，等等，它们之所以能够流传开来，就是因为各自较好地反映了玉米的某一特点，从而有了明确的造词理据。

不错，一种事物往往有多个特点，造词者可以抓住不同的特点给事物命名，看上去有一定的自由。但其自由实际上却是有限的，因为造词者不管抓住事物的哪个特点命名，都必须先抓着个特点才能进行命名工作。而只要凭其特点命名，所命名称就有造词理据。有时候看上去名无固宜，约定俗成就行了。可是造词者如果真的任意约定了，受话人凭借什么去理解接受？例如，有人想给玉米约定个名字，而不着眼于它的任何特点，比如叫它"刀呆"或"巴帕""毡蝉"之类吧，很可能不会被人认可，那便有约定而无俗成了。即使造词者把现代联绵字理论的那一套全都搬出来，说它们是什么"双声联绵词""叠韵联绵词""双声兼叠韵联绵词"，并且拿出信守派学者习惯讲的那些理由，说它们"听起来有音乐美"什么的，别人还是不买账。为什么？因为"刀呆""巴帕""毡蝉"都没有反映出玉米的特点，所以都没有造词理据，也就都没有可验证性，别人无法知道它们指什么，无法附和约定者，它们也就成不了合法的词。

怎样让同社群的人接受造词者的约定呢？就普通名词而言，所造新词必须反映客观事物的某一特点，同时还必须符合同社群一般人的生活经验，甚至还要力求"径易而不拂"。然则这就赋予了新造词以造词理据，于是它也就有了可验证性，同时也具备进入言语交际领域的基本条件。至于双声叠韵之类，那只是信守派学者成见在胸的误解，所以质诸语言实践，不攻自破。这里面的道理其实很简单：任何双音词都可以归入双声的、叠韵的、非双声叠韵的三类之中的某一类，但不是任何双音词都是双音单纯词。其余参看本书第三章各节。

有了上面一些粗浅的认识之后，再拿那些被举以证明"联绵字—双音单纯词"说的例词逐个考察一下，就更是真相大白了。如本书中考察所谓权威词典，发现它们统统观点明确，例证无力①，就不可能不产生一些想

---

① 本书第三章第一、二节分别对《现代汉语词典》和《语言学名词》遵循"联绵字—双音单纯词"说解释"联绵字/词"所列举的全部例词做了穷尽式考察分析，发现它们无一当其说，从而得出这一结论。

法了。继续考下去，当发现遵循现代联绵字理论做研究的著作中竟然没有哪家举出一个确用特殊的构词法构成的"联绵字—双音单纯词"，也就会清楚地看到牵动着汉语学各分支学科研究的现代联绵字理论究竟是一种怎样的理论了。

至于造词理据的其他问题，本书后面各章节多有讨论，可参看。

再其次，分析信守派队伍，也有利于认清现代联绵字理论的本质。近三十多年来，信守派在国内语言学界渐成主流。其中正统派和趋从派占绝大多数。另外还有少数人既相信现代联绵字理论，又表现出某种困惑情绪。他们都有一定的独立思考精神，而且造诣较深。他们发现联绵字问题研究领域里扯不断理还乱的地方太多，什么理论都有，但是都不解决实际问题，却又未能下大力气进行具体研究，于是在现代联绵字理论盛行过程中表现出某种困惑情绪，于是不经意间透露出现代联绵字理论的无根性。对此，本书第一章有具体的考察分析。

正统的信守派先行者认为汉语的双音词里有一种特殊的构词法（参看王力《汉语史稿》，科学出版社 1958 年版，第 45 页），可以创造出"联绵字—双音单纯词"，所以他们常说"联绵字/词"是汉语里特有的一种语言现象。后来，信众日益增多，所谓"特殊的构词法"，又有人改称双声叠韵构词法，有人改称语音关联造词法，有人改称异音联绵构词法，也有人直称语音造词法，其他还有人称衍声法、衍音法、联绵法、分音法、羡余法、一分为二法、一字缓读法、增字构词法等。它们名称不同，含义有别，但创说者多认为它们是汉语里特有的构词法。所以有这么多猜谜式的构词法名称，却无一举出当其说的例词，原因在于创说者成见在胸，不求本字（至今亦然），也不注意探讨语词创造或使用的隐喻手法或换喻规律，只是想象汉语古有一种特殊的构词法，举一些自己不明其语素构成情况的双音词为例而已（参看第三章各节），这其实已经反映出他们理论与实践的矛盾了。

当前趋从派学人在信守派中占多数，但又有分化。如部分趋从派学者发现信守派先行者著作中所举"联绵字"多是合成词，而纷纷创联绵字语素融合说、复合词蜕化说、联绵词不可分训说、复合词结构凝固说、复合词过渡说等理论来附和"联绵字—双音单纯词"说。尽管它们"异曲同工"，但读者不禁要问：那些合成词到底是怎样变成单纯词的？到底是语素融合了呢，还是复合词蜕化了，等等？其实什么都不是，是他们不知道语素融合说、复合词蜕化说自身就存在悖论，联绵词不可分训说是对王念孙连语不可分训说的曲解；复合词结构凝固说与现代联绵字理论扯不上关系；复合词过渡说其实是个伪命题。至于正统派先行者中有人后来兼取这部分学者的观点，甚至有的学者一反初衷，把拟声词、叹词、音译词、重叠词等也归入"联绵字"，可能是已经怀疑现代联绵字理论了（详见本书第六章第二节）。

趋从派中大多把双音节拟声词、音译词、叹词、切脚词也归入"联绵字/词"，有人还认为只有这几类词才是地道的单纯词，汉语复音词中除了这几类词之外没有真正的单纯词。但是，这几类词都不是什么特殊的构词法构成的。如果让"联绵字"包括这几类词，承认除了它们之外没有双音单纯词，其实就等于承认"联绵字"不再是汉语中特有的一种语言现象，也就等于承认信守派先行者所创造的"联绵字—双音单纯词"说有问题，承认现代联绵字理论脱离了汉语实际。

另外，既然本书是在《联绵字理论问题研究》一书研究的基础上写成的，是联绵字理论及实践问题研究的二期工程，那么《联绵字理论问题研究》中的理论观点自然全部为本书所继承。但是，本书有自己的研究重点，所以在必须照应已有的研究时只能高度概括《联绵字理论问题研究》及其他相关文章之要点。即使有时需要对《联绵字理论问题研究》一书的理论观点做点补充，也不便过分展开。本书凡批评现代联绵字理论，多是换个角度，或让新材料说话，且点到为止。因此，对于某些理论问题有欲问个究竟者，可参看《联绵字理论问题研究》和本书参考文献中所列作者从事本课题研究的文章以及其他反思派学者的文章。

行文至此，想起先贤之所以有大造诣，唯赖其板凳甘坐十年、冷文章不写半句空的真性灵。而笔者发愤著此书，不过想讲几句真话而已。然而，讲真话归根结底要靠认识能力和表述能力，所以想讲真话是一回事，讲了多少真话是另一回事，那就让读者来评判好了。

第一章　本课题研究的缘起与继续

毋庸讳言：本书与其姊妹篇《联绵字理论问题研究》（2013）研究联绵字理论及实践问题都是站在主流派学者对面考察讨论问题的，但却是被逼出来的。笔者自谓忝列汉语语言学工作者之末，不能不讲真话，不能不为汉语学的健康发展略尽绵薄之力。当越来越发现脱离汉语实际的现代联绵字理论在一定程度上影响着汉语词汇学、语义学、训诂学、文字学、音韵学、修辞学①、语法学（构词法）、方言学、词典学、汉语史、汉语学史等汉语学各分支学科的研究，影响着汉语学健康发展，影响着汉语词汇教学，并且影响着汉语文词典的评论和编纂（参看第六章第一节、四节），误导字典词典错释"联绵字"（参看第六章第二、三节）之后，便只能明知不可为而为之。笔者知道，这样做对偏执现代联绵字理论者来说，未免唐突，未免大不敬，但仍然幻想他们看完全书后不至于太生气，因为一些典型的事实就摆在那里。

本课题研究酝酿并开始查材料较早。但材料纷繁，颇不容易理出个头绪，何去何从，犹豫不决，所以当时发表的文章和出的书里还有跟风"联绵字—双音单纯词"说的表述（详见沈怀兴 2001，2002b）。作为一个趋从派中比较认真的跟风者，若不为事实所迫，是不会轻易改变自己的研究习惯的，这是笔者的切身体会。

下决心考察联绵字理论及实践问题是到了 2002 年夏天以后的事情。

---

① 要正确地研究"联绵字"，多数情况下离不开破通假，求本字（包括正讹俗等），探语源。现代联绵字理论流行阻碍了上述研究，自然不利于文字学研究及音韵学研究的全面发展。有些"联绵字"由隐喻造词或换喻造词而来，现代联绵字理论盛行影响了其生成机制的探讨，自然不利于汉语修辞学研究的深入。

具体原因在《现代联绵字观念贻误学人例说》中说了一点儿。此后能够一直坚持下来，并且发现的问题越来越多，研究任务越来越重，以至于产生《现代联绵字观念贻误学子例说》一文的认识："现代联绵字理论在汉语学的研究中牵一发而动全身，'联绵字—双音单纯词'说的附庸理论与相关理论广泛联系着汉语学各分支学科。要对它们进行较为全面的研究，大约需要十六七篇优秀博士论文的工作量"①，其间是一个渐进的过程，也可以说是被一点一点逼出来的。

本来，"联绵字"是传统语文学著作中的一个术语，一般指双音词。像王国维《联绵字谱》（1921）中收了一些四音节词组者不是很多②。并且，就语素组合情况看，古今学者著作中的"联绵字"都无异于一般复音词，只是古人从不考虑什么单纯词、合成词之别。现代语言学家讲单纯词、合成词之别，却在"联绵字—双音单纯词"说的误导下把某些双音节合成词给错判了。所以照常理说，联绵字的研究不应该那么复杂。只要真正弄清楚语言与文字的关系，并且注意求本字，同时具备一定的文献学功夫、音韵学水平、汉字史学养、训诂学功底、造词学视野、语用学知识储备等，凭着我国丰富的历史文献资料，任何一个联绵字的构成情况迟早都会搞清楚。可是，联绵字问题研究为什么成了汉语言文字研究的突出问题，甚至成了汉语学健康发展的瓶颈呢？直接原因是我们坚持现代联绵字理论做研究者对语言与文字（特别是用字记词）的界限区别不清，缺乏锐意求真的精神和能力③，在不见根荄的情况下仅凭想象创造出一些"新鲜"而无根的理论，误导学子（参看沈怀兴 2011a），也误了自己和同道（参看本书第五章第二、三、四节）。后来的研究者没有深入考察现代联绵字理论的来历，无意甚或无力考辨现代联绵字理论是否靠得住，研究中只

---

① 不曾读笔者近十多年发表的文章者，读这一章也许不容易理解这话。特别偏执现代联绵字理论者看到这话，更难接受。但请不要急，看完本书之后再急也不迟。在这里，笔者只能照事实说话，没法子的。

② 其他将多音节词作联绵字看的还有王树枏、夏丏尊等，后面还将提到。

③ 求真不仅是思想上的，而且必须花大力气。这首先需有扎实的语言文字功底、文献学功夫、资料占有能力、专业理论水平、独立思考的意识、辨伪水平和科学的研究方法等。毋庸讳言，现代语言学著作中所以那么多精雕细刻的"四不像"、脱离汉语实际的现代联绵字理论所以长期盛行，主要是因为我们上述能力不是很过硬。笔者知道此注犯了多数人的忌讳，但事实如此，不敢讳言。

是机械地从现代联绵字理论出发，以至于形成论从观念出的"学术潜流"。另外，这期间社会观念的因素也起了一定的作用。至于联绵字研究的困难，就书面文献而言，充其量不过同音或近音假借、书写形式变化、隐喻造词或换喻造词以及隐喻义变或换喻义变等因素。虽然这些方面的知识是我们多数人的弱项，但是，如果没有现代联绵字理论之成见在胸，不少问题还是可以借助剥茧抽丝的语文学方法来解决的。同时，如果我们注意广泛研读前人如明代朱郁仪与方以智等、清代如王念孙与吴玉搢等、民国时期如王国维与朱起凤等语文学家的著作，一定会把问题解决得更圆满一些，因为他们都在这方面做了一些扎实的工作，在对联绵字（双音词）的理解及应用研究方面给后人提供了成功的经验。因此，如果仅仅是联绵字研究，并不是那么困难。这是一个既深奥而又浅显的道理。说它深奥，是对信守派中多数学人说的；说它浅显，是对没有现代联绵字理论之成见而且有一定的古汉语功力者说的。为了便于统一认识，下面再看一些相关的事实。

　　概括地说，联绵字问题不仅是传统语文学研究的重点，20 世纪 50 年代以前传统语文学家论之者很多，而且也是现代语言学家研究的重要课题。特别是汉语词汇学家，一生中不曾关注联绵字问题的学者或许一个也没有，因为不给众说纷纭的"联绵字"一个说法，他在汉语词汇研究中将寸步难行。不过，传统语文学家与现代语言学家由于从事语言文字研究的指导思想、研究目的及研究方法截然不同①，所以古今联绵字观念也没有相同之

---

　　① 传统语文学家研究古代文献中的语文现象，其意主要在读懂文献。他们用的是小学家的路数，主要是因声求义的路子，辨通假求本字的路子，比较文献、分辨正误的路子，探赜索隐、从流溯源或由源辨流的路子。现代语言学家对这些路子多较陌生。有人已经识到传统语文学家工作的重要意义，有意仿效，却不敢直呼"传统语文学"，而称"传统语言学"。纯正的现代语言学家研究"联绵字"总是在结构主义语言学思想方法指导下对双音词进行语素分析，通常谓之语言本体研究。具体研究中曾先后用过朴素分析法、同型替换法和词义对照法，总的说来都是共时研究的方法。古今人研究联绵字多看到了语音联系。所不同的是古人讲音，有的出于因声求义，如方以智之"诶语者，双声相转而语连诶也"，讲的是文献中复音词不同变体之对应字的语音联系。有的则是为联绵字分门别类，以音贯之，如王国维《联绵字谱》中把所收 2718 条联绵字（复音词）分为双声之部、叠韵之部、非双声叠韵之字三类。现代主流学者看到"联绵字"的语音联系，则认为古代有一种联缀两个双声或叠韵音节构成单纯词的方法，以音贯之的"联绵字"分类只是强贴了些似是而非的标签。古今人研究联绵字都看到了它的表义特点，都认为联绵字不可分训。但古人研究语文理解及应用问题，目的是帮助人们正确理解文献内容，他们的"不可分训"是立足复音词词义的整体性说的；现代主流学者是以"不可分训"证明"联绵字"是单纯词，归根结底没有走出循环论证的迷途。

处（参看沈怀兴 2012b）。然而，现代主流学者总以为他们说的"联绵字/词"（或"连绵字/词"）就是古人说的"联绵字"或者"连绵字"。他们喜欢援引古人话语来证明自己的观点或信仰①。并且被人指出古人没有谁曾经用"联绵字"指双音单纯词之后，搜求古人之说以证臆见的劲头儿更大②。有的从现代联绵字理论出发，驰骋想象，创造出一些新理论，反过来证明现代联绵字理论。有的其实是误解了某些语文现象（常被误解的如切脚语现象、通假字或讹字现象、多种书写形式现象等），再拿来比附现代联绵字理论。毫无疑问，这些努力只能使其研究越来越偏离语言事实，越来越深地陷入现代联绵字理论的泥沼之中，使联绵字研究越来越复杂，越来越困难，以至于联绵字问题研究成了汉语研究的突出问题。这是每一个汉语言文字研究者不能不正视的问题。于是笔者自忘固陋，致力于联绵字理论及实践问题研究十几年了，发表了几十篇文章，一部专著，也只是探讨了一些比较突出的问题。笔者深知这一自然节中"然而"以下的话句句犯忌讳，但事实如此，本书与其姊妹篇《联绵字理论问题研究》的内容可以为证，为了汉语学的健康发展，没有别的选择，也就只好犯忌讳了。

另外，即使在信守派学者中，也有人已经注意到联绵字问题研究的复杂性和艰巨性。如王宁教授《〈文选・赋〉联绵词研究序》（2006）里有这样一段话：

连绵词的问题相当复杂，这部著作的工作还只是一个短距离的推进，还有很多问题其实并没有得到彻底解决。例如，连绵词现象究竟是如何产生的？它的特征是如何形成的？学术界有过一些推测，但从宏观上作出符合汉语实际的、有说服力的判断，还远远没有实现，这部著作对这个问题也还没有直接涉及。又如，对连绵词的意义如何表述？……也还没有得到十分彻底的解决。另外，关于连

---

①　说引古人话语证明自己的观点，主要指创"联绵字—双音单纯词"说的信守派先行者说的；说引古人话语证明自己的信仰，主要指信守派中的趋从派说的。下同。

②　趋从派学者没有考察"联绵字—双音单纯词"说的来历，而迷信现代联绵字理论，能做的只有去古人著作中为其信仰搜寻证据，但大多没有读懂古人话语，因而不经意间给联绵字研究添了乱，尽管至今没有意识到这一点。这种现象，后面第三、四、五、六章多有例析，可参看。

绵词由于形容物件改变而产生新的书写形式，这些现象是介于孳乳（由于产生新义项而分化出新词）和变异（不产生新词，只产生异体字）之间的中间状态，我们给它另立了一个名称，叫做"广义分形字"，这种现象对汉语词汇化途径的总体探讨非常有价值，也还有进一步研究的必要。……连绵词问题是中国特色语言学不可不深入探讨的问题。

王宁教授的这段话无疑让读者看到联绵字问题研究已经成为汉语研究的突出问题。第一，强调"连绵词问题是中国特色语言学不可不深入探讨的问题"，也是在认定"连绵词（联绵字）是汉语里特有的一种语言现象"的前提下说的，是序作者作为信守派学者同样看到了联绵字问题研究的重要性和艰巨性，尽管立论的角度不同。第二，在序作者看来，一部 25 万字的"联绵词"问题研究专著"只是一个短距离的推进，还有很多问题其实并没有得到彻底解决"，可见联绵字问题研究工程之浩大、任务之繁重！第三，"连绵词现象究竟是如何产生的？它的特征是如何形成的？学术界有过一些推测，但从宏观上作出符合汉语实际的、有说服力的判断，还远远没有实现，这部著作对这个问题也还没有直接涉及。"这段话，读者可以有以下理解：对于"连绵词"的产生及其特征，此前学界的研究不过是"一些推测"而已。因为只是"推测"，没有让人看到可靠的证据，所以"从宏观上作出符合汉语实际的、有说服力的判断，还远远没有实现"！至于那部 25 万字的"联绵词"研究专著，对这样的核心性问题却"还没有直接涉及"，充其量还只是在外围的窥探，更令人看到了联绵字问题研究工作之艰难及任务之紧迫。一般人都知道，联绵字问题研究牵动着汉语学各分支学科，而这些基本问题的研究正卡着壳儿，远远没有实现"从宏观上作出符合汉语实际的、有说服力的判断"这一基本目标，可知联绵字问题研究已经成了汉语语言学健康发展的瓶颈。特别是序作者追问："连绵词的现象究竟是如何产生的？"更令人怀疑此前七八十年的相关研究。笔者十几年以来的联绵字理论及实践问题研究、已发表的数十篇文章和一部专著证明汉语里根本没有什么"特殊的构词法"，因此没有主流学者所说的"联绵字—双音单纯词"。信守派学人著作中列举的"联/连绵词—双音单纯词",至少内部结构方式无异于一般双音词。本书第三章对此有个案考察,第六章还有对《王力古汉语字典》中"联绵字"的具体考察、对《汉语大字典》第二版所收"联绵词"的抽样考察、对《新编联绵词典》较为全面的考察。这些考察讨论从不同侧面同时证明了这一点。至于"它(连绵词)的特征是如何形成的",拙著《联绵字理论问题研究》一书中做了多角度的解答,只是答案可能会令信守派学者失望,因为事实证明信守派学者说的"联/连绵词"的那些"特点"实际上都是对文献中某些双音词的错误认识,说到底还停留在想象和误解层面,因而归根结底靠不住。有的"特点",孤立地看好像是那么回事,但联系起来看或质诸事实不过似是而非的拼凑,因而同样是信守派学者没有弄清楚他们的研究对象,以至于在认识上出了问题,自然对证明其观点或信仰没有实质性的帮助。第四,"对连绵词的意义如何表述?……也还没有得到十分彻底的解决。"这话让读者看到:就连"连绵词"究竟是什么也没有搞清楚。看落款,作者这篇序文是 2006 年元宵节写的,从"联绵字—双音单纯词"说明确提出到序文作者这话说出,已经 64 年了,遵循现代联绵字理论做研究的文章、著作不可胜计,竟然一直没有弄清楚"连绵词/联绵字"到底是什么,不免令人失望。然而,王宁教授这话绝不是夸张,而是对信守派学者全部研究的准确概括(参看本章附录一)。①

可能有人会说王宁序文不是笔者所理解的意思,特别是部分信守派学者对王宁的话会有不同的理解。这不要紧。话语一旦说出来,就是一种客观存在。我们相信,如果没有现代联绵字理论之成见,一般读者都可能有与上面的理解大致相同的认识,因为不管谁怎么理解,即使序文作者自己站出来批评上面的理解,上述问题仍然客观存在于联绵字问题研究领域。所以即使看过王宁序文的学者有其他理解,只要不是严重偏执现代联绵字理论,也仍可能得出这样的启示:联绵字问题研究太复杂了——确切地说是当前主流学者的联绵字研究问题太多了!然而,只要人们坚持独立思考,肯静下心来做点研究,就会清楚地看到联绵字研究之所以问题丛生,

---

① 并且可以断言:只要戴着现代联绵字理论的墨镜,将永远看不清"连绵词/联绵字"是什么,因为汉语里根本不存在一种特殊的构词法构成的"联绵字—双音单纯词"。本书的全部研究都可以证明这一点。

落到今天这步田地，主要是人为的。是无根的现代联绵字理论以及浮躁的学风把本来并不太复杂的联绵字研究弄得完全脱离了汉语实际，使一般人难以依照语言事实进行正常研究。因此，联绵字问题研究必须回到原点，首先要逐一考察信守派先行者著作中列举的"联绵字"究竟是一些怎样的词，彻底弄清楚他们为什么把一些复合词误判为"联绵字—双音单纯词"，他们为什么喜欢引用传统语文学家的观点来证明他们截然不同的理论；同时还要弄清楚传统语文学家研究联绵字的目的是什么，研究方法是怎样的，他们的联绵字观念究竟是什么，然后还要弄清楚信守派学者研究"联绵字"的目的与方法，查明他们的各种"新说"是在什么情况下提出的，依据是什么，问题出在哪里，他们的研究给各领域造成了怎样的影响，等等。在此基础上，努力做出符合汉语实际的研究，为促进汉语语言学的健康发展做出应有的贡献。这样说来，在现代联绵字理论盛行、"智者不敢生疑，贤者不敢致诘"的今天，序作者有见于此，且有胆量说出，实属难能可贵！

毋庸讳言，上引序作者的这段话里也反映出不少困惑。要深入研究联绵字问题，弄清产生这些困惑的根源同样重要。例如作者问："连绵词现象究竟是如何产生的？"如果不是被现代联绵字理论所困扰，凭着作者的古汉语功底，用上几年的功夫做一些具体深入的研究，或许不难看到正统的信守派学人著作中倡言"联绵字—双音单纯词"说而所举例词均与其观点相左，亦即都是持论者不明其语素构成情况的双音词。也就是说，信守派学人著作中作双音单纯词看的"联绵字/词"实际上无异于一般双音词[①]。所以确切地说，弄清楚一般双音词是如何产生的，也就知道被判为"联绵词—双音单纯词"者是怎么产生的了。有了这样的认识之后，接下来坚持独立思考，认真考察一下那种"特殊的构词法"（包括所谓双声叠韵构词法、语音关联造词法、异音联绵构词法、衍声联绵法、语音造词法、增字构词法等），一般认为是哪个历史时期产生的？汉语里为什么会在那个历史时期产生那种"特殊的构词法"？创说者的种种猜测是否靠得

---

① 有人可能问：他们为什么没有把另外一些双音词判作"联绵字/词"？答案因人而异，但主要是他们每个人语文功底不同和对现代联绵字理论理解不同以及对"联绵字/词"范围之认识不同。这在后面各章节考辨"联绵字/词"过程中随时可以看到，暂不展开。

住？同时，那种"特殊的构词法"又是什么时候不被用来创造"联/连绵词"的？一般所谓汉语词汇复音化发展究竟是怎么回事①？经过这样一番考察，心里对数十年来盛行的"联绵字—双音单纯词"说就有点数了。再继续考察一下"联绵字—双音单纯词"说产生的历史背景和学术背景，弄清楚当初立论的依据是什么，靠得住靠不住，后来又有哪些变化，为什么会有这些变化，从"联绵字—双音单纯词"说发展到现代联绵字理论的整个理论群，究竟是从语言事实出发的呢，还是从理论观念出发加以想象及穿凿附会的，等等。这些问题都弄清楚了，就差不多可以挣脱现代联绵字理论的束缚，从而可以大致消除先前的困惑了。就笔者经验看，解决上述问题大约需要静下心来下五年的苦功夫。所以如果抽不出这么多时间，只要按照信守派各家所说的"特殊构词法"联缀两个音节造几个"联绵字"，看看有没有人能够理解，就不会困惑了。

至于主流学者著作中所谓联缀两个音节构成一个单纯词——"联绵字"——所依托的索绪尔能指和所指的联系是任意的、语言符号是任意的之说，那是索绪尔理论建构之需要的产物（2003a：197—208）。其实，说话人任意音义结合造出来的"词"，受话人无法理解，言语交际就无法进行下去。不尊重这一事实，所作结论就无法令人信服。一些文章看上去高深莫测，实际上不过是跟着舶来理论跑出来的，是不能从根本上解决问题的。

又如，序文作者说："它（连绵词）的特征是如何形成的？学术界有过一些推测，但从宏观上作出符合汉语实际的、有说服力的判断，还远远没有实现。"可以肯定地说，上面的一些问题弄清楚了，这个问题就不会提出来了。退一步说，即使这个问题还存在，也会考虑怎样对待它了。所以关键是胆子还要再大一些，进一步坚持独立思考，多做一些具体的考察工作，坚持让靠得住的材料说话，直至彻底摆脱现代联绵字理论的束缚；否则，只要一天不摆脱现代联绵字理论的束缚，就有可能越陷越深，以致"其为惑也终不能解矣"。

---

① 这是个大课题，此前不少人讲它，都是从所谓语言本体角度说的，大致可分语音简化说、语言内部矛盾说和词义准确说三派。沈怀兴《联绵字理论问题研究》第八章有初步探讨，还有不少问题需要考察讨论。

也正是由于受现代联绵字理论的困扰,部分优秀学者不免陷入困惑之中①。因此,如果读者稍加留心,还会发现在联绵字问题研究中产生困惑情绪的不止王宁教授一人。那些专业功夫好一些而且学术精神独立一些的学者,只要他们接触联绵字问题研究的著作,都有可能产生困惑。所以这不是某个人的问题,而主要是现行联绵字理论和当代汉语学研究中的学术风气,让不同的学者遭受现代联绵字理论误导后产生了不同的困惑情绪。如李如龙教授(2009)说:"先秦典籍中存在少量的联绵词,究竟是早期表音的复合词的残留,或是表意字之外的支派,值得另作研究和解释。"从这几句话中不难看出,李先生对久已流行的"联绵字—双音单纯词"说保持着较为谨慎的态度。虽然姑且承认汉语里有所谓"联绵词"之说,但又加了两层限定:一层是"先秦典籍中",而不是整个汉语史上,这就把"联绵词"的考察范围大大缩小了。换个角度看,这是对主流学者眼里无处不在的"联绵字/词—双音单纯词"表示否定。读者受此启发,只集中精力考察那些常被列举的先秦典籍中的"联绵词",问题就会早日得到解决。

同时,还可以根据这层限定思考这样的一个问题:信守派学者都认定汉语里有一种"联绵字—双音单纯词",但"联绵字"的产生时代却一直众说纷纭。如有的研究汉赋"联绵字",有的研究六朝骈文"联绵词",有的研究宋元"联绵字",有的研究现代汉语方言中的"联绵词",这样说来"联绵字/词"就不止"先秦典籍中"才有。王力先生《汉语史稿》则倾向于整个汉语史,尽管也说随着汉语词汇复音化发展,"联绵字"能产性越来越低。所以有人主张研究联绵字"将古代联绵词进行历时分段考察,如'先秦'划一段,'两汉魏晋'划一段,'唐宋'一段,'元明清'一段,'现代'一段,分别作出阐述,因为不同时代'联绵词'的状况是不同的"(参看后面第五章第二节相关介绍)。而今李如龙先生讲"先秦典籍中存在少量的联绵词",这"联绵字/词"究竟是什么时候产生的?后世到底有没有"联绵字/词"产生?

---

① 多数信守派学者习惯从理论观念出发写文章,一般不表现出任何困惑情绪。受现代联绵字理论束缚而表现出困惑情绪者多是较优秀的学者。未经困惑而直接批评现代联绵字理论的先知先觉也许没有。这是因为不仅信守派千军万马,久居主流,而且现代联绵字理论内容庞杂,涉及面广,在一般人眼里很像科学的样子。

　　李先生这话的另一层限定是"少量的",而不是信守派学人一再强调的"汉语里一种特有的语言现象"。读者受此启发,考察"联绵词"的工作量就更小了,比如只重点考辨那些被辗转抄来抄去证明其信仰的"联绵字/词"就可以了。如果发现那些典型的"联绵字/词"都无异于一般双音词,就可以冲破现代联绵字理论的束缚,早日走出联绵字研究的误区了。

　　不过,李先生所谓"究竟是早期表音的复合词的残留,或是表意字之外的支派"云云,实际上也明显地反映出因为受了现代联绵字理论的误导而产生了困惑。李先生没有冲破现代联绵字理论的迷雾,没有来得及进行深入而具体的考察,在他的表述中好像汉语里果真有"联绵词—双音单纯词"似的。好在他没有像信守派其他学者那样一味穿凿,没有顺着他的猜测说下去,没有由此创造出新理论的支持现代联绵字理论,较好地避免了问题的复杂化,比较而言也是很可贵的。如果大家都有这份谨慎,严重脱离汉语实际的现代联绵字理论就不会像现在这样盛行,自然也不会像现在这样危害广泛。

　　上面举了两位长者的例子。他们都是颇有造诣的学者,却也不免困于现代联绵字理论,这说明本课题研究势在必行,而且必须坚持下去。

　　在联绵字问题研究中,中青年学者的情况要复杂一些。总的说来,虽然他们大多趋从现代联绵字理论,但也有少数人尚能保持独立思考的精神。例如,以山西大学白平为代表的研究者在古代汉语教学中发现某统编教材所列"联绵字—双音单纯词"中不乏可疑者,遂予以考辨,并且一口气考辨了21个被误举的"联绵字—合成词",这就让读者清楚地看到了顶级学者著作中的"联绵字—双音单纯词"的部分例词其实是他们不明其语素构成情况的合成词。白平的工作很有启发意义:既然顶级学者著作里列举的"联绵字—双音单纯词"例词中已经考见21例不支持其"联绵字—双音单纯词"说,这"联绵字—双音单纯词"说究竟是怎么来的?如果"联绵字—双音单纯词"说没有脱离汉语实际,为什么要列举一些合成词来做例词呢?很明显,唯一的可能就是那部教材的编写者尚未掌握准确判断"联绵字"语素构成情况的方法,却简单地从观念出发,对未知作了不负责任的解释。于是人们会想,白平没有来得及考辨的其他"联绵字—双音单纯词"又是怎样一些词呢?具体考察后一定会清楚地看到其他"联绵字"也不支持"联绵字—双音单纯词"说（参看沈怀兴 2013a：87—100）。然则其所持"联绵字—双音单纯词"说究竟怎么来的？继而人们还可以思考这样一个问题：既然顶级学者著作中的"联绵字"例词不支持"联绵字—双音单纯词"说，那么信守派一般学者著作中有没有这类情况？如果有的话，他们的共同观点是怎么来的？没有的话，他们是怎样避免把自己不明其语素构成情况的双音词举作"联绵字—双音单纯词"说之例词的？凡是受到上述启发的读者，都有必要深入研究"联绵字—双音单纯词"说问题，因此都有机会冲破现代联绵字理论之迷雾，努力做出符合语言实际的研究。

中青年学人中也有人直截了当地承认联绵字问题研究是一大难题，并且能够大致指出联绵字问题研究难在哪里。如周一农（2012：223）说："联绵词，也叫联绵字，对古今词汇学或语义学来说，它都是一个难题，尤其是结构，更是各种学说长期争鸣的焦点。分歧主要围绕分合问题展开，即能否分析为两个或更多个语素，实质在于其意义可否再行分解；归结到方法论上，就是分析时应采用共时还是历时标准。"这里说：联绵字"对古今词汇学或语义学来说，它都是一个难题"是比较客观的，其所谓"尤其是结构，更是各种学说长期争鸣的焦点"，虽然只是近三四十年的事情，但总可以找到一些根据。特别是其"归结到方法论上，就是分析时应采用共时还是历时标准"之说，可谓一针见血[①]。联绵字的语素判断方法问题的确是个关键。不解决语素判断方法问题，联绵字研究很难有什么起

[①]　遗憾的是，作者未能挣脱共时论的羁绊，开出的药方是："我们认为，对该问题（按：指联绵字语素分析判断问题）不可一味强调历史主义，墨守古注或定论，因为语言在不断发展变化。我们确定现代汉语语素时，应以当今的现实语料和语境为据，凭表达实例决定分合，该分则分，当合则合。"（周一农 2012：225）这里说判断复音词语素"不可一味强调历史主义"也颇有代表性。但是如果查一查《中国大百科全书》之类书中是怎样解释"历史主义"的，就会知道这样说这样做不是科学的态度，因为《大百科》对"历史主义"的解释是客观地总结了世界近代史上从黑格尔到马克思乃至今日所代表的人类认识的精华和升华。不过，这也不可对信守派学者求全责备。第一，历史主义在中国现代语言学中没有应有的地位。处于这样的语境，一般学者独立思考的能力还有待于提升，所以很难走出现代语言学的误区（这将另书考察论述）。第二，直到今天，现代语言学的"神髓"还是共时论，有异议者可能会被打入"异类"，一般人也许不敢"冒天下之大不韪"。第三，坚持历史主义研究联绵字需要有深厚的汉语言文字学功力，当前从事汉语研究者大多缺乏这方面的功夫。第四，本来并不太复杂的联绵字研究被现代联绵字理论一搅和，已经成了汉语研究之至难，大家都有责任和义务想方设法解决这个难题，一时处方不当是难免的，也是可以理解的。

色。笔者曾对此进行专题研究，并且发表了两篇讨论性文章。一篇题为《现行联绵字语素判断方法的局限性》（2010a），考察了信守派著作中从共时出发，用朴素分析法、同型替代法、词义对照法辨认复音词语素的做法，发现采用这些方法来判断复音词语素在理论上讲不通，在实践中往往行不通，从而否定了所谓"共时标准"的一厢情愿。文章已发表几年了，现在看来无需那样长篇大论：任何"联绵字—双音词"都是历史上产生的，因此研究者不可以站在后世共时角度臆断史事。所谓语言是发展的云云，怎么发展的？怎么研究者不明其语素构成情况的合成词就是发展为"联绵字—单纯词"啦？研究者甲看到某个不特加考证一眼看不出其语素构成情况的合成词就说它发展为"联绵字—单纯词"了；研究者乙不是这样认为的，该以谁的认识为标准？怎么证明甲是而乙非？又有谁来征求过其他人的意见？还有，究竟怎样理解和把握语言发展观？信守派学者所持"语言发展观"是依据怎样的事实说的？

　　一篇题为《试用历史考证法判断联绵字语素》（2010b），提出用历史考证法辨认联绵字语素的观点。认为任何一个词都是历史上产生的，它们都反映了特定事物的某一特点，其结构方式凝结着造词者对它所反映的事物的认知过程，形成了特定的造词理据；任何联绵字的创造者都早离开人世了，其认知过程、造词理据已不会改变，除非其词义发生根本性转移，与本义没有任何联系了[①]。并对《汉语大词典》解释"联绵字"所举例词进行逐一考察，发现它们无一例外都是合成词。它们之所以被误判，多是因为换了衣装——改变了书写形式，词典的编写者被共时论墨镜遮挡了视线[②]，认不出它们本来的面目，就在现代联绵字理论的误导下跟着感觉走

───────────

　　① 如果新词义与本义没有联系了，进行其语素分析判断则须从它词义转移之时进行考察分析。因为词义转移也是历史上发生的，也凝结着使词义转移者对新义所反映的事物的认知过程、造词理据。并且，词义转移不会将合成词变成单纯词，更与信守派先行者所谓特殊的构词法无关。

　　② 有人问：《汉语大词典》是一部历时词典，怎么也被共时论墨镜遮挡了视线？其实，按照词义的历时变化解释词义，是个原则问题；这个原则能否贯彻到底，是个能力问题。所谓能力，包括专业功夫和理论水平两个方面。例如，看《汉语大词典》给"联绵字"所下的定义："由两个音节联缀而成的单纯词。"是坚持了历时原则。但是，怎样证明这个定义呢？就是个理论水平和专业功夫问题了。不讳地说，它就是由于这两个方面的能力缺了点儿，以致观点明确而例证无力（参看沈怀兴 2010b）。有人会说：它这个定义是"学界共识"，例词是抄《现代汉语词典》的；大家都这么说，它要遵循通释语义的原则，又有什么办法呢？然而，如果其理论水平足以看破"联绵字—双音单纯词"说的本质，是否还会这样照"学界共识"给"联绵字"（转下页）

了。然而，人的阅历不同，知识储备有限，且各不相同，其"共时"感觉也不会一样。并且不管采取怎样的补救方法，都不会有根本性改观。大量事实证明，只要坚持用"共时标准"来判断联绵字语素，就无法让结论与语言事实相符。这样说来，其后果的严重性也就不难预测了。至于用"共时标准"判断双音词语素所得出的"联绵字—双音单纯词"，由于抓不住词的基础义②，释义中则难免出现似是而非的现象（参看第六章第二节和第三节）。

有人会说，索绪尔强调共时状态，是就语言符号系统说的。语言的共时状态当然不是语言研究者的"共时"感觉。共时标准是从语言共时符号系统角度说的，同时也是就大众角度说的。但是，这个认识充其量也只是理论上的，确切地说是想象中的。不要说一种语言中的语词几乎多到无法统计，而且不断变化，即使那个"大众公认"，也只是个伪命题，实际上是无法确定的。比如，那个"大众"具体指哪些人？为什么指这些人？实际上不管让"大众"指哪些人，都没有可操作性，所以索绪尔的共时论始终停留在想象阶段。并且所谓"公认"，怎样调查才能得到？就汉语而言，进入现代语言学时期的百多年间，谁的调查研究结果可以作为"公认"的标准参照执行？主张共时论者，哪个不是凭个人感觉说话的？哪个不是以个人认识代替"公认"标准的？其实，这个错误也不能全怪他们，因为他们所依据的"共时标准"本来就是个无法执行的伪命题。有人说现代语言

（接上页）下定义？如果其专业功夫和理论水平都过硬，会不会照抄《现代汉语词典》解释"联绵字"的5个例词？再说，它为什么没抄"妯娌"一词？所以，原则是原则，能力是能力。至于"学界共识"，实在不能再迷信了。其实大多数的"学界共识"还需要实证，因为现代语言学领域里三人成虎的"学界共识"太多了。

② "基础义"是本书中一个比较常用的重要术语，主要指参加造词的各构成成分的本义。如"基础"的"基"，《说文·土部》释曰"墙始也"，就是墙脚、墙根。础，《说文新附·石部》释曰"礩也"，就是柱下石墩。《淮南子·说林训》："山云蒸，柱础润。"高诱注："础，柱下石礩也。"然则"基础"的基础义就是墙根、柱下石墩。古汉语中，复音词的本义一般与其基础义相近。如郦道元《水经注·渠》："今碑之左右，遗墉尚存，基础犹在。"句中"基础"用的就是其本义，指（城墙）根脚。可以通过换喻用法泛指建筑物的根脚，便是"基础"的基本义了。再向后，通过隐喻手法的使用还可以指事物发展的根本或起点，现代汉语里常用此义。上面以"基础"词义产生及发展变化为例，说明抓住词的基础义，其本义、基本义、引申义之间的发展轨迹都清清楚楚了。此前研究词义者大多忽视了词的基础义，结果遇上某些"联绵字"，则释义像猜谜。有时，基础义指复音词的字面含义。如"小步快走（以表谦恭）"就是"趋趋"的基础义（参看第六章第二节）。

学有点儿"伪",这正是其原因之一。换句话说,每个研究者都在无法执行的"共时标准"下各吹各的调儿,都标榜"大众",不伪才怪呢。不错,一般情况下各家的调子多不能通行,往往被某家统一起来。但是,各家调子之不行,首先证明"共时标准"行不通;后来被某家统一起来,一定程度上是其名位的原因,也不完全是客观事实的正确反映,更不是什么"共时标准"之可行。《现代汉语词典》解释"联绵字"的例子充分说明了这一点(详见后面第三章第一节)。因此,不管从哪个角度说,不管是索绪尔倡导的共时论,还是人们想象中的"共时标准",归根结底都未得确证,甚至无法证明。然则将"共时标准"用于联绵字语素判断,无论如何也得不出符合客观实际的结论。明乎此,现代联绵字理论的无根性就容易理解了。

　　青年人的情况比较特殊。他们正处在知识积累阶段,辨别知识正误和理论是非的能力一般说来稍弱一点,所以多数人在大学阶段对现代联绵字观念就已习非成是,注定要加入趋从派队伍。他们想象丰富,走上研究道路后有的不免为现代联绵字理论的发展和传播做些"贡献"。例如,力主联绵字语素融合说者主要是青年人。就学术史上看,"联绵字—双音单纯词"说的酝酿、提出并最先给予"证明"的人一般都是三十来岁,有的还不到30岁。后来,现代联绵字理论随着人们的想象不断发展,其间也有青年人的"发现"。如提出复辅音声母分裂而产生"联绵字"者、用切脚词证明"联绵字—双音单纯词"说者等,主要是青年人。不过,青年人的单纯及旺盛的青春活力往往让他们不满足现状。面对完全脱离汉语实际的现代联绵字理论,他们一旦发现问题,则不会像中老年人那样瞻前顾后。李运富(1991)发表《是误解不是"挪用"——兼谈古今联绵字观念上的差异》时,年仅34岁。白平反思现代联绵字理论问题的大量文字也是三四十岁写成的;李娟批评现代联绵字理论时只有二十来岁(参看第五章第一节)。积极向上、锐意进取永远是青年人的特点。如果给予正确的引导,使之能够论从材料来,论从史出,一些肯独立思考的青年人一定会反思现代联绵字理论问题的。中国语言学的健康发展依靠能够独立思考而且锐意进取的学者,特别依靠青年一代。未来是他们的。因此,为了帮助青年人顺利成长,同时也为了中国语言学的健康发展,牵动汉语学各分支学科研究的联绵字理论及实践问题研究亟须全面开展，而且值得下大力气坚持下去。

笔者致力于联绵字理论及实践问题研究已十几年了，越来越清楚地看到，"联绵字"研究本来不是那么困难，但不料竟成至难，其根本原因在联绵字理论，特别是现代联绵字理论干扰正常研究和误导实践问题严重。完全脱离汉语实际的现代联绵字理论问题弄不清楚，是非不辨，曲直不明，汉语言文字学的研究将在许多方面继续朝着科学的反面滑落。所以至此，原因之一还在于多数研究者为共时论所牵绊，而且做研究喜欢从理论观念出发，忽视了论从史出、凭靠得住的语言事实说话的基本原则①。这样说来，坚持联绵字理论及实践问题研究很可以取得一石两鸟之功：既辨明了联绵字观念之是非，解决了牵动汉语学各分支学科研究的现代联绵字理论问题，查明了它在各领域的负面影响，又在某种程度上完善了汉语学方法论，这对确保汉语学的健康发展无疑具有重要意义。

的确，这里面亟须研究解决的问题很多。特别是现代联绵字理论已经严重影响国内语言研究与教学的求真精神，影响亿万学子汉语词汇知识学习，阻碍万千学者提高学术水平等，都有待全面调查研究。后面第三、四、五各章的考察记录只是举例性质的，需要继续做的工作还有很多。至于现代联绵字理论对字典词典收词释义的负面影响以及它在汉语词典编纂领域的其他危害，也应该引起高度重视。后面第六章各节记录了这方面的考察结果。特别是第六章第二、三节，还考察讨论了"联绵字—双音单纯词"说误导字典错释"联绵字/词"的一些典型事例，更可看到本课题研究的重要和紧迫。另外，现代联绵字理论还严重影响着汉语言文字研究的古今贯通，因为它既在论证过程中混淆了汉语言文字学研究的古今之别，又在执行中影响了从事汉语言文字研究的信守派学者正确汲取古人学术营

---

① 由于受共时论影响，有人不一定认可论从史出的原则，但或许没有人说自己的研究不是凭靠得住的语言事实说话。不过，事实证明，从事语言研究只要不是坚持论从史出，其结论往往靠不住。比如不少人撰文讨论晋方言中的"分音词"，由于只从共时角度一味儿猜谜，结果一种事实多种结论，而且均非确证。白平（2002：92—102）追根究底，否定了种种臆说，其研究含金量之大就不是那些猜谜的成果可比。这样的例子很多。极端是从事现代汉语规范化研究的学者，其成果最能反映共时研究的特点。如一家《现代汉语》统编教材批评生造词，前六版共批评了10个"生造词"，均不出历史词、方言词和通用词（参看沈怀兴1992），错误率占100％。并且，该教材后来各版所批生造词仍然是这种情况。这个例子很能让人看到共时研究的基本特点。

养。信守派学者著作中经常错误地理解古人观点是其证①。这也亟须有志者投身研究。

从上面的叙述看，不解决联绵字理论及实践问题，汉语言文字研究与教学的某些方面就不可能出现正常局面，词典编纂受现代联绵字理论误导而出现的问题不仅会继续存在，而且还可能越来越多，越来越严重。这些都影响汉语言文字学研究为社会发展做出应有的贡献。

附录一　释"联绵字/词"

摘　要　古今对"联绵字"的解释很不相同。特别是那些说"联绵字"（或"联绵词"）指双音节单纯词者，其例词多是合成词。事实证明：纷乱的解释源于联绵字观念的严重分歧，其中脱离汉语实际的"联绵字—双音单纯词"说的误导是根本原因。

关键词　联绵字　联绵词　义项　双音词

一　问题的提出

笔者曾经逐一考察遵循"联绵字/词—双音单纯词"说解释"联绵字/词"的《现代汉语词典》《汉语大词典》《语言学名词》等词典中列举的"联绵字/词"，发现它们都不是"由两个音节联缀而成的单纯词"②，于是

---

① 请注意：这里批评的是错误地理解古人观点，是误引古人观点附和"联绵字—双音单纯词"说及其附庸理论，并不反对正确地引用古人观点。如果古代文献中确有支持"联绵字—双音单纯词"说及其附庸理论的论述，引证越多越好。有人发现本书稿中许多地方批评信守派学者错引古人观点，则批评"本书稿中引用古人观点也不少"。鉴于此，如果本书所引古人观点不能证明本书观点，或者本书对古人观点理解也是错误的，或者本书批评信守派学者误引古人观点者批评错了，欢迎批评指正。

② 那些被误判为"联绵字/词—双音单纯词"者，不是用了通假字或讹字夺正，就是由隐喻造词或换喻造词而来，再不然就是产生了隐喻义或换喻义。研究者不求本字或缺乏造词法及语用学等方面的知识，一看它们不能拆开讲，就在"汉语的双音词有一种特殊的构词法"之类观点的误导下判它们为"联绵字/词—双音单纯词"了。

怀疑现行部分词典对"联绵字/词"的解释，并在文章中报道了考察情况（参看沈怀兴2007a，2010，2014a）。于是香港中国语文学会主席姚德怀先生提出一个问题："假如由你来编词典或'语言学名词'中的'联绵字/词'，你会如何释义呢？是否会有义项①、义项②、义项③，……？"作为长者，姚先生一直很关心我的学习和研究，这个问题由于存在两难的情况很不容易回答，但却又回避不得。

一方面，"联绵字/词"不是普通名词，而是词汇学、语义学、训诂学、词典学等汉语学各分支学科中常用的一个重要术语。不解决它的问题，汉语学各分支学科的相关问题都无法正确研究解决。因此，姚先生所见至关重要，回避不得。但另一方面，近三十年来主流学者对"联绵字/词"的认识不符合汉语实际。具体点说，他们用"联绵字/词"指称由一种特殊的构词法构成的双音节单纯词，而汉语里根本没有这样的双音词，他们所举的"联绵字/词"也多是合成词（参看白平2002：172—208；沈怀兴2007a，2009a，2010，2014a、b），即使有单纯词也不超出拟声词、叹词、音译词。但是，他们却顺着"汉语的双音词有一种特殊的构词法"之说（参看王力1958：45），把自己不明其语素构成情况的双音词说成"联绵字/词—双音单纯词"。仅仅是个人专著的话，个别人这么做不会产生多大影响，自然可以不管它。但是，如果是编词典解释"联绵字/词"，能否抄下主流学者的错误观点而助其流传？然而，编词典释词不反映主流观点行吗？词典释词的基本原则是通释语义，是反映主流观点，任何人编词典解释"联绵字/词"，照常理说也不能不遵守这既定的规矩，也不能撇开正在流行的"联绵字/词—双音单纯词"说。因而一种两难的情况是，当前编词典解释"联绵字/词"而反映主流认识是助谬误流传，不反映主流认识是违背了通释语义的原则。这该怎样做才好呢？

我一直在思考这个问题。现在想出了一个折中的办法，即先把学术史上对"联绵字/词"较有代表性的各种解释抄下来，必要的时候仿效《辞通》加按语的方法，对有关事实做点说明。这样做，既不违背词典通释语义的原则，客观地介绍各历史时期较有代表性的观点，又可略辨是非，以便读者更好地了解问题出在哪里。

二　"联绵字"释义分歧严重

总的说来，传统语文学家与现代语言学主流学者对"联绵字"的解释截然不同。20 世纪 30 年代以前没有人将"联绵字"释曰"指双音节的单纯词"（参看沈怀兴 2007a、b、c，2012）。而且，即使近七八十年间的"联绵字"释义，也颇多分歧。下面来看一些较有代表性的观点。

联绵字：①指字形因俗写破坏了原有规范的双音词。这一含义是宋代张有《复古编》创术语"联绵字"时所赋予的，元代曹本《续复古编》的"联绵字"继承了这种用法。②指复音词。详见王国维《联绵字谱》。③指双音词。详见符定一《联绵字典》。按近三十年以来，符定一《联绵字典》的收词常遭信守派学者批评，其实是批评者连其诸叙及字典凡例也没有看，只是戴着现代联绵字观念的深度墨镜盲目指责符定一《联绵字典》，什么"名实不符""体例芜杂""重蹈符定一覆辙"等，其实是很不负责任的。④字之联缀成义者曰联绵字。约可分为数种：一、双声之字，如踊跃、伊威、鸳鸯等是；二、叠韵之字，如童蒙、纵送、汹涌等是；三、非双声叠韵之字，如鹦鹉、郁陶、淹留等是（见旧《辞海》"联绵字"条）。按这个定义在当代信守派学者看来可能是指双音单纯词。但是这里说"字之联缀成义"，而没有说几个字，也没有说"两个音节联缀成义"，而且其例词主要是合成词，特别其踊跃、童蒙、汹涌、淹留等，略有点古汉语功底的人都会看出它们是合成词，所以其"联绵字"定义只能指复音词①，而不指双音单纯词。⑤指衍声复词，一种由衍声而来的双音单纯词。详见吕叔湘《中国文法要略》第一章第 5 节。按这个观点影响较大。但是，它是由误解王国维"联绵字合二字而成一语，其实犹一字也"而来，而且其书中列举的 50 个例词均不支持其观点（参看沈怀兴 2007a）。⑥指由一种特殊的构词法构成的双音单纯词。详见王力《汉语史稿》（1958：45）。按这个观点影响很大。但是，A. 汉语里并不存在"特殊的

---

①　说旧《辞海》的"联绵字"指复音词，一是因为它只说"字之联缀成义者"，没有说"二字……"；二是因为 20 世纪二三十年代著名学者如王国维、夏丏尊、王树枏等说的"联绵字"都包括部分多音节词。

构词法"；B. 其例词中一个用特殊的构词法构成的也没有（参看白平 2002：172—208；沈怀兴 2013：87—100）；C.《王力古汉语字典》收 "联绵字"没有再坚持这个观点。⑦汉语最早的构词方式之一。由两个音 节联缀成义而不能分割的单纯词。也称"连语""谜语""联语""骈词" "连绵字""二文一命"。详见《古汉语知识辞典》"联绵字"条。按 这个 解释反映了主流观点，但却与事实不符（参看沈怀兴 2007c，2009b）。⑧ 旧时指双音节的单纯词。详见《现代汉语词典》第 5 版以前的各版"联绵 字"条。按 其例词全部是合成词，无一支持其观点（参看沈怀兴 2010）。 ⑨旧称由两个音节联缀而成的单纯词。见《汉语大词典》"联绵字"条。 按 观点明确，但例词全部抄自《现代汉语词典》，因为都是合成词，所以 均不当其说（参看沈怀兴 2010）。《四角号码新词典》《中国语言学大辞 典》等解释"联绵字"也都持这种观点，但也都没有举出当其说的例词。 ⑩由两个音节联缀成义而不能分割的词。详见新《辞海》"联绵字"条。 按 其所举例词主要是合成词，其次是拟声。《中国大百科全书·语言文 字》解释"联绵字"基本同此，但例词中还有个切脚语，也不是用特殊的 构词法构成的。⑪其组成部分不能拆开来讲的双音词。详见《王力古汉语 字典序》。按《王力古汉语字典》中收了 1526 个"联绵字"，主要是复合 词，其次是拟声词、叹词、音译词、重叠词，而没有用其所谓一种特殊的 构词法创造的"联绵字—双音单纯词"。⑫二字连成的同义复词。见《大 辞典》"联绵字"条。按 这是继承了清代王念孙"连语者，上下同义，不 可分训"之说，其"联绵字"只指部分联合式合成词，因而与⑤至⑨的解 释完全不同，与①至④以及⑩⑪的解释也有很大的差别。

　　上面①至④是传统语文学家笔下"联绵字"的含义。虽然不尽相同， 但其所指都在复音词范围之内，没有哪个是指双音节单纯词的。⑤至⑨都 是近七十多年间信守现代联绵字理论者的解释。它们都说"联绵字"指双 音节单纯词，但是例词都不支持其观点（参看白平 2002：172—208；沈 怀兴 2007a，2009a，2010）。

　　上面⑩⑪两种解释分别是在 1979 年和 1985 年做出的，与①至④四种解释的相同之处是，都在强调词义的整体性。但是与⑤至⑨五种解释差别较大：一是⑩⑪的"联绵字"例词多是复合词，⑤至⑨五种解释中的例词虽然同样合成词居多（参看沈怀兴2007a，2009a，2010），但它们都明确说"联绵字"指双音节单纯词。二是⑩⑪的"联绵字"中都包括拟声词，特别是⑪的"联绵字"中还包括叹词、重叠词、音译词，⑦⑧⑨的"联绵字"例词中都不包括这几类词。更重要的是，⑥和⑪两种解释出自最有影响的同一学者之手，⑥力主"联绵字—双音单纯词"说，而且影响极大，⑪只隔了27年，却没有再完全坚持⑥的观点，而是把复合词、拟声词、叹词、音译词和重叠词都算作"联绵字"收进了字典，这一变化不是"联绵字"解释者的个人问题，它令人怀疑盛行已久的"联绵字—双音单纯词"说是否靠得住。

从上面的考察及比较的情况看，"联绵字"之纷乱的解释源于联绵字观念的严重分歧。其中，脱离汉语实际的"联绵字—双音单纯词"说的误导是根本原因。现在试回答姚德怀先生提出的问题：术语"联绵字"只有两个义项：①指双音。②旧时也指复音词，包括双音词和部分多音节词。至于那些说"联绵字"指双音节单纯词者，由于他们都没有举出当其说的例词，均义例不合，只能说明他们脱离了汉语实际。

三　"联绵词—双音单纯词"说的由来及实质

"联绵词"这个术语最早见于沈兼士（1941）《联绵词音变略例》一文①。但该文在研究"异音复词"音变情况，始终没有区别单纯词、合成词的表述；文中依王国维《联绵字谱》中的联绵字分类方式给其所谓联绵词分类，也没有分辨单纯词及合成词的意识。因此，文中"联绵词"只指某些双音词，而且主要是合成词，如"蹀躞""刽劐""窌空"等无疑都是合成词，肯定不是单纯词。"联绵词"用来指双音节单纯词首先见诸一部使用范围广泛的统编《现代汉语》，其说抄自《现代汉语

----

① 魏建功《古音系研究》中多用"连绵字"，但第四章第二节中两用"连绵词"。不过，魏氏对术语"连绵字/词"没有做明确界定，用的较随意，读者也弄不清它们在魏氏书中的确指，但可以肯定它们与沈兼士的"联绵词"不是同一概念，所以这里说"联绵词"最早见于沈兼士的文章。

词典》之释"联绵字",只是将《现代汉语词典》的"联绵字"改称"联绵词";见诸词典释义则是近十来年的事,并且也只是机械地改信守派"联绵字"为"联绵词",同样没有举出当其说的例词,没有同时也无法弥补"联绵字—双音单纯词"说的无根性之失。现在将较有代表性的几家解释列于下。

联绵词:①指双音节单纯词。其中有双声的,有叠韵的,有非双声叠韵的。详见黄廖本《现代汉语》(1979)第 206 页。按该教材出版以来曾经四次修订、五次增订,始终坚持"联绵词:指双音节单纯词"之说。它的总发行量已超过数百万套,是国内使用范围最广、影响最大的一部统编教材。三十多年以来,越来越多的人改从"联绵词—双音单纯词"说,从事现代汉语研究者多从"联绵词—双音单纯词"说,均与该教材的普及有密切关系。但是,该教材的联绵字观念实际上抄自《现代汉语词典》之释"联绵字",只是率先改"联绵字"为"联绵词"而已。因此,它也很难举出当其说的例词。②词汇学术语。也叫"联绵字"、"连绵词"、"连绵字"、"连语"、"謰语"、"连字"、"骈字"、"骈语"、"二文一命"等。除叠音词、象声词和叹词以外的汉语固有的双音节的单纯词。见《古汉语知识宝典》"联绵词"条。按也是观点明确而例证无力(参看沈怀兴 2013:224—230)。③由两个音节连缀成义而不能拆开的单纯词。例如"犹豫""徘徊"。见《语言学名词》"05.194 联绵词"。④又称"联绵字""謰语"。由两个音节连缀成义而且上下字具有一定声音关系的单纯词。根据上下两字的声音关系不同,可分为双声联绵词(例如"淋漓""仿佛")、叠韵联绵词(例如"徘徊""逍遥")、双声叠韵联绵词(例如"缤纷""辗转")、非双声叠韵联绵词(例如"犹豫""扶摇")。见《语言学名词》"10.058 联绵词"。按上录"联绵词"的③④两种解释均出自全国科学技术名词审定委员会公布的《语言学名词》,但同一部书对"联绵词"的解释前后不一,而且例词均不支持其观点(详见沈怀兴 2014a)。⑤指双音节的单纯词。包括:a)双声的,如"仿佛、伶俐";b)叠韵的,如"阑干、逍遥";c)非双声非叠韵的,如"妯娌、玛瑙"。旧也叫联绵字。见《现代汉语词典》2012 年第 6 版"联绵词"条。按这个解释与该词典前面各版解释"联绵字"最大的区别就是把词目"联绵字"换成了"联绵词",同时不再说"旧时指"①,其他一仍其旧,连六个例词也没有变,所以仍然不当其说(参看沈怀兴 2010)。

上录"联绵词"的五种解释都是近三十多年间出现的。它们有一个共同的特点:就是同样说"联绵词"指双音节单纯词,同样没有举出当其说的例词。很明显,它们只是机械地把流行已久的"联绵字—双音单纯词"说改为"联绵词—双音单纯词"说而已②,所以它们也都不是汉语实际的客观反映。

顺便交代一下,尽管三十多年来从事现代汉语研究者中越来越多的人从"联绵词—双音单纯词"之说,但是至今没有统一。即使现代汉语研究者,从"联绵字—双音单纯词"说者也不是少数。如同样是发行量较大的"现代汉语"统编教材,胡裕树主编的《现代汉语》直到 1981 年出第 3版,还没有"联绵字/词"字样,直到 1987 年才接受开始流行不久的"联绵字—双音单纯词"说,只是在括号里加了"也叫联绵词"五个字,并且向后一直到 1996 年出第 5 版都没有变化。另外,张志公主编的《现代汉语》,发行量逾百万套,也只称"联绵字",而不称"联绵词"。这些都说明近三十多年间越来越通行的"联绵词—双音单纯词"说不过机械地改"联绵字—双音单纯词"说而来,说到底不过是一场概念游戏而已。至于张静主编的《现代汉语》,同样是统编教材,但它讲词汇既不提"联绵字—双音单纯词"说,更不提"联绵词—双音单纯词",也许不能只怪它跟不上学术的发展吧。

四　余言

从上面的考察描述中已经不难看出,"联绵字/词"的解释分歧严重,根本原因在于脱离汉语实际的理论观念误导了人们对部分双音词的认识。换个角度看,这些纷乱的解释集中在近七十多年间,从一个侧面

---

① 不再说"旧时指"是对的,因为旧时的确没有人用"联绵词"指双音节的单纯词。但是,它说"联绵词""旧也叫联绵字",只是对错误观点的沿袭,并没有靠得住的依据。

② 这在《现代汉语词典》中表现最为明显。它从试印本到试用本再到第 1—5 版,都立"联绵字"为正条,都说"联绵字"旧指双音节的单纯词;到 2012 年出第 6 版,改立"联绵词"为正条,不仅释义同前几版的"联绵字",而且连 6 个例词也没有变。

反映了现代联绵字理论的产生、发展及变化情况，同时也反映出现代联绵字理论脱离汉语实际的本质特点。这里面需要交代的东西不少，只是拙作《联绵字理论问题研究》一书重点考察讨论了现代联绵字理论错在哪里，即将出版的《现代联绵字理论负面影响研究》中还有相关的考察讨论，不再重复。

参考文献

1. 白平：《汉语史研究新论》，书海出版社 2002 年版。

2. 大辞典编纂委员会：《大辞典》，（台北）三民书局 1985 年版。

3. 符定一：《联绵字典》，商务印书馆 1943 年版。

4. 胡裕树主编：《现代汉语》，上海教育出版社 1981 年（第 3 版）、1987 年（第 4 版）、1996 年（第 5 版）。

5. 黄伯荣等主编：《现代汉语》（前五版），甘肃人民出版社 1979—1988 年版；（后五版）高等教育出版社 1991—2007 年版。

6. 吕叔湘：《中国文法要略》，商务印书馆 1982 年版。

7. 罗竹凤主编：《汉语大词典》卷 8，汉语大词典出版社 1991 年版。

8. 马熙文等：《古汉语知识辞典》，中华书局 2004 年版。

9. 沈怀兴：a)《现代联绵字观念的来历》，《中国语研究》2007 年第 49 期。

10. 沈怀兴：b)《中国现代语言学早期的联绵字观念》，《语文建设通讯》2007 年第 88 期。

11. 沈怀兴：c)《"联绵字"与语文学史上的相关名词》，《古汉语研究》2007 年第 3 期。

12. 沈怀兴：《"联绵词不可分训说"辨疑》，《汉字文化》2008 年第 5 期。

13. 沈怀兴：a)《王力先生联绵字观念的变化及其影响》，《宁波大学学报》（人文科学版）2009 年第 4 期。

14. 沈怀兴：b)《从王筠连语说看现代联绵字理论》，《汉语史学报》2009 年第 8 辑。

15. 沈怀兴：《试用历史考证法判断联绵字语素》，《语言教学与研究》2010 年第 5 期。

16. 沈怀兴：《古今联绵字观念截然不同的原因》，《汉字文化》2012 年第 5 期。

17. 沈怀兴：《联绵字理论问题研究》，商务印书馆 2013 年版。

18. 沈怀兴：a)《〈语言学名词〉解释"联绵词"问题》，《宁波大学学报》（人文科学版）2014 年第 3 期。

19. 沈怀兴：b)《〈汉语大字典〉（第 2 版）误释双音词举例》，《现代语文》（语言研究版）2014 年第 12 期。

20. 沈兼士：《联绵词音变略例》（1941 年 12 月在辅仁大学语文学会上的演讲），收入《辅仁大学语文学会讲演集》，又收入《沈兼士学术论文集》，中华书局 1986年版。

21. 舒新城等主编：《辞海》，中华书局 1936 年版。

22. 王力：《汉语史稿》，科学出版社 1958 年版。

23. 王力主编：《王力古汉语字典》，中华书局 2000 年版。

24. 杨剑桥：《实用古汉语知识宝典》，复旦大学出版社 2003 年版。

25. 语言学名词审定委员会：《语言学名词》，商务印书馆 2011 年版。

26. 张静主编：《现代汉语》，上海教育出版社 1980 年版。

27. 张有：《复古编》（四部丛刊本），商务印书馆 1936 年版。

28. 张志公主编：《现代汉语》，人民教育出版社 1984 年版。

29. 中国社会科学院语言研究所词典编辑室：《现代汉语词典》（第 3—6 版），商务印书馆 1996、2002、2005、2012 年版。

　　【附记】本文在浙黔语言学论坛报告后，引起与会代表的一些反响，信守现代联绵字理论的鲁国尧先生也给予了肯定。鲁先生，真学者也。他的肯定是间接传到笔者之耳的，这让笔者于敬佩鲁先生为学术负责的精神以外，更加相信盛行已久的现代联绵字理论迟早会退出历史舞台，甚至用不了原来估计的二十年。

第二章　本课题的研究方法[*]

　　笔者研究联绵字理论及实践问题十几年来，一靠证据，二靠文献考察分析法、历史考证法、对质法和连环证明法等相辅相成的研究方法。本章分为四节，分别介绍上述四种研究方法在本课题研究中的应用情况，希望从不同的角度揭示以"联绵字—双音单纯词"说为核心理论的现代联绵字理论的病态特征。换一句话说，本章不管通过哪种研究方法的论述，都可以揭示现代联绵字理论脱离汉语实际的本质特点。希望对联绵字理论问题研究感兴趣的读者即使只看完本章各节的论述，也可以大致了解现代联绵字理论的病态特点。当初这样安排，还希望收到以下效果：既可以通过坦陈研究方法，提高研究的透明度，充分接受读者的批评指正，又可以总结此前研究，提高本课题研究的系统性。如本书《序》所说，联绵字理论及实践问题研究是个大工程，即使只研究其重点内容，也需要写成三本书。头绪多而范围广，如果没有一个总括性的交代，只看过部分论述的读者也许不容易看出它的系统性。

　　所以把本课题研究方法提出专章叙述，且长达数万言，乃有所求也。至于为什么没有按常规把本章内容安排在第一本书《联绵字理论问题研究》中，其原因之一是那样做容易让人产生水未到而渠先成之感；安排在本书中，有《联绵字理论问题研究》为基础，就没有这种缺憾了。其原因之二是安排在这里可以更好地贯彻理论与实践相结合的原则，使本书的研究更具系统性。至于本课题研究中所使用的其他一些常规方法，大家也都

---

[*]　"本课题"指"联绵字理及实践问题研究"这一总课题，本书只是该课题研究成果之一（详见本书《序》第一小节）。本章介绍的研究方法不只用于本书，所以章目用"本课题的研究方法"。

在用，就不单独介绍了。

第一节 文献考察分析法的应用

所谓文献考察分析法，就是对古今论及联绵字问题的文献资料及其他相关文献资料进行全面考察比较，坚持让事实说话，辨明其联绵字观念的形成、指向和影响，还历史以本来面目的方法。要做好本课题研究，必须对以下八个方面的文献材料进行全面考察分析。

第一，鉴于部分学者习惯列举传统语文学家观点证明"联绵字—双音单纯词"说的做法，本课题研究必须全面考察分析中国语文学史上所有论及联绵字问题的著作，弄清楚前人的"联绵字"及相关术语，如连绵字、诓语、连语、连字、骈字、骈词、二文一命等究竟指什么，并且探明其所以然。这一工作早已完成，并且已经公开发表了一些文章。1.《〈汉语大词典〉"连语"释义补证》（2005），通过考察分析王念孙《读书杂志·汉书第十六·连语》对连语的考释情况，发现王念孙的连语全部是联合式合成词。由此看来，王念孙的"凡连语之字，皆上下同义，不可分训。说者望文生义，往往穿凿而失其本指"之说不支持近三十多年来流行的"联绵字—双音单纯词"说。学者们丢开其"凡连语之字，皆上下同义"，断章取义，只片面地理解连语"不可分训"，殊不知王念孙的"不可分训"是站在语文理解角度强调部分合成词之词义的整体性说的，却被拿来证明"联绵字—双音单纯词"说，不料是在证明合成词是单纯词，自然其结论没有不错的。2.《"联绵字"与语文学史上的相关名词》（2007c），考察发现传统语文学家笔下的"联绵字"等术语都不是从复音词的语素构成情况说的。它们大致相当于现代词汇学里的"双音词"。没有任何一家、任何一个术语指信守派先行者说的"联绵字—双音单纯词"。3.《从王筠连语说看现代联绵字理论》（2009b），通过全面考察分析王筠《说文释例》中的"连语"理论，发现王筠本来是站在语文学角度发表其连语说的，并且多臆测；而今立足语言本体研究的学者用来证明现代联绵字理论，只能事与愿违。如此釜底抽薪，便彻底否定了部分学者借王筠连语说支持现代联绵字理论的做法。4.《方以智"诇语"问题辨察》(2015),鉴于《中国大百科全书·语言文字》及现行各家辞书从现代联绵字理论出发曲解方以智"诇语者,双声相转而语诇诿也"而影响广泛,于是穷尽式考察分析了方以智《通雅·释诂》卷六至卷八所收的534条诇语,发现其中91%以上是合成词或词组,正统的信守派学人所说的用"一种特殊的构词法"构成的"联绵字—双音单纯词"一条也没有。继而考察了方以智的诇语观念,特别对部分学者所曲解的"诇语者,双声相转而语诇诿也"进行重点考辨,指出方以智的诇语观念重在辨通假,重在因声求义,重在强调诇语各变体对应字之间的音转关系,并且强调音转字异而义连,因此与今之现代联绵字理论没有相通之处,对证明"联绵字—双音单纯词"说没有任何帮助。最后考察了刘大白、林语堂和吴文祺等人对方以智"诇语"的说解,证明没有现代联绵字理论之成见的学者,特别现代联绵字理论未产生以前的学者,都能正确地理解方以智的诇语观念①,但他们的理解均不支持后来流行的"联绵字—双音单纯词"说。5.《古今联绵字观念截然不同的原因》(2012b),考察发现传统语文学家的联绵字观念之所以不支持"联绵字—双音单纯词"说,主要原因是他们站在语文理解与使用角度讲联绵字,不似今之主流学者站在语言本体角度讲联绵字的结构。传统语文学家从不对联绵字进行结构分析。二者研究目的、研究方法都不同,所以研究同一语词不可能得出相同的结论。同时还发现,联绵字语素判断至今仍是一个未能解决的难题,没有联绵字结构分析意识的传统语文学家不可能先解决了这个难题,说出支持"联绵字—双音单纯词"说的话来,就像厨师炒鸡丁,化学分析师分析鸡肉的分子构成,二者工作结果不同一样。

第二,鉴于常有信守派学者列举语文学史上的长言说及相关理论证明时下流行的衍声说(也有不少人称衍音说或分音说、一分为二说),必须考察语文学史上的长言说、迟之又迟说、徐言说、徐呼说、徐读说、慢声

---

① 吴文祺的情况需要稍做说明,否则看过他1983年发表在《辞书研究》上的一篇文章者可能会对上面的话产生误解。他的《〈辞通〉重印前言》写在1982年,虽然后来也受到了现代联绵字理论的负面影响(详见吴文祺1983),但是由于他是《辞通》的实际参编者,知道《辞通》是一部怎样的书,所以他《〈辞通〉重印前言》中的话客观地反映了《辞通》的实际情况,不像此后信守派学者那样说《辞通》,或算依据《辞通》新编"联绵词典",或认定《辞通》是一部"现代联绵词的著作"。

说、二文一命说、缓言说、缓读说及分音说等，并有《语文学史上的长言说及相关理论》发表（2008b）。文章考察发现，语文学史上的长言说等各有所指，它们都不支持今之衍声说。从学理及实践两个方面看，今之衍声说与传统语文学家的长言说等理论大多没有联系。只有顾炎武的迟之又迟说站在今天的信守派学者角度看，好像与他们的衍声说相似，但就顾氏所举例词看，那是把切脚词的"切合"说成"迟之又迟"了，也就是把事实完全说反了，自然也不能证明今天的衍声说。

第三，全面考察倡导"联绵字—双音单纯词"说的著作以及从现代联绵字理论出发做研究的著作，弄清其理论依据及事实依据。这方面的工作也已经完成，并发表了一些文章。1.《中国现代语言学早期的联绵字观念》（2007a），考察了《马氏文通》问世以后的三四十年间部分代表性学者研究联绵字的情况。发现只有魏建功（1926；1935）的著述中有现代联绵字理论的意识，只是还没有明确提出"联绵字—双音单纯词"说。另外，郭绍虞（1934；1938）和陈独秀（1937）的文章中，也表现出现代联绵字观念的萌芽。2.《现代联绵字观念的来历》（2007b），从第一部宣传"联绵字—双音单纯词"说的语文辞书《现代汉语词典》开始考察，顺藤摸瓜，发现该词典释"联绵字"曰"旧称"云云，实际上来自吕叔湘先生1942年出版的《中国文法要略》上卷第一章第5节《衍声复词：联绵》。但吕先生唯一的理论依据——王国维的"联绵字合二字而成一语，其实犹一字也"之说——其实和其他语文学家一样是在强调词义的整体性，不像吕先生理解的那样。可以肯定地说，王国维所谓"合二字而成一语"是指构成一个语词，而不是指构成一个语素，"犹一字"并非"是一字"，而是说像一个字那样表达一个概念。如果像吕先生理解的那样，王国维《联绵字谱》中3/4以上是合成词和词组的现象就无法解释。所以吕先生的理论依据并不支持他的观点"联绵字—双音单纯词"说。同时，吕先生书中所举的50个例词也都不是"衍声联绵法"创造的单纯词，也不支持其观点"联绵字—双音单纯词"说。文章认为，出现这种现象既有时代的原因，也有学术发展水平的原因。这篇文章的部分内容整合到本书第三章第一节时又作了一些修改，但基本观点未变。3.《王力先生联绵字观念的变化及其影响》（2009a），发现王力先生中期亦即20世纪50年代的联绵字观念中想象的成分过多，虽然发展了现代联绵字观念，而且影响很大，但他的理论依据与事实依据也都不支持他的观点。并且，王力先生后期的联绵字观念稍异于中期，但其例词仍然无一支持其观点。王力先生的例子十分典型。他一生联绵字观念多变（参看本书第六章第二节），影响极为广泛，但越是反映现代联绵字观念者，就越是缺乏可靠的语言事实。另外，还有几篇侧重考察信守派学者著作中联绵字研究情况的文字（详见沈怀兴2007e，2010c，2011d，2014a），也没有发现被考察的著作中有可靠的证据证明汉语里有什么特殊构词法，没有发现哪位学者著作中举出确能证明"联绵字—双音单纯词"说的例词。

　　不管是创立"联绵字—双音单纯词"说，还是维护和宣传这一理论，抑或依据这一理论做研究，都必须列举一些例词为证。所以信守派学者中不管其先行者还是趋从者，通常都要列举一些"联绵字"出来。所不同的是，其先行者确信汉语的双音词里有一种用来创造"联绵字—双音单纯词"的特殊构词法，所以列举"联绵字"动辄几十个（参看沈怀兴2007b，2009a，2011d），这种现象一直持续到20世纪80年代。进入20世纪90年代之后，很少有人一次列举几十个"联绵字"例词。像《古汉语知识辞典》解释"联绵字"曰："汉语最早的构词方式之一。由两个音节（汉字）联缀成义而不能分割的单纯词。特点有五：一、两字构成一个词素。两字间多有某种语音联系，或是一字缓读而成，如：孔→窟窿，蜩→蜈蚣、知了；或双声、叠韵，如：淋漓、龙钟"云云，主要的理论观点讲完了，只举了四个例词①。大概已经看到信守派先行者们的著作中所举"联绵字"大多是合成词，有的还被人指正出来，于是列举例词越来越少了。但是，不管列

---

　　①　即使仅此四例也靠不住。如"窟窿"并不是"孔"一字缓读而成的，而是同义语素并列构成的复合词。"窟"是一个基本词，在古今汉语中都常用，也常参与构词，与"窟窿"含义相通。"窿"是"窀"的后起字。《汉语大字典》第二版第2939页释曰："空穴。《广韵·董韵》：'窀，孔窀。'《集韵》董韵：'窀，孔窀，穴也。'《颜氏家训·书证》：'窀变成窿。'原注：'窀，音郎动反，孔也，故从穴。'卢文弨补注：'从穴者，窀窿字。'"这一解释如果不误，"窟窿（窀）"无疑是个联合式合成词。又如"蜩→蜈蚣、知了"，综合李海霞《汉语动物命名考释》"蝉、蛃""蜩、知了""蟪蛄""蜈蚣、蚗蛃"诸条考释，可以肯定"蜈蚣、知了"也不是"蜩"一字缓读而成的。具体地说，"蜈蚣"是联合式合成词，"知了"是拟声词。也有人认为"蜈蚣"是拟声命名而来的，后世音转为"知了"，但这也不能证明"蜩"一字缓读而成"知了"。再如"淋漓"也是个联合式合成词，详见第三章第二节。"龙钟"一词，照清黄生《字诂》"郎当"条下之说当为联合式合成词。

举多少个"联绵字"例词，都必须首先对它们进行语素辨认。这里面就有采用哪种联绵字语素判断方法的问题，也就不可避免地为读者考察"联绵字—双音单纯词"说的真伪提供了一个窗口。于是本课题研究在研读信守派学者著作时，很注意考察他们的联绵字语素辨认方法，从而发现了这样一个事实：尽管随着时间的推移，他们在不断改变联绵字语素判断方法，但是所有方法的实施都只是在附会"联绵字—双音单纯词"说。也就是说，他们先把"联绵字—双音单纯词"说教条化，成见在胸，然后奋力证其成见，以至于方法常变，后面的推翻前面的，但都不能证明"联绵字—双音单纯词"说。《现行联绵字语素判断方法的局限性》（2010a）逐一考察了信守派学者著作中使用的联绵字语素判断方法，揭示了执法人成见在胸而不管采用怎样的方法都只是在附和流行的"联绵字—双音单纯词"说的共同特点。同时也揭示了这样一个事实：任何方法都不能证明"联绵字—双音单纯词"说的合理性，原因在于它脱离了汉语实际。信守派学者所用的各种语素判断方法的先后失败，同样说明"联绵字—双音单纯词"说只能证其伪，不能证其真。还发表《试用历史考证法判断联绵字语素》（2010b），阐明了将历史考证法用于联绵字语素判断的理由，并且通过考辨《汉语大词典》解释"联绵字"所举例词，演示了如何将历史考证法用于联绵字语素判断。

　　第四，考察信守派学者著作借以支持"联绵字—双音单纯词"说的理论依据，务求弄清其真伪。这方面工作做得最多。本书姊妹篇《联绵字理论问题研究》重点在做这方面的工作，本书不少地方的考察讨论也可以看作这方面工作的补充。总之一句话：笔者十几年以来的探讨，没有发现哪种理论真正能够支持"联绵字—双音单纯词"说。这里只提一提影响最大而且带动全局的理论，如关于汉语词汇复音化发展的已有理论以及索绪尔的相关理论等。信守派学者著作中常以索绪尔"能指和所指的联系是任意的""语言符号是任意的"之说支持"联绵字—双音单纯词"说，殊不知索绪尔这话主要是就其"必须把产生这一状态的一切置之度外，不管历时态"之理论建构的需要说的。[①] 因此，这话就认识论角度说乃是机械唯物

[①]　"必须把产生这一状态的一切置之度外，不管历时态"之说又是为其语言观"语言是一种符号系统"服务的。可以说，索绪尔"能指和所指的联系是任意的""语言符号是任意的"之说是其语言观"语言是一种符号系统"之说的理论基石。

主义的，就方法论而言乃是形而上学之末流的①，落实到实践上则无法举出可靠的例词；勉强举例，一定经不起推敲。《"语言是一种符号系统"说疑议》（2006）对这些问题做了初步探讨，后来又在《索绪尔理论与"联绵字—双音单纯词"说问题》中作了补充（沈怀兴 2013a：197—208）。概括地说，索绪尔理论本不成立，用来支持"联绵字—双音单纯词"说更显得无力。至于学者以汉语词汇复音化发展规律支持"联绵字—双音单纯词"说，认为"联绵字—双音单纯词"是汉语词汇复音化发展的必然，认为"不管是宏观的结构不平衡，还是微观的结构不平衡，都需要冲破单字格局'1'的限制，要求采用字组以改进编码的方法。……汉语有这种内在的基础，这就是联绵字的结构"（徐通锵 1997：343）；"联绵字包括重言、双声和叠韵三类，都是两个字表示一个意义，形成'2个字·2个音节·1个字义'的结构形式，与字、音节、字义三者一一对应的格局不一致。这里的'2'实质上是'1'的一种变体，但在语言发展中它却成为突破单字结构格局、诞生字组、形成双字格局的过度环节和桥梁。"（徐通锵 1997：343—344）；"联绵字的'2'是'1'的分化，是'1'分化为'2'的结果。它是单字编码格局因理据性编码的需要而产生的一种变体；虽然是变体，但在汉语编码格局的调整中却产生了巨大的作用，为双字编码格局的形成和发展开辟了前进的道路。"（徐通锵 1997：348）；等等。由于没有让读者看到有力的证据，所以也没有什么说服力，要想坚持，则须要花大力气来证明（详见第五章第三节），关键是用靠得住的证据说话，来点实证让读者看看。

汉语词汇复音化研究是汉语史研究的重要课题。笔者曾经做过这方面的研究，并发表了几篇文章（详见沈怀兴 1998，2000，2001），发现要想正确地探讨汉语词汇复音化规律，关键是更新语言观。自那以后一直关注着这个课题的研究，直到撰写《联绵字理论问题研究》，又独辟一章，用了几万字的篇幅，简要地交代了一些基本看法，题为《汉语词汇复音化发展探索》（沈怀兴 2013a：266—296）。其间明确提出"语言

---

① 形而上学在国内被批判了几十年，近年来哲学界的认识发生了重大变化。但是，不管中国哲学家认识上发生了怎样的变化，形而上学之末流看事物的片面性是不容忽视和不能提倡的，特别索绪尔只就语言论语言而且片面强调共时论的语言学思想方法之负面影响不容忽视。

是人与生活世界互动作用的力的镜像的素描"的观点①，并作了必要的阐述。接下来依据新的语言观重新探讨汉语词汇复音化发展问题。认为从普通语言学角度讲，人类语言所有构词法构成的词都可以在人与生活世界互动作用中找到构成依据，所有词都有其造词理据，都有可验证性，因此都有进入言语交际领域的通行证。换个角度说，人与生活世界互动作用是一切语词产生的沃土。它给每一个词赋予了特定的造词理据，使每一个词都有可验证性。离开了这片沃土，就不会有任何词产生。然而，部分学者所谓联缀两个音节构成的"联绵字—单纯词"，只是单方面立足所谓语言本体角度的臆想，实际上没有可考的造词理据，没有可验证性，所以不会是人与生活世界互动作用的结果，必不能进入言语交际领域帮助交际双方完成特定的交际任务。因此，学者著作中为证明"联绵字—双音单纯词"说而列举的例词不可能是联缀两个音节而成的单纯词。十几年以来，我们没有发现学者们列举的哪个"联绵字"是联缀两个音节而成的单纯词，即主要是他们不明其语素构成情况的复合词。甚至还有人拿拟声词、叹词、重叠词和音译词来充数，就像《王力古汉语字典》《新编联绵词典》那样，那就无异于在宣告现代联绵字理论彻底破产了。否则，如果有人问：拟声词、音译词、重叠词和叹词是用王力先生所谓"一种特殊的构词法"构成的吗？它们都是汉语里特有的语言现象吗？估计学界没有人能够给出肯定的答案。所以这里必须弄清楚，复音节拟声词、叹词、音译词以及重叠词都有明确的造词理据，而不像部分学者所谓联缀两个音节构成的"联绵字—双音单纯词"，

---

① 近十多年以来，随着研究的不断加深，笔者发现中国现代语言学久已滞后于社会发展，并认为改变这一状况的首要方法是更新语言观，完善语言研究方法论。自发表《更新语言观是21世纪汉语学发展的必由之路》（第二届中国社会语言学国际学术研讨会，澳门：2003.12）以来，做研究未曾忘记思考这方面的问题，同时也密切关注着这方面的报道。2012年11月14日《中国社会科学报》A—02资讯版有记者路越《多角度探讨语言变迁规律》的报道：在2012年演化语言学国际研讨会上（北京大学，2012.11），香港中文大学王士元教授表示，"应从'宏观历史''中观历史'和'微观历史'三个不同尺度讨论语言的演化，宏观历史角度的语言演化主要探讨语言起源与多样化；中观历史角度的语言演化主要研究语言的历时变化；微观历史角度的语言演化关注语言的习得及语言的共时变异。美国康奈尔大学教授克里斯滕森认为，语言的进化会受到大脑神经机制、思维过程以及认知等因素的影响，大脑塑造语言，语言随文化发展而不断变化。"很明显，他们已经注意研究实质性问题，而与索绪尔共时论、语言是一种符号系统之类的语言学思想格格不入了。可以预见，整个学界更新语言观已经为期不远了。

没有可考的造词理据。二者的根本区别在于前者具有临摹性，理据性显而易见；后者没有临摹性，缺乏应有的理据性。徐通锵先生已经清楚地看到了这一点，所以一再强调"联绵字—双音单纯词"具有临摹性、理据性，只是他始终没有拿出有力证据，给出可信的证明（详见后面第五章第三节），这就更让人怀疑"联绵字—双音单纯词"说的客观性了。

第五，全面考察学者著作中为维护现代联绵字观念而创造的相关理论或者依据现代联绵字观念而创造的新理论。这方面的工作也已经基本完成，并发表了部分文章。1.《双声叠韵构词法说辨正》（2004a），对双声叠韵构词法问题做了初步考察讨论。部分学者喜欢说上古汉语的双音词有一种特殊的构词法，即联缀两个有声韵联系的音节构成单纯词的方法。《辨正》对此进行具体考察，发现创说者不过是在附会"联绵字—双音单纯词"说而已。因为他们著作中所举以证明其观点的例词都是春秋时期至六朝时期千余年间的双音词，确切地说是这期间出现的他们不明其语素构成情况的双音词，而且考察发现它们基本上都是合成词。同时，早从殷商汉语中就已经广泛采用复合法构词了，并且至迟到周初的汉语中已经用派生法构词了；用复合法、派生法构成的词都有明确的造词理据，都具有可验证性，因此都能进入言语交际领域帮助人们顺利地交流思想情感；而用所谓联缀两个有声韵联系的音节构成的单纯词没有造词理据——至少学者们没有能够证明联缀两个有声韵联系的音节构成的单纯词有什么造词理据。它们没有可验证性，没有进入言语交际领域的通行证，读者不知道既有复合法构词之利又有派生法构词之便的语言里为什么还要联缀两个有声韵联系的音节构成单纯词来跟受话人打哑谜。即使有这样的说话人，他所创造的"双声联绵字"或"叠韵联绵字"由于不被受话人理解，不能帮助言语交际双方顺利地交流思想感情，也绝不可能传播开去和流传下来。然则学者为证明其观点所举的"双声联绵字"和"叠韵联绵字"，不会是古人联缀两个有声韵联系的音节创造的单纯词[①]。2.《衍音说平议》考察了

---

①　有人读到这里质问说："汉语里毕竟有大量的双声联绵字和叠韵联绵字嘛，如果不是用双声叠韵构词法创造的，到底是用什么方法创造的呢？"其实这个问题在本书中反复讲到了，所谓双声联绵字、叠韵联绵字之类，大多是用联合式构词法创造的，也有的是用其他复合法创造的，个别的是用拟声法或音译法创造的。这里总提一句，读者可看后面各章节中的相关论述。

衍音说问题（2013b）。文章考察发现，衍音说最早叫衍声联绵说，后来简称衍声说，近二三十年来有越来越多的人称衍音说。起初只是为证明"联绵字—双音单纯词"说而创，近二三十年来虽然越来越多的人趋从之，但它在理论上讲不通，实践中行不通，实际上还停留在想象阶段。文章考察了追随衍音说做研究的一些著作，发现文字学家、音韵学家和方言学家们为证明衍音说所创造的一些理论都是"联绵字—双音单纯词"说之成见在胸的穿凿附会，因此都不成立。同时各家都从观念出发著文，始终举不出一个可靠的例词，也从另一个侧面证明衍音说靠不住。3.《与衍音说相关的几个问题》（2011b），主要对学者用来支持衍音说的增字构词法之说、语音造词法之说、语词羡余成分说等进行简要的考察讨论，发现它们也都是持论者衍音说之成见在胸的穿凿附会。它们的创造者只顾驰骋想象，却找不到可靠的证据，所举例词多是他们自己不明其语素构成情况的合成词。有的则是站在现代共时角度上臆说"羡余"，有的把切脚词举为例词，其实是混淆了"衍音"之衍与"切音"之切运动方向相反之事实。4.《"联绵字语素融合"说疑义》（2008a），考察了六家持联绵字语素融合说观点做研究的情况，对各家观点进行逐一考察讨论，发现他们不管站在哪个角度说，无一例外都是现代联绵字观念之成见在胸，为附和流行的"联绵字—双音单纯词"说找一些似是而非的理由，而不知道他们偏执的"联绵字语素融合"说本身存在悖论。因为强调"联绵字语素融合"，是以承认联绵字为双语素词为前提的；而既然联绵字是双语素词，必有凝结着造词者特定的认知理路及表述方式，造词者早已不在人世了，怎么研究者说他的认知理路及表述方式没有就没有了呢？否则怎样证明双语素词融合成单语素词了？那些"囫囵一团"之类的说法能不能实证？有没有可操作性？某复合词，甲说它语素融合了，就判它为"联绵字—双音单纯词"；乙说它没有融合，就不判它为"联绵字—双音单纯词"，究竟该听谁的？5.《"联绵词不可分训说"辨疑》（2008d）考察发现，"联绵词不可分训"说也是"联绵字—双音单纯词"说之成见在胸、曲解王念孙连语不可分训之说而附会现代联绵字观念的产物。它的突出特点是误把不可分训作为"联绵词"的判断标准，而完全忽视了合成词词义的整体性特点。这样以来，便是误以合成词词义的整体性证明合成词是单纯词了。究其原因，其实是持论者没有弄清楚词义理解与语素分析的区别。确切地说，其中多数人是在混淆了传统语文学与现代语言学之界限的情况下，硬把前人如王念孙的连语不可分训或段玉裁的绵联字不可分释等训诂学理论拿来附会"联绵字—双音单纯词"说。很明显，采用这种认识不清的生拉硬拽方法做研究，结果只能是结论与事实不符。至于持论者不求本字、不辨隐喻造词或换喻造词、不区别是否隐喻义或换喻义行而本义隐等原因，只是直觉上认为某双音词"不可分训"便判它为"联绵字—双音单纯词"，就更说不过去了。然而，《"联绵字语素融合"说疑义》《"联绵词不可分训说"辨疑》等文章已经发表六七年了，至今部分学者遵循"联绵字—双音单纯词"说著文仍离不开"联绵字语素融合"说和"联绵词不可分训说"，重复着其先行者的错误。特别为信守派"联绵词不可分训说"影响至深者即使读了本书稿反复解释王念孙连语不可分训说之本意后仍然质问道："王念孙的连语不可分训说，在作者看来是什么意思？特别是王氏'说者望文生义，往往穿凿而失其本指'是什么意思？"[1] 这让我们看到学者一旦被现代联绵字观念所左右，就可能对不同的观点视而不见，不管你的观点重复多少遍，都难入其"法眼"了。由此观之，整个现代联绵字理论群在汉语词汇研究中退出支配地位将是十分困难的，汉语学其他分支学科研究彻底摆脱现代联绵字理论的干扰，实现正常发展，将不是短时间之内可以做到的。

第六，全面考察现代联绵字理论在各类辞书编写中的执行情况，借以考察现代联绵字理论的发展状况及其影响。一般说来，词典释义总是坚持通释语义的原则。词典中的观点一般是比较通行的，多数人能够认可的。这是因为词典不是个人专著，不能只用一家言[2]。因此，考察现行词典中对"联绵字"及相关术语的解释，可以断定"联绵字—双音单纯词"说是否已成"定论"；考察同一部词典在不同历史时期不同版本之观点的变化，

---

① 读者有同类问题者，请留意本章第三节的相关考察分析。

② 这一点，1960年出版的《现代汉语词典》试印本解释"联绵字"曰"旧称双音的单纯词"算是例外，因为那样解释只反映了其主编旧时观点，旧时其他学者没有这样明确的认识（详见第三章第一节）。

可以看到学界联绵字观念的变化；比较不同时期词典对"联绵字"及其相关术语的解释，可以考见现代联绵字理论的发展轨迹；考察不同种类的辞书解释"联绵字"及其相关术语问题，不仅可以看到学界在联绵字问题研究上的意见分歧，而且还可以预示现代联绵字理论的发展趋势；等等。上述工作也已经考察完毕，并发表了一些文章。1.《试析词目"联绵字"的不同解释》（2004b），选择各类辞书共 10 家，对它们解释"联绵字"的情况进行比较分析，发现 1936 年出版的《辞海》释"联绵字"曰"字之联缀成义者曰联绵字"，并照传统语文学家王国维《联绵字谱》中的联绵字分类法分成三类，共举了 9 个例词，多是合成词，可知那个时候还没有明确提出"联绵字—双音单纯词"。但是，到 1979 年《辞海》修订本出版，释"联绵字"曰"指由两个音节联缀成义而不能分割的词"，与初版相比就不大一样了。这里不再说"字之联缀成义"，免得读者知道汉字是语素文字而产生误解，同时 20 世纪 30 年代学者们的联绵字观念很不统一，如夏丏尊、王树枬等学者笔下的"联绵字"甚至包括多字词；明确说"两个音节联缀成义"，因为音节只是最小的语音结构，就不会产生太多误解了；并且加了"而不能分割"五个字，说明已经受到现代联绵字观念的影响了。只是其"联绵字"分类与初版不尽相同，且 6 个例词同样多是合成词；虽有"玲珑"一个单纯词，但还是个由拟玉击之声而来的词，不是用"一种特殊的构词法"创造的"联绵字—双音单纯词"。至此，如果认为新《辞海》在贯彻"联绵字—双音单纯词"说，那么就只能说它具有观点较明确但无可靠例词支撑的特点。至于《现代汉语词典》试印本（1960）与试用本（1965），只时隔五年，试用本解释"联绵字"观点未变，6 个例词被换掉了 3 个，就更表现出先有观点而后寻例词的特点了[①]。在比较中，还发现《四角号码新词典》《汉语大词典》《中国大百科辞典》

---

　　① 在一次研讨会上，笔者讲到"联绵字—双音单纯词"说的无根性时举了这个例子，有人提出批评，认为演绎推理就是先立观点后举例，科学研究允许大胆设想。估计同行中有这种想法的还有一些。殊不知：1. 词典释义不允许演绎推理。2. 演绎推理不是凭空想象，而是以固有的比较通行的理论为依据的，"联绵字—双音单纯词"说虽然在流行，但还不是一般原理，它还需要用事实证明。3. 胡适"大胆的设想，细心的求证"这话的本意是：科学研究可以大胆设想，但关键是细心求证。这"细心求证"就是充分让事实说话。现在再补充一句：原理不是真理，真理也是在不断发展的。在科学研究中，事实具有一票决定权。

《中国语言学大辞典》《语言学百科词典》等后出的词典都不同程度上接受了"联绵字—双音单纯词"说，表明进入 20 世纪 80 年代之后，现代联绵字理论日渐流行。当然，这里面也可能跟它们接受了《现代汉语词典》解释"联绵字"的影响有些关系。但是，直到 1985 年台湾三民书局出版《大辞典》，解释"联绵字"仍然说"二字连成的同义复词"，表明那时候现代联绵字理论只在中国大陆流行，并且还不够广泛[①]，还没有影响到台湾学界。2.《〈汉语大词典〉"连语"释义补正》（2005），考察了王念孙的连语观后发现，《汉语大词典》解释"连语"曰"联绵字"，而引王念孙《读书杂志·汉书第十六·连语》的连语观作证，虽然反映了流行观点，但却误解了王念孙。这个例子也反映了早从 20 世纪 80 年代，大陆部分学者联绵字研究就已经从现代联绵字理论出发而不是从事实出发了。否则，只要稍稍留意王念孙"凡连语之字，皆上下同义，不可分训……"中有"上下同义"四个字，就不可能再拿王氏连语不可分训说来证明"联绵字—双音单纯词"说了。由此看来，现代联绵字理论之成见在胸者援引古人之说作证，只是个"套路儿"罢了。因此，广大信守派学者尽管千人一腔，以至于"联绵字—双音单纯词"说成了"定论"，但谬误流传，却不是一种好现象。3.《从"联绵字"之释看现代联绵字观念之谬》（2008c），通过对《汉语大词典》《中国大百科全书·语言文字》《古汉语知识宝典》三种辞书对"联绵字"解释的比较，发现越向后，"联绵字"的解释越详尽，经不起推敲的地方也越多。这一现象说明，错误的理论不管其追随者如何穿凿，都经不起事实的检验，从而揭示了现代联绵字理论的虚妄性。4.《〈联绵字典〉的收词及相关问题》（2007d），针对部分学者从现代联绵字观念出发纷纷贬斥符定一《联绵字典》的现象，文章认为，符定一《联绵字典》是就传统语文学的联绵字观念命名的，人们不宜用现代联绵字观念的眼光看它；旧时"联绵字"等术语不指双音单纯词，这是无法改

---

　　① 　20 世纪 80 年代中叶，联绵字观念还不够统一。如戚桂宴（1984）说："联绵字的含义是二字的字义联绵，是同义的，只有并列结构的'犹豫'才是联绵字。"这里的"联绵字"相当于王念孙的"连语"。又如"窈窕""辗转""翱翔"等双音词，学者多举它们为"联绵字—双音单纯词"说例词，但张寿康（1984）考见它们都是合成词。这些都说明那时候现代联绵字理论还没有取得支配地位，不少知名学者还在继承传统语文学家认识的合理内核，而不认可现代联绵字理论。

变的事实；汉语史上没有所谓的特殊构词法，被人误判作双音单纯词的"联绵字"多数是用复合法创造的合成词，少数是用拟声法或音译法创造的。另外，还对相关的问题作了简单交代。符定一《联绵字典》在近三十年来的遭遇是一个典型的悲剧，本书第六章第一节有较为详细的考察讨论，可参看。5.《现代联绵字观念左右下的〈新编联绵词典〉》（2012a），具体考察《新编联绵词典》的收词后发现，《新编联绵词典》声称谨遵现代联绵字理论收词释义，名家作序也说它是"现代联绵词"词典，但是它所收五千条"联绵词"多是编写者不明其语素构成情况的合成词，其余的则是拟声词、音译词、叹词、重叠词和切脚词，用特殊的构词法构成的"联绵词—双音单纯词"一个也没有。因此，《新编联绵词典》遵循现代联绵字理论从事编写工作，以它彻底的失败证明：汉语里没有正统的信守派先行者说的那种"联绵字—双音单纯词"，当前广泛流行的"联绵字—双音单纯词"说其实是被虚构出来的，是无源之水。6.《〈语言学名词〉解释"联绵词"问题》（2014a），发现《语言学名词》遵循现代联绵字理论解释"联绵词"，同样没有举出当其说的例词，同样说明现代联绵字理论脱离了汉语实际。并发现该书解释"联绵词"前后分歧过多，也表明现代联绵字理论没有可靠的语言基础。事实证明，《语言学名词》解释"联绵词"和所有信守现代联绵字理论的著作一样，以其失败证明长期盛行的现代联绵字理论其实是汉语研究者的陷阱。7.《〈汉语大字典〉误释双音词举例》（2014b），抽样考察了《汉语大字典》误释"联绵词"的情况。另外，考察现代联绵字理论误导字典词典错释"联绵字"而尚未发表的文章还有几篇，将整合到第三章和第六章。

　　第七，全面考察现代联绵字理论对人才培养的影响，包括对学子成长和学者继续成长的影响。如考察各类文献材料（高考试卷、现代汉语教材、古代汉语教材和网上的一些材料等），写成《现代联绵字观念贻误学子例说》（2011a），报告了现代联绵字观念贻误中小学生、大学生、研究生等不同层次学子的情况；考察不同学者的著述，结合个人经历，写成《现代联绵字观念贻误学人例说》（2011c），报告了学界一般人受现代联绵字理论危害的情况；考察顶级学者徐通锵先生研究联绵字的情况，写成《现代联绵字理论对顶级学者的负面影响——以徐通锵先生"联绵字"研究为例》，报告了现代联绵字理论对顶级学者的危害（详见后面第五章第三节）；考察台湾学者关于联绵字问题研究的情况，写成《现代联绵字观念对台湾学人的影响》（2011e），介绍了现代联绵字观念于 21 世纪初越过海峡、迅速传播的情况，报告了台湾当代部分青年学者所受现代联绵字理论的负面影响。定向考察一些代表性著作，做了大量笔记，记录了现代联绵字理论贻误具体学者的情况，有的已经充实到本书中，读本书者随处可以看到，还有一些将留待本书姊妹篇《学者惑于现代联绵字理论问题研究》中继续披露。总之，现代联绵字理论对人才培养、学者继续成长的危害之大出乎常人意料；现代联绵字理论所到之处，如果不是真能独立思考，几乎无人幸免其害。然而，学子受其害而不知不觉，习非成是，长大后多为趋从派。学者受其害知道反思者极少，所以现代联绵字理论迅速流行开来，且长期处于主导地位。而反思派学者人少势弱，人微言轻，加之联绵字理论及实践问题研究难度大，虽欲澄清是非，但却无力回天，而徒唤奈何。

第八，考察学界对联绵字问题研究的评论情况，特别重点考察反思派学者对现代联绵字理论流行的反思情况。正像前面第一章开头说的那样，现代联绵字理论在一定程度上联系着汉语词汇学、语义学、训诂学、词典学、文字学、音韵学、语法学、修辞学、方言学、语法学、汉语史及中国语言学史等各分支学科的研究。近三十多年以来，广大的信守派学人遵从现代联绵字理论做研究而发表的文字随处可见。照理说，从各个角度进行评价联绵字问题研究状况的文字也不会太少。然而，出人意料的是数十年以来很少有人对联绵字问题研究状况进行全面评述①。例如，信守派学人对联绵字问题研究状况的评价主要有二。一是硬与古人搞联盟②，极力搜寻古人言论支持"联绵字—双音单纯词"说，严格说来还算不上对联绵字

①　徐振邦《联绵词概论》（1998）一书中有些评述性文字，但正像作者在其《后记》中说的那样，主要是"有关理论总结性的研究"。也就是说，该书名为"概论"，述的成分多，评的成分少，辨的成分更少。而且那时反思派的声音极少，且欲言又止，极及微弱，所以整本书差不多只是在总结现代联绵字观念的东西。

②　也有联盟不成便横加批判的，《现代联绵字观念贻误学人例说》（2011）中曾提及这种现象。不管是鼓吹古人观点，还是批评古人言论，他们都是从现代联绵字理论出发，都没有正确理解古人观点。

问题研究状况的客观评价，所以就放在前面所述第一、二两个方面文献的考察中附带叙述过了。二是直接给现代联绵字理论冠以"现代语言学的科学理论""汉语研究的重大理论建树"之类，但始终未见有人给这些虚美之辞以必要的证明。其间贯彻着这样的逻辑："联绵字—双音单纯词"说及其附庸理论是现代语言学的，所以是科学理论，无须证明的科学理论。从学术发展角度来说，这分明不是个好事情。

反思派学人的评论性文章也不多，并且其中四分之三以上是本书作者发表的。除了笔者的批评文章之外，主要还有许惟贤（1988）的《论联绵字》，陈瑞衡（1989）的《当今"联绵字"：传统名称的"挪用"》，姚淦铭（1991）的《论清以来联绵字观念嬗变》，李运富（1991）的《是误解不是"挪用"——兼谈古今联绵字观念上的差异》。另外，李国正（1990）的《联绵字刍议》、刘福根（1997）的《历代联绵字研究述评》、白平（2002）的《汉语史研究新论》（152—208）、李海霞（2004）的《联绵词的来源和定义》、马秀月（2012）的《现代语言学"联绵字"内涵及分类之商榷》等，也对现代联绵字理论发表了一些反思性意见。他们力证古人笔下的"联绵字"不指"双音单纯词"，白平等同时对信守派所举的"联绵字"例词进行考辨，指出它们统统是合成词。特别许惟贤（1988）还言及"联绵字—双音单纯词"说的危害，很有见地。但是，总的说来反思性意见一是少，二是除了本书作者之外，主要集中在对《现代汉语词典》解释"联绵字"所谓"旧称……"云云之"旧称"的考辨上。直到目前，反思派学者的研究思路仍然不够开阔，而且积极性不高，只算开了个头儿，更多的工作还亟待同仁去做。

应该承认，在对待现代联绵字理论的态度问题上出现几近一边倒的情况看似反常，其实并不奇怪。这里面既有学界自身的原因[①]，也有社会大

---

① 例如：1. 部分学者知识面偏窄，理论素养有待提升，而研究现代联绵字理论问题却需要宽阔的视野和较高的理论水平；2. 古今兼通者偏少，读不懂古书者不少，以致误解古书者较多；3. 部分学者独立思考的能力相对薄弱，认识不到现代语言学的问题；4. 有些人认识到中国现代语言学的依附性和无根性，却不敢公开发表文章略抒己见；5. 学术思想不够解放，学术作风不够民主，部分学者虽然看到了现代联绵字理论的错误和危害，但不敢或不愿公开批评；6. 语言研究的社会责任感不强，没有反思中国现代语言学贡献几何的思想意识，部分学者只会唱赞歌，不少学者只喜欢听赞歌；7. 习惯跟风者众，求真欲望偏弱的情形难以抵御各种干扰；等等。

环境的原因（如人文社会科学研究没有受到应有的重视，保证学术自由的社会机制尚待完善，拜金主义的影响日见增长，等等），还有教育的原因，特别是应试教育在一定程度上使受教育者成了考试机器，小孩子从入学就只会接受现成答案，开始死记硬背拿高分，不能博学之、审问之、慎思之、明辨之，无从发展独立思考的能力，不少人到老不能格物致知，只会传声，所以做研究时无法不从观念出发，跟风则是不可避免的。因此，仅就联绵字问题研究而言，只要弄清楚现代联绵字理论的来龙去脉，把握其论据特点，同时厘清它与左邻右舍的关系，坚持让事实说话，对现代联绵字理论进行全面辨正不是做不到的事情，对它在各个领域里造成的危害进行调查研究也完全可以办得到，但是，要彻底肃清其影响也许不是一件容易的事情。

　　另外，文献考察分析法还广泛用于考察那些令一般人趋从现代联绵字理论的文献资料。只是这方面需要考察分析的文献资料特别多，而且不少材料的考察分析中"辨"的成分更大一些，叙述起来很难用较少的文字说清楚，就只好这么提一句了。

第二节　历史考证法的应用

　　所谓历史考证法，就是坚持历史主义，考察事物的发生、发展、变化，借以了解研究对象之性质特点的方法。有些人公开反对坚持历史主义研究联绵字问题，也有人没有公开反对，但却给他们附和"联绵字—双音单纯词"说的语素融合说之类冠以"历史发展的观点"，说到底是以主观认识取代客观实际。所以要客观地研究联绵字理论及实践问题，不仅必须采用历史考证法，而且有必要对历史考证法在本课题研究中的应用情况做点交代。

　　毋庸讳言，研究联绵字理论及实践问题而采用历史考证法，与索绪尔"必须把产生这一状态的一切置之度外，不管历时态"思想是对立的，但这却是不得已的事情。本课题研究中之所以广泛采用历史考证法，是因为曾饱经"讲台客"的尴尬遭遇，另外还有两个借鉴。

　　一种遭遇是伴随三十多年讲台生涯的尴尬。当年初上讲台，讲课谨遵教材，但时或出岔子，原因在于教材中的"共时研究"证据不可靠。例如某"现代汉语"统编教材 1979 年试用本第 206 页把"蝙蝠"举为非双声叠韵联绵词例词，并且至今未变，站在现代汉语普通话音系角度看，这样讲没有错，但稍懂点古音后就觉得不对了。待到系统地掌握了现代联绵字理论知识以后，就更知道原来照教材讲是出丑了。有时出了丑，自己认识到了，下一次改正过来，愧疚之情也就慢慢淡化了。但那时候学生读书认真的多，肯较真儿的也多，有时被他们提出来，虽有"教学相长"那句老话遮着脸儿，但是心里总是过不去。这样的事情一天天多起来，一部"现代汉语"教材给标注满了，作为一名教师，所承受的心理打击就不是外人能体会到的，由于传授错误的理论知识给社会造成的负面影响就更无法计算了①。其间还曾承乏讲过几次"古代汉语"课，问题少一点，但只是少一点而已。特别是遇到现代联绵字理论知识教学，问题更多。当教了二十几年书的时候，不管什么教材里讲现代联绵字理论知识的部分都不敢讲了。近十多年教书，很少再讲现代联绵字理论知识部分②，其他地方的讲解也越来越少。过去是一年讲不完，现在是一个学期不够讲的。理由很简单，教书人的职责在教人求真，但是讲现代语言学知识要求真就乱套了。而求真不成，又不能随波逐流，就只好少讲点。也曾寄希望于研究生，希望借此培养他们求真的精神，效果也不好。所以至此，现代语言学强调共时而力排历时，"必须把产生这一状态的一切置之度外，不管历时态"（索绪尔 1980：120）、"语言学的唯一的、真正的对象是就语言和为语言而研究的语言"（索绪尔 1980：323）以及应试教育的"刚需"、教条主义的知识传授等是根本原因。这种经历使笔者懂得，从事语言研究不可忽视历史考证法。不少情况下只有采用历史考证法进行深入探讨，充分让事实说话，才能使主观认识与客观现实相吻合，才能让人不仅知其然，而且知其所以然。上述情况，我曾经在《现代联绵字观念贻误学人例说》（2011c）

---

　　① 　就像牵动汉语学各分支学科研究的现代联绵字理论，盛行三十年以来，已经造成了三大重灾区（参看后面第四、五、六章的考察），还不知道要持续多久，它给人类社会造成的损失也许不是一次战争、一次地震、一场瘟疫可比的，只是人们习非成是，当怪不怪了。

　　② 　有时忍不住讲几句讨论性的话，却发现学生一脸茫然，无所适从，也就只好打住，请他们自由阅读相关内容，不再去折磨他们了。明知这样做是不负责任的，但却又不得已。

和其他文章中透露过几句，不多，因为一言难尽。[①]

下面简单交代两个借鉴。

第一，任何事物的产生、发展、变化都是在历史上完成的[②]，离开了历史就无法探明事物发生、发展、变化的原因与情形。所以研究客观事物一定要有历史观点，要采用历史考证法深入考察"酱是从哪里咸的，醋是从哪里酸的"。考察过程中，如果发现事物发生了变化，还必须弄清其变化的原因与方式，一切让事实说话。否则，便无法揭示事物本质性的东西或规律性的东西。"现代汉语"教材中之所以有那么多无根之说，原因就在于被共时论给卡死了。比较没有完全被共时论给卡死的"古代汉语"教材，这一点可以看得更清楚些。好在随着近年来学术的发展，做研究而坚持历史主义的道理已经不难理解，就不展开了。

第二，此前人们强调共时研究，催生了现代联绵字理论[③]，并使它迅速流行，同时也促使现代联绵字理论联系着的汉语学各分支学科不断向科学的反面滑落。这一事实也启发我们必须采用历史考证法研究联绵字问题，澄清联绵字理论分歧，逐步消除现代联绵字理论的负面影响。

在本课题研究中，历史考证法主要用于以下三个方面。

---

①　这里面主要是现代语言学的问题。众所周知，中国现代语言学思想不是土生土长的。其思想方法，基本上是舶来之物；其研究，是先借来理论方法，后在汉语里找注脚或者"做习题"，不少情况下甚至是削足适履。因此，现代语言学思想方法主导下的汉语研究往往与客观存在的汉语貌合神离。这一点，只要看看数十年以来的汉语研究在社会发展中起了多少作用，在人才培养中产生了怎样的影响，就不难理解了。现在看来要解决这个问题，一是要牢固地树立学术研究必须服务社会发展的思想，从而更新语言观；二是要破除迷信，坚持实事求是，正确地解决广泛联系着汉语学各分支学科研究的现代联绵字理论问题；三是要坚持独立思考，力避从观念出发做研究，一切让靠得住的事实说话；四是要发扬传统语文学求真求实的优良传统，早日实现汉语言文字研究的古今贯通；五是要减少各级各类学校语文教学中的现代语言学知识，大力提倡锐意求真的理念和充实有用的知识，实现语文教学的良性循环，培养会思考的人才。

②　这个观点在21世纪首届现代汉语语法国际学术研讨会上（2001.1.31—2.6，香港）报告时曾被人质疑，根本原因或深层原因在各自语言观不同，但同时也由于人们对"历史"一词有着不同的理解。笔者所有著述中的"历史"都是按照《现代汉语词典》的解释使用的："自然界和人类社会的发展过程，也指某种事物的发展过程和个人经历。""历史上"则表示时间，而且是个变化的概念，不是笼统的古今比。比如今天是现时，昨天就是历史；本月是现时，上月就是历史；今年是现时，去年就是历史。

③　现代联绵字理论产生的原因是多方面的（参看沈怀兴2013a：63—99），共时论不是根本原因，只有催生作用，但是它的催动力很大。并且，现代联绵字理论的发展，与它的推动也有一定的关系。

　　第一，用历史考证法判定联绵字语素。信守派学人判定联绵字语素，较早的时候只凭研究者个人感觉下结论，只要研究者看不出某个双音词的语素构成情况，就判为"联绵字—双音单纯词"。这种做法的随意性是明摆着的，所以近三十多年间越来越多的人采用同形替代法，并且已经广泛写进"现代汉语"教材。同型替代法是结构主义语言学派中坚成员哈里斯提出来辨认词的方法，被陆志韦引进之初也是用来区别词与非词的，但多受批评，所以不久陆先生便否定了这种做法。后人或许不清楚其间曲折，竟用同形替代法来辨认语素，就只有索绪尔语言符号系统说及其共时论这个不是理由的理由了①（详见沈怀兴 2006）。于是近年来又有人采用词义对照法辨认复音词语素。其实，它与替代法一样，都是在共时论旗帜下做附和"联绵字—双音单纯词"说的工作（详见沈怀兴 2010a），所以都没有可操作性，其结论均与学者语文功底、独立思考的能力以及对现代联绵字理论的迷信程度有关。因此，同一个双音词往往出现甲说它是单纯词，乙说它是合成词，而引起无谓的争论②。全面考察信守派学人著作，可以看到采用现行方法判断联绵字语素，能够通过检验的一般是合成词，不能通过检验的则不一定是单纯词。即使是单纯词，也不是由特殊的构词法构成的"联绵字"。因此，即使在信守派学者著作中用它们判断联绵字语素，不少情况下也得不出一致的结论。于是一般人不明其语素构成情况的某些双音词被辗转抄引，争相用它们来支持"联绵字—双音单纯词"说。《现代汉语词典》解释"联绵字"所举的 6 个例词被抄引率最高，几乎是信守派学人公认的"联绵字—双音单纯词"，连《汉语大词典》遵循现代联绵字理论解释"联绵字"也抄了它的 5 个例词，却不料它们个个都是合成词，一个单纯词也没有（详沈怀兴 2010b）。这种观点靠趋从、论据靠抄袭的做法，是趋从派学者的研究特点。所以信守派学人中也有人不肯抄袭，刻意举几个大家不曾举过的例词证明其共同信仰"联绵字—双音单纯词"

---

　　① 索氏所谓静态中的语言事实，无一不是动态发展的结果；所谓语言符号系统以及符号与符号间的关系，也是历史上形成并变化的。语言研究者不对其共时观察之所得进行历时研究、验证，找不到历史变化的依据，则很难提高其共时研究的可信度，很难保证语言描写的可靠性。

　　② 这种情况现在越来越少了，主要原因是联绵字语素融合说日渐盛行。有联绵字语素融合说守着，即使谁把复合词误判为"联绵字—双音单纯词"，只要被人指出，也可以说它已语素融合，变得囫囵一团，成为一个单语素词了，批评者只能哑口无言，于是批评指正者越来越少了。

说，但由于那些词只是列举它们的研究者们自己不明其语素构成情况的双音词，一般得不到同行们的认可，有的还会被撰文批评。甚至顶级学者著作中列举的"联绵字—双音单纯词"也可能被著文辨正。如王力先生《汉语史稿》及其主编的《古代汉语》、吕叔湘先生《中国文法要略》等均执现代联绵字观念，都各自举了些他们认定的"联绵字—双音单纯词"为证，但是，都曾经被指出那些例词不当其说（详见白平 2002：172—208；沈怀兴 2007b，2009a）。鉴于上述情况，笔者发表文章讨论判断联绵字语素的原则与方法，正式提出用历史考证法判断联绵字语素（详见沈怀兴 2010b）。

文章认为，用历史考证法判断联绵字语素就是要通过深入考察，尽可能地弄清其造词之初的情况，把握其造词理据，凭着历史事实做出客观公正的判断。这是因为，语言中一般词的产生，都是造词者对具体事物认识与称说的结果。造词者对某事物有所认识，抽象化之后反映到语言中便形成了词义；对某事物之自身特点的认识或对该事物与他事物某种联系的认识就是其造词理据，反映到构词上，就使这个新词有了自己的结构特点。如长期被作为"非双声非叠韵联绵字"词例争相引用的"蝴蝶"，根据已有的研究，盖由模拟蝴蝶飞起来扇动翅膀的声音而谓之"蝶"，又因"蝶美于须"，而"俗谓须为胡"，故谓之胡蝶。宋代之后或写作"胡蝶"，或写作"蝴蝶"，今以"蝴蝶"为正体。毫无疑问，"蝴蝶"是偏正式合成词（详见沈怀兴 1993，2002a；刘萍 1999；严修鸿 2002）。也有人认为"蝶形似叶，故谓之棻（蝶）"。那样的话就是由隐喻造词而来的，但"蝴蝶"仍是偏正式合成词，也不支持"非双声非叠韵联绵字—双音单纯词"之说。然则词的内部结构方式是由其造词理据决定的，造词理据是由造词者特定的认识决定的。联绵字都是古人创造的，古代造词者特定的认识留在"联绵字—复合词"的结构关系里，只要原词义没有发生改变，造词者固有的认识就没有改变，那些"联绵字—复合词"原有的结构方式就不会改变。明乎此，则不会相信什么语素融合说，更不会拿语素融合说支持"联绵字—双音单纯词"说了。明乎此，也不会拿王念孙的"连语不可分训说"支持"联绵字—双音单纯词"说了，因为王念孙的连语不可分训说只是在强调词义的整体性。从现代词汇学角度说，词义的整体性与语素构成的非单一性正是合成词这张纸的两个面，所以拿王念孙的连语不可分训说证明"联绵字—双音单纯词"说只能是南辕北辙。明乎此，自然会发现只有采用历史考证法判断联绵字语素才是唯一可行的方法。

至于某些复音词内部结构发生变化，就当前搜集到的例子看，都是复合词内部不同结构类型之间的转变，主要是由于某词被后人旧瓶装了新酒，有了新的所指，旧词中所凝结着的造词者之认识被后世"装新酒"者的认识替代了，而找不到合成词两个语素融合成一个语素的例子。通常所谓语素融合的词，实际上仍是合成词，因为部分学者的"语素融合"只是受先入为主的"联绵字—双音单纯词"说所左右的一种感觉，或者附和"联绵字—双音单纯词"说的一种想当然之辞，并没有什么可操作的客观标准。所以往往同一个复合词，古汉语水平有待提高的人照流行的观点说它是"联绵字—双音单纯词"；有一定古汉语水平的人可能大致了解它们每个字的意思，只是说不清了，就说它们语素融合了；而古汉语功底较深的人却很清楚它们每个字是什么意思，又是怎样构成合成词的，便不会说它们语素融合，更不会判它为"联绵词—双音单纯词"。另外，一些能够独立思考的学者，不管其古汉语水平高低，面对不明其语素构成情况的双音词，即使留待继续考察，也不会随便判它为"联绵字—双音单纯词"或者说它语素融合了。这一点，山西有几位学者做得比较好。

因此，对于那些只是研究者不明其语素构成情况却举以证明"联绵字—双音单纯词"说的双音词，正确的做法只能是坚持独立思考，重新考察，努力还历史以本来面目。那既成的事实不允许研究者从现代联绵字理论出发给它们贴上个"双声联绵字""叠韵联绵字"或"非双声非叠韵联绵字"之类的标签了事。只有了解到某词最初的确是由一个语素构成的，才可以判它为单纯词。如一些拟声词、叹词、音译词、切脚词都只含一个语素①，所以现在一般语言学著作中都把它们归为单纯词。但是，它们都不是现代联绵字理论中的"联绵字/词"，因为它们都不是用什么"特殊的

---

① 学界对切脚词的意见不够一致。有些人把切脚词归为复合词，《中国语言学大辞典》解释"切脚词"就反映了这一观点。切脚词果真是复合词，当然更有利于本书观点。但是，鉴于有些学者著作中举切脚词为"联绵字—双音单纯词"说例词的情况，为了避免不必要的争论，这里姑且把切脚词归为单纯词。

构词法"创造的，都不是汉语里特有的，都不合正统的信守派学人所谓"联绵字是汉语中一种特有的语言现象"的观念。

用历史考证法判断联绵字语素，原则上要求考见其造词之初的情况。但是，如果受材料限制有些联绵字是什么时候产生的已经不可考，那就只能考察其各构词成分在历史上的活动情况了。如"踊跃"，是吕叔湘（1942/1982）初证"联绵字—双音单纯词"说时所举 50 个例词中的第一个，吕先生叫它双声联绵字，也是后来追随者常举的一个例词。他们都说它是个双音单纯词，其实不然。踊，《说文》释曰"跳也"，向后《广雅》与《玉篇》也都释曰"跳也"，《现代汉语词典》释曰"往上跳"，是古今一义。跃，《说文》释曰"迅也"，马叙伦《说文解字六书疏证》："'迅也'当作'卂也'。卂、飞一字。飞者，足离地而起。"《广雅》释曰"跳也"，《玉篇》释曰"跳跃也"，《现代汉语词典》释曰"跳"，亦古今一义。仅就字、词典释义来看，"踊""跃"是同义词。马叙伦《说文解字六书疏证》："踊者，足绝地而起，似雀行也……踊、跃双声转注字。"马氏此言也证明"踊""跃"是同义词。双声转注而来的联绵字"踊跃"只能是联合式合成词。再从语言使用角度看，古代文献中"踊""跃"常单用，并且义同"踊跃"，也证明"踊跃"不是单纯词。如《左传·哀公八年》："微虎欲宵攻王舍，私属徒七百人，三踊于幕庭。"杜预注："于帐前设格，令士试跃之。"杜预以"跃"释"踊"，也证明"踊跃"是同义词联用造出的合成词。又如《左传·僖公二十八年》："魏犨伤于胸，公欲杀之……（魏犨）距跃三百，曲踊三百。乃舍之。"句中"跃""踊"对文同义。再如《诗·大雅·旱麓》："鸢飞戾天，鱼跃于渊。"这个"跃"不能换以"踊"。结合上面的考察情况看，"踊""跃"所表概念义是相同的，只是"跃"不止用于人，使用范围略大；"踊"只用于人，使用范围小一些。"踊""跃"单用的例子很多，《经籍纂诂》《故训汇纂》等书中引了一些，可参看。另外，"踊""跃"作为构词语素，均有较强的能产性。查《多功能汉语大词典索引》，以"踊"为词根构成的双音节合成词 70 条，以"跃"为词根构成的双音节合成词 99 条，特别是那些于先秦已成词者，如果说"踊跃"是单纯词，则无法证明它的两个"无义音节"早在西周之前就已经实现了语素化。总之，"踊""跃"既常单用，又常参与构词，表明它们都曾经是自由语素（"跃"至今常单用），而且由它们构成的"踊跃"与其各自单用时大致义同，所以不可以因为它们具有双声关系而判"踊跃"为单纯词。"联绵字—双音单纯词"说之成见在胸者没有具体考察这些事实，不明其内部结构关系，而举以证明"联绵字—双音单纯词"说，其实是没有说服力的。

　　第二，将历史考证法用于传统语文学家联绵字观念的考察。这可以使被曲解或涂抹的历史恢复本来面貌，从而帮助我们消除一些模糊认识。部分学者喜欢搜寻传统语文学家关于联绵字问题的论述来支持现代联绵字理论，证明"联绵字—双音单纯词"说乃是古人已有的认识。虽然被许惟贤（1988）、陈瑞衡（1989）、李国正（1990）、姚淦铭（1991）、李运富（1991）、白平（2002：152—169）等人反复批评过，但信守派学者去古书中为"联绵字—双音单纯词"说搜寻证据的兴趣不减，以至于凡用过"联绵字"及相关术语的传统语文学著作一再搜寻过了，同时还搜来缓读说以及其他相关理论来提高说服力，而不知道古人的联绵字观念以及缓读说等与今之信守派联绵字观念以及他们的"缓读"说没有什么关系（详见沈怀兴2008b）。

　　其实，只要不怀成见，对历史文献进行深入考察，就会发现古人著作中是找不到用来支持现代联绵字理论的任何表述的。如初创"联绵字"这一术语的宋代张有，其《复古编》里列举了58个联绵字，大多是合成词。少数虽为单纯词，但也不外乎拟声词和音译词。元代曹本《续复古编》收了107个联绵字，情况同此。宋代学者也有写作"连绵字"者，并且较多，各家笔下的"连绵字"含义也不相同，但无一家用"连绵字"指双音单纯词。宋元以后语文学家使用"联绵字"或"连绵字"者，也没有哪家是指双音单纯词的。岂仅如此？早从宋代产生的语文学术语"连语""二文一命"都不指双音单纯词。向后，明代学者笔下的"谜语""骈字"等术语也不指双音单纯词。清代学者继承和发展了前人语文学思想，但所用术语仍然都不指双音单纯词。笔者把上述考察写成一系列文章，先后发表出来。又围绕缓读说问题从汉代文献一直考察到近代文献，发现古人缓读与急读相对、缓言与疾言相对，也都不是在讲"特殊的构词法"问题，都不支持"联绵字—双音单纯词"说。其他如长言与短言相对、慢声与急声相对、合音与分音相对，也都与今之信守派学者的理解完全不同，也都不支持"联绵字—双音单纯词"说。遍考古人著作，只有顾炎武《音论》卷中《古人四声一贯》所谓"迟之又迟"之说和王筠《说文释例》卷十二"圣人正名百物，大物皆一字为名，小物乃两字为名，其尤不足道者乃以双声叠韵为名"之说看似可以用来支持"联绵字—双音单纯词"说，但说到底，它们是语文学家的表述不清（指顾炎武）和想象（指王筠），而且自身不成立，就不要说用它们来做理论依据了（详见沈怀兴2008b，2009b）。

　　既然古人著作中没有可以用来支持现代联绵字理论的表述，信守派学者为什么坚持去古人著作中为"联绵字—双音单纯词"说搜寻证据呢？其原因比较复杂。显而易见的原因是"联绵字—双音单纯词"说先入为主，却找不到可靠的证据，只能寄希望于古人。同时，正是因为他们现代联绵字理论之成见在胸，不可能仔细研读古书，更不可能详细考察分析古人所举例词①，因而所引古人观点多属误引。更有甚者，其现代联绵字观念之成见在胸者引20世纪早期学者观点也只是出于想当然。如从20世纪40年代初开始，有人引王国维"联绵字合二字而成一语，其实犹一字也"证明"联绵字—双音单纯词"说，后人纷纷趋从之，而不知道王氏的"一语"不是他们说的一个语素，"犹一字"亦非一字，而是强调多字词词义具有整体性，像单字词那样表达一个特定的概念。如果像信守派学人理解的那样，王国维《联绵字谱》收了不少四字词组的现象则不好解释，其他双音词中合成词占3/4以上的现象也不好解释。不过，这只是表层的原因。

　　于是笔者进行深入的历史考察，看到出现上述批评者不断批评、受批评者无动于衷的深层原因之一，是批评者和被批评者都存在历史主义贯彻

---

　　①　如引方以智诨语说证明"联绵字—双音单纯词"说者，只要浏览一下方以智《通雅·释诂》卷八所收诨语，一眼看到那37组派生词的诨语，还有多音节诨语，就不会再援引方以智的诨语说证明"联绵字—双音单纯词"说了。又如引王念孙连语不可分训说支持"联绵字—双音单纯词"说者，只要浏览一下王念孙《读书杂志·汉书第十六·连语》，就会发现他所举23条连语都是同义单音词并列构成的合成词，也不会再引王念孙的连语说支持"联绵字—双音单纯词"说了。无奈他们大多看不仔细，只管顺着现代联绵字理论的道儿人云亦云。可见一种错误观念一旦流行是多么可怕！虚假的"学界共识"对学术发展的危害又是多么严重！

不够彻底的特点。就批评"旧称"说者而言，虽然他们有一定的历史观点，但具体研究中却没有自觉贯彻到底，所以考察欠深入，只发现了一些表面现象，未能揭示其深层原因。至于引古人观点附和"联绵字—双音单纯词"说者，只是现代联绵字理论之成见在胸而强拉古人入伙。他们在联绵字问题研究方面只是看似有历史观点罢了。他们没有兴趣对古人之说进行深入考察，有的甚至连所引古书也没有读懂，就像《中国大百科全书》遵循现代联绵字理论解释"謰语"，而引方以智"謰语者，双声相转而语謰谈也"之说为证，却没有读懂方以智之说而只凭想当然一样。换个角度说，如果他们确有历史观点，并且曾经对古人观点进行深入实际的考察分析，他们不仅不会引古人理论支持"联绵字—双音单纯词"说，而且还可能对同道中强与古人搞联盟的做法采取保留态度，而不会继续跟风。所以至此，一个不争的事实是，大家都没有弄清楚传统语文学家与现代语言学家的根本区别，不清楚二者研究目的与研究方法完全不同，不知道立足语文理解做研究的古代语文学家既没有辨识某字串之语素构成情况的需要，又没有区分单纯词①与合成词的意识，更没有准确判断联绵字语素的方法和能力，他们的观点根本不会支持现代联绵字理论。于是发表了一系列文章，将古人观点放在特定时代的具体语境中进行多角度考察分析，使人们不仅知道古人观点不支持目前流行的"联绵字—双音单纯词"说，而且清楚地认识到为什么不支持"联绵字—双音单纯词"说（参看沈怀兴2005，2007c，2008d，2012b，2015）。

另外，在将历史考证法用于古人联绵字观念的考察过程中，由于所考察的著作多出自较有造诣而且较有影响的学者之手，所以能够比较系统地了解传统语文学家的思想精华，领略他们刻意求真且力求实用的学术风范，清楚地看到中国传统语文学服务社会、促进民族文化发展的巨大作用，从而体会到实现汉语言文字学研究之古今贯通的必要。作为现代人，我们不少人一向习惯批评中国传统语文学，批评它是"经学的附庸"。《现代汉语词典》解释"附庸"也说："泛指依附于其他事物而存在的事物：

---

① 确切点说，古人著作中连相当于"单纯词"之所指的概念也没有。这一点其实不难理解，因为古人不仅没有字与词的区别，而且他们不是在从事语言本体研究，根本用不着"单纯词"这个概念。

语言文字学在清代还只是经学的～。"在深入考察传统语文学家之联绵字观念的过程中发现：认定"语言文字学在清代还只是经学的附庸"者，实际上是对传统语文学不够了解的一种偏见。传统语文学的作用极其广泛，是与人们社会生活关系十分密切的学问，解经只是传统语文学的作用之一，就不用说经学乃中华文化之精华了。并且，传统语文学中文字学、音韵学、训诂学各有其科学而实用的理论方法，各有其系统性，并且相互联系而成一个大系统；加之版本学、目录学、校勘学等立足实用而刻意求真的学术精神，可以说中国传统语文学是人类文化中独树一帜的科学体系，怎么能说它只是"经学的附庸"呢？如果不存偏见，而且真正熟悉中国传统语文学思想方法，全面了解它的作用，也许不会那样贬低它了。从这一事件看，采用历史考证法做研究对打破偏见、实现汉语言文字学研究的古今贯通具有十分重要的意义。

第三，用历史考证法考察现代联绵字理论的产生与发展情况。这样做有助于了解酱是从哪里咸的，醋是从哪里酸的，从而弄清楚现代联绵字理论的本质特点。本课题研究先考察了现代联绵字理论的核心理论"联绵字—双音单纯词"说产生的历史背景，发现它是应驳斥汉语单音节幼稚落后论的需要而产生的，同时也是在中国现代语言学处于初级阶段并且研究者对研究对象认识不清而强为之说的情况下创造出来的。较早地产生现代联绵字观念之意识的是薛祥绥（1919），其次是魏建功（1926；1935），再其次是郭绍虞（1934；1938）。只是他们还没有明确提出"联绵字—双音单纯词"说罢了。确切点说，他们当时还没有联绵字语素辨认的想法和能力，甚至还没有区分单纯词与合成词的紧迫感，所以他们列举例词从不以区别单纯词和合成词为前提。即使仅就单纯词而言，也不出拟声词（包括由拟声而来的双音词）、叹词、音译词、切脚词四类。这几类词并非汉语中所独有。因此，他们至多不过是"联绵字—双音单纯词"说的酝酿者（详见沈怀兴2007a，2010c，2011d）。

顺着历史发展的线索，我们发现第一个明确提出"联绵字—双音单纯词"说的学者是吕叔湘先生。这个问题拟于后面第三章第一节叙述。值得一提的是，吕先生虽然观点明确，但在提出后近20年里并没有什么影响。

只有到了 1960 年，"联绵字—双音单纯词"说写进由他主编的《现代汉语词典》试印本，向后各版因袭不变，随着《现代汉语词典》庞大的发行量，也随着外来现代语言学理论知识的日渐普及与传统语文学的日趋式微，这无根的"联绵字—双音单纯词"说才日渐流传开来。《现代汉语词典》问世半个多世纪以来，后出的各家辞书解释"联绵字"多沿袭它的观点，只是表述稍异；信守派学人研究"联绵字"多依据它的观点，有的还抄用它的例词，使它对"联绵字"的解释在现代联绵字理论的流行过程中发挥了不容忽视的作用。遗憾的是，它始终保留了观点明确而例词尽误的特点（详见后面第三章第一节），是在极力宣传"联绵字—双音单纯词"说的同时给读者开了个大大的玩笑①。

现代联绵字理论的发展是进入 20 世纪 50 年代以后的事情，代表性著作是王力先生的《汉语史稿》。《汉语史稿》第九节里说："双声叠韵是汉语的特点之一。……汉语自始就不是单音节语；先秦时代已经有了大量的双音词。汉语的双音词有一种特殊的构词法；它们多数是由双声叠韵构成的。古人把纯粹的双音词（不能再分析为两个词素者）叫做联绵字，联绵字当中，十分之九以上都是双声或叠韵的词。这些联绵字并不像某些人所猜想的只是一些拟声词（如'丁当'）；相反的，先秦的拟声词往往只用单音（'击鼓其镗'）或叠音（'呦呦鹿鸣'），而不一定用双声叠韵。"但是，这段话同样是观点鲜明，证据靠不住。其后所举的例词也没有用特殊的构词法创造的（详见沈怀兴 2009a）。

顺便指出，虽然现代联绵字理论到 20 世纪 50 年代后期在学人著作中取得了长足的发展，亦即其核心理论"联绵字—双音单纯词"说的各附庸理论都出现了，但是，在"文化大革命"之前的那些年里并没有多大的影响。这可能是因为那个时代的学者传统语文学的平均水平比后世学者语文水平高一些，不容易被脱离汉语实际的"联绵字—双音单纯词"说所诱惑吧。另外，还应该顺便说一句，现代联绵字理论的产生、发展有其重要的外部原因，亦即社会历史因素对现代联绵字理论的产生和发展起了促进作

---

① 考虑《现代汉语词典》的编写者们也许至今还不知道这样做错在哪里，产生了哪些负面影响，就暂视其为"开玩笑"吧。

用，只是前后社会因素不同罢了①。后人不了解现代联绵字理论产生和
发展的社会因素，一味儿穿凿，以致大大促进了现代联绵字理论群的不
断膨胀，这或许是现代联绵字理论之酝酿者、提出者及积极发挥者始料
不及的。

现代联绵字理论取得进一步的发展，并且在此基础上生发出一些新的
理论，同时越来越广泛地写进各类辞书，是进入 20 世纪 80 年代以后的事
情。笔者已经有一些文章分头考察了这些问题，其中侧重理论探讨的文章
已经整合到《联绵字理论问题研究》，这里就不说了。侧重实践问题考察
的几篇文章收入本书，安排在后面各章节。

总之，历史地考察现代联绵字理论产生、发展的全过程，可知现代联
绵字理论酝酿及提出于 20 世纪前半叶特定历史背景下的虚构和对研究对
象认识不清的猜测，发展于 20 世纪 50 年代的想象和继续虚构，膨胀于近
三十多年间的穿凿附会与多方拼凑。虽然现代联绵字理论及相关理论已经
构成了一个庞大的理论联盟，其核心理论"联绵字—双音单纯词"说与相
关理论久已广泛流行，但是，通过历史地考察分析，可知它们没有可靠的
语言基础，根本经不起事实的检验。因此，历史考证法的实施是澄清现代
联绵字理论之是非的基本途径。

那么，怎样理解索绪尔所谓语言研究"必须把产生这一状态的一切置
之度外，不管历时态"（详见索绪尔 1980：120）、"语言学的唯一的、真
正的对象是就语言和为语言而研究的语言"（详见索绪尔 1980：323）呢？
这个问题在《"语言是一种符号系统"说疑义》中已经讨论过了，结论是：
它是索绪尔为理论建构的需要提出的，至多不过一家之言罢了（详见沈怀
兴 2013：197—208）。纵观数十年以来的汉语研究，我们在这方面的教训
太多了，中国学者学习索绪尔语言学思想方法付出的代价太大了。索绪尔

---

①　20 世纪前半叶，"联绵字—双音单纯词"说从酝酿到提出，主要是出于驳斥"汉语单音
节幼稚落后论"的需要（详见沈怀兴 2007a，2007b，2010c）。到 20 世纪 50 年代，现代联绵字理
论发展主要是因为受了当时反对帝国主义的政治影响（参看沈怀兴 2009a）。所以现代联绵字理论
的产生、发展不是纯学术问题。因此这些社会政治因素一旦没有了，当年倡导和发展现代联绵字理
论者也会发现一些问题。如吕叔湘 1979 年的《汉语语法分析问题》中反映出对辨认语素的无
奈（参看下面第三节的介绍）。《王力古汉语字典》收象声词、叹词、重叠词等为"联绵字"，但
《汉语史稿》却不是这样主张的（参看沈怀兴 2009a 和第六章第二节）。

曾经说："对语言发生兴趣的意想不到的后果是，没有任何领域曾经孕育
出这么多的荒谬观念、偏见、迷梦和虚构。从心理学观点看，这些错误都
是不能忽视的，而语言学家的任务首先就是要揭破这些错误，并尽可能全
部加以清除。"（详见《普通语言学教程》汉译本 1980：27）这里，索绪
尔已经看到语言研究领域里问题严重——"没有任何领域曾经孕育出这么
多的荒谬观念、偏见、迷梦和虚构"，并认为"语言学家的任务首先就是
要揭破这些错误，并尽可能全部加以清除"。有这样的胆识，索绪尔可谓
伟大的语言学家。但是，他或许没有想到如今汉语言文字研究领域里也出
现了那么多、那么严重的"荒谬观念、偏见、迷梦和虚构"。遗憾的是，
这些"荒谬观念、偏见、迷梦和虚构"至今还是我们的学术主流，而且被
认作"学界共识"，动不得的，这也许不能不说是汉语语言学的悲哀。

第三节　对质法的应用

对质法，指把与信守派学者观点相关的事实拿来对证一下，以见究
竟。这在读过前面内容的读者，大概都已经有个印象了，本节只是稍稍梳
理一下。常用的对质有将信守派学者个人前后观点对质、信守派学者集体
内部观点对质、古今观点对质等几种方式。

一　信守派学者个人前后观点对质

就是把某人此时的话和彼时的话放在一起对证一下。由于现代联绵字
理论来自臆造加拼凑，完全脱离了汉语实际，所以即使信守派学者个人，
其前后观点也往往出现矛盾。他们的观点从未予实证，并且无法确证。考
察他们观点的前后矛盾处，对揭示现代联绵字理论的本质具有重要的现实
意义。

这方面的例子不少，这里暂举三位顶级学者的例子。如吕叔湘先生
（1942）曾明确提出"联绵字—双音单纯词"说，并为证明这一观点列举
了 50 个例词；主编《现代汉语词典》（试印本。1960）而释"联绵字"曰
"旧称双音的单纯词"，并举了 6 个例词。可是到 1979 年出版的《汉语语

法分析问题》里却说："辨认语素跟读没读过古书有关系。读过点古书的人在大小问题上倾向于小，在异同问题上倾向于同。"如果坚持前面的观点，则后面这话很不好理解：既然直到 1979 年还为一些复音词的语素辨认无方而无奈，怎么早在 37 年前的《中国文法要略》第一章第 5 节中就有"单纯性的复音缀词……"云云，并列举了 50 个例词，在 1960 年主编的《现代汉语词典》里解释"联绵字"曰"旧称双音的单纯词"，并且举了 6 个例词呢？汉语双音词语素辨认至今还没有学界公认的标准，当初又是怎样判定所列举的双音词是"单纯性的复音缀词"或"单纯的双音词"的？换一句话说，吕先生当初举以证明"联绵字—双音单纯词"说的那些例词果真是"联绵字—双音单纯词"吗？肯定不是（详见后面第三章第一节）。那么其所谓"联绵字—双音单纯词"说是怎么来的？

又如王力先生（1958）《汉语史稿》第九节中说"汉语的双音词有一种特殊的构词法；它们多数是由双声叠韵构成的。古人把纯粹的双音词（不能再分析为两个词素者）叫做联绵字"，而到第四十节《构词法的发展》中却说："汉语复音词的构成，可以分为三大类：（一）连绵字；（二）词根加词头、词尾；（三）仂语的凝固化。"不再说"一种特殊的构词法"，同一部书的前后观点有如此大的差别，是为什么呢？能说"连绵字"就是构词法？这不可能是作者的一时疏忽，而只能是根本上的无奈。正是这种根本上的无奈透露出现代联绵字理论发展迅猛而无力的本质特点（详见沈怀兴 2009a）。这个特点，一直到 1985 年写的《王力古汉语字典序》中才有所改变。如《序》中说："联绵字实际上是一个双音词，其组成部分不能拆开来讲。"承认"联绵字实际上是一个双音词"，但是双音词不是用"一种特殊的构词法"构成的。所以这么说，很可能现代联绵字理论在王力先生的晚年已经发生了动摇①。再看字典中所收的 1526 个"联绵字"，除了第 1220 页有一个重叠式合成词"袅袅"以外，其他 1525 个"联绵字"则不出复合词、叹词、拟声词、音译词四类，它们都不是用"一种特殊的构词法"构成的，都是一般双音词，就更证明现代联绵字观念不仅理论上讲不通，而且实践中行不通了。

---

① 不过，这种动摇也是无奈的，被迫的，亦即让事实给逼的，或者说仅仅是因为在实践中行不通才发生动摇，并没有彻底放弃现代联绵字理论（详见第六章第二节）。

再如徐通锵先生（1997）反复强调"联绵字是理据性编码机制的一种活标本""联绵字是汉语中理据性编码机制保存得最好、表现得最清楚的结构单位""（联绵字）是汉语理据性的编码机制从非线性向线性转移的过渡环节，是'音'与'义'相互转化的一种桥梁"云云，但是，徐先生同样观点明确，论证无力，其书中大约两万字的联绵字问题研究始终没有让读者看到其"联绵字"有什么理据性，也没有举出一个"联绵字—双音单纯词"。徐先生的联绵字问题研究更典型的矛盾还有，本书后面第五章第三节将提到。

以上列举了三位顶级学者的例子，只是想说明这样一个事实：错误的理论归根结底经不起实践的检验；一种理论只要脱离了实际，缺乏现实基础，无论怎样顶级的学者也无法确证。换个角度看，不管怎样顶级的学者，只要从错误理论出发做研究，都无法得出符合客观实际的结论。本书后面第三章各节的考察讨论同样说明了这个道理，可互参。总之，上举三位顶级学者所做研究的最大价值就是反证现代联绵字理论是错误的，是无法证实的。这就提醒每一位汉语词汇研究者务必对盛行已久的现代联绵字理论保持清醒的认识。

二 信守派学者集体内部观点对质

就是把具有同一学术信仰的不同人群的意见或研究成果拿来对证一下。由于现代联绵字理论严重脱离了汉语实际，不同的信守派学者大脑里的现代联绵字理论不很统一，他们在行文中不可避免地要产生这样那样的矛盾。因此将他们之间的矛盾认识放在一起对质一下，同样有助于揭示现代联绵字理论脱离汉语实际的本质特点。

这方面的例子很不少，本可分为几类介绍，但似乎没有太大的必要，也许稍稍点到为止就可以了，所以也暂举三个例子。如讲到"联绵字"的来源，信守派中部分学者臆断"联绵字"来自复辅音声母分裂，而以王力先生为代表的另一部分学者不认为汉语古有复辅音声母，于是创"特殊的构词法"等名称来表述他们推测的"联绵字"来源，相关特殊构词法名称创造了不少，不仅不为复辅音声母分裂说家所认可，而且没有哪一种名称通行开来。这种"联绵字"来源之想象的分歧、"联绵字"构词法名称上的混乱，仅就表层现象而言是信守派内部认识分歧的反映，深层原因在于汉语里本来就没有学者臆想的"联绵字"。一定穿凿，证无为有，则不可避免地会出现这种混乱现象。

又如上举吕叔湘先生倡导"联绵字—双音单纯词"说，认为"联绵字—双音单纯词"来自"衍声"，后来追随者据此创造了"衍声联绵法""联绵法""衍声法""衍音法"等构词法名称，而且还反映到语言学词典里，如《中国语言学大辞典》第285页就有"衍声法"这一词条。可是，后来有更多的学者并不认可所谓的衍声法。如任学良创语音学造词法、朱广祈创语音关联造词法或语音造词法、徐朝华创异音联绵构词法、詹鄞鑫创造增字构词法，还有人创双声叠韵构词法、羡余法等。大概不是他们不知道吕先生早有"衍声"说，因为比较他们所创造的构词法名称之内涵，其所指很不同，而且其运动方向恰恰相反，亦即它们之间具有一分为二与合二而一的关系。这是二者学术信仰相同而关键的地方分歧严重的例子。

再举个学术信仰相同，例证本质上无异，结果也完全相同，但却都是证明"联绵字—双音单纯词"说靠不住的例子。如《现代汉语词典》从1960年试印本到2005年第5版解释"联绵字"都是在宣传"联绵字—双音单纯词"说，大陆各家新编词典解释"联绵字/词"相继接受了《现代汉语词典》的观点，但是至今未见哪家词典举出当其说的例词。又如《汉语大字典》，遵循现代联绵字观念收释"联绵词"，但其"联绵词"中至少4/5是编写者不明其语素构成情况的合成词（参看第六章第三节）。特别有一部谨遵现代联绵字观念编写出版的《新编联绵词典》，其所收五千"联绵词"中包括复合词、重叠词、叹词、拟声词、音译词、切脚词六类（详见第六章第四节），唯独没有用特殊的构词法创造的"联绵词—双音单纯词"。其实这无异于用实际行动否定了主流学者的意见，也否定了自己的初衷。但是，换个角度看，他们又各有苦衷，因为他们谁也找不到可靠的例证来证明他们的信仰——"联绵字—双音单纯词"说，却又都是错误理论的受害者。然而奇怪的是，一种错误理论困扰了信守派万千学人，他们始终趋从"联绵字—双音单纯词"说，不敢越雷池一步，倒好像不知其困。

岂仅不知困惑？不少人还自觉为之辩护。只要遇有质疑"联绵字—双音单纯词"说者，他们就会积极辩护。但是，辩护中往往出现不可调和的矛盾。如有人指出信守派学者著作中列举的某"联绵字"其实是作者不明其语素构成情况的复合词，马上就会有人说它语素融合而变成单纯词了。可是，说它语素融合而成单纯词了，总该证明一下吧？除了"囫囵一团"之类的浑理，却从来不见可信的证明，事实上也无法证明，像"水火同质"一样无法证明。

其实，怎样辩护都是徒劳的，因为汉语里根本没有用特殊的构词法构成的"联绵字—双音单纯词"。信守派学者不了解这一点，于是一本正经地从语音形式上为"联绵字—双音单纯词"说找证据。如有些学者只把不明其语素构成情况的双音词之上下字有语音联系者说成"联绵字/词—双音单纯词"，并且创造了双声叠韵构词法之类术语。但是，那些不明其语素构成情况而且没有语音联系的双音词怎么办呢？所以多数人的"联绵字/词—双音单纯词"里还照《现代汉语词典》的做法让"联绵字"或"联绵词"包括"非双声非叠韵的"一类。可是，这非双声非叠韵的一类又是怎么来的？吕叔湘先生当初创衍声说的时候一口气列举了10个非双声非叠韵的"联绵字"，但却没有告诉读者怎样衍声才能衍出"非双声非叠韵的联绵字"来。看来，这不可调和的矛盾本是伴随着"联绵字—双音单纯词"说的问世而来的。然而广大信守派学者也许至今还不知道：只要坚持"联绵字—双音单纯词"说，不管怎样给"联绵字/词"分类都是徒劳的（参看第三章第二节）；不管怎样分类，都举不出靠得住的"联绵字—双音单纯词"。

三　古今观点对质

就是把信守派学人看来古今人相同的观点放在一起对照一下，看一看古今人观点是否真的相同。信守派学者常在他们的著作中援引古人观点来证明"联绵字—双音单纯词"说。对此，本课题研究过程中经常运用对质法，配合文献考察分析，通过历史考证法一项一项地追根求源，探赜索隐，还事实以本来面目。下面也举三个例子。

如谉语，《中国大百科全书·语言文字》释曰："谉语，也作连语。这个词见于明代方以智《通雅》卷六《释诂》。方以智说：'谉语者，双声相转而语謰謱也.'謰謱即接连不断的意思。指两个字合成为一个词，不能拆开来讲。《通雅》书中所讲的都是双声词，但是两个字为叠韵的也属于'謰语'一类。例如'黾勉'、'玲珑'、'慷慨'、'消息'都是双声词；例如'苍茫'、'从容'、'殷勤'、'婆娑'都是叠韵词。这些都是不能分开讲的。'謰语'现在通常称为'联绵字'或'联绵词'。"自从《中国大百科全书》这样解释之后，学界少有不同意见者。如果《大百科》的解释是客观的，仅方以智一家之说就可以证明古今联绵字观念相同。然而这个解释却让没有现代联绵字理论之成见者百思不得其解。第一，既然"謰语，也作连语"，方以智为什么不用"连语"，偏偏"以许氏加'言'焉"而另创造出个"謰语"呢？从《大百科》派角度看，这是否成见在胸而曲为之说？第二，"謰謱即接连不断的意思"，那么"双声相转"是什么意思？"而"是什么意思？"语謰謱"又是什么意思？[①] 第三，在《通雅·释诂》卷六"謰语"题解中举了两个例词，第一个例词"崔嵬"就是叠韵词，怎么能说"《通雅》书中所讲的都是双声词"呢？读者带着这些问题去读《通雅》中的三卷謰语，回过头来再看《大百科》对"謰语"的解释，可以肯定地说，《大百科》中那位撰写"謰语"条目的学者并没有看方以智的书，甚至连他167字的《謰语》题解也没有看仔细，因为《大百科》这段包括标点符号在内的200字的"謰语"释文中，只有"这个词见于明代方以智《通雅》卷六《释诂》。方以智说：'謰语者，双声相转而语謰謱也。'"三四十字是对的（详见沈怀兴2015）。然而，为《大百科》撰写"謰语"条目者是一位顶级学者，誉满学林，从事联绵字问题研究也只是从观念出发，究竟是什么原因？此后解释"謰语"者大多以《大百科》的解释为本，又是什么原因？仅仅是迷信权威？看来，自现代联绵字理论流行以来，从事联绵字问题研究者丧失科学研究应有的独立思考之精神久矣。通常，人们总是有意无意地把流行的观点、"权威"的观点作为真理，或趋从，或穿凿附会，久而久之，什么样的新理论都有了。

又如信守派学人多喜欢拿王念孙连语不可分训说来支持"联绵字—双

---

① 确切地说，《中国大百科全书·语言文字》对方以智"謰语者，双声相转而语謰謱也"之说的解释只是附会"联绵字—双音单纯词"说的不负责行为，与方以智的观点并未沾边（详见沈怀兴2015）。

音单纯词”说，对此，没有现代联绵字理论之成见者也无法理解，因为他们不知道王念孙一个训诂学家怎么会研究词的内部结构关系并说出支持“联绵字—双音单纯词”说的话来。这就需要先找到王念孙连语不可分训之说的出处，拿王念孙说话的语境来对质一下。王念孙《读书杂志·汉书第十六》“连语”条下曰：“凡连语之字，皆上下同义，不可分训。说者望文生义，往往穿凿而失其本指。如训‘流貤’，则曰：‘无有差次，不得流行。’《武纪》：‘受爵赏而欲移卖者，无所流貤。’应劭曰：‘貤音移。言军吏士斩首虏，爵级多，无所移与，今为置武功赏官，爵多者分与父兄子弟，及卖与他人也。’师古曰：‘此说非也。许慎《说文解字》云：貤，物之重次弟也。此昭言欲移卖爵者，无有差次，不得流行。故为置官级也。貤，音弋赐反。今俗犹谓凡物一重为一貤也。’念孙案：‘貤’读与‘施于中谷’之‘施’同。《叙传》曰：‘貤于子孙’，貤即施也。《周南·葛覃》传曰：‘施，移也。’故今人犹谓‘移封’为‘貤封’。《丧服》传：‘绝族无施服。’郑注曰：‘在旁而及曰施。’《大传》‘施’作‘移’。是‘施’与‘移’通也。此言流貤，亦取旁及之义。故应劭读为‘移’。若以‘貤’为‘重次弟’，则‘流貤’二字义不相属。且此昭‘貤’字在‘流’字之下，若如师古说，以为无有差次，不得流行，则当移‘貤’字于‘流’字之上，仍须加数字以解之，而其义始明，何其谬也？《说文》以‘貤’为重次弟物，乃‘貤’字之本训。此昭借‘貤’为‘流移’之‘移’，则非‘重次弟’之谓矣。记曰：夫言岂一端而已？夫各有所当也。”读过王念孙的这段话，大概谁也得不出王念孙讲连语不可分训的话可以支持“联绵字—双音单纯词”说的结论。在这段话中，王念孙先亮出自己的观点：“凡连语之字，皆上下同义，不可分训。说者望文生义，往往穿凿而失其本指。”然后举颜师古分释“流貤”而致误为例，进行分析论证，使读者看到构成连语的两个字，如“流貤”，上字“流”与下字“貤”同义，不能把它们解释成不同的意思。像颜师古那样望文生义、穿凿附会，就不是“流貤”本来的意思了。接下去王念孙又列举了22条连语例词，共23条，照他的考察分析，均与“流貤”类似，所以无一例外全部是联合式合成词。然而，信守派学人举王念孙连语不可分训之说来证明“联绵字—双音单纯词”说，不仅不看王念孙是怎样考察分析他所列举的23条例词的，而且连原话中"皆上下同义"之语也有意无意地给忽略掉了。如果他们不是习惯从观念出发，不是习惯跟风，而是大致对他们所引的古人话语做点考察，哪怕只是粗读一遍，大概没有这类"共识"吧？当然，这里面也可能还有别的原因，如忽视了合成词词义的整体性与单纯词的单语素特点之别啦，或者现代学者中部分人已经读不懂王念孙的书啦，或者他们的老师当年就是这么教的啦，等等，只要有其中一种原因存在，在当前语境中做研究也就可能随大流了。

再如信守派学者著作中多习惯列举古代学者长言说、缓言说等来证明其缓读说。然而经考察发现，那是不知道古人长言说等理论的立论原因、立论角度、立论依据、立论目的等均不同于他们所持的缓读说，二者内涵各异，没有相通之处（参看沈怀兴2008b）。

此外，还有一些对质方式，如同样信守现代联绵字理论，不同地域的学者具体认识往往不同，拿来对照分析一下，也可以看到现代联绵字理论的虚妄性（参看沈怀兴2011e）。不同群体的学者具体主张也往往不同，拿来对照一下，也可以看到在一些基本问题上，信守派学人内部多有冲突。如他们同样是强调"联绵字"上下字间有语音联系，从事古汉语研究者则说："联绵词的两个音节是否双声或叠韵，必须以汉语的上古音来鉴别，不能以现代的读音来判断。"（参看杨剑桥2003：345）从事现代汉语研究者则往往主张以今音为标准（参看张斌2002：166）。至于还有部分学者闭口不谈"联绵字"上下字间的语音联系，也许有更多的顾虑。表面上看这是"联绵字"的划分标准问题，其实不然。不管采取哪一标准，都有不可克服的矛盾。于是就有了前面第一章中抄录的王宁（2006）序文的那段话。学术研究靠证据。部分学者要坚持"联绵字—双音单纯词"说，就必须拿出令人信服的证据证明其所谓"联绵字"到底是怎么来的。否则，什么地方都可能出娄子。例如，不同词典编写者对现代联绵字观念的理解不尽相同，反映在相关词条的解释上就会呈现出一些不可调和的矛盾，从而反映出现代联绵字理论缺乏语言事实支持的本质特点（参看第一章附录一）。

顺便补充一句，上述对质法的运用都只是就微观层面而言的，但是不能说对质法的应用只限于微观。例如，就常识而言，大凡科学的理论必然能够有效地指导人们从事社会实践或科学研究，一般都能带来较好的效益或效果。那些误导实践，甚至给社会或研究者带来损失的理论，则一定是缺乏客观基础的理论，一定不是科学的理论。所以考察现代联绵字理论盛行几十年来造成的影响，反过来也可以证明它是否科学，于是就有了"联绵字理论问题研究"和"现代联绵字理论负面影响研究"两个子课题相互印证的研究。只不过从事微观对质意在多角度揭示现代联绵字理论内部的矛盾性，进行宏观印证则可以更好地揭示现代联绵字理论的病态特征罢了。

第四节　连环证明法的提出和应用

本节介绍的连环证明法主要是从宏观角度提出的，是就联绵字理论及实践问题研究全过程安排的。它的提出基于以下认识：1. 一种理论如果有可靠的事实依据，或者说它是从某类事实中总结归纳出来的，就一定可以用来印证同类中的一般事实，并且不管谁依据这种理论进行同一事实的研究都会得出同一结论，一般不可能得出相反的结论；反之，如果不同的研究者依据同一理论研究同一事实却得出不同的结论，并且这样的现象很多，乃至同类事实的研究常出现矛盾的结论，那么这种理论不管流行多广，都值得怀疑。2. 一般说来，正确的理论能指导人们进行正确的实践，多能达到预期的目的。如果某种理论总是误导实践，使人们在实践中蒙受损失，那么，这种理论很可能是错误的，它最初赖以创说的依据很可能靠不住。对此，研究者只能坚持独立思考，重新考察这种理论是怎么产生的，其依据是什么。3. 如果一种理论产生时没有可靠的事实依据，而且一直误导实践，甚至已经在多个方面产生了较为严重的负面影响，那么不管它有多少信众，都应该让事实说话，重新对它进行考察和评价，务必揭示其本质。4. 如果一种理论还停留在臆测阶段，或者已经确知它没有坚实的客观依据，确知它是错误的，但却长期广泛流行，那就是其趋从者方面的问题了，所以就有必要弄清楚是什么原因使广大信众惑于这种理论。笔者围绕联绵字理论及实践问题做研究，近十几年间发表的文章和写成的书都是在上述思路的指引下做出的①。

由于联绵字理论及实践问题研究是一个大工程，其间少不了宏观性把握，也少不了各项研究之间的内在联系，更少不了具有内在联系的一系列研究方法的实施。但是，用个什么名字来概括这宏观性把握、各项研究之间有内在联系以及具有内在联系的一系列研究方法呢？名字起了不少，也分别反映了部分事实，但是至今没有一个令人满意的称说。一般人都认为不管有怎样的客观存在，一旦认识了，命个名字是不困难的。这没有错。但必须补充一句：想给特别复杂的客观存在准确地命名，实际上并不是很容易的事情。荀卿曰："名有固善，径易而不拂谓之善。"关键是怎样才能直接、平易而且准确地概括出受名事物。

一 连环证明法的提出

笔者至今没有想出一个能够准确概括本课题研究之宏观性把握、反映各子课题之间的内在联系以及具有内在联系的一系列研究方法等事实的名字，这里的"连环证明法"也只是一个暂用名。

最初，概括其宏观性把握、反映各子课题之间的内在联系以及具有内在联系的一系列研究方法等事实时叫"后实证法"。那是因为当前语言研究中所谓实证法主要就语言本体寻找证据证明其观点，即使引用文献材料为证，也主要是捡一些听话的例子为其本体论服务，本课题研究也强调实证，但是在揭示现代联绵字理论虚妄性的本质特点之过程中，不仅从语言本体角度尽可能多地搜集证据，而且还发现了现代联绵字理论误导各领域具体实践的大量证据（参看第三、四、六各章），同时又从现代联绵字理论贻误人才培养以及影响学者继续成长等各方面搜集了大量证据（参看第五章各节），如此三曹对案，从而彻底揭示了现代联绵字理论脱离汉语实际的本质特点。这样以来，如果再使用通常说的"实证法"，其概括性和

①　笔者考察联绵字理论及实践问题发表的文章，凡本书行文过程中参考过的大多随文注明并列在全书后面主要参考文献中了，还有少数文章随文注出，未列入后面主要参考文献，另有少数未提及的文章在本书姊妹篇《联绵字理论问题研究》《学者惑于现代联绵字理论问题研究》中已经提到或即将提到。如果有的文章所言与书中所言有不很一致的地方，以书中所言为准。这是因为书是在文章的基础上加工整合而成的，有些文章已经发表好多年了，个别地方认识难免小有变化。

准确性就明显不够了。于是名之曰"后实证法"。

但是，后来发现"后实证法"这个名称有点含混，而且明确界定以后，也不知道是否具有普适性，至少当前类似本课题研究者还没有。本课题研究，实际上是从联绵字理论到实践，再到实践之后果，再到深层的原因探讨等系统地揭示现代联绵字理论的虚妄及其危害。希望以此实现前后互证，使结论更具客观现实性，于是改称"系统证明法"。

但是，后来又发现现代联绵字理论的流行影响着接受现代联绵字理论者的思维：不少人只要遇到不明其造词理据的双音词，不考虑是否用了通假字，是否存在讹字夺正的情况，是否由隐喻或换喻手法的应用而改变了词义，便轻率地判它为"联绵字—双音单纯词"，甚至做研究干脆从现代联绵字理论出发而乱点鸳鸯。由此得到启发，认为现代联绵字理论所造成的危害很多，我们多年的考察只不过对现代联绵字理论流行所造成的三大重灾区略有观察讨论罢了。其中未知的危害一定还有一些，将来考察发现该理论的其他危害时还会产生新的认识，所以现在不能轻率地使用"系统"一词，于是又改为"多角度证明法"。意思是说，从汉语言文字学研究、词典学及词典编纂研究①、人才培养和学者继续成长等多个角度来考察并证明现代联绵字理论的虚妄性及其危害性。

但是，"多角度证明法"这个名称仍然不能令人满意。它明显的不足是不能充分反映各角度揭示现代联绵字理论之谬误及其危害的内在联系，于是又改为今名"连环证明法"。意思是说，本课题考察现代联绵字理论问题，具体工作中将一环扣一环地探讨现代联绵字理论的虚妄性及其危害性，希望能够把这样一种事实揭示出来：正是因为现代联绵字理论脱离了汉语实际，所以它在流行过程中不可避免地产生了一些危害；反之，正是因为现代联绵字理论所到之处总不免造成一些危害，所以它不是汉语事实的反映。但是，这个名称虽然能够大致反映出我们围绕联绵字理论及实践问题所做研究的内在联系，却仍然存在着一些缺憾。比如只看字面意思，

---

① 本书第六章主要考察了现代联绵字理论对词典编纂所造成的负面影响，还只是举例性质的。至于词典学方面，虽然不可避免地要涉及一点，但所言不过冰山一角。现在不能不坦白地承认，本书从词典学及词典编纂角度考察现代联绵字理论的虚妄性及其危害性虽然用了十万字的篇幅，但只是开了个头。

它不能体现与前三节所介绍的各种研究方法的区别，也不能反映本课题一系列研究方法的内在联系，甚至根本不能显示它本来应该表现出的宏观性和战略性。于是就又用了上面千余字的篇幅做了点说明，希望读者能够通过上面的说明对我们围绕现代联绵字理论的无根性及其误导实践问题所做的全部研究有一个大致的印象。

需要简单交代一句，考察现代联绵字理论的无根性及其误导实践问题而采用连环证明法是本课题研究不断深入和逐步完善的结果。起初只有个粗线条的设想，希望先考察其理论问题，再考察其理论指导实践的结果，以期取得相互印证的效果。后来虽然大致思路没有变，但又加了一重原因探讨，同时细节处也不断修改完善。不过，直到已经将预定计划完成了大半的今天，仍未想出一个令自己满意的名字。略可感到安慰的是，不管是"后实证法"，还是"系统证明法"或"多角度证明法""连环证明法"，虽然都不够准确，但它们都有实实在在的所指，都在指称实实在在的东西（近百万字的研究表述是其证），都不像"衍声法""一种特殊的构词法""语音关联构词法""双声叠韵构词法""异音联绵构词法""增字构词法""一分为二法"之类，名称纷繁，但是都如同皇帝的新装，没有靠得住的语言事实做基础。

二　连环证明法的应用

十几年以来，我们考察联绵字理论及实践问题，第一项工作就是对信守派学者不考虑古今联绵字观念之别，习惯拿传统语文学家的联绵字观念来证明现代联绵字理论的做法进行历史的考察。发现从宋代张有创造"联绵字"这一术语始，直到民国王国维及其弟子朱芳圃（1925）、姜亮夫（1932），再到符定一（1943），九百年间的传统语文学著作中无一用"联绵字"及相关术语指称双音单纯词。再将考察范围尽可能扩大，可以肯定地说，过去两三千年间的传统语文学著作中根本没有指称双音单纯词的术语。进一步考察还发现，传统语文学著作中所以没有"双音单纯词"这样的概念，是因为从来没有哪个传统语文学家从语言本体角度讨论复音词的内部结构问题。换一句话说，传统语文学家一律从事语文理解及应用研究，根本用不着"双音单纯词"这个概念。一定要用现代语言学的话说，传统语文学家的"联绵字"大多相当于现代语言学中的"双音词"。① 鉴于广大信守派学者不分古今联绵字观念之别，习惯以今律古，硬是把传统语文学家作为"统战对象"，我们不避重复，在许多文章中反复强调必须严格区分传统语文学家从事语文理解研究中的"联绵字"（及相关术语）和现代语言学家从事语言本体研究的"联绵字"，并全面论述了古今联绵字观念截然不同的原因（参看沈怀兴 2012b）。这第一项考察研究工作数年前就完成了。主要收获是：解放了现代联绵字理论的"雇佣军"——被强行拉来支持现代联绵字理论的所有古人观点，恢复了它们的"自由身"。

　　第一项工作是在许惟贤（1988）、陈瑞衡（1989）、李国正（1990）、姚淦名（1991）、李运富（1991）、刘福根（1997）、白平（2002：152—169，172—208）等各家研究基础上完成的。简单说来，我们的研究重点解答了两个具有内在联系的问题：1. 何以见得传统语文学家观点均不支持现代联绵字理论？那是因为古今联绵字观念截然不同。2. 为什么古今联绵字观念截然不同？那是因为两类学者的学术思想、研究目的、研究方法均不相同。从学术思想、研究目的、研究方法上看，中国传统语文学与中国现代语言学是没有本质性联系的两门学问。主流学者大多忽视了这一点，习惯跟着现代语言学的感觉走，自谓"学界共识"，却不料矛盾丛生，

---

　　① 殷焕先先生（1999）遗作中说："联绵字两字以上者甚少。"言意之下也有两字以上的联绵字。这话大概只是对传统语文学著作中的"联绵字"说的。殷先生一生多次发表文章谈联绵字问题，但直到逝世后七年由弟子与友人发表的殷先生遗作《联绵字简论》（1999）中，其联绵字观念仍不免古今杂糅，矛盾较多，集中反映出作者备受现代联绵字理论折磨之苦。具体点说，其文中"联绵字"分双声联绵字、叠韵联绵字、非双声叠韵联绵字和重言四类，多次认为"联绵字上下两字系摹写一个声音单位的自然构成而不是组合两个字（两个词素或两个词）而成的一个单位"云云，但其"联绵字"例词却包括除派生词之外其他一切结构类型的双音词。其作者殷先生受现代联绵字理论束缚，总不忘说"联绵字"指双音单纯词，所以全文中值得商榷的地方很不少。特别在"联绵字—双音单纯词"说的误导下误判大量合成词为"联绵字—双音单纯词"，更反映了所受现代联绵字理论危害之重。至于作者殷先生（1999）把明代朱郁仪《骈雅》、民国王国维《联绵字谱》也说成是专收联绵字的书，如果站在传统语文学角度上看，当然没问题；如果用他的"联绵字"定义标一标，就不是那么回事。所以至此，原因之一在于受现代联绵字观念严重影响而混淆了古今联绵字观念之别。至于文中说朱起凤《辞通》中所收词百分之八九十是"联绵字"，主要是因为未做具体考察，从现代联绵字观念出发摸黑儿说的。这种现象普遍反映在信守派学者著作中，实际上反映了信守派工作的一般特点。殷先生的例子告诉读者，不管怎样顶级的学者，只要不坚持独立思考，一旦沾上现代联绵字理论的边儿，就很难说出客观公允的话。上面的表述绝没有批评殷先生的意思。只是因为直到现在，山东学者仍在坚持殷先生的某些观点，受殷先生当年所受的折磨，笔者作为一名山东籍读书人，窃陈管见而已。

一定程度上影响了汉语语言学的健康发展。因此，拙作中一再强调：欲卓有成效地研究联绵字问题，必须首先严格区分中国传统语文学与中国现代语言学，以避免此前数十年主流学者联绵字问题研究的混乱，从而顺利实现与读者的有效交流。

接下来是第二项工作，又做了以下三个方面的事情。首先是历史地考察现代联绵字理论的产生和发展情况。理由是：既然传统语文学家的联绵字观念与现代联绵字观念截然不同，信守派学者著作中援引的所有古人观点均不支持现代联绵字理论，那么以"联绵字—双音单纯词"说为核心理论的现代联绵字理论就一定是在现代语言学史上产生和发展的。这就必须考察中国现代语言学史，首先要弄清楚"联绵字—双音单纯词"说究竟是哪位现代语言学家提出的，他为什么要援引传统语文学家的观点来证明自己的创见，他列举的例词能不能支持其观点"联绵字—双音单纯词"说。考察发现，现代联绵字理论的核心理论"联绵字—双音单纯词"说从酝酿到产生，实际上都是 1949 年以前 30 年间的事情（参看沈怀兴 2007a、b，2010c）。"联绵字—双音单纯词"说最早是吕叔湘先生（1942）从语言本体研究角度提出的，但是他的理论依据和例词均不支持他的"联绵字—双音单纯词"说（详见第三章第一节）。这表明"联绵字—双音单纯词"说从开始创建就缺乏坚实的语言基础和可靠的理论依据。至于主流学者多爱讲"不可拆开来解释"之类的话，并且不少人还拿王念孙的连语不可分训说及其他古人之说来比附一番，那是因为没有弄清楚他们语言本体研究角度的"联绵字不可拆开来解释"和王念孙语文理解角度的"连语不可分训"有着本质性区别，不清楚此二者之间没有相通之处（参看沈怀兴 2008d）。

第二项工作的主要任务是考察学者们怎样从"联绵字—双音单纯词"说出发做研究，并且提出了哪些新理论，从而大大促进了现代联绵字理论的发展。从事这方面的研究，不仅可以弄清楚现代联绵字理论的发展情况及其原因，而且还可以反过来证明"联绵字—双音单纯词"说的虚妄性。这一思路是在考察"联绵字—双音单纯词"说产生过程中形成的。最初计划本课题研究内容时，对这方面的认识还比较模糊。当我们考察发现"联绵字—双音单纯词"说的虚构性之后，自然会怀疑学界从"联绵字—双音单纯词"说出发做研究所创造的其他理论都靠不住。但是，仅仅怀疑是不行的。于是对信守派学者创造的一些较有影响的新理论逐一进行考察分析，终于发现它们统统与汉语实际不相符，这才证实了已有的推测。

接下来又考察了信守派学者从事联绵字问题研究所依靠的其他理论，如索绪尔语言学理论、汉语词汇复音化发展理论等。还考察了此前较为流行的联绵字语素判断方法。基本结论是：被经常用来为"联绵字—双音单纯词"说保驾护航的索绪尔理论和通行的汉语词汇复音化发展之说本身靠不住（参看沈怀兴 2013a：197—208，266—296），信守派学人通常用来辨认联绵字语素的一系列方法的一个共同的特点是理论上讲不通、实践中行不通（参看沈怀兴 2010a）。

我们考察联绵字理论及实践问题的第二项工作写了 19 篇文章，先后发表在国内外语言学期刊，后来整合到《联绵字理论问题研究》（2013a：63—197，247—296）中了。另外，本书第三章的论述大致也属于这方面的内容。

完成第二项工作后有以下发现。1. "联绵字—双音单纯词"说产生于特定历史年代的虚构（详见沈怀兴 2007a、b，2009a，2010c），但同时也是受语言学理论水平限制的结果，是不清楚传统语文学与现代语言学之别的结果。2. 现代联绵字理论的产生和发展缺乏可靠的语言基础，同时信守派学人用来支持其观点的古今中外的理论或自身不成立，或自身虽然成立，但是却不能证明以"联绵字—双音单纯词"说为核心理论的现代联绵字理论。3. 没有坚实的语言基础的现代联绵字理论之所以长期盛行，原因之一在于信守派学人从事语言研究习惯从观念出发，缺乏科学研究应有的独立思考精神。4. 现代联绵字理论的长期流行已经在某种程度上把汉语学研究推到了科学的反面，这是因为现代联绵字理论广泛联系着汉语词汇学、训诂学、方言学、汉语学理论、汉语史以及中国语言学史等汉语言文字学的各分支学科。

接下来是第三项工作，重点考察了现代联绵字理论的负面影响。既然"联绵字—双音单纯词"说没有可靠的语言基础，以"联绵字—双音单纯词"说为核心理论的现代联绵字理论是虚妄的，那么，现代联绵字理论所到之处不可避免地要造成一些负面影响，因为错误的理论主导实践所导致的往往是后果。反过来看，如果现代联绵字理论所到之处总是造成负面影响，而且乏善可陈，那就从另一个侧面证明现代联绵字理论脱离了汉语实际，具有虚妄性特点。所以从事这方面的研究可以得到两个方面的收获：既可以真切地看到现代联绵字理论的负面影响，又可以进一步认识现代联绵字理论的虚妄性。但是，现代联绵字理论已经盛行数十年，所造成的危害无处不在，一两本书根本无法考察全面、描述清楚，所以现在只能不避挂漏之嫌，考察受害较为明显的几个领域。具体点说，对于现代联绵字理论的危害，我们主要考察了它在汉语研究①、人才培养、学者继续成长、汉语文辞书研究和编纂等领域造成的一些显性危害。至于那些隐性危害，如受现代联绵字理论之影响者认知思维肤泛化以及学术研究上的形式主义、教条主义等，都还有待于调查研究。

　　这第三项工作的研究再次印证了一个道理：错误的理论主导实践不可避免地要造成这样那样的后果，主导实践而后果严重的理论一定是错误的。这一规律贯穿于整个人类社会历史中。过去是这样，现在是这样，将来也一定是这样。所以这项研究虽然很朴素，但却具有极为广泛的方法论意义。可以用到一切科学研究的实践中去，检验一切理论的是非真伪。比如面对某种理论，一下子就能看出它是错的，固然很好。如果一时不能看出它是否客观现实的反映，就要进行具体考察研究；如果研究中发现它的证据或论证方法有问题，也可以对它暂持保留态度。但是对一些看似高深或复杂的理论很难看出它哪里有问题，这时仍不可轻信②。要看看它指导实践的情况，像现代联绵字理论主导汉语双音词研究的情况、左右词典解释"联绵字"的情况、用于汉语文教学的情况、影响人才成长的情况等，多个方面都考察清楚了，就能对它做出较为准确的判断了。

　　接下来是第四项工作。主要任务是分类介绍学者惑于现代联绵字理论之表现，探讨学者惑于现代联绵字理论的原因，并试为解除其困惑提点建议，即专章论述"更新语言观，完善汉语学方法论，促进汉语言文字学研究服务社会发展"之观点。

---

　　①　现代联绵字理论对汉语学各分支学科研究的负面影响广泛而严重，《联绵字理论问题研究》一书中已经不可避免地涉及一点，本书第四章交代了汉语词汇研究所受到的负面影响，其他章节也有涉及，更多的考察研究有待同仁一起来做。

　　②　宋代张载《大学·原下》："在可疑而不疑者，不曾学；学则须疑。"

现在从事汉语研究者大多喜欢讲"学界共识",已经形成了一种以"学界共识"为评判标准的不成文规矩。其实,这样做有得也有失。从长远利益来看,甚至失大于得。所谓得,至多不过把"学界共识"作为一个平台,让人在这个"平台"上继续前进,从理论上讲也就是继承和发展。但是,从事学术研究而一味强调"学界共识",其问题不仅多,而且严重(参看沈怀兴 2013c)。在上述认识的基础上,探讨学者惑于现代联绵字理论的问题,难度可能小一些。具体点说,这第四项研究任务基本上都由《学者惑于现代联绵字理论问题研究》一书的写作来完成。该书第一章和第二章集中介绍各类学者惑于现代联绵字理论的情形,是事实列举与分析部分;第三章论述中国传统语文学与中国现代语言学之别,借以讨论学者惑于现代联绵字理论的历史原因;第四章探讨学者惑于现代联绵字理论的其他原因,主要讲述其社会原因、学术原因和教育原因;第五章阐述"更新语言观,完善汉语学方法论,促进汉语言文字学研究服务社会发展"的一些想法,希望能够帮助人们解除困惑,同时也希望为改变中国现代语言学的现状进献绵薄之力[①];第六章是结语,总结近十几年从事本课题研究的体会。但第四项工作是下一本书的研究任务,现在做了仅 1/3,并且为了尽可能避免犯忌讳而进度很慢很慢,现在还无法说得更具体。

从上面的简单说明中,已经不难看出这样一个事实:所谓连环证明法,就是第二项工作是在第一项工作的基础上进行的,第三项工作又是在前两项工作的基础上进行的,第四项工作又是在前三项工作的基础上进行的;没有前面的基础,就没有后面的研究。反过来看,后面的调查研究又进一步证实了前面的研究。如第二项工作反过来证实了第一项工作的研究,第三项工作反过来证实了第二项研究,第四项工作不仅反过来证实了前三项研究,而且水到渠成地为促进中国现代语言学健康发展提出参考意见。这个参考意见也许还存在不足,但它提醒人们为改变中国现代语言学的当前局面而集思广益的意义却是不容忽视的。

话再说回来。即使每项工作内部,总体上看也是用了连环证明法。如本书是考察现代联绵字理论及其误导实践问题的第三项研究,前面三章虽

---

① 中国现代语言学的问题比较多,已经到了需要认真梳理和总结一下的时候了,希望有志者积极投身中国现代语言学问题考察研究中来,为中国现代语言学健康发展做出贡献。

然各有侧重，但总体而言是从不同角度总结说明现代联绵字理论之谬误，后三章是从不同侧面考察现代联绵字理论的负面影响，同样贯彻了这样一个朴素的道理：既然以"联绵字—双音单纯词"说为核心理论的现代联绵字理论是虚妄的，长期主导实践必然造成这样那样的负面影响。反过来，站在后三章的角度来说，既然以"联绵字—双音单纯词"说为核心理论的现代联绵字理论在汉语研究、人才培养、学者继续成长以及词典编纂等实践领域都造成了严重的负面影响，那么作为起着主导作用的现代联绵字理论，它一定脱离了汉语实际，一定是靠不住的。这里面关键是摆事实，坚持有一分事实说一分话。所不同的是，前面三章侧重从理论上摆事实，通过对已有研究的总结交代或对典型事例的考察分析，揭示现代联绵字理论的虚妄性；后面三章则侧重从实践角度摆事实，通过考察现代联绵字理论误导实践所造成的种种危害，揭示出现代联绵字理论的虚妄性。至于本课题研究的其他两个子课题，也大致具有这一特点，即它们也都是将正面揭示以"联绵字—双音单纯词"说为核心理论的现代联绵字理论的虚妄性与考察其致是原因或者考察它们主导实践所造成的危害等互证，务必让事实说话，总体上避免或然。所不同的只是有的对现代联绵字理论侧重理论辨伪，有的侧重于考察现代联绵字理论的负面影响，有的侧重于探讨学者深受现代联绵字理论危害却不自知的原因而已。

第三章　现代联绵字理论问题个案探讨

　　从前面各章节的概括介绍中，读者或许已经看到盛行已久的现代联绵字理论不是科学的理论。但是，也可能还有人希望对现代联绵字理论的本质特点有个更具体的了解，特别是希望对其核心理论"联绵字—双音单纯词"说的本质特点有一个更清晰的认识。尽管这个问题在笔者发表的文章中已经不止一次地从不同的角度考察讨论过，但是，这些讨论性文章有的没有发表在中国大陆，不能顺手可得；有的虽然发表在中国大陆，但散见于各家期刊，数据库不全的单位可能找起来比较麻烦。因此，有必要将其要点整理归纳一下，于是打算通过考察《现代汉语词典》《语言学名词》解释"联绵字/词"所反映出来的问题，给读者一个简单扼要的交代。所以选择这两部词典解释"联绵字/词"问题做个例子，不只是以词典为例讨论起来方便，更重要的是辞书释义的基本原则是通释语义，辞书观点具有普遍性。特别是这两部词典都有较高的权威性及广泛影响①，如果它们遵循现代联绵字理论解释"联绵字/词"所存在的问题被揭示出来，则便于读者看清楚现代联绵字理论的本质特点。

　　当然，本书安排这样两节，不仅仅是为了揭示和概括交代现代联绵字理论的本质性问题，实际上还希望通过典型的个案考察，来揭示现代联绵字理论对辞书学的负面影响。所以从结构上讲，本章希望能够在本书中起到承上启下的作用。

---

　　① 《现代汉语词典》的权威性和广泛影响，人所共知。《语言学名词》作为词汇学、训诂学、辞书学等13个分支学科"遵照使用的语言学规范名词"词典，照理说不久将引起一定的影响。

第一节　《现代汉语词典》解释"联绵字/词"问题

在现有辞书中，最早宣传"联绵字—双音单纯词"说的是《现代汉语词典》。由于《现代汉语词典》的权威地位，它对"联绵字"的解释为学界不少人所接受[1]。尽管有些学者曾质疑它的"旧称"之说（如陈瑞衡1989、姚淦名1991、李运富1991），并且我们探讨过《现代汉语词典》解释"联绵字"之观点的由来，已经发现它的例词不支持它的观点（参看沈怀兴2007b[2]），但《现代汉语词典》解释"联绵字/词"始终坚持现代联绵字观念，坚持宣传"联绵字—双音单纯词"说。这又是怎么回事呢？这里面反映出中国现代语言学研究中的一个根本性问题——主流学者习惯从观念出发做研究和下结论。这个问题如果解决得好，许多连带性问题也会迎刃而解，汉语学各分支学科中的一些相关问题也就不难解决了。这一节书的探讨希望有利于这一问题的解决。

一　初释"联绵字"，只执一家言

字典词典释义要求最大限度地概括词在一般语境中的共同义，通常谓之通释语义。可是，《现代汉语词典》最初解释"联绵字"时并没有坚持这一原则，而是只选用了一家观点鲜明而论据无力的臆断之说，尽管那时候词典编写者可能不认为其所选为臆断之说。并且，以后50多年间7次修订，都没有改变这种做法，继续宣传"联绵字—双音单纯词"说，直至今日。

《现代汉语词典》1960年出试印本，解释"联绵字"曰："旧称双音的单纯词，包括：a) 双声的，如'仿佛、伶俐'；b) 叠韵的，如'匍匐、逍遥'；c) 非双声非叠韵的，如'凤凰、珐琅'。"可是，现在60岁以上

---

[1]　"联绵字—双音单纯词"说的流行，《现代汉语词典》的宣传只是其原因之一，汉语词汇、语法、汉语史的教学是更重要的原因，另外还有信守派学者其他著作宣传的原因。

[2]　这篇文章写成后，先投国内杂志，辗转数年，只好寄给日本《中国语研究》，该刊于2007年总49期发表，国内同行可能看到的不多。不由地慨叹脱离汉语实际的现代联绵字理论畅行数十年，危害严重，却难见反思性文章。是为记。

的人大多还记得，1960 年说"旧称……"，这个"旧"一定是指 1949 年之前，并且不会太远。如果是民国时期以前的事情，那时多称"古代"。所以部分学者依据《现代汉语词典》之"旧称"云云，到清代及清代以前的文献中为现代联绵字理论寻找证据固然难如其愿，而反思派学人把"旧"推到清代及清代以前也没有太大的必要①，实际上直接分辨其"旧称"之"旧"的时域，只考察其时域内的著作就差不多了。

同时，一般学者大概都不会否认，联绵字语素判断是一种专业性很强的工作。从事这种工作不仅要有比较深厚的古汉语功底和丰富的古典文献学知识，而且还要有较高的理论修养，要掌握准确辨认复音词语素的方法，并且还要耐得住寂寞，具有不慕荣利的操守和不畏艰苦的意志。然而，1949 年之前，遵循现代语言学思想方法研究汉语的人群中很少有这样的人才，甚至直到 20 世纪末这样的人才仍然很少。这"旧称双音的单纯词"之说是怎么来的？根据是什么？考察发现，《现代汉语词典》给"联绵字"作出的这种解释只反映了"旧时"个别学者对"联绵字"及相关理论的错误理解和使用（详见本节下文），而把"联绵字"长期通行的相当于现代语言学术语"双音词"的含义给完全忽略了。所以《现代汉语词典》解释"联绵字"错在根儿上，错在先有观点后凑材料。是不是这样的呢？

1965 年，《现代汉语词典》出试用本。解释"联绵字"，观点没有变，例词却换掉了 1/2，也就是用"阑干"换掉了"匍匐"，用"妯娌、玛瑙"换掉了"凤凰、珐琅"，其他照录。这一改动始终没有引起人们的注意。殊不知这里面大有可疑之处。只要略肯独立思考，一般人都应该发现这一变化不仅反映出《现代汉语词典》试印本违背通释语义之原则而"先有观点后凑材料"的特点，而且还告诉读者试用本的编者继续走在这条错误的

① 虽然本书作者也发表了几篇考察古代语文学家联绵字观念的文章，但那是因为信守派学者习惯约古代语文学著作中为现代联绵字理论寻找证据，为了辨明是非，不能不对他们的"问题证据"加以考辨。同时也有想进行古今比较，弄清原委，使结论更可靠的意思。至于在连续几年的考察中发现了中国传统语文学的科学性、实用性远非中国现代语言学可比，发现了它被斥为"经学的附庸"的冤枉，从而倡言实现中国现代语言学与中国传统语文学贯通，以便更好地服务社会发展，倡言实现与国际语言学的高层次接轨必须以输出为主，不过是一些副产品罢了，尽管这些"副产品"更值得开发。

道路上。否则，为什么只是更换例词？所以更换例词，不过是试印本问世之后，词典编写者发现匍匐、凤凰、珐琅等三个例词都不是双音单纯词罢了。这么一梳理，读者自然要回顾中国现代语言学史，考虑到《现代汉语词典》试印本解释"联绵字"曰"旧称双音的单纯词"，只能是来自"旧时"个别现代语言学著作①，因为那时学界以传统语文学家为主，传统语文学家只研究语文理解与应用问题，他们没有结构主义语言学思想，不懂同时也不需要结构主义语言学家从事语言本体研究专用的"单纯词""合成词"之类的术语。而且，即使是现代语言学家，那时国内初步了解语素理论的也很少，现代语言学家中一般人也没有完全扔掉传统语文学的"包袱"，进行语言研究也不怎么使用"单纯词""合成词"之类的术语。因此，《现代汉语词典》试印本解释"联绵字"曰"旧称双音的单纯词"，只能是来自"旧时"个别现代语言学著作。那么，是从谁那里来的呢？仔细考察就会发现，1949 年之前明确用"联绵字"指称双音单纯词者只有吕叔湘先生《中国文法要略》（以下简称《要略》），其他再无第二人（沈怀兴 2007a、b、c）。

　　《要略》本分三卷，上卷是 1942 年出版的。其第一章第 4 节《字和词》中分词为单纯性词和复合性词两类。其复合性词的例词是"院子（词根加词尾）……""枇杷树（词加词）……"，用今天的话说就是"合成词"，包括复合词和派生词两类。其"单纯性词"跟"复合性词"相对，用今天的话说就是"单纯词"。其单纯性词的例词是单音缀、单字的"树"和复音缀、复字的"枇杷"。其"音缀"今天叫"音节"；其"单音缀单字"，今天说"单音节、单字"，也就是单音词；其"复音缀、复字"，今天叫"复音节、复字"，也就是复音词。其"枇杷"为复音缀单纯性词例词，用今天的话说就是"复音单纯词"。不过，这是作者不明白"枇杷"语素构成情况的误判，原因在于未考"枇杷"之本字。不求本字，看衣服

---

　　① 再具体点讲，即使来自个别现代语言学著作，也不会是 20 世纪 30 年代以前的著作，因为所谓"单纯词""合成词"之类本是结构主义语言学的发明。一般认为，布龙菲尔德于 1933 年在英国伦敦 Georg Allen & Unwin 公司出版的《语言论》是从事语素分析研究的第一部著作。由此看来，人们到 20 世纪 30 年代以前的书里寻找"联绵字—双音单纯词"说的出处或者寻找证据证明"联绵字—双音单纯词"说都是徒劳的。反思派学者了解了这一事实，其实只集中注意力考察 1949 年以前十多年间发表的现代语言学著作就可以了。

认人是多数中国现代语言学家的特点，是否定中国传统语文学的结果，也是中国现代语言学著作中问题较多的原因之一。实际上，"枇杷"是联合式合成词。"枇杷"有两种含义。作乐器名时最初写作"批把"。《释名·释乐器》"枇杷"条下曰："推手前曰批，引手却曰把，象其鼓时，因以为名也。"从这里，我们看到了"批把"的造词理据，知道它是由换喻造词而来的。因其木制而写作"枇杷"；因其乐器类，有饰物，为别于果木"枇杷"，所以又写作"琵琶"。至于作果木名，因其叶似枇杷而得名（杨荫深 2005：469—470）。

接下来，《要略》又于第 5 节"衍声复词：联绵"中说：

> 第一类是我们上节所说单纯性的复音缀词，也就是前人所说的"联绵字"。这类词从前人给他下的定义是"合二字而成一语，其实犹一字也"，照我们现在的说法就是"合两个音缀（写成两个字）成一个词，具有单一的意义"。所谓单一的意义，就是不能再分析。这类词往往是双声（声母相同）或叠韵（韵母相同），但也有非双声非叠韵的。

这段引文中，既讲"衍声复词：联绵"问题，又说"也有非双声非叠韵的"联绵字，颇令人生疑：什么是衍声？怎样衍声就会衍出"非双声非叠韵联绵字"来？实在不可思议。原来，遵循结构主义语言学思想所生发出来的观点是吕先生自己的，理论依据是吕先生对"从前人"（王国维）的"（联绵字）合二字而成一语，其实犹一字也"的错误理解（沈怀兴 2007b），例词分类也是王国维《联绵字谱》中联绵字分类的样子。因此，一个不争的事实是，吕先生当初是先有了思想观点，却没有对联绵字进行深入研究，甚至没有弄清楚"从前人"王国维的联绵字定义究竟是什么意思，不清楚王国维《联绵字谱》中为什么要那样给联绵字分类，不知道传统语文学家王国维的"联绵字"和他现代语言学家的"联绵字"不是一个概念，就误用传统语文学家王国维的联绵字观念之旧瓶来装其新酒了。这么说好像与吕先生做学问的风格不合。但是，我们不要忘了，吕先生那时只有三十来岁，青年时代在国立东南大学外国语文系学的不是中文，1936—1937 年留学英国时也不是学中文，以当时他的中文知识储备来看，不能正确理解其所引王国维之说并不奇怪，而且他的求学经历让他首先提出"联绵字—双音单纯词"说也很有可能。这样说来，"联绵字—双音单纯词"说的提出与传统语文学家王国维的联绵字观念没有关系①，尽管近三十多年以来凡持"联绵字—双音单纯词"说者多爱模仿吕先生口吻，援引王国维的"联绵字合二字而成一语，其实犹一字也"以证其说，就连《语言学百科词典》里也是这么做的。由于那时学者都不具备准确判断"联绵字"语素的能力，这样做自然无人批评。但今天看来，首先其论证方法出了问题，由此而来的观点自然也难以成立。

上引《要略》的文字中还有个语言研究原则问题，也许是个深层次的问题。试看：这一节书题目是"衍声复词：联绵"，正文中说的是"单纯性的复音缀词"，所以这"衍声复词：联绵"很像是从词源学角度说的，是以造词方式为依据说的，可以理解为用衍声法创造的复音词，联绵而成单语素词。也许就是由于这个缘故，后世信守派学者据此创造出衍声法、联绵法之类，创造出"双音单纯词—联绵字"的构词法名称，并写进了语言学词典中，如《中国语言学大辞典》（江西教育出版社 1992 年版）第285 页就有"衍声法"一条。

然而，下面又说"所谓单一的意义，就是不能再分析"，这话又有点像是从共时角度说的。否则，如果是从历时角度说的，《要略》下文所举50 个"联绵字"多不当其说的现象就无法解释了。可是，这个"不能再分析"又是以谁的判断能力为标准说的呢？所以后来追随者都跟着这么说，但都是以自己的"不能再分析"为标准来判断某些双音词为"联绵字—双音单纯词"。于是同一个双音词，在语文功底较好的人看来是合成词，换一个人看则不一定是合成词，于是就把它判为"联绵字—双音单纯词"。

---

①　王国维所有著作里都没有支持"联绵字—双音单纯词"说的表述。王国维作为传统语文学家，也不可能说出结构主义语言学的话。并且，王国维《联绵字谱》（1921）问世时，以及他讲"联绵字合二字而成一语，其实犹一字也"（1923）这话时，世界范围内还没有研究语素分析问题的著作问世。所以用王国维"联绵字合二字而成一语，其实犹一字也"这话支持"联绵字—双音单纯词"说，一开始就是个误会。另外，王国维的学生朱芳圃（1925）、姜亮夫（1932）都有讲联绵字的文章，都尊其师说，都不似吕先生的理解，可为旁证。

不错，王念孙的确曾经强调连语不可分训，段玉裁的确曾经强调绵联字不可分释，但是他们作为语文学家，统统是站在语文理解角度强调复音词词义的整体性。他们没有结构主义语言学的思想，从来没有站在语言本体研究角度考察某复音词的语素构成情况，从来没有研究复音词的内部结构方式。由此看来，吕先生论述联绵字问题之所以观点不成立，原因之一是没有区分传统语文学与现代语言学，不经意间误把他现代语言学家的"联绵字之花"接到传统语文学家的"联绵字之木"上去了。后世学者习焉不察，汉语双音词研究领域里的问题便越来越多。这一事件提醒我们，考察古今联绵字研究问题必须首先区分传统语文学和现代语言学，看清楚传统语文学家和现代语言学家是两股道儿上跑的车。

现在来看《要略》中列举的"联绵字"。其全部例词 50 个，照王国维的联绵字分类方式分为三类。双声的 20 个：踊跃（按：着重号为引者所加。下同）、参差、黾勉、匍匐、蹒跚、流离、溟濛、玲珑、伶俐、嘹亮、含胡、留连、恍惚、鸳鸯、鸧鸹、蚰蜓、蜘蛛、辘轳、秋千、癫痫；叠韵的 20 个：窈窕、逍遥、扑簌、荒唐、蹒跚、婆娑、混沌、朦胧、莽撞、腌臜、膅腴、啰嗦、葫芦、芍药、蟋蟀、玫瑰、蜻蜓、橄榄、磊磈、旮旯；非双声叠韵的 10 个：鹦鹉、芙蓉、蔷薇、蝴蝶、蚱蜢、螺蛳、窟窿、胡同、疙瘩、笤帚。

上录《要略》所举 50 个"联绵字"例词中，带点的 39 个词都是合成词。用创说者吕先生的理论看，它们本来都不应该列为"联绵字—双音单纯词"。流离（鸟名）、玲珑、鸧鸹、辘轳、扑簌、啰嗦、蟋蟀、磊磈等 8 个例词都是拟声而来的双音词，它们和"胡同""橄榄"两个音译词也都不是用衍声联绵法创造出来的。拟声而来的词和音译词都不是汉语中特有的，所以也不应该举为例词。剩下"混沌"这个例词，有人说它就是现代汉语普通话里说的"混蛋"。果真如此，也是偏正式合成词。但证据较单薄，待考。至此，人们已经清楚地看到，吕先生所举 50 个例词中，至少有 49 个不支持他的"联绵字—双音单纯词"说。

现在已经看到，上引《现代汉语词典》试印本的"联绵字"定义及分类均来自《要略》，就连其例词中"伶俐""匍匐""逍遥"也都取自《要略》。然而，就上面的考察讨论情况看，《要略》中的联绵字研究是靠不住的，吕先生的观点是不成立的。①《现代汉语词典》试印本是吕先生主编的，与《要略》只相隔十几年，《现代汉语词典》所谓"旧称"云云，实际上仅仅反映了《要略》中的联绵字观念，因为1949年之前明确提出"联绵字—双音单纯词"说的著作只有吕先生的《要略》，而且连紧随其后不走样的人也没有②。这样说来，《现代汉语词典》试印本解释"联绵字"，观点来自《要略》，半数的例词来自《要略》，旧时持"联绵字—双音单纯词"说者只有《要略》，如果否认《现代汉语词典》试印本紧承《要略》解释"联绵字"，大概谁也拿不出有力的证据来。然而学术者，天下之公器也。通释语义的《现代汉语词典》本来就不同于个人专著，不允许仅采一家之言，就更不用说是靠不住的一家之言了。如果《现代汉语词典》试印本解释"联绵字"采用当时较为流行的观点："联绵字，传统语文学术语。一般指双音词。"那么"联绵字—双音单纯词"说即使流行，也不至于那么迅速。《现代汉语词典》的权威地位和它半个世纪以来的数百次印刷（截至2012年6月，是第450次印刷），其庞大的发行量对促进"联绵字—双音单纯词"说流行的作用不容低估。

　　总之，《要略》误解了其所引"从前人"王国维的话，建立在那种误解基础上的观点本来是不成立的。只是由于进入20世纪50年代之后作者在学界的名位等因素，使这一误解为后人所接受，这就与语言事实渐去渐远了。特别是写进了《现代汉语词典》之后，被作为不刊之论反复引用；接下来又被广泛写进了教材和其他语文词典、语言学词典，为更多的后人研究联绵字所本，其后果就更严重了。这不能不说是中国学术史上的一件大事。

　　至于《要略》所创衍声说，虽然对近几十年学界影响较大，并且早已写进了语言学词典，但就连追随者们也没有帮吕先生寻得当其说的例词，

---

　　① 必须声明：本书无意批评吕先生的"衍声复词：联绵"说，更不想批评吕先生。学术研究允许出错，关键在于正确对待它。特别是当错了的理论观点长期贻误后人的时候，就不能不略言一二了。我们这里只是就事论事，考察"联绵字—双音单纯词"说的由来，躲不开吕先生的创说，也无法绕过吕先生大名。
　　② 《要略》本是受四川省教育科学馆委托写成的中学语文教学参考书，在出版到1949年几年间问世的书里未见有提到者。《要略》渐有影响是20世纪50年代以后的事情，特别是"文化大革命"以后的事情。

充其量还处在想象层面。对于追随者们的情况，另有专文考察（详见沈怀兴 2011b，2013b），这里就不再重复了。

二 始终观点明确，而证据无力

《现代汉语词典》试印本解释"联绵字"，观点和半数例词都来自《要略》，且与《要略》一样，始终观点明确，证据无力，亦即始终义例不合。姑且不说它的编写者后来发现试印本的半数例词不支持其观点，即使是1965 年所出试用本换上去的三个例词和原有的三个例词也都是合成词。它们统统不支持其"旧称双音的单纯词"的观点，尽管至今没有被更换。下面简要考察《现代汉语词典》自试用本以来用以证明"联绵字—双音单纯词"说的六个例词。

在这六个例词中，"妯娌"是个联合式合成词。《汉语大词典》解释"联绵字"曰："旧称由两个音节联缀而成的单纯词。包括：双声的，如'仿佛'、'伶俐'；叠韵的，如'阑干'、'逍遥'；非双声非叠韵的，如'玛瑙'等。"观点基本来自《现代汉语词典》，而从发生学角度下定义，显得更"到位"了。五个例词都抄自《现代汉语词典》，但非双声非叠韵的"联绵字"只抄了"玛瑙"一例，甘冒孤证之嫌，独不抄"妯娌"。为什么呢？是否《汉语大词典》的编写者已经发现"妯娌"是个合成词？另外，"逍遥"也是个联合式合成词（详见白平 2002：204—2006）。下面只考察"仿佛""伶俐""阑干""玛瑙"等例词就可以了。

仿佛，合成词。仿，《说文》释曰"相似也"。此义历经两三千年常用不衰，而且至今口语中仍常用。如"他们二人年龄相仿"。佛，《说文》释曰"见不审也"。据此，"仿佛"是近义单音词联用构成的合成词，绝非单纯词。今人认定"仿佛"为单纯词，有的是因为古人谓"仿佛"为连语。其实，古人笔下的"连语"并不指单纯词（详见沈怀兴 2005）。如朱骏声《说文通训定声》在"佛"字下释曰："'仿佛'亦双声连语。《寡妇赋》：'目仿佛乎平素。'（李善）注引《字林》：'仿：相似也'；'佛：不审也'。"朱氏虽谓"仿佛"为"连语"，但他的解释却使我们清清楚楚地看到"仿佛"是个联合式合成词，而不是单纯词。

还有人认为"仿佛"是由"恍惚"音变而来；照流行观点，"恍惚"

是单纯词，所以"仿佛"也是单纯词。我们首先承认这话的前半部分是有根据的。如明代方以智《通雅》卷六《释诂》："仿佛，一作'仿佛'……盖因'恍惚'而轻唇出之也"，"虚呼其声为'恍惚'，以轻唇出之为'仿佛'，实一声也"。并且在中古文献中，"恍惚""仿佛"二词也确有义通例。但是，这仍然不能证明"仿佛"是单纯词，因为"恍惚"实际上也是联合式合成词。"恍惚"本作"怳忽"。高田忠周《古籀篇》四十四"怳"字下释曰："怳，从'光'亦'怳'字。……恍惚字，《史记·秦始皇本纪》作'怳忽'。"《说文》："忽，忘也。"马叙伦《说文解字六书疏证》卷二十"怳"字下释曰：《老子》"河上本作'忽恍'，王弼本作'惚怳'，则'怳'或为'忘'之转注字"。"怳"是"忘"的转注字，"忽，忘也。""怳"亦"忽"的转注字，然则"忽怳""怳忽"这一对同素异序同义词都是由怳、忽转注而成的并列结构。而就上引马叙伦的考证讲，"怳"又作"恍"，"惚"是"忽"的后起字，可知"恍惚"本是联合式合成词。再从恍（或"怳"）、惚（忽）的使用情况看，它们既可单用，又常作词根参与构词，而且其单用义有与"恍惚"义相通者，也可证明"恍惚"是联合式合成词。这些，只要翻翻《汉语大词典》中相关的解释就清楚了，恕不烦言。既然"恍惚"是联合式合成词，那么"因'恍惚'而轻唇出之"的"仿佛"也一定是联合式合成词，就像某人在不同的场合身份有变，但他的身体结构并没有发生根本性变化一样。

伶俐，合成词。本写作"灵利"，本义为"聪明利落"，至迟7世纪就产生了。如唐玄奘翻译的《大唐西域记》卷五："无著菩萨，健驮逻国人也。佛去后一千年诞，灵利。""灵（靈）"字繁难，至北宋有人借同音字"伶"代之，将"靈利"写作"伶利"，但多数人仍写作"靈利"。至北宋后期，文献中有写作"伶俐"者。"利"之为"俐"，是义符趋同所致，即从上字"伶"加"亻"旁。至南宋后期的文献中，"靈利""伶俐"错见。如《朱子语类》中三用"靈利"，亦三用"伶俐"。它们虽书写形式不同，但含义无别。元明以后依然。如明陶宗仪《说郛》中"靈利""伶俐"各一见，明吴之鲸《武林梵志》中"靈利""伶俐"各两见，均含义无别。《汉语大词典》释"靈利"曰"伶俐"，举了宋黄庭坚《两同心》、明李贽《豫约》和老舍《骆驼祥子》中的"靈利"用例为证，一定程度上反映了这一事实。它的这一解释让我们看到"伶俐"定为一尊只是部分现代人的事，老舍《骆驼祥子》中的"靈利"例，表明另一部分现代人仍写作"靈利"，也透露了"靈利""伶俐"是一对异体词的信息。《现代汉语词典》释"联绵字"而宣传现代联绵字理论，举"伶俐"为"联绵字—双音单纯词"说的词例，实际上是忽视了书写符号与语言符号之别。否则，谁能证明"靈利"是单纯词？

又，也有人说"伶俐"本字作"刿利"（详见清翟灏《通俗编》卷十五《性情》"靈利"条）。《集韵》青韵："霙刿刿：刀剖物。或作刿刿。"《中华大字典·刀部》："刀剖物。本作霙，或作刿。"《改併四声篇海·刀部》引《余文》："霙，刿利，快性人。"很明显，"刿利/伶俐"是由隐喻造词而来。其基础义为像刀剖物那样快，故可喻指快性。由此看来，"伶俐"也绝非单纯词。而举"伶俐"为"联绵字—双音单纯词"说之例词者，大概未求本字，同时亦未审隐喻造词之理吧。然则这跟创造双音单纯词的"特殊的构词法"没有关系。

阑干，即"栏杆"，合成词。《辞源》于"栏"字下释曰："本作'阑'①。栏干。"又于"栏干"条下释曰："本作'阑干'。"《汉语大词典》释"栏干"曰："见'栏杆'。"又释"栏杆"曰："亦作'栏干'。以竹、木等做成的遮拦物。"《大辞典》（三民书局，1985）于"栏杆"条下亦释曰："本作'阑干'。"高田忠周《古籀篇》七十四："《说文》：'阑，门遮也。从门柬声。'后世所用'栏干'字是也。"又作"栏竿"，林义光《文源》卷一："'干'实'竿'之古文。"先民做栏杆多用竹竿，故文献中每见"栏竿"字样。如唐王建《华清宫》诗："晓来楼阁更鲜明，日出栏竿见麂行。"宋梅尧臣《一日曲》诗："梅花几时吐，频掐栏竿数。"《太平御览》卷三百三十七引《通典·守城篇》："又立阁道内柱，上布木板为栈，立栏竿行于栅上。"清庄履丰、庄履铉《古音骈字续编》卷一将"阑干""栏竿"作为异体词收入书中，亦足证"阑干"为合成词。

明周祁《名义考》："阶际木勾栏曰'栏干'，亦作'阑干'。眼眶亦曰'阑干'。"眼眶遮护眼睛，犹如阑干遮护房子等，故亦谓"阑干"。又，泪流

---

① 凡不容易误解者，均用简体字。下同。

出眼眶，故文献中有"泪阑干"句。如唐白居易《长恨歌》："玉容寂寞泪阑干，梨花一枝春带雨。"元倪瓒《对梓树花》："梓花如雪不忍看，沉吟怀思泪阑干。"泪出眶经腮呈横斜状，特别是仰面呼天痛哭时更是这样，故"阑干"又有"横斜"义。然则其本义为"护栏"的"阑干"为合成词，其比喻义为"眼眶"的"阑干"为合成词，从其比喻义引申出"横斜"义的"阑干"也只能是合成词。人们只看其"横斜"义，而未省"阑干"字形之变，未审其"横斜"义之来历，谓"阑干"为单纯词，实未允当。

玛瑙，合成词。初作"马脑"。魏文帝《马脑勒赋序》："马脑，玉属也。出自西域。纹理交错，有似马脑，故其方人因以名之。"此说常为后人所援引。文献中作"马脑"者甚多，如晋崔豹《古今注》卷下、梁简文帝《咏雪》诗中、北齐邢子才《冬日伤志》诗中等较早的文献里均作"马脑"。后世也写作"马碯"或"马瑙"，变"脑"为"碯"或"瑙"，是强调其所指是玉石类。又义符趋同而作"码碯"，更明确了所表记事物的类属特点。《资治通鉴》卷一百七十三："周主先以码碯酒盅遗之。"胡三省注："马脑石似玉，宝石也。今作'码碯'。""玛""瑙"二字，直到《集韵》（1039）中才检得，"玛瑙"这一书写形式出现的时间不会太早。就上面考察的情况来看，玛瑙←马瑙（或马碯、码碯）←马脑：本是偏正式合成词。虽然记录该词的书写形式发生了多次变化，但是，其造词理据及由此而来的内部结构方式却没有发生变化，实际上也不会发生变化，有造词者特定的认知—表述方式在那里管着呢。

从上面考察的情况来看，《现代汉语词典》自 1965 年所出的试用本至今用以支持"联绵字—双音单纯词"说的例词"仿佛""伶俐""阑干""逍遥""妯娌""玛瑙"等实际上全部是合成词，一个单纯词也没有。所以其错误率是 100％，主要是"联绵字—双音单纯词"说之成见在胸，而且蔽于共时论，忽视了对联绵字书写形式之变化的考察，甚至忽视了语词与文字的区别。"伶俐""阑干""玛瑙"等三个词被误举为"联绵字—双音单纯词"说的例词，就都属于这种情况。也有的甚至忽视了最起码的字义考察而致误。如"仿佛"的古今字形并没有发生变化[①]，而且"仿"字

---

① 这只是就《现代汉语词典》所用的常体"仿佛"说的，并不否认"仿佛"另外还有其他书写形式。方以智《通雅》和朱起凤《辞通》中都收了"仿佛"一些异体，可参看。

的基本义"相似"至今常单用，妇孺皆知；只是"佛"字不怎么单用了，其本义可能不为一般人所熟悉，于是"仿佛"也被举以证明其成见"联绵字—双音单纯词"说，这是无论如何也说不过去的。

《现代汉语词典》是第一部宣传"联绵字—双音节单纯词"说的语文词典。半个多世纪以来一直坚持宣传"联绵字—双音单纯词"说，其庞大的发行量对"联绵字—双音单纯词"说的渐成"定论"发挥了重要作用。但是，也许没有人想到，它的例词始终无一支持它的观点，它的观点至今没有着落。

值得注意的是，《现代汉语词典》解释"联绵字"，不求本字，不考察词源信息，不考虑词义变化，始终从观念出发，而始终义例不合，这些现象都不是孤立的。所见信守派其他著作中几乎都存在这种现象，只是主流学者对此早已当怪不怪了①。实际上，也正是这一原因，才使得脱离汉语实际的"联绵字—双音单纯词"说不断流行开来。

三　几经修订，均未从要害处着手

《现代汉语词典》解释"联绵字"，最初意在宣传"联绵字—双音单纯词"说，后来也没有反思这种做法。由于没有可靠的语言基础②，实在无法坚持到底。要解决这个问题，唯一的方法就是改弦易辙，回到正确的道路上，从事实出发——包括语言事实和汉语言文字学史两个方面，重新解释"联绵字"（参看前面第一章附录一）。然而《现代汉语词典》没有这么做，而是继续宣传"联绵字—双音单纯词"说。虽然经常在局部做一点改动，却不料是以新的错误代替旧的错误，有的则徒做概念游戏，以至于最后第 6 版解释"联绵词"完全脱离了汉语实际。落到这步田地，就是在告诉读者："联绵字—双音单纯词"说完全脱离了汉语实际，

---

　　① 所以当怪不怪，原因极其复杂，一个显而易见的原因是现代联绵字观念之成见在胸者多不喜欢求本字，都习惯看衣服认人。其次是盛行已久的共时论在作祟，他们却不知道共时论是一种片面地、孤立地、静止地看事物的观点。这在前面已经批评过，可看。
　　② 这么说不只因为《现代汉语词典》遵从现代联绵字观念解释"联绵字"没举出当其说的例词，也不只因为所有著作中均未举出"由两个音节联缀而成的单纯词"，关键是"由两个音节联缀而成的单纯词"没有造词理据，因而没有可验证性，无法进入交际领域。这其实是语言作为交际工具所不允许的。

不改弦更张，必无出路。下面看它在"联绵字"解释问题上几次没有积极意义的修改情况。

《现代汉语词典》从 1960 年出试印本以来，至今对"联绵字"的解释做过 4 次不同程度的改动。第一次改动如上文所言，就是 1965 年出试用本时更换了试印本的 3 个例词。其实，只是用新的错误代替旧的错误（详见上文）。这样做，无异于在提醒读者：汉语里很可能没有用衍声法创造的"联绵字—双音单纯词"（参看沈怀兴 2011b，2013b）。《现代汉语词典》解释"联绵字"的这种情况颇具典型意义，它实际上反映了中国现代语言学多个方面的问题，很值得语言学工作者探讨其深层的原因。

第二次改动发生在 1996 年出版的修订本中，也就是把"旧称"改为"旧时指"；其他再一次照录。也许在当时的修订者看来，"旧时指"比"旧称"准确。但是，在 2012 年第 6 版修订者的相关表述里，读者只能相信它们二者没有区别，甚至有的读者还会产生前四版用"旧称"更为简洁而恰切的印象。例如 1996 年修订本以前的四版中都说"旧称双音的单纯词"，修订本改说"旧时指双音的单纯词"，然而 2012 年第 6 版改立"联绵词"为正条时却说"旧也叫联绵字"，对其副条"联绵字"的解释也是"联绵词的旧称"。这不是又回到了前四版的"旧称"了吗？这在一般人看来也许是在玩概念游戏，但是《现代汉语词典》的编写者们也许另有深意，也许出于无奈，也许还有其他什么原因。只是这些都只有其编写者自己才知道，而且都与本研究关系不大，就不枉费笔墨了。

第三次改动发生在 2005 年第 5 版中，即于"双音"后面加了个"节"字、最后加"也叫联绵词"五个字；其他一仍其旧。"双音"后面加"节"字也许没有多大的必要，至少在一般人的脑海里，"双音词"就是"双音节词"，"双音的单纯词"就是"双音节的单纯词"或"双音节单纯词"，也就是一般现代词汇学著作中说的"双音单纯词"。我们至今弄不清楚"双音单纯词"和"双音节的单纯词"的含义有什么区别，于是怀疑这个改动也没有积极意义。所以一定要坚持"联绵字—双音单纯词"说而要做点局部改动的话，倒不如干脆改称现代词汇学著作中常见的"双音单纯词"来的简洁和大众化。

至于在 2005 年第 5 版的改动中后加"也叫联绵词"五个字，成为"旧时指双音节的单纯词……。也叫联绵词"，就是不经意间在出自家的丑儿了。前面说过，现存旧时文献中只有沈兼士（1941）用过"联绵词"这个术语，但他的"联绵词"不指双音单纯词（参看第一章附录一）。除此以外，无人使用术语"联绵词"，哪里来的"（旧时）也叫联绵词"呢？看来，只要坚持错误观点，随时都会弄出点乱子来。

但是，即使将这些失误忽略不计，或者硬把"旧时指双音节的单纯词……。也叫联绵词"理解为"……现在也叫联绵词"，那么《现代汉语词典》第 5 版的改动也只是做了一件半积极半消极的事情。就其积极方面来说，是不经意间使将来研究中国现代语言学史的人明白：进入 21 世纪的前几年，主流学者仍然叫"联绵字"，因此《现代汉语词典》2005 年第 5 版中仍然立"联绵字"为正条。但是，已经有不少人开始称"联绵词"，所以《现代汉语词典》解释"联绵字"又加了"也叫联绵词"五个字。不过，这一现象直到 20 世纪末尚不很明显。否则，2002 年出增订本时就该后加"也叫联绵词"五个字了。其消极作用则更为明显。也就是说，由于字、词之分久已深入人心，脱离汉语实际的"联绵字—双音单纯词"说有可能进而为涂了一层科学色彩的"联绵词—双音单纯词"说所替代，届时一般年轻人就更不容易辨其真伪，习惯跟风的人们也许被现代联绵字理论给捆绑得更结实了。

第四次改动发生在 2012 年第 6 版中。总体而言，这次改动比前三次改动都大一些，亦即改立"联绵词"为正条，此前七版做正条的"联绵字"被改为副条，仍然坚持现代联绵字观念解释"联绵字/词"，所以问题也变得更加复杂了。先看它对"联绵词"的解释："指双音节的单纯词。包括：a）双声的，如'仿佛、伶俐'；b）叠韵的，如'阑干、逍遥'；c）非双声非叠韵的，如'妯娌、玛瑙'。旧也叫联绵字。"随后解释"联绵字"曰："联绵词的旧称。"这表面上看似顺理成章的事，但是这顺理成章充其量也只是理论上的。由于越来越脱离了汉语实际（详见上文考察讨论），却只是在固有的错误观念主导下修修补补，因而值得讨论的地方比较多。

例如，第 6 版中立"联绵词"为正条，释曰"指双音节的单纯词"，从词典修订者角度说,这样做可能有以下原因。第一,如果仍然像先前那样说"联绵字"指双音节的单纯词,似乎有不伦不类之嫌,因为用现代语言学的观点看,字只是记录语言的书写符号,是不能混同于词的。说"联绵词"指双音节的单纯词,就显得名正言顺了。所以从这个角度讲,需要立"联绵词"为正条。第二,时至今日,用"联绵词"指双音单纯词者已经很不少,特别是 45 岁以下从事现代汉语研究的年轻人,几乎没有例外。仅就这一条而言,改立"联绵词"为正条也是必要的:未来是年轻人的。第三,改立"联绵词"为正条,也许还跟"与国际语言学接轨"的愿望有些关系,国际语言学界的主流派是说"词"的。毋庸讳言,上述原因都仅仅是认识与表述上的,同时仅仅存在于理论形式层面,实际上与语言事实没有多大的关系。在理论与客观实际完全脱节时,理论越系统,越以科学的面貌出现,其危害性就越大。至于立"联绵词"为正条,新释不说"旧称"或"旧时指",大概因为"联绵词"这个术语从产生到《现代汉语词典》第 6 版问世只有 71 年(参看沈兼士 1941),而且 1949 年之前没有人用"联绵词"指双音单纯词,即使 1949 年之后的 30 年间用"联绵词"指双音单纯词的也极少。但是,却不料一个"联绵字"是"联绵词的旧称",问题又出来了。

其实,在对联绵字问题做过认真研究的人们看来,不管有什么理由,只要坚持"联绵字/词—双音单纯词"说,也不管做怎样的解释,都不能把非变成是,因为科学是讲证据的,而汉语里根本没有"联绵字/词—双音单纯词"这种怪东西①。说到底,第 6 版的改动充其量不过是在玩概念游戏,它的问题其实是明摆着的。第一,改立"联绵词"为正条,释曰"指双音节的单纯词",例词却一仍其旧,这只是词典修订者还不知道它们无一例外都是合成词罢了,实际上是没有什么说服力的。第二,说"联绵词""旧也叫联绵字",一个"也"字,好像是在说早在旧时"联绵词"与"联绵字"二术语就并行了。其实,这是不知道在 20 世纪 80 年代以前,即使信守派学者中也很少有人用"联绵词"指称双音单纯词,而大多说"联绵字—双音单纯词"。第三,释"联绵字"曰"联绵词的旧称",这个

---

① 《联绵字理论问题研究》一书的大部分篇幅从不同角度证明了这一点,本书前面的考察讨论也可证明这一点,后面各章节的研究同样是从不同角度证明这一点。

"旧"如果指 1949 年之前，则只能到吕叔湘先生（1942）的书中才能找到证据，其他再也没有哪部著作有这么毫无疑义的证据。并且，正如上文考察所见，尽管吕叔湘先生（1942）书中明确把"联绵字"界定为单纯性的复音缀词（双音单纯词），但是所举的那条理论依据和 50 个例词都不支持他的观点。1949 年之前，其他学者笔下的"联绵字"多相当于现代词汇学中的"双音词"。如果这个"旧"是指 1949 年之后，则找不到这样用"旧"的例子。况且，1949 年之后的二三十年间用"联绵字"指双音单纯词的著作也不是很多。广泛用"联绵字"指双音单纯词，是进入 20 世纪80 年代以来的事情①，但是谁也不把 20 世纪 80 年代以来称"旧时"。由此看来，《现代汉语词典》释"联绵字/词"习惯称"旧"，给部分读者以古已有之的印象，不仅是不负责任的，而且还有点不地道的嫌疑呢，尽管这些都不一定是词典修订者有意为之。另外，需要再次强调的是，不管谁用"联绵字"或"联绵词"指双音单纯词，都没有举出当其说的例词，只是《现代汉语词典》第 6 版中对"联绵词/字"的解释距离事实更远了。

综上所述，词典中第一个接受并宣传"联绵字—双音单纯词"说的是《现代汉语词典》。它一开始就违反了通释语义的基本原则，只宣传吕叔湘一家言，却不料这一家言完全靠不住。《现代汉语词典》传承了靠不住的《要略》一家言以后，例证同样不能证明它的观点"联绵字—双音单纯词"说，并且始终没有找到当其说的例证，徒有一个明确的观点。这一特点在信守派学人的著作中很有代表性。读者窥其一斑，就可知信守派学者从事联绵字问题研究的全豹了。至于《现代汉语词典》坚持宣传"联绵字/词—双音单纯词"说，而越来越脱离汉语实际，那是早已注定的，是不以任何人的意志为转移的。

既然《现代汉语词典》解释"联绵字/词"，一开始就走错了路，那么唯一的出路便是改弦易辙，从汉语言事实出发，参考传统语文学家的研究，努力对"联绵字/词"作出客观公正的解释。否则，如果像《现代汉语词典》第 6 版解释"联绵词/字"那样，只是以水济水，举火救火，不管修改多少次，都只能小改小错，大改大错，越改越远离汉语言事实。

---

① 这只是就一般情况来说的。实际上 20 世纪 80 年代仍有人把自知为合成词的双音词称为"联绵字"或"连绵字""连绵词"（参看戚桂宴 1984；杨伯峻 1983：374）。

《现代汉语词典》前后已出八版，坚持误释"联绵字/词"，这一事实具有特殊意义。它告诉我们，学术研究必须坚持论从坚实的材料来，必须首先做好材料工作，有一分证据说一分话；否则，不管怎样的权威，迟早会暴露其理论的虚妄性。至于词典释义必须坚持通释语义的原则，《现代汉语词典》解释"联绵字"最初没有遵守这一原则，所造成的负面影响是不可估量的，也是值得汲取的教训。

第二节　《语言学名词》解释"联绵词"问题

本节考察另一部权威辞书——《语言学名词》，看看它是否也在遵循现代联绵字理论解释"联绵词"。如果是的，就再看看它的例词是否同样不支持其观点。如果同样不支持其观点，问题就更明显了。如果不是的，也可以做个对照，则有着另一个方面的意义。

《语言学名词》是语言学名词审定委员会审定、全国科学技术名词审定委员会公布、商务印书馆2011年出版的。是国家社科基金重点项目（01AYY001）的研究成果，是全国近百位专家学者历经10年研制而成的，可以说是集体智慧的结晶。全书收释中国语言学"基本的重要术语"2939条。其《前言》中说：中国语言学"术语繁多，含义复杂，理解歧异，历来缺乏足够全面的整理，至今尚无公认的规范"，书中收释的这2939条基本术语是供词汇学、训诂学、辞书学等汉语学13个分支学科"遵照使用的语言学规范名词"。

该书《前言》中还介绍了三条编写原则："1. 非学界共识而仅仅属于某一学派观点的内容，一般不予写入；2. 有的内容可能见仁见智，但不应有明显的知识性硬伤；3. 收入的一般是各个分支基本的、必用的学科术语。"不过，用上述三条原则对照书中收释的语言学名词，不少条目的解释也许还值得推敲，甚至上述三条编写原则中有的也值得进一步推敲，有的作为"规范"执行，必将产生这样那样的负面影响。这里面要论述的东西很不少，希望留待《中国现代语言学问题研究》一书中再做交代。在笔者看来，如果仅就当前汉语语言学研究的水平而言，真正能够贯彻执行的也许只有上引第 3 条编写原则。

现在来看《语言学名词》是怎样解释"联绵词"的。

一　《语言学名词》的"联绵词"例词均不当其说

看一种理论观点是否成立,一看论据,二看论证方法。论证方法最终还得落实到论据上,所以关键是看它的论据。如果论据不成立,理论观点不管怎样鲜明独到,不管它已经取得了多少信众,仍然不可轻信。笔者致力于联绵字理论及实践问题研究十几年来遍读信守派学者著作,没有发现哪家曾经拿出可靠的证据证明"联绵字—双音单纯词"说。就其例词而言,至今没有发现哪部著作中曾举出用什么特殊的构词法构成的"联绵字/词—双音单纯词"。《语言学名词》中有三处遵循现代联绵字理论解释"联绵词"及相关术语,所举例词能否支持其观点呢?为了考察讨论的方便,现在先引录这三处解释如下。

> 05.194　联绵词　twin simple word
> 由两个音节连缀成义而不能拆开的单纯词。例如"犹豫""徘徊"。
> 05.195　双声叠韵词　alliterative or rhyming twin simple word
> 两个音节的声母或韵母相同或相近的单纯词。例如,"仿佛""玲珑"是双声联绵词,"窈窕""彷徨"是叠韵联绵词,"辗转""尴尬"是既双声又叠韵的联绵词。
> 10.058　联绵词　two‐alliterated word;compound words in Chinese
> 又称"联绵字""谦语"。由两个音节连缀成义而且上下字具有一定声音关系的单纯词。根据上下两字的声音关系不同,可分为双声联绵词(例如"淋漓""仿佛")、叠韵联绵词(例如"徘徊""逍遥")、双声叠韵联绵词(例如"缤纷""辗转")、非双声叠韵联绵词(例如"犹豫""扶摇")。

在上面引录的三处文字中,前两处基本上反映了现代词汇学界主流学者对"联绵词—双音单纯词"说的理解和执行情况,后一处大致反映了训诂学界主流学者对"联绵词/字—双音单纯词"说的理解和执行情况。现在先考察上引三处"联绵词"例词。三处共列举例词 16 个，除去前后重复出现的之外，还有 12 个"联绵词"："犹豫""徘徊""仿佛""玲珑""窈窕""彷徨""辗转""尴尬""淋漓""逍遥""缤纷""扶摇"。下面来看这 12 个"联绵词"的情况。

"犹豫"可以肯定是联合式合成词，拟于第六章第一节考察。"仿佛"也是一个联合式合成词，具体考察见本章第一节。"玲珑"虽然是单纯词，但按照一般的说法，它是由拟玉相击之声而来的，也不是正统的信守派学者说的那种由特殊的构词法构成的"联绵字/词—双音单纯词"。"辗转""窈窕""逍遥"等 3 个词，学者早已考见它们都是联合式合成词（详见白平 2002：179—181，204—206；刘毓庆 2002），今无疑义。"缤纷"一词，王增辉（1984）、鄢丹（2008）也都考见它是联合式合成词。他们的基本结论是对的。"扶摇"是个公认的切脚词，也不是正统的信守派学者说的用"特殊的构词法"构成的"联绵字/词—双音单纯词"。至此，读者已经看到《语言学名词》遵循现代联绵字理论解释"联绵词"所举例词中，三分之二不支持"联绵词—双音单纯词"说。下剩的"徘徊""彷徨""尴尬""淋漓"等 4 个例词会不会是"联绵词—双音单纯词"呢？也不会。

"徘徊"，偏正式合成词。这个词，即使信守派学者中，也有人说它是"复合词由长期连用而凝固"（参看徐振邦 1998：73）。"徘徊"是合成词没有错，但需要稍作证明。"徘徊"有多种书写形式，本字写作"裵回"。到了宋代之后本体"裵回"日渐少用，而文献中多用其俗体"俳佪/徘徊"，至明代新问世的文献中几乎都用"徘徊"了。《说文解字·衣部》："裵，长衣貌。"清钮树玉《说文解字校录》抄录宋初徐铉的话说："臣铉等按：《汉书》'裵回'用此①。今俗作'徘徊'，非是。"北宋张有《复古编·联绵字》"裵回"条下也说："别作'徘徊'，非。"回，《说文·口部》："回，转也。从口，中像回转之形。"据此，"裵回"是隐喻造词而来的一个合成词，字面意思指像长衣摆动，可泛指来回走动貌。还可以根据其音转规律溯其源而见其合成词特点。传统语文学著作中说"徘徊"者很

---

① 《史记》也用"裵回"。如《吕太后本纪》："吕产不知吕禄已去北军，乃入未央宫，欲为乱，殿门弗得入，裵回往来。"

多，也有其他说法不无道理，但没有任何一说可以支持"联绵字/词—双音单纯词"说。退一步说，即使不做上面的考察，也不管"徘徊"是怎么来的，造词之初一定有明确的造词理据，一定有可验证性。否则，如果按照《语言学名词》的说法，"徘徊"是"由两个音节连缀成义而不能拆开的单纯词"，没有造词理据，没有可验证性，起初是无法进入交际领域而为受话人所接受的，自然无法流传开来，后人根本无法见到。至于通常所谓约定俗成云云，那是错误地理解了荀子的话，不知道约定需要以都能理解的造词理据而具有可验证性为基础，否则，受话人是无法成全造词者的约定的。

"彷徨"，偏正式合成词。这个词也有多种书写形式，其中较常见的是"徬徨"。并且，先贤多认为"徬徨"与"徘徊"字异而义同，其对应字之间有音转关系。用明代方以智的话说，其间有"双声相转而语逶迤"的关系。方以智《通雅·释诂》卷六《谦语》于"徬徨"条下曰："智谓'徘徊'为'徬徨'，舒徐为'徜徉'。"《广雅·释训》："俳佪，便旋也。"王念孙疏证曰："此叠韵之变转也。'俳佪'之正转为'盘桓'，变之则为'便旋'。薛综注《西京赋》云：'盘桓，便旋也。'便旋，犹盘旋耳。俳佪，各本皆作'徘徊'，唯影宋本作'俳佪'。[①]《汉书·高后记注》云：'俳佪犹徬徨，不进之义也。'"上引方以智、王念孙两家之训虽有"为""犹"之别，但意见基本一致。照方以智的看法，徬徨即徘徊，二者之间有"双声相转而语逶迤"的关系；照王念孙的看法，徬徨如同俳佪/徘徊，可以从音转规律和二者同义两个方面得到证明。如果他们的意见不错，既然"徘徊"是合成词，"徬徨/彷徨"也一定是合成词。否则，如果按照《语言学名词》的说法，把"彷徨"判为"联绵词—双音单纯词"，因无造词理据而不可验证，起初一定无法进入交际领域而为受话人所接受，自然也就不会流传至今了。部分学者总喜欢说"联绵字/词"是联缀两个音节而成的单纯词，却不知道不管用什么方法创造的词都必须有造词理据，否则就不能进入言语交际领域而为受话人所接受，因为它没有可验证性，受话人不知其所云。然而部分学者偏执索绪尔能指和所指的联系是任意的、

---

① 这样说，与宋张有《复古编》中的思想略有不同，原因在于张有是正俗体，七八百年以后的王念孙只就眼下宋文献立说。

语言符号是任意的之说，从来不考虑"联绵字/词"的造词理据。有些学者甚至把索绪尔能指和所指的联系是任意的、语言符号是任意的之说教条化，并且尽力贬斥探讨"联绵字/词"造词理据的著作，不仅不能解决问题，而且容易促使语言研究乱象纷呈，贻误后学。换个角度说，如果他们相信语言是人类最重要的交际工具，能够从"联绵字/词"造词理据角度看"联绵字/词—双音单纯词"说，或者会自觉运用历史考证法考察那些所谓"联绵字/词"的语素构成情况，就不会误举那么多不明其语素构成情况的双音词支持"联绵字/词—双音单纯词"说了。

"尴尬"，联合式合成词。《说文》中写作"尲尬"，到了《玉篇》里才写作"尴尬"。这个词同样有多种书写形式。但是，根据前贤考辨的结果，其本字是"间介"，是两个近义语素并列构成的合成词。清邵瑛《说文解字群经正字》先抄录《说文解字》之释"尲""尬"："尲，不正也。从尢兼声。古咸切。""尬，尲尬也。从尢介声。古八切。又，古拜切。"之后，有一段精审的考证文字："今经典无'尲尬'二字，而有借用二字之声义者。《孟子·尽心》：'山径之蹊间介然，用之而成路。'朱注以'蹊间'为句，'介然'属下。考之于古则不然。赵岐注：'山之岭有微蹊然。'《文选·马季长〈长笛赋〉》：'是以间介无蹊。'李善注引《孟子》此文，又引杜宇注《左氏传》曰：'间犹介也；间、介，一也。言山间隔绝，无有蹊径也。'是'间介'二字联文，犹'尲尬'之诇语。故元人失名《四书辨疑》曰：'介'如字。经文当以'山径之蹊间介然'为句。毛晃《增韵》引《孟子》亦云'山径之蹊间介然'。盖间介、尲尬，皆方俗以声为形容，双声相转而语诇诿，各随所作，无乎不可，非有二也。"邵瑛这段考辨，要言不烦，盖为确论。[①] 特别其"间介、尲尬，皆方俗以声为形容，双声相转而语诇诿，各随所作，无乎不可，非有二也"之说以方以智因声求义的诇语理论为指导，话语毕肖方以智《通雅》卷六《释诂》"诇语"说，言简义明，可谓一字不易。质诸方言，至今宁波、上海、苏州等

---

① 可能有人对邵瑛"盖间介、尲尬，皆方俗以声为形容，双声相转而语诇诿，各随所作，无乎不可，非有二也"之说有不同的理解，甚至有人会借"双声相转而语诇诿"之说证明"联绵字—双音单纯词"说，像《中国大百科全书·语言文字》解释"诇语"误解方以智那样。其实那是误会（详见沈怀兴 2015）。

地的方言中"尴尬—间介"二词同音，都读［kɛka］，而且温州、丽水等地的方言中"尴尬—间介"现在都音［kæka］，也就是说，现在吴方言地区不少地方的话都可以旁证邵瑛之说。综上所述，"尴尬←尷尬←间介"乃联合两个近义语素构成的合成词，盖无疑义。

"淋漓"，联合式合成词。《说文·水部》："淋，以水沃也。从水林声。一曰：淋淋，山下水貌。"清王筠《说文句读》："不直云'沃也'，而加'以水'二字，明乎其非灌溉矣。"又，"《七发》：'洪淋淋焉，若白鹭之下翔。'李注曰：《说文》曰：'淋，山下水也。'按：《七发》言'淋淋'，而李引《说文》不曰'淋淋'，似今本衍一'淋'字。"这说明"淋"的本义是水下流。"漓"的本义是水渗流。《战国策·东周策》："夫鼎者，非效醯壶酱甄耳，可怀挟提挈以至齐者；非效鸟集乌飞，兔兴马逝，漓然止于齐者。"鲍彪注引《集韵》："漓，渗流貌。"这样看来，表示水下流的"淋"和表示渗流的"漓"本是一对近义词。组合成"淋漓"后初表"沾湿或滴流貌"，也是很自然的。《汉语大词典》卷 5 第 1346 页就是这么解释的，而且例证有力，无须繁言。然则"淋漓"分明是个近义单音词并列构成的合成词①，而不是单纯词。顺便提一句，对比《汉语大词典》的"淋漓"之释与《语言学名词》的"联绵词"例词"淋漓"之判，可以看到这样的事实：受现代联绵字观念束缚程度不同的学者，对同一语言事实的处理结果往往不同。所受束缚程度重者眼里的"联绵词"往往就是所受束缚程度轻者眼里的合成词。这一现象，本书第六章各节都有一些例证及具体讨论，可参看。

至于较早的文献中有用"淋漓"形容剑长的例子，其实那是比拟用法。比拟、比喻等手法临时一用，是话语修辞问题。一个词常作比拟或比喻用，就会产生新义——隐喻义，就是语言问题了。但是，不管用了比拟手法、比喻手法或者借代手法，也不管是否已经产生了隐喻义或换喻义，

---

　　① 其实，只要翻开《多功能汉语大词典索引》，就会发现：一、书中收由"淋"语素构成的双音词 37 条，由"漓/灕"语素构成的双音词共 23 条，而且多数双音词之含义都与"淋""漓/灕"之含义的联系比较明显；二、既有"淋淋"，又有"漓漓"；三、既有"淋漓"，又有"漓淋"；四、有些双音词早在汉代以前就产生了。这些现象说明：一、"淋""漓"不仅单用，还经常参与构词；二、如果判"淋漓"为"双声联绵词——单纯词"，"淋淋""漓漓""淋漓""漓淋"现象很不容易解释。但是我们得承认，错举例词不是词条撰写者个人的事情，因为不管谁，只要秉承"学界共识"解释"联绵词"，就无法举出当其说的例词，就注定义例不合。

原词的内部结构方式一般是不变的，就像某仓房不管存放小麦还是存放大米，其固有的内部结构不会改变一样。即使退一步说，旧瓶被装了新酒，其内部结构发生了变化，那也往往是复合词内部的变化。另外，汉语史上有复音节单纯词经过旧瓶装新酒而成为合成词的例子，没有复合词旧瓶装新酒而变成单纯词的例子。① 论者大多忽视了这些具体问题，一发现某词某义与其本义或构成成分的基本义对不上号，在现代联绵字理论的误导下，就把它判为"联绵字/词—双音单纯词"，然后再依照惯例根据这个"联绵字/词"上下字有无语音联系让它对号入座，即归入"双声联绵字/词"或"叠韵联绵字/词""双声叠韵联绵字/词""非双声叠韵联绵字/词"之类，就完事了。其实这都是误会。究其实，这种贴标签式的归类恰恰掩盖了矛盾的实质，使"联绵字/词"研究远远偏离了求真务实的科学轨道，而把"联绵字/词—双音词"研究彻底庸俗化了。

其实，如果人们不是现代联绵字理论之成见在胸，一些被误判为"联绵字/词—双音单纯词"的语词是不难辨明其内部结构关系的。如"辗转"，只要稍作考察，就很容易知道其本字是"展转"。接下来一查《说文·尸部》"展，转也"，就很容易判断它是个联合式合成词。如果心里还不够踏实，再查一下《广雅·释训》"展转，反侧也"条下，王念孙是怎么疏证的，大概就不会误判"辗转"是"联绵字/词—双音单纯词"了。因此，就连信守派中也有人直言不讳地说"辗转"是个"并列复合词"，尽管说"今人没有谁再把'展转'看作合成词了"② （参看徐振邦 1998：68）。但是，只要有点较真儿精神，用一种特殊的构词法构成的"联绵字/词—单纯词"就一个也找不到了，那可怎么办呢？《语言学名词》第 1 条

---

① 这种现象十分重要。训诂工作中往往出现不够客观的结论，就是由于忽视了这种现象。注家只有抓住这种现象，才会抓住词的基础义；用词的基础义比较词的变义，继而考察并揭示其变义产生的原因，才能确保解词释义是客观的，可信的。如果古代注家注意到了这一点，文献中某些似是而非的解释可能会避免。如果现代人注意到了这一点，脱离汉语实际的"联绵字—双音单纯词"说也许不会流行开来。

② "展转"本来是个"并列复合词"，而"今人没有谁再把'展转'看作合成词了"，这说明：第一，从事学术研究而被某种理论左右是多么可怕。第二，至少在联绵字问题研究上，多数现代人不是就研究对象做研究，而是根据流行观念和个人感觉做研究，因而其结论需要审慎对待。第三，当前学界跟风现象相当普遍，中国现代语言学的研究需要认真反思。第四，学术研究必须坚持独立思考，"学界共识"不等于真理。

编写原则就是要求名词解释要反映"学界共识",而今学界主流信守现代联绵字理论,哪一位词条撰写者也不敢另行一套。这事换上谁也不能两全。只要一个人应命完成"联绵词"解释任务,即使明知错得离谱儿,也必须老老实实地去反映"学界共识",因为词典不是个人专著。

因此,上面虽然不厌其烦地考察被《语言学名词》举以证明"联绵字/词—双音单纯词"说的每个例词,证明它们都不是"由两个音节连缀成义而不能拆开的单纯词",都不支持"联绵字/词—双音单纯词"说,但却没有批评词条撰写者的意思。实际上,他们不是专业水平不高,更不是不尽力。之所以失败,是因为他们要找的"联绵字/词—双音单纯词"不存在。不仅如此,还要感谢他们。他们作为顶级学者,遵循"学界共识"解释"联绵词"而失败,这件事具有一定的现实意义,因为他们的失败又一次证明"联绵字/词—双音单纯词"说本属臆造,虽然久已"天下群而和之",但由于没有可靠的语言基础,只能证其伪,不能证其真。

不错,包括上一节在内,考察《现代汉语词典》《语言学名词》中"联绵字/词—双音单纯词"说之例词的语素构成情况的确花费了不少篇幅。这在一般人看来也许没有多大的必要:一个词,说它是"联绵字/词—双音单纯词"怎么样?说它不是又怎么样?十几年来,我们用了大量时间从事联绵字语素构成情况的考察,也确曾有人不够理解,说他在读我的文章时一般不看这类繁琐的考证。在生活快节奏的今天,我很理解这种看法。但是,这却是没有办法的事情。没有现代联绵字理论的盛行,联绵字语素构成情况的考察也许只是在研究汉语双音词词义生成与变化、揭示汉语词汇发展规律、确定汉语在语言类型学的归属等方面有其重要意义,但是,当严重脱离汉语实际的现代联绵字理论广泛流行时,这项考察工作就显得无比重要了。因为不仅要帮助解决深受现代联绵字理论危害的三大重灾区的问题(参看后三章),还要把数十年以来现代联绵字理论的流行作为教训,促进语言观更新,早日实现汉语言文字学研究的古今贯通,使汉语言文字研究更好地服务社会。要实现上述目标,就不能不努力破除现代联绵字理论之迷信;要破除现代联绵字理论之迷信,就必须彻底解决其核心理论"联绵字/词—双音单纯词"说问题;要彻底解决"联绵字/词—双音单纯词"说问题,就必须舍得花大力气首先对主流学者用来支持"联绵字/词—双音单纯词"说的例词进行具体考辨，验明它们的正身，让事实来证明一切。有了这样一番釜底抽薪的工作，"联绵字/词—双音单纯词"说没有了根基，从此真相大白，长期受它危害的三大重灾区才会慢慢解脱出来。笔者从事联绵字理论及实践问题研究十几年以来，坚持做这项考辨工作，所发表的讨论现代联绵字理论问题的文章中大多有这方面的内容，至今没有发现学者所举的例词中有用"一种特殊的构词法"构成的双音单纯词，这才可以断言"联绵字/词—双音单纯词"说没有可靠的语言基础，不是对汉语事实的客观反映，与此相关的理论切不可轻信。

　　不过，考辨"联绵字/词"，也并非越多越好。否则，就可能犯喧宾夺主的错误。这些年有两位朋友希望尽可能多地考辨"联绵字/词"。一位朋友还强调说：你把人们举出的那些"联绵字/词"进行穷尽式考察辨析，如果能够证明它们都不是用特殊的构词法构成的，别的什么也不用说了。我在研究中适当参考了朋友的意见，但没有贯彻到底，其原因倒不在于时间上是否允许那样做。如果确有必要，再没有时间也必须那么做，能够做多少就做多少，因为时间本来就是用来解决问题的。笔者认为，主要考察顶级学者的著作和权威词典的情况就很可以说明问题了。况且，信守派学者用来支持现代联绵字理论的所有理论依据均不成立，语言的交际职能不允许语言中出现"联绵字/词—双音单纯词"这种没有造词理据、没有可验证性的怪东西，也告诉我们无需穷尽式考察所有信守派学者列举的"联绵字/词—双音单纯词"。否则，如果只考辨信守派学者说的"联绵字/词"，不做其他考察辨正工作，不管咱们考察辨正了多少"联绵字/词"，现代联绵字理论之成见在胸者都可能认为你考的那些双音词不支持"联绵字/词—双音单纯词"说，其他词未必不支持"联绵字/词—双音单纯词"说，于是还会举一些他们不明其语素构成情况的双音词来说事儿。这样的话，问题将永远得不到解决。实际上，只要考见顶级学者及权威词典的例词均不支持"联绵字/词—双音单纯词"说，就足以证明汉语里不存在"联绵字—双音单纯词"。一般跟风者未必超越顶级学者及权威词典，他们如果没有新的理论支持，只是列举几个"联绵字/词"，一般没有必要考辨。

二　《语言学名词》解释"联绵词"前后分歧较多

　　上面考察发现，《语言学名词》解释"联绵词"所举的例词同样没有一个支持"联绵字/词—双音单纯词"说，这便又一次证明"联绵字/词—双音单纯词"说没有可靠的语言基础。但是，这还仅仅是"联绵字/词—双音单纯词"说存在的问题之一。如果我们肯多做点考察，还会发现前面引录《语言学名词》解释"联绵词"的三处文字中还反映出其他一些问题，同样是"联绵字/词—双音单纯词"说在流行过程中不可避免的现象。

（一）关于术语是否统一问题

从"联绵词"的英文译名来看，《语言学名词》"05.194　联绵词 twin simple word"和"10.058　联绵词　two-alliterated word；com-pound words in Chinese"是有些区别的。比如，05.194 的 twin simple word 和 10.058 的 two-alliterated word 都大致是"联绵词"的意思，但是 10.058 的 com-pound words in Chinese 似乎不能译成"联绵词—双音单纯词"，而译成"汉语复合词"要好一些。从表面上看，或者站在正统的信守派学者角度看，这个英译名有不够信实之嫌。但是，这里面说不定还隐含着撰写条目"10.058　联绵词 wo-alliterated word；com-pound words in Chinese"者的难言之苦呢。它好像在说，译名一 two-alliterated word 是"联绵字/词—双音单纯词"的如实反映，译名二 com-pound words in Chinese 是条目撰写者心目中的"联绵字/词—复合词"。意思是说，（有些）汉语复合词，现在主流学者谓之"联绵词—单纯词"了，但它们原本是复合词。特别是 10.058 给"联绵词"的分类中还有"非双声叠韵联绵词"一类，所用的两个例词也是一个复合词和一个切脚词①，与 05.194 中的"联绵词"和 05.195 中的"双声叠韵词"只包括有语音联系的双音词都不同，于是就只能把"联绵词"译成 com-pound words in Chinese 了。也许只有这样理解，10.058 解释"联绵词"所举的 8 个例词中 7 个复合词、一个切脚词的现象才可以得到合理的解释。至于把"联绵词"解释为"由两个音节连缀成义而且上下字具有一定声音关系的单纯词"，不过词典释义必须坚持通释语义的原则而不得不贴上个主流学者能够认可的标签罢了。是不是这样的呢？也许只有条目撰写者的心里清楚，

---

① "扶摇"是一个切脚词。有人把切脚词归为复合词（如中国语言学大辞典编纂委员会 1992：484）。《语言学名词》这里也可能把"扶摇"作复合词看的，否则就可能没有英译名二 com-pound words in Chinese。

这里只是尽可能朝合理的方面理解。本来只是术语"联绵字/词"及被拉来附和现代联绵字理论的相关术语，由于没有可靠的语言事实做基础，就已经剪不断理还乱了。再加上五花八门的英译名，就更说不清道不明了。但是，10.058 把"联绵词"译成 com - pound words in Chinese 不可能是一时疏忽，而是一位敢讲真话的学者在努力讲符合客观实际的话。如此看来，解释"联绵词"而要反映"学界共识"未尝不是一种痛苦。

再来看汉语术语。"联绵词"有主流学者赋予它"由两个音节联缀而成的单纯词"这一含义，尽管没有可靠的语言基础，总不至于引起歧解。但是，05.195 的"双声叠韵词"就不是那么简单了。因为如果不对照英译名，只看这个"双声叠韵词"，它只是一个泛称，其所指里面多是明显的合成词，是一般古汉语研究者一看便知的合成词，不明其语素构成情况者只是少数。同时，在信守派学者中，说"双声叠韵词"者主要是现代语言学思想方法指导下的汉语词汇学研究者，从事古汉语研究者一般不这么说。古汉语研究者一般多说"双声联绵字""叠韵联绵字"什么的，很少有人用"双声叠韵词"通称"联绵字/词—双音单纯词"。但是，这也是词条解释者没有法子的事。"联绵词"研究，只从语音形式上看，不是个难解决的问题。可是，一旦去考察"联绵字/词"产生发展的问题、结构分析的问题、语义探索的问题等，一般人离开现代联绵字理论这个"灵符"，便只能猜谜，结果便是众说纷纭了。如辗转、徘徊、窈窕、妩媚、伛偻、觊觎、溧冽、绸缪、鸥鹢、离黄、侏儒、岑崟、鹌鹑、魑魅、佝偻、崔嵬、披靡、磅礴、参差、纷纭、烂漫、童蒙、憔悴等双音词，主流学者著作中多举它们为"联绵字/词—双音单纯词"说的例词，但徐振邦（1998：67—73）却考见它们"都是同义或近义的并列复合词由长期连用而凝固为联绵词。此种联绵词与同义复合词形成过程没有什么不同"。若非"联绵字/词—双音单纯词"说久已主导着主流学者的联绵字研究，徐先生凭着深厚的古汉语功底，是不会功亏一篑而置身信守派队伍中的。然而换个角度看，既然研究者多不能走出现代联绵字理论的迷雾，并且都已经习惯了似是而非的"联绵字/词—双音单纯词"说，同时对一些双音词的语素构成情况也的确不容易取得一致的认识，倒是这里说"双声叠韵词"显得更合"时宜"，因此 05.195 解释"双声叠韵词"遵循"学界共识"，表述为没有歧义的"两个音节的声母或韵母相同或相近的单纯词",并且"双声叠韵词"的英文译名 alliterative or rhyming twin simple word 基本上也相当于"双声叠韵单纯词"。

综上所述,《语言学名词》解释"联绵词",尽管都遵循"学界共识"释为单纯词,但是英译名不统一,相关术语也不够统一。这不是条目撰写者水平不够,更不是一时疏忽,而是信守派不同学者之间在认识上存在差别的真实反映,是脱离汉语实际的"联绵字/词—双音单纯词"说左右学界而语言学名词解释却又必须反映"学界共识"的必然结果。

(二)关于"联绵词"涵盖范围之异同问题

《语言学名词》05.194 解释"联绵词"没有给研究对象分类、05.195解释"双声叠韵词"而分之为"双声联绵词""叠韵联绵词""既双声又叠韵的联绵词"三类、10.058 解释"联绵词"而分之为"双声联绵词""叠韵联绵词""双声叠韵联绵词""非双声叠韵联绵词"四类,多出了一类"非双声叠韵联绵词"。10.58 给"联绵词"下的定义明明是"由两个音节连缀成义而且上下字具有一定声音关系的单纯词",分类中却多出"非双声叠韵联绵词"一类,这不是自相矛盾吗?是不是词条解释者一时疏忽而未予统一?大概不是那么简单的事情,因为一定统一,则难免顾此失彼。比如统一到"学界共识"的"由两个音节连缀成义而且上下字具有一定声音关系的单纯词"上来吧,对那些没有语音联系而又不明其语素构成情况的双音词则不好交代。如果照顾这部分双音词,统一到现有分类上吧,则违背了"学界共识"——"联绵词"是由两个音节连缀成义而且上下字具有一定声音关系的单纯词。那可怎么得了?其实,早在吕叔湘先生提出"联绵字—双音单纯词"说的时候,这个两难的种子就给种上了(参看上一节相关论述)。后来学者做研究时只要遇上强势的现代联绵字理论"插足",谁都无法解决这个两难的问题。看来还得承认,前面 05.194 解释"联绵词"与 05.195 解释"双声叠韵词"者设计得巧妙。那样立目释义巧妙地避开了暗礁——信守派学者不明其语素构成情况而且上下字之间没有语音联系的双音词。10.058 解释"联绵词",老老实实地面对训诂学界"联绵字/词"的研究现状,就无法避开部分不明其语素构成情况而且上下字之间没有语音联系的双音词,于是只能再列出"非双声叠韵联绵词"一类。如果有人"吹毛求疵"，拿前面的定义来跟后面的分类对照一下，则可以说，"双声联绵词""叠韵联绵词""双声叠韵联绵词"等三类词是主要的，在联绵词中占大多数，定义只管它们。这样做虽有以偏概全之嫌，但那也是没有办法的事情，许多事情都有例外嘛。具体到"非双声叠韵联绵词"一类，一般认为它数量少，而且有的是失去了语音联系的联绵词变来的。的确，部分学者的著作中常有这么解释的。客观地讲，这样的解释虽然能够取得部分学者的认同，但是却不是对语言事实负责的解释，甚至可能会产生某些后果，尽管这也是只能反映"学界共识"的"联绵词"解释者管不着的事情。

首先，这样给"联绵词"分类，经《语言学名词》的解释作为汉语词汇学、训诂学等汉语学分支学科研究中遵照使用的"规范"，为信守派读者给不明其语素构成情况的双音词贴标签提供了理论依据。向后研究者只要遇上不明其语素构成情况的双音词，就可以根据其上下字之间有无语音联系贴上相应的标签，统统归入"联绵字/词—双音单纯词"中去，于是汉语词汇研究领域里越来越没有正确反映客观事实的研究成果了，尽管这种贴标签现象是随着"联绵字—双音单纯词"说的创立而产生的。像《现代汉语词典》解释"联绵字"那样，从观念出发贴了几个标签，找词典编写者不明其语素构成情况的几个双音词来对号入座，结果也只能起到误导读者的作用，因为它始终没有举出一个单纯词，怎样分类都只能掩盖矛盾的实质。《语言学名词》解释"联绵词"的情况看上去好一些，所举12个例词中总算有个单纯词——"玲珑"，无奈"玲珑"是拟声而来的，并不是用特殊的构词法创造的，同样只能算误举之例。所以归根结底，《语言学名词》解释"联绵词"也没有找到确能支持"联绵字/词—双音单纯词"说的例词。现存其他著作自不必说，向后信守现代联绵字理论者也注定举不出当其说的例词，除非有人能够证明"由两个音节连缀成义而不能拆开的单纯词"具有明显的造词理据、进入言语交际领域具有可验证性、能够帮助交际双方完成思想交流的任务。这可能吗？至少此前学者著作中没有让人看到这样的证明。然而，如果我们在具体研究中仍然不能借鉴《现代汉语词典》《语言学名词》错解"联绵字/词"的教训，继续遵循现代联绵字理论做研究，我们的研究成果就真的只有负价值了。

其次，"联绵词"解释者找不到确能支持"联绵词—双音单纯词"说的例词，给"联绵词"下定义时却必须反映"学界共识"，被迫说"（联绵词是）由两个音节连缀成义而不能拆开的单纯词""（联绵词是）由两个音节连缀成义而且上下字具有一定声音关系的单纯词"，这是何等的无奈？出现这种无奈，固然与汉语里没有"联绵字/词—双音单纯词"这种怪东西，而他们解释"联绵词"却必须反映"学界共识"，一定要去搜寻"联绵字/词—双音单纯词"有直接关系，但是，同时也和早已存在于学界的这种贴标签行为有一定的关系。如果没有这种贴标签理论的保驾护航，研究者遇上不明其语素构成情况的双音词时，采用历史考证法，探明其造词理据，大多数被误判为"联绵字/词—双音单纯词"的情况是可以避免的。而今经《语言学名词》把三人成虎的"学界共识"明确下来，作为汉语学各分支学科遵照使用的"规范"，此后的联绵字问题研究将是什么样子？为现代联绵字理论所牵动的汉语学各分支学科的研究将是什么样子？国内人才培养会受怎样的影响？字典词典中错释"联绵字/词"的情况何时得到改善？管见如此，故不敢沉默。

再其次，主流学者习惯根据"联绵字/词"上下字的语音联系进行分类，原本是以汉语古有双声叠韵构词法之假设为前提的。他们认定那些不明其语素构成情况的双音词上下字之间有双声关系的是用双声构词法构成的，有叠韵关系的是用叠韵构词法构成的，[1] 就都是双音单纯词了。这其实已经陷入循环论证的泥沼了（参看沈怀兴2004a，2007b、d，2009a，2011d）。而今《语言学名词》解释"联绵词"继续根据"学界共识"这样分类，是在没有可靠例证的情况下肯定了汉语古有双声叠韵构词法的假设。然则如此脱离语言实际的"规范"一旦用于指导词汇学、训诂学等汉语学各分支学科的研究，结果将会怎样？

另外，遵循"联绵字/词—双音单纯词"说解释"联绵字/词"，还有一个无法克服的矛盾。例如，10.058解释"联绵词"，为"非双声叠韵联

---

① 也有学者叫"双声式造词法""叠韵式造词法"，通称"语音学造词法"（参看任学良1981：246—257）。此说影响也比较大，现在五六十岁的信守派学者大多受了所谓语音学造词法之说的影响。他们坚信上古汉语里，在复合法、派生法产生之前有语音造词法，还为此创造了什么"基式"说，丰富了现代联绵字理论的内容。

绵词"举了两个例词，其中一个是"犹豫"。我们相信这样做或许是有根据的。但是，读者见此仍可能提出疑问：同样是这个"犹豫"，段玉裁《说文解字注》于"犹"字下说"'犹豫'双声"①，《中国大百科全书·语言文字》第258页"联绵字"条下也举"犹豫"为双声联绵字例词，读者应该听从《说文解字注》和《中国大百科全书》两家一致的说法呢，还是听从《语言学名词》的说法？大概不能说《语言学名词》是国家社科基金重点项目成果，是既定的规范，必须遵从，《说文解字注》《中国大百科全书·语言文字》的意见只能摒弃吧？看来，现行"联绵字/词"分类意见不仅在一定程度上掩盖了"联绵字/词—双音单纯词"说的无根性，而且还可能陷读者于泥潭，无法爬上岸呢。所以张斌先生等（2002：166）主张按现代汉语普通话读音给"联绵词"分类，说："所谓双声、叠韵都是以现代汉语语音为标准的。"但这样以来，后果又将怎样？看来，一个看似没有多大争议的"联绵字/词"分类，还真的要叫信守派学者头疼一阵子了，尽管他们平时好像都对"联绵字/词"分类不含糊。

　　（三）关于"联绵词"有无异名问题

　　《语言学名词》解释"联绵词"等术语，前面05.194和05.195自觉避开了传统语文学的是非，没有像一般著作那样说"联绵词"又叫什么。这可能是词条撰写者读过反思派的文章，知道"联绵字/词——双音单纯词"说完全是现代语言学家的观点，跟传统语文学家没有关系。也可能是已经发现联绵字问题研究领域里是非太多，干脆只站在主流派的先锋们角度解释"联绵词"，免得招惹是非。也许是认为"联绵字"等术语统统不科学，干脆不提，免得话多有失。也许还有别的什么原因。但是，不管什么原因，结果都一样，即词条撰写者直奔主题，概括解释"联绵词"，其他一概不提。的确，即使信守派学者，只要保持了清醒的头脑，论及"联

---

　　① 《说文解字·犬部》："犹，玃属。"段玉裁注："古有以声不以义者，如'犹豫'双声，亦作'犹与'，亦作'尤豫'，皆迟疑之貌。"部分学者往往以段氏此言支持汉语古有双声叠韵构词法的想象，其实那是误解了段氏的话。段氏这话本是从用字角度说的，是讲文字通假问题，不是从造词角度说的。"古有以声不以义者"的意思是说：古代有这样一种情况，用汉字标记汉语词时，只要字音与所记音节相同或相近就可以了，并不要求字义与该字所标记的词或语素之意义相同。他所谓"古有以声不以义者，如'犹豫'双声，亦作'犹与'，亦作'尤豫'"，是以"犹豫"为正体的。用"亦作'犹与'，亦作'尤豫'"具体说明"以声不以义"。要正确地理解"犹与""尤豫"的意思，就要找到它们所通的正体"犹豫"，即今所谓求得本字。

绵词"也不敢多开口，因为不遵从"学界共识"而坚持现代联绵字理论讲话不行，但只要坚持现代联绵字理论，开口则很难不讲错话。到必须讲话的时候，比如一定遵循现代联绵字理论解释"联绵词"的时候，只讲符合主流派思想观念的话，并且尽可能少讲，就可以"少犯错误"了。不过，这类学者只知道坚持现代联绵字理论一开口必错，也许还不知道为什么必错。一旦他们知道原因就在于现代联绵字理论完全脱离了汉语实际，坚持现代联绵字理论无法说对话，就有可能采取两种态度。一种是不再靠近联绵字问题研究这个是非坑，另一种是开始反思现代联绵字理论问题。其中多数人采取前一种态度，近四五年以来联绵字问题研究日渐降温是其证；少数人想做点反思性研究，亦难伸其志（参看后面第五章第一、二节）。

后面 10.058 直面现实，说"（联绵词）又称'联绵字''謰语'"，如实地反映了"学界共识"，只是略显笼统。分开来说，"联绵字"这一术语在部分学者眼里相当于"联绵词"。但"联绵字"用于指双音单纯词较早，至今已经 70 多年了（参看吕叔湘 1942/1982：8）。较多地使用"联绵词"这一术语只是近十来年间的事情（参看本章上一节及第一章附录一）。所以只是站在近十几年间的信守派学者角度看，说"联绵词"又称"联绵字"是对的。但是，如果是站在传统语文学家角度说的，那就错了。前面多次说过，从北宋张有创造"联绵字"这个语文学术语到 20 世纪 50 年代，所有传统语文学著作中的"联绵字"无一指双音单纯词。同时，所有传统语文学著作中都不曾出现"联绵词"这一术语。并且，即使信守派学者著作中，从数据库考察可知，1995 年以前的几十年间也多称"联绵字"，个别称"联绵词"者也只是不经意间在玩概念游戏，掩盖了问题的实质，所以也不能说又称"联绵字"。

至于"謰语"这一术语，几乎是传统语文学家的专用术语，今之信守派学者著作中即使偶尔一用，也可能是误引方以智的观点时才用的（参看沈怀兴 2015）。学者常说"联绵字/词"又叫"连绵字""謰语""连语"等，那是他们的误会。事实是不仅"联绵字""连绵字""謰语""连语"等术语所指各不相同，即使它们同一术语在不同的语文学家笔下也可能所指不同（参看沈怀兴 2007c）。

总之，10.058 解释"联绵词"客观地反映了"学界共识"，从一个侧面透露出"联绵字/词—双音单纯词"说问题的严重性，客观上为联绵字理论及实践问题研究提供了方便。

三　小结

《语言学名词》解释"联绵词"，在一定程度上反映出盛行已久的现代联绵字理论的突出问题。不仅前面两处解释与后面一处解释分歧明显，而且没有哪处解释经得起语言事实的检验。至于说"联绵词/字"是"基本的重要术语"，也要看是站在哪个角度上说的。确切地说，它是今后考察讨论汉语学各分支学科现状与发展问题时必用的术语。因为长期以来，以"联绵词/字—双音单纯词"说为核心理论的现代联绵字理论在一定程度上把汉语语言学各分支学科给搅乱了，一旦考察相关乱象，一定离不开"联绵词/字"这一术语。不过，那时"联绵词/字"需要重新界定，客观地说明它曾经被用来指称联缀两个音节构成的单纯词，被认为是汉语里一种特有的语言现象，但却因为没有可靠的语言事实支持而不成立（参看前面第一章附录一）。"联绵词/字"是外来思想理论主导下的中国现代语言学"统战"中国传统语文学的产物之一（参看本章第一节以及沈怀兴 2009a、2012b、2013a：29—47）。

本章两节考察发现：两部权威词典的一个共同特点是"联绵字/词—双音单纯词"说的观点明确，例证无力。也就是说，两家词典解释"联绵字/词"均主"联绵字/词—双音单纯词"说，但是都没有举出一个当其说的例词。它们用 100％ 的错误证明了汉语里没有"联绵字/词—双音单纯词"，证明了盛行已久的"联绵字/词—双音单纯词"说实际上没有坚实的语言基础。

但是，它们也有不同。第一，前者解释"联绵字"秉承一家言，只改例词不改观点，透露出论从理论观念出的特点。到 2012 年出第 6 版时改立"联绵词"为正条，仍然没有认识到问题的实质，无意间用概念游戏掩盖了固有的错误，结果只能继续误导读者。后者解释"联绵词"必须反映"学界共识"，词条解释者没有多大的自由，所以汉文表述虽然观点明确，但是毕竟底气不足，所以 10.058 "联绵词"的解释者只好用了两个意思不同的英文译名：two‑alliterated word；compound words in Chinese. 意在用第一个英文译名 two‐alliterated word 反映"学界共识",第二个英文译名 compound words in Chinese（汉语复合词）表达自己和其他不是那么偏执现代联绵字理论者的认识。第二,前者始终坚守"联绵字/词—双音单纯词"说,后者如 10.058 "联绵词"之释能够面对现实,适当暴露问题,为联绵字问题研究做出了特殊的贡献。这个问题比较复杂,欲知其详者,可参看后面各章节的考察讨论。

附录一　学术研究慎言"学界共识"①

近年来有些学者喜欢拿"学界共识"压人,吓人。他们习惯把自己的认识冠以"学界共识",以求先声夺人之势。甚至已经形成"潮流",以至于"学界共识"堂而皇之地走进词典,成了判断学术观点对错的标准。如《语言学名词·前言》(2011) 中说:"开展语言学名词审定工作,对于中国语言学的进一步发展,以及更好地与国际语言学接轨,其重要性是不言而喻的。这一点也早已成为语言学界共识。"都"不言而喻"了,还有不成"学界共识"之理? 不过,既然这么说了,如果有人要问:今所谓"其重要性"早已成为"语言学界共识"的证据是什么? 也许只能"王顾左右而言他"! 《语言学名词·前言》中又说:"非学界共识而仅仅属于某一学派观点的内容,一般不予写入。"这个表述理论上容易理解:收入词典的观点理应是学界共识。但是,实践中却很难做到。第一,一种观点是否"学界共识"如何判断? 有没有统计数据为证? 第二,学术研究到底是怎样一种活动? 一个学科内的"学界共识"竟然多到一部大书才载得下? 这么多的"学界共识"都是怎么调查得知的? 第三,怎样区别求真基础上的共识和跟风的"共识"? 谁敢肯定那些貌似"学界共识"的观点都是学者独立思考所得而不是跟风的结果? 就拿已经盛行数十年的"联绵字—双音单纯词"说来讲吧,看似早已成为"学界共识"了,但是学界认真研究该理论的学者究竟有多少? 没有认真研究的认同算不算科学见解? 由此而来

① 本文曾经发表在《中国社会科学报》(评论版) 2013 年 6 月 10 日。发表时有删节。

的"学界共识"靠得住靠不住？第四，只讲"学界共识"而不区别求真之共识与跟风之"共识"的后果是什么？近两年不管是朋友聚会，还是参加学术会议，我常以上引《语言学名词·前言》中的"学界共识"与大家讨论，却从未达成"共识"。有朋友说"共识"是个政治外交用词，并认为："有些学者喜欢打官腔，出现这种现象很正常。"也有朋友说："人称中国现代语言学界没有流派，只有宗派。有些人喊的'学界共识'至多不过某个宗派的认识而已。"还有朋友说："一些人写文章喜欢虚张声势，可能认为'学界共识'比他们自己的认识更有说服力吧？"甚至有人认为："人海战术久了，于是政客有'社会共识'，商人有'商界共识'，学者笔下就有'学界共识'，所有从业者都有'业界共识'了。"上面只是举例说明当前"学界共识"用得有点乱。《语言学名词·前言》反复讲"学界共识"，不过一种噱头学风的自然反映。

下面试把近年就"学界共识"问题思考与讨论之所得做个简单的总结。

"共识"大概是当代汉语的新词①。《汉语大词典》里没有，《现代汉语词典》前四版里也都查不到，直到 1996 年修订本才被立为词目，释曰："共同的认识。"向后三版同此。从它举的两个例子看，讲"共识"基本上限于双方或二人之间。学界万千之众，不止双方或二人，照理说一种学术观点成为"学界共识"不是很容易。然则拿"学界共识"说事有利也有弊。其利，至多不过把"学界共识"作为继续研究的平台，让人只在这个"平台"上继续做研究。但毋庸讳言，其弊则多得很，而且相当严重。第一，一部人类学术史其实是遵循否定之否定规律不断发展的。科学研究的本质是质疑和批判，是锐意求真，所以其个性非常突出。这一点，全国科学道德和学风建设宣讲教育领导小组编发的《科学道德和学风建设宣讲参考大纲》（2012）一书中做了反复解释和强调，或许没有疑义了。然则拿"学界共识"压人，吓人，实际上就是在遏制学术质疑与批判，排斥学术个性，限制学术创新与科学发现。换一句话说，过分强调"共识"，只能牺牲科学求真，扼杀科学研究的"天性"。第二，科学研究靠证据，无征

————————

　　①　这样说可能不够确切。本文发表后，姚德怀先生在一次信中指出："'共识'是 consensus 的译词，可能是香港先用。好像 20 世纪六七十年代便有。"这样说来，是中国内地改革开放以后接受了这个词。

不信，而"学界共识"不等于证据，没有可操作性；任何"学界共识"都需要实践的检验，必要时还需要重新考察某种"学界共识"形成的证据，就像我们详细考察现代联绵字理论的产生与发展变化情况一样。我们认为，只有铁的证据才有说服力。还认为，科学欢迎质疑，不是因为它拥有"学界共识"，而是因为它本性求真，坚持有一分证据说一分话。否则，必人人争言"学界共识"，最终必然有名位者胜出，于是学风日下，学术界也就慢慢沦为名利场了。第三，人类的认识是有历史局限性的。历史地看，"学界共识"往往是错误的。比如叶音说，在明代陈第之前流行了千余年，像是"学界共识"；陈第的研究初步否定了叶音说，后经顾炎武等各家批判，一般学者也知道它错了。又如 1986 年以前国内历史课本中说中华民族已经有四千年的文明史，这似乎已成"学界共识"，甚至是一种常识了，但是，1986 年考古发现了新材料，历史课本里也就只能改说中华民族已经有五千多年的文明史。这类例子举不胜举。然则从事科学研究动辄讲"学界共识"可怎么得了？第四，周有光先生一再指出，人类社会大致经历了从神学到玄学又到科学的发展过程。纵观人类学术史，更是如此。然而，科学研究一味强调"共识"，认识就只能停留在神学或玄学阶段，永远成不了严格意义上的科学。中国现代语言学之所以在一定程度上还停留在玄学阶段，原因之一在于忽视了汉语特点，盲目讲"学界共识"，而机械地"与国际接轨"。第五，从事科学研究大讲"学界共识"，就是在误导人们从观念出发做研究，特别是在迫使青年学子跟风，后果也许不仅仅是促使学术不断向科学的反面滑落。第六，从事科学研究一味强调"学界共识"，则有垄断学术之嫌，说到底是君权思想的遗留，所不同的不过是君言不容质疑，"学界共识"一般很难证实罢了。

为什么说"学界共识"很难证实呢？因为"某种观点已成为学界共识"是个伪命题。道理很简单，学术研究不是投票选举，研究对象的复杂性、研究资料的有限性以及研究者的个体差异性等因素让独立思考的不同研究者很难得出共同的认识。哪里会有那么多"学界共识"？考察那些冒称的"学界共识"，没有哪种是在实证的基础上提出的；一些冠以"学界共识"的观点，充其量不过"一家言"而已。

从事科学研究而一味强调"学界共识"，问题不止上面所讲的。所以我们要为中国语言学的健康发展做出贡献，具体研究中就必须凭证据说话，慎言"学界共识"之类无法证实的大话、套话。如果我们能够一切从实际出发，慎言"学界共识"，给继续研究留下余地，有些问题也许很快就会得到正确的解决，根本用不着拿"学界共识"虚张声势。

附录二　中国语言学怎样与国际语言学接轨①

■观点　中国语言学要更好地与国际语言学接轨，就必须克服自卑心理，纠正自己缺位的"接轨"习惯，坚持拿来与输出并重，真正实现平等对接。

中国语言学不是早就与国际语言学接轨了吗？接轨百余年了，理论方法几乎全是人家的了，还得怎样"接轨"呀？只见近年"与国际语言学接轨"的呼声随处可闻，却不见有专文讨论怎样实现与国际语言学接轨问题，故自忘固陋，试陈管见，以引玉焉。

汲取过去百年接轨的经验教训

十多年以来，力主中国语言学与国际语言学接轨的呼声越来越高，与此相关的语言学名词审定也被批准为国家社科基金重点项目（详见《语言学名词·前言》。商务印书馆 2011 年版）。但是，接轨不只是一种愿望，也不是只审定语言学名词就可以了。中国语言学要更好地与国际接轨，就必须首先明确接轨观念，确立接轨原则，解决怎样接轨问题。具体点说，就是继续走单纯拿来主义的"接轨"之路呢，还是改走平等对接之路，拿来与输出并重，进而重点强调学术思想的输出呢？这个问题处理不好，希望实现中国语言学更好地与国际语言学接轨就只能是幻想，为接轨所做的其他工作也不可能收到预期的效果。

其实，从《马氏文通》（1898）问世算起，与国际语言学接轨而产生

---

① 本文曾经发表在《社会科学报》（学术探讨版）2013 年 8 月 29 日。

中国现代语言学至今已经有 110 多年了，尽管未进入 21 世纪之前很少有人高喊"与国际语言学接轨"。毋庸讳言，中国现代语言学之所以在一定程度上还停留在玄学阶段，原因之一在于百余年来的语言研究主要是在执行国外某学派的语言学思想方法，而忽视了汉语特点。潘文国指出："一百年来中国的'现代'语言学，……只是徒有其表，或者说，只是时代碰巧在'现代'，而在方法论上，却还停留在西方的'古代'。"（详见《社会科学报》2013 年 6 月 13 日"学术探讨"版）所以这样的"接轨"不可避免地要影响中国语言学的健康发展，影响我国语文教育的高效率，以至于在进入 21 世纪前后几年的语文教育大讨论中，有人怒斥"误尽苍生是语文教育!"，并有书在汕头大学出版社出版。也有人说："作为'有闲人的智力游戏'，现代语言学是现代科学中最没有用的学问。"所以至此，均由习惯拿来，不习惯输出。不习惯输出，是由于自卑、缺乏开创性；习惯拿来，则助长懒惰，扼杀创造性。这样的语言研究不可能促进语言学健康发展，也不可能在社会发展中起多大的作用。

鉴于百余年来中国现代语言学产生发展（或曰"接轨活动"）的经验教训，今后从事与国际语言学接轨活动，必须首先克服自卑心理，力求从汉语言文字之实际出发，立足社会发展需要，有计划有选择地"拿来"。换句话说，就是要避免单纯拿来主义的"接轨"。同时，要在坚持拿来与输出并重，努力实现平等对接的前提下大力提倡输出，以激发语言研究者的创造力。为此，要做的工作有很多很多。

接轨就是通过解决重大学术问题共同谋发展

从宏观角度讲，语言观在世界范围内至今多歧，即使比较流行的语言观也多形成于见仁见智。然而语言究竟是什么的问题如果不能解决，语言研究就只能在黑暗中摸索，也就无法满足社会发展的需要。这样说来，各国语言学家都有提出科学语言观而为语言学健康发展做贡献的责任和义务。特别是汉语学家，更有为语言学在世界范围内的健康发展做贡献的神圣使命。汉语是典型的词根孤立语，具有很强的代表性；使用人口约占世界总人口的 1/4，是使用人口最多的语言，因此也是最具研究前途与研究意义的语言；汉语历史文献之丰富是其他任何语言都无与伦比的，可以满足学者坚持历史唯物主义探赜索隐、考镜源流之需；而且我国语言研究队伍庞大，也是任何国家都无法比拟的。有这四大得天独厚的条件，只要汉语学家勇于肩负起为语言学健康发展做贡献的历史使命，坚持探索人与生活世界互动作用之力的认知—表述—传播规律，就有可能提出科学的语言观，从而解决这个带根本性的世界难题。如果真能够解决这一世界性难题，不仅可以提高中国语言学科学水平，实现语言研究更好地服务我国社会发展的目标，而且还可为促进世界范围内的语言学健康发展做出重要贡献。可以预见，将来哪个国家先正确地解决了语言观问题，哪个国家的语言学就会取得长足的发展，并给其他国家的语言研究以积极影响。到那时，语言学一定会在更大程度上满足社会发展之需要，而不再被讥为"现代科学中最没有用的学问"。由此说来，接轨就是要高屋建瓴，通过解决重大学术问题共同谋发展。

除了语言观问题亟待解决之外，语言学领域里还有几个关乎全局的学术问题需要各国语言学家着力攻关，共谋解决。但是要顺利解决这些问题，则需要等到总摄全局的语言观问题得到正确的解决之后，姑且不赘。

接轨就是要促进语言研究方法论不断完善

从微观角度讲，由于语言观问题尚未解决，语言观制约着方法论，所以世界范围内的语言研究方法论问题也需要继续研讨。比如，牵动汉语学各分支学科的现代联绵字理论之所以长期盛行，主要原因之一还是方法论问题。只要我们既不夜郎自大，又不妄自菲薄，凭着我国两三千年传统语文学的积累，完全可在这方面发出中国学者自己的声音。如形音义互证，是传统语文学家从事汉语言文字研究的自觉行为，更是历代说文家的绝活儿。特别是到了清代，凡有造诣的小学家无不得力于此法的实施。虽然他们没有讲从事汉语言文字研究为什么要采用形音义互证之法，但道理很简单：语言凭借语音载负着语义满足人们表情达意的需要，故音与义缺一不可，具体研究中必须首先考虑这两个方面，注意对其基本单位进行因声求义与因义得声的研究（参看明方以智《通雅》卷六《释诂》"诨语"题解）；书面语是文字的天下，而汉字又是语素文字，汉语语素的音与义通过汉字字形反映出来，因此，形音义互证是研究汉语言文字最基本的方法。但是，当前我国现代语言学工作者一般不谙此道了，各国汉语学家大多读不懂中国传统语文学著作了。既然我们有中国传统语文学的丰富"矿藏"，只要正确对待，揭示出它的神髓，就可能对各国的汉语言文字研究者有所帮助，甚至对从事孤立语中其他语言研究的学者也有借鉴作用。这不是夜郎自大，也不是阿 Q 精神，而是实事求是。至于部分现代语言学家极力贬斥中国传统语文学，什么"经学的附庸"啦，什么"前科学"啦，其实他们并不真正了解中国传统语文学，所以他们的言论不过坏中华文化长城而误导后来人而已。致令现在连试图运用中国传统语文学方法做研究的学者也不敢名正言顺地提"中国传统语文学"之名，而改称"中国传统语言学"什么的。其实，改称什么名字也没有"中国传统语文学"这一术语准确。过去两三千年的中国传统语文学不是任何权威一句话就可以"定谳"的，现有对它的某些贬斥在某种程度上说并非尽出于学术的原因（参看上文所引潘文国之说），说来话长，本文就不展开讨论了。

还有古今方参求，这小三角的功夫是每一个语言研究者都应该具备的看家本领，也是各国语言学界有识之士大力倡导的。道理也很简单。因为任何语言都是从古代发展来的，而且在各地发展不平衡，所以研究语言离不开古今方参求之法。许多情况下只有通过古今方参求，实现三曹对案，才能得出符合客观实际的结论。但是，由于长期受索绪尔独尚共时而力排历时之方法论的指引以及急功近利之社会风气的影响，现代语言学著作里很少能看到古今方参求的"精品"。有使用此法者，由于语文学功夫有待提升，而不免顾此失彼。其实，解决这个问题并不是很困难。前人著作中多有古今方参求之方法的娴熟运用，特别是清代王念孙《广雅疏证》、钱绎《方言笺疏》中多见。进入 20 世纪之后，传统语文学家将形音义互证之法与古今方参求之法密切结合起来，自觉用于汉语言文字研究的成功范例就更常见了。特别是章太炎《新方言》中多见这类事实，后来杨树达《积微居小学述林》（科学出版社 1954 年版）中亦多见。可以肯定地说，形音义互证、古今方参求是确保语言研究沿着科学的求真之路前进的重要方法。只要我们把前人成功的范例稍加归纳，上升到理论层面，自觉指导我们的研究工作，同时积极与国际语言学界同行交流切磋，则不仅对汉语学的健康发展有重要意义，而且对世界各国语言学的健康发展也有积极意义。中国语言学家最有潜力为语言学在世界范围内的发展做贡献。时代要求中国语言学家必须以促进语言学的健康发展为己任，扎扎实实做研究，积极发出中国学者最有力的声音。

语言研究方法论的完善是实现语言学健康发展的重大课题。上面只是举了个例子，说明中国语言学要更好地与国际语言学接轨，在完善语言研究方法论方面将大有作为。

接轨就是更好地实现语言研究的价值

随着我国国际地位的不断提升，国外语言学同行也希望听到中国语言学家的声音，中国语言学家就应该为促进语言学在世界范围内的健康发展做出与大国相称的贡献。这就需要进一步完善接轨思想，坚持拿来与输出并重。特别是在习惯拿来的中国现代语言学界，更有必要强调以积极输出倒逼其语言学思想方法不断完善，以促进中国语言学健康发展，从而实现与国际语言学接轨之成效的迅速提高。

抚今追昔，中国语言学要更好地与国际语言学接轨，就必须首先克服自卑心理，彻底纠正自己缺位的"接轨"习惯，坚持拿来与输出并重，真正实现平等对接。或者进一步讲，鉴于百余年以来的"接轨"史，今后中国学者尤其需要注意准确地发出自己的声音，以输出促进发展，迫使自己的研究上层次，以便为高品位的输出提供学术精品。这样以来，不仅可以有效地推动中国语言学自身健康发展，而且也可以为促进语言学在世界范围内的健康发展做出贡献，同时也就实现了语言学更好地服务社会发展的终极目标。由此观之，接轨的终极目标就是推动社会发展，同时也就是更好地实现语言研究的价值。

第四章　现代联绵字理论对汉语词汇研究的负面影响

　　完全脱离了汉语实际的现代联绵字理论长期流行的结果，是在许多领域造成一些负面影响，使汉语学各分支学科受到了不同程度的危害，而汉语词汇研究则首当其冲。但是，这里面要考察讨论的内容很多，笔者近十几年以来发表的讨论现代联绵字理论问题的文章中多有论及，整合在一起可成一本约 20 万字的小书。这么多的内容放在这里与前后各章节不很相称，于是本书只好暂且简单介绍现代联绵字理论误导汉语词汇研究的情况，因为汉语词汇研究受现代联绵字观念的危害最为严重，不可不稍稍提一提。还有训诂研究受其负面影响也较严重，将于后面第六章第二、三节附带做点交代，读者如果与本章互参，则可能会对现代联绵字理论的危害认识得更全面一些。

　　人们常说，在语音、词汇和语法的研究中，词汇研究是个比较薄弱的环节。就汉语研究而言，词汇研究由于直接遭受现代联绵字理论的干扰，许多方面都显得相当混乱，有的甚至呈现出十分混乱的状况，致使一些与实际不符的理论观点长期流行。只是这方面要讲述的内容很不少，本章无法全面展开，姑且就以下几个方面稍稍做点介绍。

一　汉语构词法研究受现代联绵字理论影响呈现混乱局面

　　"语言学概论"教材里写着：拟声法①、复合法、重叠法、派生法、音译法在人类各种语言构词法中普遍存在，有些孤立语社会里还用切音法

---

　　① 汉语中由拟声法创造的词包括象声词（也叫拟声词。如轰隆、哗啦、咔嚓）、叹词（也叫感叹词。如哎呀、哎哟、呜呼）、拟声而来的词。拟声而来的词中最常见的是名词，如鸟、兽、虫等某些动物名称，其次是形容词（如玲珑、铿锵、澎湃）。

构词。教材里这么写着，老师这么讲着，我们这么学着。到我们教书时，又给学生这么讲。但是，也许由于这种只知其然而不知其所以然的传授方式缺乏独立思考的较真儿意识吧，不要说当学生时听老师这么讲如吹风过耳，即使站上讲台这么讲了好多年，仍然不知道书上为什么这么讲，只是照本宣科而已。到笔者确信这么讲是语言事实的客观反映，那是留心构词法问题研究多年并且发表了几篇文章之后的事情（参看沈怀兴1998，2000，2001）。并且，多年的研究使我们认识到，研究造词问题时用"造词法"这个术语代替"构词法"可能更好一些①，因为"造词法"这个术语明确突出词源性，充分体现了历史主义，更利于揭示词汇的发展规律。换个角度看，拟声造词法、复合造词法、重叠造词法、派生造词法、音译造词法、切音造词法都能够较好地体现造词理据，用它们创造的词都具有可验证性，都能够帮助交际双方进行思想交流。有了这样的认识之后，甚至可以得出以下结论：虽然世界上的语种至今还没有确切的统计数据，至今没有进行调查研究的语言还不知道有多少，上述六种造词法也许还不能包括人类语言中的所有造词方法，但是，不管还有怎样的造词方法，所造出的词都一定有造词理据，都一定具有可验证性，因而都一定能够帮助交际双方进行思想交流。如果某语言学著作中讲什么特殊的构词法，却说不出用那种特殊的构词法构成的词有其相应的造词理据，不知道它有没有可验证性，它便一定不能帮助交际双方进行思想交流。反过来讲，那种"构词法"存在的可能性就不是很大。

其实，词是造词者为指称他对特定事物、现象或关系之认识创造的，它必然反映了被指称事物、现象或关系的特点，必然烙着造词者相应的认知理路，体现着他对被指称事物、现象或关系之特点的"认知—表述"方式。这便构成了词的造词理据。一个正常的词，就是因为它具有特定的造词理据，才具有可验证性。同时，由于它所指称的特定事物特点、现象特点或关系特点是客观存在的，有着大致相同的社会环境、生活经验和共秉文化规约的社会成员有着彼此相通的认知思维规律及表述套路，都可以认识和理解正确反映客观存在的新造词，所以至少从理论上讲，一个正确反

---

① 本书绝大多数情况下所以仍用"构词法"这一术语，是因为学界多用"构词法"，而且不少学者相信"汉语的双音词有一种特殊的构词法"。

映客观存在的新词的理据性与可验证性能够为其他社会成员所共有，这就
让它有了进入言语交际领域的"通行证"。于是它能够进入言语交际领域，
帮助言语交际双方实现思想交流的目的。同时，只要它的所指之客观现实
尚在，人们特定的交际仍然需要它，它就会慢慢地稳定下来，以致在词汇
中安家落户。所以这里最为关键的是造词理据的客观真实性和词之所指的
可验证性。词之所指的可验证性又是以造词理据的客观真实性为基础的。
没有造词理据的客观真实性，一般情况下也就没有词之所指的可验证性。
没有词之所指的可验证性，任何"词"也就都没有进入言语交际领域的通
行证。通常所谓词之音义结合是约定俗成的，其实，约定俗成离不开造词
理据的客观真实性和词之所指的可验证性这一基础；离开了这个基础，一
切约定都很难俗成，因为别人不能验证其所指，无法接受这个"词"。至
于习非成是之类，它的背后一定有个别人也可以理解的造词理据，尽管那
个造词理据不一定是语言的。并且任何语言中这样的词都只是极少数，否
则语言就无法实现它的交际职能，就可能不再是最重要的交际工具。至于
索绪尔能指与所指的联系是任意的、语言符号是任意的之说，那是片面强
调共时论的产物，也是探索者的想象，或者说是索绪尔理论建构的需要，
说到底是靠不住的，故不足为训（参看沈怀兴 2013a：197—208）。如其
不信，谁都可以随时遵照索绪尔的"任意"说造几个"词"验证一下，看
能否顺利用于言语交际，就不会有什么疑义了。

　　至于某一事物或现象等在历史长河中消失了，乃至退出人们的记忆
了，致令相应的合成词看似成了一个来历不明的语言符号，但是，它有历
史上与其他词组合的语法关系在，所以它照样可以为语言社会理解和运
用，它的内部结构方式一般不会发生变化。即使它有了新的所指，并且使
它的内部结构方式发生了变化，也一定是合成词内部各结构方式之间的变
化，而不会由合成词变成了单纯词。道理很简单：一个合成词不管被怎样
使用，它由合成法而来的路径都不会变成拟声法或音译法的路径。这便要
求人们研究词汇必须坚持历史主义，并且一定抓住造词法这个纲。这样
做，从宏观上看不仅可以较好地提高研究的系统性，更好地反映词汇的系
统性，而且还可以更有效地揭示汉语词汇发展规律；从微观上看则可以抓
住词的基础义，追踪词的隐喻义或换喻义产生及变化情况，把联系的、发

展的观点更好地贯彻到词义研究之中去，从而大大提高词义研究的科学性。能够实现这个目标的话，不仅可以有效地避免"词是小燕子"的无奈，而且还可以事半功倍，尽快扭转词汇研究严重滞后的局面。①

　　然而，自从"联绵字—双音单纯词"说提出之后，汉语词汇研究就在一定程度上偏离了求真务实的科学道路，因为虚构的"联绵字—双音单纯词"说没有语言基础，却广泛流行开来，不可避免地要误导词汇研究。并且，随着"联绵字—双音单纯词"说的流行及其各附庸理论的不断拼凑，现代联绵字理论群之恶性膨胀不断加剧②，给汉语词汇研究造成的危害也日益严重。更令人担忧的是，多数研究者习焉不察，乘着"惯性"迅跑，以致"智者不敢生疑，贤者不敢致诘"。时至今日，由于造词法研究这个纲不举，则汉语词汇研究目不张，以致汉语词汇学萎靡不振，汉语词汇各方面的研究都相当混乱。这个问题，许惟贤（1988）已经指出，沈怀兴（2004a，2007b、d，2008a、d，2009a，2011b、d，2013a：247—269，2013b）对一些事实进行了考察分析，从不同角度描述了由于现代联绵字理论流行造成汉语词汇研究混乱的局面，这里不再重复。总的说来，自从"联绵字—双音单纯词"说提出之后，信守派学者相继提出了一种特殊的构词法/连绵字、双声叠韵构词法、语音关联造词法、异音联绵构词法、语音学造词法③、增字构词法、羡余法④、一分为二法（具体讨论见第五章第三节），等等。这么多令人眼花缭乱的"构词法"或"造词法"，都创造"联绵字—双音单纯词"，可能吗？人们常说：构词法是人类认知思维方式在语言里的印迹。然则我们的先民到底有多少特殊的认知思维方式，使得汉语里有那么多特殊的构词法呢？这么多特殊的认知思维方式到了后世怎么连点遗迹也没有啦？那些"特殊的构词法"又是什么时候不被用来构词的？

---

　　①　至于具体工作，不仅首先要破除共时论的教条，而且不少时候还要在求本字的前提下做研究。不过，解决这样一些细节问题，主要是词源研究注意的事项，这里暂不展开。另外，后面各章节多有对"联绵字/词"的考察讨论，也属于这方面的工作，可参看。
　　②　上述结论详见沈怀兴《联绵字理论问题研究》第三章《现代联绵字观念的形成》、第四章《现代联绵字理论的发展问题》和第五章《相关理论问题辨疑》的论述。
　　③　上述"造词法"或"构词法"问题，沈怀兴（2004a、2009a、2011d）有初步讨论，可参看。
　　④　关于增字构词法、羡余法问题的考察讨论，参看沈怀兴（2011b）。

　　王宁（2006）也说："连绵词现象究竟是如何产生的？它的特征是如何形成的？学术界有过一些推测，但从宏观上作出符合汉语实际的、有说服力的判断，还远远没有实现。"王宁这话实际上在很大程度上否定了那些令人眼花缭乱的"构词法"或"造词法"，否则就不会有"连绵词现象究竟是如何产生的？"之问，更不会有"作出符合汉语实际的、有说服力的判断，还远远没有实现"之说。这其实也是笔者十几年以来致力于联绵字理论及实践问题研究经常提到的。逐一考察信守派学者的著作，可以发现他们所举的例词大多是由复合法、拟声法、切音法等创造的①，一个用特殊的构词法构成的"联绵字/词—双音单纯词"也没有（参看前面第三章各节），只不过论者蔽于共时论，不考其所以然，以致大多不明其语素构成情况罢了。这也从现代联绵字理论主导汉语词汇研究的实践层面，充分证明汉语里不存在《汉语大词典》解释"联绵字"所谓"由两个音节联缀而成的单纯词"。换个角度说，也就是不存在联缀两个音节创造"联绵字—双音单纯词"的特殊构词法。然而，数十年以来从事汉语词汇研究者，由于受以"联绵字—双音单纯词"说为核心理论的现代联绵字理论的影响和制约，向壁虚造了那么多"特殊的构词法"，那么多"特殊的构词法"又严重误导着后来的研究者，于是不可避免地让汉语词汇研究越来越缺乏客观现实性，越来越表现出一味猜谜乃至信口开河的特点。虽然多数研究最终归附了现代联绵字理论，但由于举不出当其说的例词，实际上它们同时也是捅了现代联绵字理论的娄子。然则仅此一端，汉语词汇研究领域里也就足见其混乱了。只是人们习以为常，当怪不怪了。毋庸讳言，其间浮躁的社会风气的影响、现行激励机制的有待完善等一些客观因素，也起了一些推波助澜的作用，但总的说来其负面影响不像现代联绵字理论那样直接，只是习非成是的人们一般不喜欢反思，大多顺从了惯性，于是现代联绵字理论

---

　　①　这是就一般论文、专著说的，字典词典例外。如《王力古汉语字典》（中华书局 2000 年版）所收 1526 例"联绵字"中除了复合词和拟声词、叹词之外，还有音译词和重叠词，但是没有切音词；王力先生所谓用特殊的构词法构成的"联绵字—双音单纯词"一个也没有（详见后面第六章第二节）。又如《新编联绵词典》（河南人民出版社 2001 年版），其《后记》里说：本书"共收录双音节联绵词五千一百条"，但实际上全部"联绵词"不出复合词、拟声词、叹词、切音词、音译词和重叠词六类，同样一个用特殊的构词法构成的"联绵词—双音单纯词"也没有（详见后面第六章第四节）。

就成了不刊之论，于是越来越多的人尊之为谟训了。

二　汉语语素研究受现代联绵字理论影响呈现混乱局面

数十年以来，汉语双音词语素研究比构词法研究还要混乱得多，因为造成双音词语素研究混乱的原因更多一些。比如导致汉语构词法研究出现混乱局面的主要原因是现代联绵字理论，使信守派部分学者想象出那么多"构词法"，误导后来者想入非非，不知道汉语里到底有多少特殊的构词法；导致汉语语素研究出现混乱局面的原因不止现代联绵字理论的干扰，还有语素研究自身的原因以及共时论被教条化的原因（参看沈怀兴2013a：197—208）、现代语文教学失误的原因①。另外，某些非学术因素的影响也起着一定的作用。这么多原因，这里无法全面考察讨论。下面仅就现代联绵字理论流行而干扰双音词语素判断的情况略述一二。

有人说，双音词的语素辨认历来都是汉语研究的难点②。这话没有错。如果双音词语素不难辨认，即使有人提出"联绵字—双音单纯词"说，也不可能有那么多人认可和响应，更不会流行开来。换个角度说，即使有人为证明"联绵字—双音单纯词"说而提出什么"特殊的构词法"，也不会被认可。因为要确证汉语里有创造"联绵字—双音单纯词"的特殊构词法，就不能不举例；而举不出语素辨认困难的例词，谁也不会相信"汉语的双音词有一种特殊的构词法"之说。只有举一些人们难以辨认其语素构成情况的双音词，才可能让一般人不至于马上对"汉语的双音词有一种特殊的构词法"之说提出批评。所以咱们得首先承认部分双音词的语素辨认本来就是一个难题。不过，这样说，细心的读者或许已经看出双音词中语素辨认困难者主要是被信守派学者误判的那些所谓联绵字，而不是一般的双音词。如一切、科学、研究、都是、为了、促进、人类、社会、发展之类的双音词，大概没有人说它们语素不容易辨认，自然也没有人用

---

①　如数十年以来语文教学中所传授的现代语言学知识不很切合汉语文实际，实用价值不大，以至于进入 21 世纪前后几年间语文教育大讨论中有人大喊"误尽苍生是语文教育！"。

②　在这方面，周一农（2012：223）的观点有一定的代表性。另外，赵元任（1979：79）也表示了类似的认识。他说，辨识语素"比较可取的办法是采用读书识字的人的最大限度的分析"，否则便"答案大有分歧"（详见赵元任 1979：94）。这"最大限度的分析"说明从事汉语双音词语素辨认相当困难。

它们来证明"联绵字—双音单纯词"说。所以通常所谓双音词语素判断是汉语研究的难点，只是就部分"联绵字—双音词"而言的。只有部分"联绵字—双音词"的语素判断，由于我们研究者语文水平有待于提高、知识储备和研究方法都有待完善等原因，才会存在一定的困难①。

那么，某些"联绵字—双音词"语素判断为什么比较困难呢？本书前面各章节的考察讨论，已经从不同角度说明了这一事实。"联绵字—双音词"语素辨认所以比较困难，对一般的研究者来说，主要原因在"联绵字"的书写形式和语用过程中修辞手法的应用两个方面。就书写形式而言，有的"联绵字—双音词"用了通假字，有的用了异体词，有的用了分化专用字，有的则是讹字夺正。遇到这些情况，研究者不求得本字，眼前的那个"联绵字—双音词"的语素构成情况就不容易一眼看出来。而要求得本字，需要音韵学、文字学、训诂学、文献学等各方面的知识储备。毋庸讳言，我们大多数现代语言学工作者在这些方面的知识储备不很够用，通常只能拿同型替代法来比划比划，自然不容易得出符合客观实际的结论。如果不知其非，再从现代联绵字理论中找些"依据"，甚至冠以"历史发展的观点"云云，就更是在给"联绵字"语素研究添乱了。

就语用过程中修辞手法的使用方面看，有的"联绵字—双音词"由隐喻造词而来，有的由换喻造词而来，有的隐喻事实为语言社会接受致令隐喻义行而本义隐，有的换喻事实为语言社会接受致令换喻义行而本义隐。遇到这些情况，研究者受制于被教条化了的共时论，不从发生学角度结合文献学、修辞学等方面的知识进行考察判断，自然不容易弄清楚眼前的"联绵字—双音词"的语素构成情况。如果一个"联绵字—双音词"既有书写形式方面的原因，又有修辞方面的原因，如上一章考察的"徘徊""尴尬"之类，就更不容易弄清楚它们的语素构成情况了。其语素构成情况没有弄清楚，就顺着现代联绵字理论的指引贸然给贴上"联绵字—双音单纯词"的标签，其基础义被掩埋，其他含义的研究也只能胡乱猜谜，接下来一连串的问题产生出来，汉语词汇研究也就没有什么客观性和科学性

①　有些研究者"联绵字—双音单纯词"说之成见在胸，遇到不明其语素构成情况的双音词，往往按其上下字是否有语音联系和有怎样的语音联系判它为双声联绵字或叠韵联绵字或非双声非叠韵联绵字。如此轻松得出结论，倒是让读者看不出他们"联绵字"语素辨认的困难。

可言了。

总之，不管是书写形式方面的因素，还是修辞方面的因素，都与"联绵字—双音词"的语素构成情况及内部结构方式没有关系，但是都给人们从事"联绵字—双音词"语素判断带来一定的困难，甚至是部分研究者无法解决的难题。

不过，如果没有"联绵字—双音单纯词"说及其附庸理论的干扰，研究者运用传统语文学的知识求得本字，或运用修辞学等方面的知识弄清楚某些"联绵字—双音词"词义是怎么形成的，"联绵字—双音词"的语素判断问题往往会迎刃而解。退一步说，尽管它不像一般双音词语素判断那样容易，但是总不至于成为汉语研究的至难。然而，自从有了"联绵字—双音单纯词"说的干扰和误导，"联绵字—双音词"的语素辨认在一般人那里就很难做到准确无误了，甚至连著名学者和权威词典也不例外。如吕叔湘先生（1942/1982：8）初证"联绵字—双音单纯词"说，所举的50个例词均不当其说（详见第三章第一节）；其主要原因在蔽于共时论，没有深入考察这些"联绵字—双音词"之词义是怎么形成的，历史上有没有同音通假或音变字易之类的情况，却误以为它们是由"衍声"而来，以至于后人据以想象出衍声法、联绵法、衍声联绵法等，求之愈深，失之愈甚。① 又如王力先生中期、后期积极发展现代联绵字理论，所举例词也都不是用他所谓"一种特殊的构词法"创造的"联绵字—双音单纯词"（参看沈怀兴2009a）。如果王力先生对他所举以证明"联绵字—双音单纯词"说的例词先做具体考察，弄清了它们的词义是怎样形成的，历史上有没有同音通假或音变字易之类的情况，就不会提出"汉语的双音词有一种特殊的构词法"之类的观点了。其他信守派学者的情况与上述学者的情况小异而大同（参看前面第三章各节和后面第五章第三节以及第六章各节）。就是由于研究者严重蔽于共时论，不对"联绵字—双音词"的产生和变化情况进行具体考察，却在现代联绵字理论的误导下，站在后世之共时角度臆说史事，一味猜谜，而所猜出来的东西均非"谜底"。待到"联绵字—双音单纯词"说各附庸理论不断涌现，现代联绵字理论牵动着汉语学各分支

---

①　以上举吕先生为著名学者例，是就20世纪70年代以后说的。《要略》渐有影响是近30多年的事。

学科的研究时，"联绵字—双音词"的语素判断就更困难更混乱了。

　　然而，后来的研究者们似乎没有注意到这些问题。他们秉承师说[①]，戴上共时论的墨镜，用同形替代法来辨认双音词语素，自然很难得出符合客观实际的结论。并且，越是古汉语功夫有待提升的研究者越迷恋共时论，其研究成果越靠不住。如果不是将共时论教条化，谁都有可能提出这样的疑问：词有概念对应[②]，尚且不能用同形替代法做出判断；双音词语素一般不单独与概念对应[③]，又怎么能用同形替代法来判断其语素呢？这就像某人自然数加减尚且不会计算，却说他能够精确计算无理数，可能吗？然而，为共时论所左右的人们好像没有考虑到这一事实。他们靠着现代联绵字理论这一包打天下的理论群，不管将同形替代法用于双音词语素判断得出怎样的结论，都可以"自圆其说"。即使有人说某些合成词是"联绵字—双音单纯词"，也没有问题，因为他可以找到被误解的连语不可分训说之类做庇护伞。于是不管怎样不合客观实际的结论都成了"不刊之论"，语素研究领域里不管出现怎样的混乱局面也都是正常的，人们完全习非成是，且安之若固了。

　　不错，用同形替代法辨认只有、社会、和谐、才有、正常、发展之类双音词的语素构成情况，一般人都不会出错，也不会有多大的意见分歧。但是，这类词，一般人一眼就可以看出其语素构成情况，又何必再绕个弯子去用同形替代法比划一番呢？语言研究的终极目标究竟是什么？一方面对于一眼就可以看出其语素构成情况的复音词不需要用同形替代法的比划；另一方面，遇上那些用了通假字、异体字、讹字或后起专用字的"联绵字—双音词"，不求得本字而直接用同形替代法辨认其语素难免出错，然则为什么还要用同形替代法来比划比划呢？对于那些非本字标记的"联绵字—双音词"，如果我们的语文学水平有待提升且为

---

　　① 秉承师说的结果多数情况下是好的。但是，不少谬论的流传也与机械地接受师说有关。如共时论的教条化、百年来某些不合汉语实际的国外语言学思想理论在国内流行、完全脱离汉语实际的现代联绵字理论流行等均与机械地接受师说有密切关系。

　　② 这话仅就实词说的。换个角度说，汉语虚词多是单音节的，一般不存在语素辨认困难问题。即使那些复音节虚词，如虽然、但是、可是、而且、并且、因为、所以、因而、即使、如果等，在一般的研究者那里也不存在语素辨认困难问题，因此这类词从来不是学界争论的"联绵字"。

　　③ 参看《读书杂志·汉书第十六》"连语"条下，王念孙对古代注家分训连语的批评。

共时论所障蔽而从事其语素判断，的确不是一件很容易的事情。于是往往在现代联绵字观念的主导下直接判它们为"联绵字—双音单纯词"。心路如此，同形替代法不过是魔术师的障眼法罢了。所不同的是，魔术师使用障眼法让观众惊异之余产生愉悦，判断"联绵字—双音词"语素而使用同形替代法不过乱点鸳鸯，也就只能促进语言研究庸俗化而误己误人了。而今"现代汉语"教材中普遍运用同形替代法辨认双音词语素，学生学了这一套，将来做研究依样画葫芦，继续乱点鸳鸯，汉语学基础——汉语语素研究想不走到科学的反面也难。

不错，不管怎样提倡用同形替代法辨认语素，也不管有多少人照此办理，总是有些人不时发表文章，证明某些被举为"联绵字—双音单纯词"说之例词者是合成词。于是又有人引进语素融合说，并且积极追随者也越来越多，甚至有人声称这就是"语言发展的观点"，于是用同形替代法辨认语素不管得出怎样的结论，都是正确的。你考见某"联绵字"例词是合成词，他便说原来虽然是两个语素，但是用历史发展的观点看，现在已经融合成一个语素了。然而，这在没有现代联绵字理论之成见者看来，语素研究如此脱离语言实际，已经不具有任何积极意义了。至于语素融合说问题，笔者曾发表《语素融合说疑议》（2008），针对六家持语素融合说的研究进行一一考察讨论，这么多年过去了，学界持语素融合说者仍不乏其人，于是笔者在读者朋友启发下又撰成《再论语素融合说问题》，附录于本章之后。

另外，与联绵字语素融合说同类的理论还有复合词结构凝固说、合成词蜕化说、复合词过渡说之类。它们的立说角度不同，但是目标一致，即都在企图证明某些合成词已经变成"联绵字—双音单纯词"，只是拿不出确能证明其观点的证据而已。如果没有现代联绵字理论之成见，一般人都会清楚地看到，它们总的特点是倡言者现代联绵字理论之成见在胸，依他们的主观认识下结论，而不是站在研究对象角度看问题。所以这些观点的提出不仅没有积极意义，而且还让汉语语素研究更加混乱了。但是，换个角度看，如果没有现代联绵字理论的流行，它们绝不可能出来给汉语语素研究添乱。很明显，它们出来添乱不过是持论者接受了现代联绵字理论的误导而曲为之证罢了。

三 现代联绵字理论误导学者错释"联绵字"

这一部分，建议与第六章第二、三节合起来看。那里面有较多实例，本节中暂不多举例。

在以"联绵字—双音单纯词"说为核心理论的现代联绵字理论的误导下，一些合成词被错判成"联绵字—双音单纯词"，其词源研究名存实亡，于是词的基础义被忽略，非基础义的解释没有基础义的参照，其似是而非也就不奇怪了。

不可否认，即使在没有现代联绵字理论干扰的时代，双音词词义研究缺少了基础义的参照，没有规律可寻，也只能是依据其上下文猜谜。所以经常会出现这样的情况：同一个双音词，出现在同一语境里，不同的人往往有不同的解释。所以正如胡适所说，"格致"一词两千多年间曾经有七十余种解释。我们读《史记》《汉书》之类也经常看到，某双音词在不同人的笔下往往有不同的解释。《周易》《尚书》《诗经》等更古老的典籍中，一个词有不同解释的情况就更多了。这不同的解释在未做深入研究的人们看来都可通，殊不知大多属于臆解，因为《周易》《尚书》《诗经》以及《史记》《汉书》等古书的作者是不会让他们用的某词表示那么多意思的。

然而，在现代联绵字理论流行时期，问题就更严重了。慎重一点的研究者面对某些"联绵字—双音词"，往往查一查前人是怎么解释的[①]，但前人的解释也未必靠得住。如某些词语被作出纷杂解释，主要原因还在于多数解释者没有抓住它的基础义。至于那些现代联绵字理论之成见在胸的研究者，即使查看前人之释，也往往没有耐心仔细比较谁的解释更好一些，所以有时可能抄了一家错误的解释。也有的前人之释不错，但往往被现代联绵字理论左右的学者给抄错了。如果在现代联绵字理论主导下亲自解释某些"联绵字—双音词"，就更不可能准确无误了。为了说明问题，

---

① 应该承认，即使那些力主现代联绵字理论的学者或者受现代联绵字理论束缚严重的学者，他们在解释"联绵字"时，也要看看前人的解释，因为根本无法凭着现代联绵字理论作解。不承认这一点，他们编的字典词典中多数"联绵字"释义与前人相同的现象就无法解释。只是他们有时怀疑前人之释，由于现代联绵字理论之成见在胸，不进行深入考察，而另作解释，却不料他们的解释更靠不住。至于现代联绵字理论之成见在胸，批评古人以自高者（后面第各章均有例子），就更反映出现代联绵字理论影响之严重了。

下面姑且举一位顶级学者的例子和一部权威字典的例子。

"辟易"，在王力先生看来，它大概是一个典型的"联绵字—双音单纯词"。王力先生（1981：88）说："连绵字中的两个字仅仅代表单纯复音词的两个音节，古代注释家有时把这种连绵字拆成两个词，当作词组加以解释，那是绝大的错误。"随后举了"辟易"这个例子，说："如'辟易'是倒退的样子。《史记·项羽本纪》'人马俱惊，辟易数里'，张守节正义云：'言人马俱惊，开张易旧处，乃至数里。'……'辟'字当'闢'字讲（开张），'易'字当'更易'讲，这是望文生义。"《王力古汉语字典序》讲"联绵字"特点时又举了这个例子，说："注明联绵字。这对读者了解词义很有帮助。联绵字实际上是一个双音词，其组成部分不能拆开来讲。例如'辟易'一词，它是叠韵联绵字（古音锡部），表示惊退的样子，其词义与开辟的'辟'、更易的'易'无关。《史记·项羽本纪》：'赤泉侯人马俱惊，辟易数里。'《正义》云：'言人马俱惊，开张易旧处，乃至数里。'这种解释是错误的。"前例中的"连绵字"就是后例中的"联绵字"的不同书写形式。在王力先生的著作里，主要用"联绵字"，但是有时也写作"连绵字"。从上面举的例子看，"辟易"在王力先生心目中是一个典型的"连/联绵字"。然而，读者不禁要问：同一作者，两处同执"联绵字—双音单纯词"说，举了同一例句、例词，批评同一古注，一处释曰"倒退的样子"，一处却释曰"表示惊退的样子"，这同一个"辟易"到底是什么意思？其实，这两种解释都近似猜谜，都不是司马公笔下"辟易"的意思（详后）。所以至此，原因在于说解者为现代联绵字理论所左右，不求本字，弄不清楚"辟易"的基础义，自然无法对它作出确切的解释。

还有，前后批评张守节的口吻也一致。张守节对"辟易"的解释固然可疑，但不证明批评者的解释没有问题。如"……的样子"相当于训诂术语"貌"。在训诂学中，"貌"在绝大多数情况下用于训释形容词或副词，一般不用于训释名词、动词。个别场合看似用于训释名词或动词，那也是意在突出某事物或某动作行为的性质状态。道理很简单，名词不必说，动词多指具体的动作行为，所以训释动词一般情况下必须具体明确，不允许"……的样子"之类模糊性说解。如其不信，可翻开《说文》《尔雅》等验证一下。而"辟易数里"中的"辟易"却是一个典型的动词，是实实在在的退避惊惧。那么，为什么要训"辟易"为"……的样子"呢？受制于"联绵字—双音单纯词"说无疑是其主要原因。释者加上"的样子"三个字，无非是想强调"辟易"是"联绵字—双音单纯词"。然而，如果读者照一般规范，看到这"……的样子"而误把"辟易"做形容词或副词看，就不是好事情了。

但是，只训"辟易"为"倒退"或"表示惊退"行不行？仍然不够稳妥。比如训为"倒退"，则不能反映赤泉侯杨喜那种惊魂不定之状；训为"表示惊退"，这"惊"义又是怎么来的？为什么要加"表示"？看来，只要遇上肯较真儿的读者，这受制于"联绵字—双音单纯词"说的解释就怎么也说不过去了。不错，可以说新《辞源》就是把这个"辟易"释为"惊退"的。但是，不说明"惊"的来历，总有猜谜之嫌，只是新《辞源》猜得准确，《字典序》因为曲就"联绵字—双音单纯词"说而加个蛇足，成了"表示……的样子"，以致让一般读者雾里看花，不得确解了。其实，这里不是"联绵字"问题，而是古今字问题。

辟，今作"避"。退避；躲避。《左传·僖公二十八年》："微楚之惠不及此，退三舍辟之，所以报也。"易，张守节《正义》以"易旧处"译之，后人遂读 yì，误。"易"当为"惕"之古文。惊惧；戒惧。《易·夬》："惕号。"宋吕祖谦《古易音训》："惕，晁氏曰：'案：古文作易。'""易"是"惕"的古文，"惕"就是"易"的后起字。"辟易"之"易"同此。这样的话，新《辞源》释"辟易"曰"惊退"，其"惊"的来历也就清楚明白了[①]。如果不是这样，《字典序》释"辟易"曰"表示惊退的样子"，其"惊"又是怎么来的？然则"赤泉侯人马俱惊，辟易数里"的"辟易"即退避惊惧。全句意思是说：赤泉侯杨喜人马都吓慌了，回马退避而惊恐不安，以至于数里。张守节误释"辟""易"，固不足凭。今人同样未求本字，没有抓住"辟易"的基础义，把合成词"辟易"误作"联绵字—双音单纯词"看，先是猜谜而释曰"倒退的样子"，后来发现新《辞源》释之曰"惊退"，才知道原来的解释不够恰当。但是，由于要照顾其所坚执的现代联绵字理论，不便照抄新《辞源》的解释，于是释曰"表示惊退的样子"，却不料表现出

①《国语·吴语》"员不忍称疾辟易"一句中的"辟易"同此，其"易"也是"惕"的古文。韦昭注"辟易"曰"狂疾"，误。下文将论及。

现代联绵字理论误导人们错解"联绵字"的特点。也就是说，《字典序》从现代联绵字理论出发，误注"辟易"为"叠韵联绵字"，不仅没有对读者了解词义有所帮助，而且还影响了读者对"辟易"的正确理解。这就违背了其作者"注明联绵字"的初衷了。至于"联绵字实际上是一个双音词，其组成部分不能拆开来讲"云云，主要是由于认识上出现了误区，误用王念孙语文学观点连语不可分训说（参看沈怀兴2008d），来支持其语言本体研究的"连绵字中的两个字仅仅代表单纯复音词的两个音节"（参看王力1981：88），而且过分绝对化了。至于"连绵字中的两个字代表单纯复音词的两个音节"云云，本是为"双声叠韵和上古汉语的构词法有密切的关系"之说服务的（参看王力1981：539），虽然信众广泛，但是至今没有人拿出服人的证据，因而不足为凭（参看沈怀兴2013a：87—99）。

"厌浥"，也是个合成词，但是《汉语大字典》第二版从现代联绵字理论出发作解释，同样吃了不求本字的亏。厌，《大字典》引《集韵》乙及切，音 yì。又解释"厌浥"说："潮湿。《诗·召南·行露》：'厌浥行露。'毛传：'厌浥，湿意也。'"（详见《大字典》第二版第91页）这样注音释义，大概是由于发现"厌"无潮湿义，而且从现代联绵字理论出发，《集韵》中"厌""浥"二字均乙及切，而揣测"厌浥"是"双声叠韵联绵词"吧。其实，上下字之间有没有声韵联系与某双音词是否单纯词没有关系（参看沈怀兴2013a：108—151）。并且《集韵》音"厌"乙及切，唯一根据也许是毛亨的"厌浥，湿意也"。殊不知汉初学者毛亨之去孔子删诗仅二三百年，毛亨读《诗经》如同咱们今天读清人白话诗，一般情况下无需着意辨通假求本字就能读懂，所以他整体为训说"厌浥，湿意也"，很正常。《集韵》去毛亨近1200年，去孔子删诗1400多年，不辨通假，而误解毛亨之说，音"厌"乙及切，则有失审慎。不过，如果没有"联绵字—双音单纯词"说之成见，首先会推测《集韵》视"厌浥"二字为上下同音同义，因为语言生活中同义单音词并列构成合成词者太多了。而且语言中特别是古汉语中同义者多同源，同源者多同音或近音，所以从这个角度说，《集韵》音"厌"乙及切，虽然证据不足，但还是可以理解的。然而，今人"联绵字—双音单纯词"说之成见在胸，不知道《集韵》之后九百年才产生"联绵字—双音单纯词"说，而误以《集韵》之释为据判"厌浥"

为"联绵词",就真的太离谱了(参看沈怀兴2013a:12—27)。

其实,"厌浥"早有确解。如王先谦《诗三家义集疏》卷二《召南·行露》:"鲁、韩'厌'作'湆'。鲁、韩曰:湆浥,湿也。……'厌浥'者,'厌'无'湿'义,当为'湆'借字。《说文》:'湆,幽湿也。''浥,湿也。''湆浥,湿也'者,《广雅·释诂》文。"并旁征博引,得出"此诗亦借'厌'为'湆'"的结论。且补证说:"'湆''浥'二字声转义同,故叠文为训。徐锴《说文系传》:'今人多言浥湆也。''浥湆'即'湆浥'矣。"王先谦之说可谓确论。这样说来,"厌(湆)浥"是联合式合成词,当无疑义。又,湆:《广韵》缉韵音去急切,《集韵》音乞及切,《大字典》第1805页音qì,《汉语大词典》卷5第1496页亦音qì,所以正确的解释应该是"厌"通"湆",音qì,潮湿。否则,就需要证明王先谦之说是错的。

《集韵》之释本来有误,《大字典》依据《集韵》之误读作解,却不明白"厌"无"潮湿"义,而"厌浥"为什么只能释曰"潮湿",于是找到了现代联绵字理论这一庇护伞(参看《大字典·第二版修订说明》),以致自误误人。这就远不如传统语文学家王先谦那样破通假求本字所得结论可靠了。特别其释"厌"而误引《集韵》之说音yì,不知辨通假求本字才是解决问题的唯一方法,更值得反思。

"辟易""厌浥"本来都是联合式合成词,却被看衣服认人的研究者判为"联绵字—双音单纯词"。这样以来,连带问题就出现了,受影响的也就不仅仅是它们的语素考察分析问题了。

上面举了顶级学者王力先生的例子和权威工具书《汉语大字典》修订本的例子,大致可以说明这样一个事实:不管怎样的权威,只要为现代联绵字理论所束缚,解释"联绵字—双音词"往往得不出客观公正的结论。特别是解释那些被用了通假字的"联绵字—双音词",即使沿袭前人已有的解释,也不知道前人为什么那样解释,因而难免误解误用,就只能造成词义研究的混乱了。

研究词义如果抓不住词的基础义,不仅面对词义的发展变化无法做出准确的解释,而且对已有的解释也很难辨其正误,更不用说正确地揭示词义发展规律了。就以上面考察讨论的"辟易"为例吧。古今注家就是因为没有注意求本字，没有抓住它的基础义，只好猜谜。如《国语·吴语》：
"员不忍称疾辟易，以见王之亲为越之擒也。员请先死。"韦昭注："辟易，
狂疾。"韦昭的观点不幸被后人奉为不刊之论，世世代代沿袭之，至今仍
为新编词典所继承。其实，韦昭并不理解这里的"辟易"之含义。他没有
求本字，不明白伍子胥"不忍称疾辟易"这话是什么意思，于是就给"辟
易"塞了个不着边际的猜测义。否则，"辟易"怎么会有"狂疾"义呢？
考察《国语·吴语》以及《史记·伍子胥列传》，不见有支持韦昭之注的
文字。再考察《国语》前后的其他文献，也没有发现"辟易"有作"狂
疾"讲的用例，因而可以推知韦昭注"辟易"曰"狂疾"不过想当然耳。
实际上，伍子胥的"辟易"义同《史记·项羽本纪》"人马俱惊，辟易数
里"中的"辟易"（参看上文），只有理解为"退避害怕"才贴切。伍子胥
这话的意思是说："我不忍心托辞有病逃避（现实）害怕（祸殃），亲眼看
到大王您被越王俘获。我请您先赐死我吧。"

　　但是，这在部分学者看来，释"辟易"曰"狂疾"或许不是个问题，
因为他们不仅有现代联绵字理论这一理论武器，而且还有索绪尔语言符号
能指与所指的联系是任意的之说以及他们所理解的荀子"名无固宜，约之
以命，约定俗成谓之宜"之类作多重保障，不管怎样脱离汉语实际的解释
都可以证明是正确的。比如释"辟易"曰"狂疾"吧，因为它上下字之间
有叠韵关系，不能拆开来解释（殊不知那是因为没有求本字），所以是用
特殊的构词法——叠韵构词法——创造的"联绵字—双音单纯词"；而且
语言符号能指与所指的联系是任意的，让"辟易"指"狂疾"当然没有问
题了；而且中国古代哲学家荀子早就说了："名无固宜，约之以命"就可
以了。这还有什么可怀疑的呢？这样说来，韦昭之释不仅没有错，而且还
可能早就信守现代联绵字理论，并且语言学思想也领先索绪尔 1600 多年
了。然而，这样以来，汉语词义研究就不只是混乱与否的问题了。

四　现代联绵字理论误导研究者将复杂问题简单化处理

　　这个问题在上面叙述的文字里已经有所反映，这里不妨提纲挈领，先
概括交代一下，然后再做点补充。由于受现代联绵字理论所左右，不少研
究者一旦发现不明其语素构成情况的双音词，往往先想到它是一个"联绵

字—双音单纯词"，然后再看看它上下字有没有语音联系，有怎样的语音联系，至多再拿替代法来比划比划，就得出结论了，于是这个不明其语素构成情况的双音词也就是"联绵字—单纯词"了。部分学者在研究过程中往往不注意求本字，不考虑记录该词的字是不是通假字或者后起分化专用字，甚或讹字，甚至连现代语言学的基本观点——文字是记录语言的书写符号——也给忽略掉了，只盯着眼下的文字符号，而不管这个文字符号是怎么来的，结果是遇到剃光头的就一律给判为和尚了。

后来者由于"汉语的双音词有一种特殊的构词法"之类的说法先入为主，遇到不明其语素构成情况的双音词，一般不考虑它究竟是怎么创造出来的，往往径直判它为"联绵字—双音单纯词"，也就省去了具体考察分析的功夫。

在部分学者著作中还存在着这样一种情况：对于某些双音词，往往不考虑眼下的词义是否历史上变化的结果，也不知道寻求其基础义来对照一下，只要发现不能拆开来解释，就判为"联绵字—单纯词"。殊不知，任何一个词的任何一种含义都一定与其基础义有或近或远的联系。因此，我们对某词在某语境中的理解是否正确，或者前人的解释是否正确，最好用词的基础义与它对照一下。这就像做亲子鉴定而进行"DNA 检查"一样，因为词的基础义在词义变化中永远起作用，甚至决定着词义变化的方向。

经常看到这样的情况：持现代联绵字理论解词释义者，往往不考虑某些"联绵字"的词义是怎么形成的，怎么改变的，只是临时给它个猜测义，自以为所作的解释简单易懂，实则不确。更有甚者，发现前人的解释不同于自己所给出的猜测义，往往武断地予以批评否定，却不知道错误原来在自己。这一类的问题就更不容忽视了。这里暂且提一提，读者可参看后面第六章第二节的考察讨论。

综上所述，现代联绵字理论盛行数十年，算是把个汉语词汇研究给整惨了。

附录一　再论语素融合说问题

语素融合说在汉语文献中首次出现是 20 世纪 80 年代初的事（参看

张永言 1981）。此后越来越多的人趋从之，认为复合词的两个语素融合就变成单纯词了。证据呢？看似不少，但是有力的证据实际上一个也没有。沈怀兴（2008）曾经选取六篇/部持语素融合说的作品逐一考察讨论，结论是各家论证均靠不住。后来又有补充（参看沈怀兴 2013a：188—197）。但从学界的反应看，仍有进一步讨论的必要。有读者朋友问："大作批评用语素融合论支持'联绵字—双音单纯词'说，但是这样做的学者都知道某些双音词是两个语素构成的，为什么还要说它们两个语素已经融合为一个语素了？再说，语言是发展的，怎么证明合成词的两个语素不会融合成一个语素？"这位朋友提出的问题较有代表性。如果能够正确解决这一问题，其意义则可能是多方面的。下面拟在前两次讨论的基础上再陈管见。

一　至今没有人为语素融合说寻得可靠的证据

在所有支持联绵字语素融合说的证据中，看上去有点说服力的就是所谓"不能拆开来讲"。论者中多数人认为某些复合词"不能拆开来讲"，就是语素融合而成单纯词了。其实，不能拆开来讲本由其词义的整体性决定的①，其词义的整体性又是由词之所指事物、现象的自属性或排他性决定的，这与部分学者臆想的"语素融合"没有关系。再说，一个复合词的各构词成分能否拆开来讲往往因人而异②。然则是判它两个语素已经融合成一个语素了呢，还是没有融合成一个语素？即使那些看上去一般人都不能拆开来讲的双音词（如"尴尬""彷徨"之类），也未必是单纯词，因为

---

　　①　讲词义的整体性，一般是就合成词说的。那些拟声而来的词（包括象声词、叹词、拟声而来的其他词如"玲珑""澎湃"之类）和音译词，现实中很少有人拆开来理解，古代注家也不把它们拆开来讲，因为它们所指事物在人们认知过程中只有一个焦点反映，造词者对它们的描摹大致是感性的。描摹其听觉感知，反映到语言里就是单纯词。切脚词的情况特殊一些，所以有些人把切脚词归为合成词（参看《中国语言学大辞典》第 484 页对"切脚词"的解释）。除了拟声而来的词和音译词以外，没有单纯词了（参看沈怀兴 2013a：276—296），所以讲词义的整体性都是就合成词说的。根据笔者近十多年的研究，一般学者为证明"联绵字—双音单纯词"说列举的例词均不出复合词、拟声而来的词、重叠词、音译词、切脚词五类。至于其他如"衍音词""嵌 l 词"等，其实都是站在共时角度对某些词的猜谜（参看沈怀兴 2013b），靠不住的。

　　②　至于清代以来语文学家多强调部分二字词不可分训，那是就语文理解角度说部分上下同义的二字词不能拆骈为单，给两个字做出不同的解释，也就是首先在强调合成词词义的整体性前提下讲不可分训的，与今之信守派学者意在说明双音词的语素构成情况没有关系。

它们可能在历史上被用了通假字或被讹字夺正了，但研究者不清楚个中实情，自然不能拆开来讲了。也有的是由隐喻造词或换喻造词而来，还有的是由于隐喻或换喻之用而产生了隐喻义或换喻义，研究者如果不知就里，只着眼于新产生的词义，它们的确都不能拆开来讲了，但却不能把它们判为单纯词。可是，倡言语素融合说者一般不考察这些情况，即使仅凭其表象即可以推知它们不是一个语素构成的，也可能说它们语素融合了，因为它们的字面义与词义无关，不能拆开来解释。特别是某些用通假字标记的复合词，在没有求本字之意识而习惯凭第一印象做判断的学者眼里或许与一般复合词明显不同，它们往往被说成由"一种特殊构词法"构成的"联绵字"，或者被误以为语素融合而囫囵一团了。殊不知研究者的个人印象不能做判断复音词语素或认定是否语素融合的客观标准或依据。语言研究必须力避主观性，必须就语言论语言。至于论者多举王念孙连语不可分训说作旁证，其实那只是似是而非的比附，是对王念孙连语观的误解（参看沈怀兴 2013a：180—188）。

不错，研究者通常借同型替换法辨认语素来加强说服力，并认为能够全方位替换的才是合成词，否则就是单纯词。然而，用替换法辨认语素不过一种为共时论所左右的人们不经意间用惯了的障眼法，其直接后果是陷入方法决定论，却不知道这样做有什么不好（参看沈怀兴 2010a）。就更不用说使用替换法辨认语素的结果多见分歧了。

不错，近十年来也有人认识到用替换法辨认复音词语素行不通，于是提倡用词义对照法判断双音词语素，主张"语素义不能够直接体现词义，构成的语素已经融合成一个整体……应视为单纯词"，就是所谓"联绵词（字）"（参看苏宝荣 2007）。其实，这样做，也是没有把隐喻造词、换喻造词或隐喻义行而本义隐、换喻义行而本义隐等因素考虑进去，所以同样得不出合乎客观实际的结论（参看沈怀兴 2010a，2013a：254—257）。这里不妨再举个例子。宋高宗绍兴三年（1133），杭州产生了一些流行词，如"下羹羊""和骨烂""饶把火"等，如果照它们的语素义直接体现出的意思理解，那就错了。因为那年杭州人吃人现象相当普遍，于是产生了分别指年轻女子、小孩儿、瘦人的"下羹羊""和骨烂""饶把火"等词。很明显，其语素义早在造词之初就不能直接体现词义。这说明提倡用词义对照法辨认复音词语素的观点同样不可取。

值得注意的是，就连"下羹羊"等三音节词也不能拆开来讲，就不用说双音词了。因此，如果不怀"联绵字—双音单纯词"说之成见，大概不会有人提出或趋从语素融合说。不错，20世纪三四十年代以前的传统语文学家中确有一些人将三音节词、四音节词也谓之联绵字，但是传统语文学家的"联绵字"与今之信守现代联绵字理论者的"联绵字"不是同一概念。是的，可以强调说：讲语素融合只限于双音词。那样的话，语素融合说不攻自破，批评者也就没有什么话可讲了。

又如有些人总爱说某些合成词在现代汉语里已经囫囵一团，变成单纯词了。其实这种观点与用词义对照法辨认语素的做法颇有相同之处，只是其主观武断性更典型了。如《汉语大词典》卷4释"子童"曰"后妃、仙女的自称"，释"梓童"曰"皇帝对皇后的称呼"。这"子、童、梓"都不能直接体现"子童""梓童"的词义，"子童""梓童"看上去都囫囵一团了，能否把它们看作单语素词呢？为什么？再说，所谓"囫囵一团"，既没有标志，又没有公认的标准来证明，只是研究者的感觉，某词是否囫囵一团可能因人而异；如果不是先入为主，成见在胸，则不会有人用"囫囵一团"来证明某合成词已经融合为单纯词。然而，做研究而撇不开成见，不能避免先入为主，其研究十有八九靠不住。

另外，对所谓囫囵一团的某些复合词，学者著作中有的称之为"语素融合"，有的说"结构凝固"，有的说"合成词蜕化为单纯词"，有的说"合成词在向单纯词过渡"，粗看上去像是对同一种现象的不同说法，其实这里面反映了研究者为流行的"联绵字—双音单纯词"说所困扰或误导而产生的种种意见分歧。他们共同的特点是凭个人感觉说话，混淆了个人感觉与客观存在的区别，用个人感觉代替了客观存在，所以说到底是反历史主义的，尽管他们喜欢冠以"历史发展的观点"。

二　持语素融合说者存在的问题

为什么有人已经知道某双音词是两个语素构成的，却仍要说它语素融合了呢？除了理论视野的局限和上文简述中透露出的一些因素以外，还有三个方面的事实不容忽视。下面简要考察讨论这些事实，希望同时回答为什么合成词不会语素融合成单纯词的问题。

（一）论者多用孤立的观点看问题

语素融合说的提出与用孤立的观点看问题密切相关。论者不计成词信息，表现出明显的片面性。切切不可忘记：词的构成除了必不可缺少的语素以外，至少还需要造词者对客观事物的认知和反映，所以任何复合词中都包含着体现造词者认知理路及其反映方式的内部结构方式。这种认知理路及其反映方式既是造词者的，也是造词者那个时代的，并且更多的是对历史上汉民族认知理路及其反映方式的继承，同时又很有可能在民族认知思维及其反映过程中继续发挥作用。这一方面是因为生活在共同的社会环境、共同的文化观念中的民众之认知理路及其反映方式有共同性；另一方面是因为言语交际不是个体行为，伴随人类社会发展过程的语言不只属于某个时代。因此，当我们看到并承认一个双音词是合成词时，不仅承认了它的两个语素，同时也承认了体现着造词者认知理路及其反映方式的内部结构方式，承认了该词产生的那个时代广大民众的一种认知理路及其反映方式，承认了汉民族的一种认知理路及其反映方式，承认了这种认知理路及其反映方式造成的合成词某种内部结构方式所贯穿的汉语史。

反之，如果认为它语素融合了，不承认它还是合成词，而单纯词不存在内部结构方式问题，也就等于否认了该合成词固有的内部结构方式，否认了造词者创造这个词时有他那个时代共有的认知理路及其反映方式。因为一个时代的认知理路及其反映方式不是特有的，任何时代的认知理路及其反映方式都具有承传性，所以坚持语素融合说，某种程度上说也就是在否定客观存在的汉语史①。然则没有造者的认知理路及其反映方式，就没有复合词的内部结构方式，语言里也就不会有复合式合成词。所以判断某双音词是合成词还是单纯词，绝不是只承认它有一个语素或多个语素那样简单

---

① 这样说证据有二。第一，"语素融合"是对汉语史的误读，语素融合说根本无法证实，却很容易证其伪（参看上文）。第二，被认定语素融合者不仅从某些方面体现着之前汉民族认知思维之特点及其反映方式，而且预示着此后汉民族某个方面的认知理路及其反映方式。要认定合成词语素融合，不仅需要拿出证明两个语素融合成一个语素的客观标准，而且还必须证明汉民族相应的认知理路及其反映方式也会随着某些合成词语素融合而消失。这大概谁也做不到。至于有人说那些合成词语素融合后，它们的内部结构方式还存在于其他合成词中，这便是强词夺理了。试问：同样一种结构方式构成的合成词，为什么一部分合成词里保存着这种结构方式，另一部分合成词里却丢了？是怎么丢的？

的事情。鉴于这一点，我们进行复音词语素判断必须坚持历史主义（参看沈怀兴 2010b），真正弄清楚它究竟是怎样产生的，弄清楚它的全部信息。

至于它在历史上可能发生变化，仅就合成词而言，那一定是其内部结构方式的变化，即由一种合成方式变为另一种合成方式，绝不会变成单纯词。造词者由此及彼的认知理路及其反映方式所形成的复合词内部结构方式不会因为后世部分研究者意识不到而不存在，如同历史上产生并长期存在的其他事物不会因为研究者认识如何而改变一样。因此，做研究必须站在研究对象角度考察分析问题，而不能从研究者角度孤立地看问题。这一原则的实施当然不限于语言研究，但语言研究也绝不得例外。

（二）论者大多偏执共时论

部分学者之所以提出或趋从语素融合说，原因之一还在于偏执共时论，缺乏历史观点。确切地说，由于受片面的共时论束缚，他们在具体研究中不可避免地割断了汉语史。倡言或趋从语素融合说者也许没有意识到这一点。他们意在借强调"现代汉语"以行其说，认为某些合成词在现代汉语里已经囫囵一团，即语素融合而成单纯词了。但是，如果有人问：现代汉语的上限是什么时间？问题一下子就暴露出来了。例如通常人们把现代汉语的上限拟定在五四时期；如果没有语素融合说之成见，研究者就会发现被判作语素融合的词其实与五四时期之前的文献中用例没有多大区别。并且，不管把现代汉语的上限拟定在什么时候，都可能发现被说成语素融合的复合词早在这个"上限"之前就已经"语素融合"了，因为同一个词在"上限"前后文献中的用例并没有质的不同，并且所有被说成语素融合的词都有这个特点。由此看来，坚持语素融合说而强调"现代汉语"其实是一种掩耳盗铃的行为，是没有任何说服力的。举个例子来说吧。《现代汉语词典》解释"联绵字/词"曰双音节的单纯词，所举"伶俐"等 6 个例词无一例外都是合成词（详见前面第三章第一节）。如果说它们在现代汉语里已经语素融合而成单语素词了，但是像"伶俐"，现代文献中的"伶俐"与苏轼词中的"伶俐"的含义及其书写形式实际上没有什么不同，是否可以把现代汉语的上限推到北宋以前去？特别是像它的另一个例词"妯娌"，在现代文献里的情况与在魏晋文献里的情况相同，"逍遥"则与汉代文献里的情况一样，然则能否把现代汉语的上限推到魏晋乃至汉代以前去？看来，偏执共时论而强调某些合成词在现代汉语里已经语素融合而成单纯词的观点既与事实不符，又于实践中行不通。

退一步说，即使可以说某些合成词早在古代汉语里就已经语素融合而成单语素词了，但是只要咱们找出具体文献中的用例做证明，读者就可能找出与之无大别的更早用例。这样的话，古代汉语的时限也无法论定了。而没有时限的汉语史分期究竟能够说明什么问题？所以至此，表面上看是汉语史分期问题没有解决，但深层原因却是被教条化了的共时论发挥着误导作用，尽管最根本的原因还在于语素融合说的无根性。

换个角度说，是我们部分研究者习惯用孤立的观点看问题，没有认清语素融合说的无根性，又误用了片面的共时论这个"保险箱"，于是倡言或趋从语素融合说，使之不断流行开来，而影响了汉语中部分双音词的正确研究。因此，要解决这个问题，就必须建立起联系的观点，同时冲破片面的共时论之束缚，深入考察现代联绵字理论是怎样产生和发展的，彻底弄清它的本质（参看沈怀兴 2013a：65—151），从而自觉避免站在研究者角度做研究和下结论的现象发生。

（三）趋从脱离汉语实际的现代联绵字理论

从上面的辨析和叙述中，已经不难看出语素融合说产生和流行的又一重要原因在于论者或从现行联绵字理论出发做研究，同时又凭感觉下结论，不是站在研究对象角度客观地看问题和做研究。然而，现行联绵字理论毕竟严重脱离了汉语实际，举语素融合说来说事不过附和脱离汉语实际的现代联绵字理论罢了，所以只能落入循环论证之泥沼①，而注定不成立。具体点说，倡言语素融合说者多把流行的"联绵字—双音单纯词"说看作不刊之论，当看到被名家举以证明"联绵字—双音单纯词"说的某些例词本是合成词时，不清楚名家们为什么用这些合成词证明"联绵字—双音单纯词"说，又缺乏质疑的勇气，就说这些合成词语素融合而成单纯词"联绵字"了（参看徐振邦 1998：65—74）。如果不是这样，语素融合说的出现以及越来越多的学者趋从语素融合说的现象，就不容易做出圆满的解释。只是趋从现行理论做研究久已形成潮流，不限于汉语词汇研究，其

---

① 其逻辑是：因为它语素融合了，所以变成单语素的联绵字了；因为它变成单语素的联绵字了，所以它语素融合了。

中问题较多，《中国现代语言学问题研究》中将有专节叙述，而且上文
"一"里已经提到学者受"联绵字—双音单纯词"说左右而下结论的事，
这里就不展开了。

三　结语

综上所述，语素融合说在语言学界虽然已经比较流行，但是至今没有
人为它寻得有力的证据。力主语素融合说者多以孤立的观点看问题，忽略
了造词者赋予合成词生命之事实，不计成词信息；偏执共时论，缺乏历史
观点，不可避免地割断了汉语史，以至于证明语素融合说而缺少了汉语史
这个大背景的参照，也就只有想当然了；趋从脱离汉语实际的现代联绵字
理论，曲说语言事实，而与科学求真相悖。以上这些事实，只要一种事实
发生作用，即可证明语素融合说不成立。而今诸多事实同时存在，只能说
明"语素融合"是个伪命题。至此已经不难看出，论者明知某些双音词是
合成词，却说它们语素融合而变成单纯词了，当与不明白上述各种事实有
关。而不知道任何双语素词都不会融合成单纯词，未审语素融合说的臆断
性，当是某些学者倡言或趋从语素融合说最根本的原因。

我们反复讨论语素融合说问题，不仅是促进汉语词汇学健康发展的需
要，而且也是帮助"联绵字"释义尽快摆脱猜谜状态的需要。语素融合说
阻碍了"联绵字"之基础义的探讨，加大了"联绵字"释义的困难，影响
了"联绵字"释义的准确性；① 只有正确解决语素融合说问题，进而抓住
"联绵字"的基础义，才可能正确解决"联绵字"释义之猜谜问题。

与语素融合说相关的其他问题，此前已有讨论（参看沈怀兴 2013a：
188—197），可参看。

参考文献

1. 沈怀兴：《联绵字语素融合说疑议》，《汉字文化》2008 年第 1 期。
2. 沈怀兴：a)《现行联绵字语素判断方法的局限性》，《宁波大学学报》（人文科学版）
　　2010 年第 3 期。
3. 沈怀兴：b)《试用历史考证法判断联绵字语素》，《语言教学与研究》2010 年第 5 期。

---

① 参看《现代联绵字理论负面影响研究》第六章第二、三节中相关的考察讨论。

4. 沈怀兴：a)《联绵字理论问题研究》，商务印书馆 2003 年版。

5. 沈怀兴：b)《衍音说平议》，《宁波大学学报》（人文科学版）2013 年第 1 期。

6. 苏宝荣：《论语素的大小与层级、融合与变异》，《中国语文》2007 年第 3 期。

7. 徐振邦：《联绵词概论》，大众文艺出版社 1998 年版。

8. 张永言：《关于词的"内部形式"》，《语言研究》1981 年创刊号。

第五章 现代联绵字理论对人才
成长的负面影响

凡是接受过现代联绵字理论教育、学习过现代联绵字理论知识的人，都会不同程度地受到现代联绵字理论的危害。那些从小学习卖力的人所受危害往往更严重一些，只是人们长期习非成是，受害而不知其害了。本章简要地考察现代联绵字理论影响人才成长的情况。又分四节。各节均较长，这里有必要先做点概括介绍，以便读者有个整体印象。

第一节考察现代联绵字理论贻误学子的情况。总的说来，从小学生到中学生，再到大学生、研究生，只要被灌输过现代联绵字理论知识的学生，都免不了要受到一些危害。比如，在小学、初中阶段，学生在打基础，被灌输了现代联绵字理论知识，就好像被迫演算 $0+0=1$ 的算题。这不仅违背了他们的认知习惯，还在某种程度上破坏了他们的知识储备，而且影响了他们对合成词词义整体性的正确理解，让他们死记硬背地学习某些双音词的词义，而不是有效地理解记忆"联绵字"的含义。这是与素质教育的理念背道而驰的。到了高中阶段，不仅要反复灌输现代联绵字理论知识，而且高考语文试卷里也可能有现代联绵字理论知识的试题。阅卷教师依据乱弹琴的"标准答案"阅卷①，不少考生因为失去了现代联绵字理论知识的 3 分而进不了大学校门。到了大学阶段，一年级"现代汉语"课上较为系统地讲授现代联绵字理论知识，二年级"古代汉语"课上再讲一遍，有些学校三年级上"汉语史"课还要

---

① 这是不可避免的。只是以非为是，直接受害人是考生（参看第一节第二部分对湖南卷的相关讨论）。

讲现代联绵字理论知识，经过这样"三过堂"，一般学生都习非成是了。到了研究生阶段，从事联绵字问题研究自然要顺着现代联绵字理论的道儿走。个别学生如果坚持独立思考，说点反思现代联绵字理论的话，则可能要付出惨重的代价（参看第一节第四部分）。由此看来，现代联绵字理论没有可靠的语言基础，却作为不刊之论教给学生，这便不可避免地影响了我国人才的培养。然而，盛行已久的现代联绵字理论却不可能在短时期内结束其支配地位。

第二节考察现代联绵字理论贻误学者的情况。总的说来，不管是信守派学者，还是反思派学者，教学科研中都不可避免地要受到现代联绵字理论的危害。只是相比较而言，反思派学者由于觉悟得早，受现代联绵字理论的危害轻一些。那些始终不知道反思的学者，所受现代联绵字理论的危害则重一些。不仅如此，近几十年以来所有汉语文教师都可能传播过现代联绵字理论知识，做过促进现代联绵字理论流传的事情。所不同的是，能够积极反思的教师因为在传播现代联绵字理论知识的过程中曾遭遇种种尴尬而离开信守派，有的还写了反思性文章；始终信守现代联绵字理论者未曾遭受什么尴尬，从事教学科研而始终离不开现代联绵字理论，有的甚至竭力发挥现代联绵字理论，围绕"联绵字—双音单纯词"说创造出这样那样的新理论，其结果是用力越多，产生的负价值越大。

第三节考察现代联绵字理论危害顶级学者的情况。这方面的事实，《联绵字理论问题研究》一书中已有不少考察讨论，前面第一章、第二章第三节、第三章各节和第四章也都讲到这方面的事实，后面第六章第二节还要讲顶级学者栽到现代联绵字理论之陷阱中的情况，所以这一节不准备全面铺开，仅以徐通锵先生捍卫并利用现代联绵字理论的情况为例，考察现代联绵字理论影响下的顶级学者的联绵字问题研究，希望继续收到以点带面的效果。徐先生（1997）依据现代联绵字理论创一分为二法理论，力挺"联绵字—双音单纯词"说，但是不仅论据不支持其观点，而且论证方法也有问题。徐先生的典型事例再一次说明：不管是怎样顶级的学者，怎样竭尽全力，只要是从现代联绵字理论出发做研究，都只能以其失败证明"联绵字—双音单纯词"说缺乏可靠的语言事实支持，证明现代联绵字理论脱离汉语实际。

　　第四节考察现代联绵字理论对中国台湾学者的影响。在 20 世纪，台湾省无人遵循现代联绵字理论做研究。台湾学者接受现代联绵字理论只是近十来年的事情，而且仅限于部分青年人。他们遵循现代联绵字理论做研究，同样观点鲜明，论据无力。这种现象又一次反映出"联绵字—双音单纯词"说及其附庸理论只能证其伪不能证其真的本质特点。对照大陆学界的情况，更是充分地印证了这样一个事实：现代联绵字理论所到之处，最先受害的总是青年人；并且随着青年人习非成是者越来越多，"联绵字—双音单纯词"说则日渐流行开来。

　　实践是检验真理的唯一标准。本章立足实践考察现代联绵字理论贻误人才培养问题，发现现代联绵字理论所到之处，无人不受其害；并且不管怎样重量级的学者力证现代联绵字理论，都只能以失败告终。这就不仅仅说明现代联绵字理论脱离汉语实际了。

第一节　现代联绵字理论贻误学子例说

　　现代联绵字理论的流行对国内人才培养的危害是多个方面的。本节拟通过对具体事例的考察分析，看现代联绵字理论贻误大中小学各级学子的情况。

一　从"狼狈"等词的教学看现代联绵字理论对中小学生的负面影响

　　现在，小孩子从小学、初中就开始接受现代联绵字理论知识，所以很容易习非成是，以致深受危害而不觉。对此，通过考察"狼狈"等"联绵词"的教学情况可以了解一二。

　　小学生学习"狼狈"等"联绵词"，最早是在《飞夺泸定桥》一课。这是小学语文的传统课文，一般出现在第十册（各地教材中也有出现在第九册的）。这篇课文中有一句："激战了两个小时，守城的敌人被消灭了大半，其余的都狼狈地逃跑了。"句中"狼狈"，教参中多介绍唐代段成式《酉阳杂俎·广动植·毛篇》的"狈驾狼"说。"狈驾狼"说早遭人讥讽，所以也有的教参依据现代联绵字理论说它是个"联绵词"——由两个音节联缀而成的单纯词。同时还说这篇课文中的"秋千"也是"联绵词"①。
这是小学生接受现代联绵字理论知识的开始。

待到读初中，语文课本中"联绵词"越来越多。特别是读到初中三年
级，《我的叔叔于勒》一课中两次出现"狼狈"："父亲神色很狼狈。"又，
"满脸愁容，狼狈不堪。"同篇课文中还有"拮据""褴褛""仿佛""糊涂"
"荒唐""张皇"等几个"联绵词"。一般教参中都借此较多地介绍"联绵
词知识"，如"联绵词必须两个字连在一起时才有意思，分开来任何一个
字都没有意思"；"一个联绵词往往有几种书写形式"；等等。同时还给
"联绵词"分类：双声的，如本文中的"拮据""褴褛""仿佛"；叠韵的，
如本文中的"糊涂""荒唐""张皇"；非双声非叠韵的，如本文中的"狼
狈"。殊不知"狼狈"也好，其他6个词也罢，都不支持现代联绵字理论。
只是这类词的考察较费篇幅，"仿佛"已经考察过了，可以肯定是一个联
合式合成词（详见前面第三章第一节）。本节只简单考察"狼狈"，其余的
几个"联绵词"留待另文考察。

"狼狈"古今都是常用词，只是标记后一个音节的汉字至少有过两
次变化。《说文解字·犬部》共收83字，重文五，而无"狈"字。这说
明在许慎（58—约147）时代，"狈"字尚未产生，或者虽已产生但还
没有成为通用字。但是，至迟于西晋文献中，"狈"字就已经存在了。
清邵瑛《说文解字群经正字》于"跋"②字下释曰："《诗·豳风》'狼
跋'，《尔雅·释言》：'跋：躐也。'郭注引《诗》'狼跋其胡'，《释文》：
'跋，郭音贝。'则'狼跋'犹所谓'狼狈'。《文选·西征赋》：'亦狼狈而
可悯。'李善注引《文字集略》曰：'狼狈犹狼跋也。'《孔丛子》曰：'吾
于狼狈见圣人之志。'政（正）指《豳风·狼跋》也。则古'狼跋'字本
作'狼狈'。但《说文》无'狈'字，正字当作'跋'。《复古编》《六书正

---

① "秋千"盖由"千秋"讹误而来。宋张有《复古编》卷六《联绵字》"秋千"条下说：
"词人高无际作《秋千赋》，序云：武帝后庭之戏也。本云'千秋'，祝寿之词也。语讹转为'鞦
韆（秋千）'，后人不本其义，乃造此二字。非皮革所为，非车马之用，不合从革。"据此，被今
人称为双声联绵词的"秋千"，是"千秋"之"语讹"的结果，因此是偏正式复合词。看来，从
事联绵字研究必须求本字，探语源，而不能据流臆断，更不能从流行的"联绵字—双音单纯词"
说出发下结论。
② 本书凡遇僻字，直接复制《汉语大字典》电子版。如果其电子版中没有所需要的简化
字，则复制其繁体字，不随便造字。这种情况，第六章第三节中较多。

讹》并云：'跟'别作'狈'，非。"这段话表明：1）潘岳于晋惠帝元康二年（292）所作《西征赋》中有"狈"字，《孔丛子》中亦有"狈"字，是"狈"字早在三世纪已经产生了。2）直到李善（约630—689）时代，"狼—"仍以作"狼跋"为常。3）"狈"是"跟"的俗体，"狼狈"即"狼跟"①。4）"狼跟"即"狼跋"。"狼跋"截取《诗·豳风》"狼跋其胡"一句而来，主谓结构，隐喻造词，表"困顿"义。

进一步考察，可知"狈"字取代"跟""跋"而成为专用字，是中唐以后的事。但这不是本节书考察讨论的重点，暂且点到为止。

总之，"狼狈"由"狼跟"变来，而"狼跟"本由"狼跋"变来，是主谓结构，由隐喻造词而来的。"狼狈""狼跟""狼跋"等三种形体是同一个词在不同历史时期或不同典籍中的不同书写形式。其书写符号——外衣——虽然发生了变化，但它的内部结构没变。这个例子再一次告诉我们：研究"联绵词"，往往离不开求本字而探语源。此前有些学者不注意考求其本字，不探其语源，往往指流作源下结论，首先在方法论上搞错了，同时又混淆了语言符号与记录语言符号的符号——文字——的区别，因此其负面影响也就不只是单方面的了。

那么，究竟应该怎样理解文字是记录语言的书写符号这一现代语言学理论呢？这个问题的确是本课题研究迟早都要解答的。但是解释早了，所需文字必多。而今在前面论述的基础上简单交代一下，可能会好一些。应该首先承认，这一理论是对的。但那只是大而化之的说法，所以不能机械地理解。我们不认可那些混同记录语言的书写符号与语言符号的研究，确切地说不赞成立足借字、后起专用字或讹字做判断的研究，只赞成坚持历史观点求本字而探语源的研究。因此，要正确理解文字是记录语言的书写符号这一理论，至少需要考虑以下三个方面的因素。第一，考虑文字的性质。如汉字是表意文字，而且"联绵词"一般在出现最早的文献中的书写形式能够比较全面而真实地反映该词的信息。第二，要坚持历史主义。也就是说，研究汉语词汇，特别是研究"联绵词"，不仅要考其最早的书写

---

① 清毕沅也持这一观点。《经典文字辨证书》卷一曰："跟，正；狈，俗。"现存文献中也有作"跋"者。如《玄应音义》卷十五引《僧祇律》作"狼跟"，释曰："又作'跋'，同。"《慧琳音义》卷五十八同此。

形式，尽可能求得本字（如上面从"狼狈"考起，而得见"狼跟"，接下来又由"狼跟"考见"狼跋"。这就是由流溯源），而且有时还要由源察流，以防从最初就用了假借字标记"联绵词"的情况或者中间用了假借字、后起专用字、讹字的情况。经过这样一番考察，才可能查明用字标词的动态变化，确保论从史出，让联系着的事实说话。而不至于被假借字、后起专用字、讹字遮蔽了视线，乃至在现代联绵字理论的误导下把合成词误判为"联绵词—双音单纯词"。第三，要考察"联绵词"的产生及应用情况，首先弄清楚某"联绵词"的基础义，从其基础义出发了解其隐喻义或换喻义，而不可迷信共时论，不由自主地跟着感觉走，却以文字是记录语言的书写符号为由，乱点鸳鸯。做"联绵词"的研究必须牢牢记住：每个"联绵词"在历史上都可能有过多次书写形式的变化，但只有以本字标记者，才最能反映该词的语素构成情况，透露该词的内部结构方式。所以"狼跋""狼跟""狼狈"所含信息并不相同。它们的三种书写形式中，只有"狼跋"最能显示其基础义，最能证明其主谓式合成词的身份。同时，还要牢牢记住每个"联绵词"的不同含义都是历史上形成的，而且每种含义的产生都有它自己的原因。例如"狼跋→狼跟→狼狈"所表"困顿"义本由隐喻造词所致，其他义多是在其"困顿"义的基础上通过隐喻用法而产生的。

　　话再说回来。从前面考察情况看，"跟"是"跋"的后起字，两汉学者大概还比较熟悉。"狈"又是"跟"的后起字。现在认定"狼狈"为"联绵词—双音单纯词"者，已经不知道"狈"与"跋"的关系了。大约宋代以后，"狼跋"仍然主要表其本义"困顿"，"狼跟"则越来越少人使用。"狼狈"还指"竭力""急速""窘迫""疲惫""破烂""尴尬"等义，均从其"困顿"义直接或间接转喻而来，其线索清晰，无需一一说明。至于其"互相勾结"等义，都是由"狈驾狼"说而来，要从俗词源角度进行考察，也不是本节讨论的重点，简单一提，以示不宜继续站在现代汉语之共时角度见"狼狈"拆开后与相关含义对不上号而误判它为双音单纯词，乃至继续误导中小学语文教学①。

---

　　①　这只是就近二十来年的情况说的。因为直到20世纪80年代，现代联绵字理论对中小学语文教学还没有多大影响。如针对"缤纷"一词，王增辉（1984）曾撰文说："王力先生把'缤纷'定为双声连绵词（参看《古代汉语》上册第二分册第502页）。任学良同志把'缤纷'（转下页）

值得注意的是，中小学学生通过"狼狈"一类词的教学，学习了"联绵词知识"以后，不可避免地造成了一些意想不到的负面影响。第一，向中小学生灌输"联绵词必须两个字连在一起时才有意思，分开来任何一个字都没有意思"的思想，就像要求他们理解和接受一道"$0+0=1$"的算题，不仅违背了他们的认知习惯，在一定程度上破坏了他们的知识储备，而且还影响了中小学生对词义整体性的正确理解，使他们死记硬背地学习双音词词义，而不是有效地理解记忆。在调查中，一位初三的语文教师说，在讲"联绵词知识"时，曾有学生问她："狼狈"不是"狼＋狈"，"姑娘"也不是"姑＋娘"，为什么"狼狈"是联绵词，"姑娘"不是联绵词？她被这个突如其来的问题给搞懵了。开始觉得那个男孩儿故意调皮，但又发现不像。于是想来想去，不知道怎么解释好，最后只好说："大家都说'狼狈'是联绵词，没有人说'姑娘'是联绵词，你先那么记住吧！"如果没有现代联绵字理论入主其间，一律从词义的形成、变化及词义的整体性角度作答，不仅问题不难解决，而且还可借以培养学生联系的观点和求真务实的精神。但是，只要我们坚持现代联绵字理论，这个看似简单的问题却很不容易做出令人满意的回答，也就只好"你先那么记住吧！"。第二，说"一个联绵词往往有几种书写形式"，这也是部分学者的偏见。其实，不管哪个词，不计时地差别的话，一般都有多种书写形式[②]。殊不知，学者通常所谓"由于联绵词是单纯词，最初大多没有本字，记录联绵词的两个字大多是纯粹的记音符号，所以同一个联绵词往往有多种文字形式"云云（参看杨剑桥2003：345—346），不过想当然耳。而正是这种由想当然而来的"常识"，一旦灌输给中学生，他们面对一些本来很容易理解的词，也变得不是那么容易理解了；要想考试不失分，也就只能"先那么记住"了，还奢谈什么素质教育！第三，依据所谓联绵词的语音联系将

（接上页）定为叠韵词一类的单纯词（参看《汉语造词法》第253页），即叠韵连绵词。《中学语文练习第二册参考答案》把'缤纷'定为合成词。这些观点究竟哪一种是正确的呢？"文章考察讨论的结果是《中学语文练习第二册参考答案》把"缤纷"定为合成词的结论是对的，王、任两家之说都与事实不相符。这说明直到1984年，现代联绵字理论之危害还没有波及中学语文教学。现代联绵字理论之危害是先从学界到大学中文专业课堂，然后才到了中小学语文课堂的。

[②]　反之，如果计较时地差别，如在同一语境里，一般词都只有一种书写形式。这也说明"联绵字"无异于一般双音词。

"联绵词"分为双声的、叠韵的和非双声非叠韵的三类，尽管也是主流学者的一贯做法，其实这不过是贴贴标签，弄不好就成了蛇足①。因为任何一个双音词，不属于双声的，就可能是叠韵的，再不然肯定是双声叠韵的或非双声非叠韵的。如果是传统语文学家，这样做的确是有用的，至少对某些由互注说明方式创造的双音词的理解有点积极意义，所以 90 多年前王国维著《联绵字谱》这样给联绵字（复音词）分类是有见地的。信守现代联绵字理论者站在语言本体研究角度这样给他们眼里的"联绵词"分类，想借以证明汉语的双音词有一种特殊的构词法，说用这种特殊的构词法造出的词都是双音单纯词，就脱离汉语实际了（参看沈怀兴 2004a，2009a）。然而，正是由于现在把这种"联绵词"分类法灌输给中学生，才使他们在潜移默化中向形式主义的泥沼大大跨进了一步。

中小学生的思辨能力不是很强，学习中多接受，少反思。因此中小学阶段"联绵词知识"的灌输，直接作用就是为他们升入大学后继续接受现代联绵字理论的教育奠定基础。如果这些知识是科学的，如果现代联绵字理论确有可靠的语言基础，这样的灌输也许有些积极意义。但是，这些知识都似是而非，现代联绵字理论实际上完全脱离了语言实际，中小学硬吞下这些"知识"，自然不会有什么积极意义。正是由于中小学阶段的"奠基"，大学阶段的"开发和加固"，使得这些"知识"与现代联绵字理论所向披靡，"智者不敢生疑，贤者不敢致诘"，举世"安之为固然，遵之为谟训"。继而"九原可作"，以"联绵字—双音单纯词"说为基础的现代联绵字理论系统像滚雪球一样，越来越丰富，越来越庞大，越来越玄乎，越来越脱离汉语实际，却越来越牵动着汉语学各分支学科的研究。人谓顾炎武批评叶音说淋漓尽致，却不知道顾氏若生今世，该如何评论现代联绵字理论。

---

① 例如"缤纷"，有人说它是"双声连绵词"——单纯词，有人判它为"叠韵连绵词"——单纯词，而王增辉（1984）说它既双声又叠韵，但却是联合式合成词，而不是单纯词。所以给一些双音词贴"双声""叠韵""非双声叠韵"之类的标签，其实就是在画蛇添足。不幸的是，"联绵字—双音单纯词"说却是凭借这一蛇足产生和发展的。看来这样做只有害处，而且害处是多方面的。例如它给无根的"联绵字—双音单纯词"说蒙上了科学的面纱，混淆了前人语文应用研究与今人语言本体研究的区别，给汉语史研究掘下了陷阱，误导后来者走上形式主义道路以致陷入形式决定论的泥沼等。

二 从"芙蓉"事件看现代联绵字理论对高考学子的危害

高中语文课文里"联绵词"更多了，所以一般语文教参或教师总是不厌其烦地讲述"联绵词知识"，因为高考语文试卷中可能会出现考察"联绵词知识"的试题，标准答案是依据现代联绵字理论作出的。这样以来，现代联绵字理论就在一定程度上主宰了考生的命运。下面只考察 2009 年湖南高考语文试题中的一个例子①。

> 5. 为上联"心平浪静，秋月芙蓉湘水碧"选择下联。
> A. 志远天高，春风杨柳麓山青
> B. 情深海阔，夏日荷花潇江红
> C. 气壮山威，鲲鹏展翅楚云飞
> D. 身正才卓，冬雪松竹衡岳高

其标准答案是 A。为什么？《2009 年高考湖南卷语文试题详细解答》说："1)（按：序号是引者加的。下同）可能有同学选了 B，其实根据对联的最基本的平仄要求仄起平收就可以排除 B。2) 不选 B 还因为内容上'芙蓉'与'荷花'重复；同时'芙蓉'与'荷花'在结构上不同，一为联绵，一为偏正……。3) 当然题目也有值得商榷的地方。'芙蓉'对'杨柳'严格讲来不工整，因为'芙蓉'是联绵词，'杨柳'是联合式复合词。"下面有一个附录——《联绵词小知识》："4) 在汉语中，有一种词叫联绵词。联绵词指两个音节连缀成义而不能拆开来讲的词。包括在单纯词中，它还包括了双声的，……叠韵的，……非双声叠韵词，……。5) 在对联中，联绵词必须对应联绵词，不能与其他词性的词相对。6) 古代严式对更主张在联绵词中必须名词对名词，动词对动词，形容词对形容词。"

上面的解释虽然反映了主流观点，但是在无现代联绵字观念之成见而且稍有点对联常识的人们看来，多系无稽之谈。下面依引文中所标序号顺序简单讨论一下这里面的问题。

———————

① 这一节于 2009 年冬写成，几经增删，2010 年夏投稿，2011 年春发表。文章初成时较长，发表时受版面限制，只留下此例，取其典型意义而已。

1）后面的说法不成立，因为 B 句末字"红"是阳平字，并未违反对联"仄起平收"之要求。这个问题不在本书的考辨范围之内，这里不予详细讨论，只就湖南寺庙楹联举几个收阳平字的例子，以见其实。长沙岳麓寺楹联："汉魏最初名胜，江南第一道场。"湘潭法苑古刹楹联："林常集鸽，山若游龙。"沅陵龙兴寺楹联："云起峰间沉阁影，林疏地底见江流。"沅江团山寺楹联："放开眼界应世，立定脚跟做人。"岳阳崇圣寺楹联："波开云门诸峰出，浪涌鱼龙夹岸游。"株洲常宁寺楹联："常年香篆青云绕，宁殿灯辉紫气腾。"兰山塔下寺楹联："风吹塔影山前落，雨应钟声寺后来。"隆回宝莲仙寺楹联："避乱入山，倒印蹄痕迷寇贼；绩麻度日，尚存心迹救民人。"上述楹联均引自陈君惠主编的《中华对联》。稍事浏览，可知书中收阳平字的对联极多。怎么能说"根据对联的最基本的平仄要求仄起平收就可以排除 B"呢？那些选 B 的考生因此失掉 3 分，实在太冤了！

2）后面，分号以前的内容也不属于本书研究的范围。分号之后的"'芙蓉'与'荷花'在结构上不同，一为联绵，一为偏正"，是被现代联绵字理论给扭曲了的说法，因为"偏正"是一种结构方式，这份《解答》中所说的"联绵"也是一种结构方式吗？是什么结构方式呢？如此以己浑浑使人昭昭，原因是什么？然而，《解答》作者又怎能圆满回答这些问题呢？因为他们也是受害者，只不过受害在前，现在转而宣传错误理论罢了。

3）的原因说明是以 2）的观点为前提的，所以 3）后面的观点也不成立。其中"联绵词"这个术语是改造传统语文学家的"联绵字"而来的①。传统语文学家本来称"联绵字"，他们的"联绵字"用现代语言学的话说就是"复音词"，并且多数指双音词，没有谁用"联绵字"指单纯词，也无法仅指单纯词，因为判断一个双音词是合成词呢还是单纯词，必须能够清楚地把握其语素构成情况，而汉语双音词语素判断至今还没有切实可行的方法（参看沈怀兴 2010a），连《现代汉语词典》持"联绵字—

---

① 确切地说，是信守派先行者没有弄清楚传统语文学家的"联绵字"的实际含义，而误用传统语文学家指复音词的"联绵字"指双音单纯词；趋从派学人又把他们的"联绵字"改为"联绵词"。

双音单纯词"说解释"联绵字"所举例词也无一靠得住（详见前面第三章第一节），遑论其他？

　　现在来看"芙蓉"的结构方式。"芙蓉"即"敷荣"，是动宾式复合词。《广雅·释草》："菡萏，芙蓉也。"王念孙疏证："芙蓉之言敷蕍也。"敷蕍即敷荣。《尔雅·释草》："蕍、芛、葟、华，荣。"郭璞注："蕍，犹敷蕍，亦花之貌。"高步瀛疏："杜宗玉曰：敷训花开，取铺花义；蕍训荣，犹敷荣，亦敷花义。""菡萏"之所以又叫"芙蓉"，就是因为它花始开——敷荣。"敷荣（榮）"字繁，借"夫容"二字而代之，这应该是很早的事了，因为《汉书》里就用了"夫容"二字。后又因其草属而写作"芙蓉"。"芙蓉"二字也出现得很早。清钮树玉《说文新附考》："《汉书》司马相如及扬雄传中'夫容'并不加'艸'，《博雅》《玉篇》已作'芙蓉'。"然则就前人考察的情况看，从"敷荣（榮）"到"夫容"，又到"芙蓉"，线索是比较清楚的，现代联绵字理论之成见在胸者却不作任何考察就说它是"联绵词—双音单纯词"。由此看来，判断一个双音词是单纯词呢，还是合成词，必须注意考其本字。信守派学人著作中许多误判的情况，虽然根本原因在于现代联绵字理论之成见左右了他们，但不求本字，源流不辨，不考虑其所见字串与所标语词的本质性区别，也是一个不可忽视的原因。

　　4）后面所讲"联绵词小知识"乃现代联绵字理论的核心内容，但传播"联绵词小知识"者只是人云亦云。他们不知道 20 世纪三四十年代有几位青年学者奋起批判汉语单音节幼稚落后论，经过探索、酝酿后，提出"联绵字—双音单纯词"说。创说者或认定联绵字来自复辅音分裂等方式（参看魏建功 1935/1996：58—59、153—154；陈独秀 1937）①，或认定汉语里有一种创造衍声复词的联绵法（参看吕叔湘 1942/1982：8）。王力先生不相信上古汉语有复辅音，也不轻信衍声联绵说，但发现语言中有一些结构不明的双音词，而且这些双音词上下字之间多有语音联系，于是推测"汉语的双音词有一种特殊的构词法"（参看王力 1958：45），就在批判汉

──────────

　　①　魏建功、陈独秀虽然提出部分联绵字来自复辅音分裂的观点，但只是处在现代联绵字理论的探索、酝酿阶段，并没有明确提出"联绵字—双音单纯词"说。明确提出这个说法的是吕叔湘先生（参看前面第三章第一节相关论述）。

语单音节幼稚落后论之舆论的感召下，把那些弄不清结构方式的双音词叫做"纯粹的双音词（不能再分析为两个词素者）"（参看王力 1958：45）。由于种种原因，王力先生的观点后来影响很大。现在 60 岁以下的信守派学人，大多是从王力先生的书里学到"联绵字知识"。其实，不管哪一种观点，都是社会政治因素与学者学术视野局限造成的，或者说都是时代决定的，而与语言事实没有多大的关系。换句话说，就社会背景与学术背景而言，现代联绵字理论不符合汉语实际是难免的，也是可以理解的（参看沈怀兴 2007a、b，2009a，2010c）。至于"联绵词"或"连绵词"，主要是部分信守派学人著作中的术语，并且 20 世纪 80 年代以前的著作中很少使用。近一二十年以来，使用"联绵词"这个术语的人越来越多。这是因为今人多不知道现代联绵字理论的来历，却继承师说而对它深信不疑，并认为"联绵字"这个术语不够科学，于是改"联绵字"为"联绵词"，指称他们想象中的一种用特殊的构词法构成的双音节单纯词，借以提高"联绵字—双音单纯词"说的"科学性"。但是，也许由于一力贯彻现代联绵字理论的《现代汉语词典》（2012 年以前几版）和《汉语大词典》《中国大百科全书》以及某些语言学词典均以"联绵字"为正条等原因[①]，古汉语研究者仍然多用"联绵字"，尽管同样信守现代联绵字理论。不过，不管用哪个名称，如果不能为它找到可靠的语言事实作依据，这种名称之争朝好里说也不过是概念游戏，是没有什么积极意义的。然而，自"联绵字—双音单纯词"说提出，70 多年以来谁也没有为它举出一个可信的例词，更没有人为它找到一条稍稍有点说服力的理论依据。它作为皇帝的新装，其实一直"悬"在那里，尽管有那么多人叫好。

　　至于 4）后面所列的联绵词分类法，其实是抄了《现代汉语词典》的，前面第三章第一节已经讲了不少了。现在再补充几句。事实告诉我们：整体而言，双音词的语音形式与其内部结构没有多少关系。如果有关系的话，其上下字具有声韵联系者多半是联合式合成词。例外的情况有三种：一是重叠词音变而来，二是其他结构方式的合成词，三是少量的拟声

---

　　① 《现代汉语词典》2012 年 6 月所出第 6 版，正式将"联绵词"立为正条，但释义同以前各版中的"联绵字"，连例词也没有改一个，所以不过玩概念游戏（详见第三章第一节讨论），不足为训的。

词、叹词或音译词。但是，它们都不是一种用特殊的构词法构成的双音单纯词，所以都不是正统的信守派学人说的那种"联绵字"。信守派学人以往的研究中有个规律：对某些不明其语素构成情况的双音词，只要看到它们上下字有语音联系，就想到"一种特殊的构词法"，就说它们是用那种特殊的构词法构成的，就判它们为"联绵字—单纯词"，再根据其上下字的语音联系，给贴上"双声联绵字""叠韵联绵字"或"双声叠韵联绵字"之类的标签，就算大功告成了。这样以来，对那些弄不清其语素构成情况而上下字之间又没有语音联系的双音词怎么办呢？实在不好办。于是有的著作也判它们为"联绵字—双音单纯词"，有的著作则不理睬它们。殊不知理与不理都有无法解释的矛盾。比如把这类词也归入"联绵字—双音单纯词"范畴而名之曰"非双声叠韵联绵字"吧，读者要问：上下字之间没有语音联系的双音词也可以归入"联绵字—双音单纯词"的话，标准是什么？它们是用哪种构词法构成的？又如不把这类词归入"联绵字—双音单纯词"范畴吧，读者要问：它们是怎么产生的？究竟该归入哪一类？如何区别您所谓"联绵字—双音单纯词"和您不明其语素构成情况的双音词？这么一问，哪位研究者也不可能作出令人满意的回答，于是读者恍然大悟：原来它们都是由于研究者不明其造词理据，弄不清语素构成情况，而不经意间耍了个障眼法①，尽管这个障眼法不是他们有意为之。这样的话，对于这部分双音词，老老实实地承认自己暂时还弄不清楚它们的语素构成情况不就完了，又何必强不知以为知呢？特别是看到过去几十年现代联绵字理论在实践中造成的大量危害，就更应该予以反思了。

　　5）后面的话也不妥。第一，不曾考察过对联。否则，答案拟定者会清楚地看到所有对联中都没有"联绵词必须对应联绵词"的例子。古人所谓"连绵字对连绵字，连绵数对连绵数"中的"连绵字"泛指双音词，与现代人说的"联绵词—双音单纯词"不是一个概念。第二，过分绝对。果

①　例外的情况也有，而以山东学者为典型。如山东大学孙剑艺教授（2013）已经清楚地考见"窝囊"来自联合式合成词"唯诺"，但还是判"窝囊"为"联绵词"，认为在历史发展过程中，复合词也可以蜕化为单纯词。此说与联绵字语素融合说无大别，即都是站在研究者角度对研究对象作主观判断，判断中没有客观标准，所以没有可操作性。这里举剑艺兄的例子，不过是想说明就连这样一位学者，不料也栽在了现代联绵字理论的陷阱里，就更不用说一般人了。

真"在对联中，联绵词必须对应联绵词"，汉语社会不可能有一副对联，因为"联绵词"的语素判断至今仍然是一个尚未解决的难题（参看沈怀兴2010a）①。再说，上面那道试题的标准答案是 A，至少 A 句中与"芙蓉"相对的"杨柳"不是"联绵词—双音单纯词"。第三，混淆概念，以致逻辑混乱。说联绵词"不能与其他词性的词相对"，这是在说"联绵词"有固定的词性，是什么词性呢？前面讲结构时让"联绵"与"偏正"相对，这里说"联绵词"不能与其他词性的词相对，"联绵词"究竟是结构问题呢，还是词性问题抑或其他什么问题呢？但这些问题都不是讲"联绵词小知识"的人们特有的错误，因为现代联绵字理论的核心理论"联绵字—双音单纯词"说本来就是特定历史条件下的向壁虚造，不管谁坚持现代联绵字理论发表意见，都难免出现一大堆问题。笔者近年发表的文章中考察讨论了这方面大量的事实，这里又添一例。

6）后面的观点十分明确，但可以肯定那是想当然，因为包括对联在内的所有古代文献中根本没有"联绵词—双音单纯词"这样的概念。"古代严式对更主张在联绵词中必须名词对名词，动词对动词，形容词对形容词"云云，只能给读者这样一种印象：现代联绵字理论太可怕了！只要着了它的魔，怎样绝对的话语都会讲得出，真是"学术"把人给整惨了！

看来，上面那道高考题选 B 没有什么不对。但由于现代联绵字理论的缘故，统统判错，选 B 的考生一律少得 3 分。这在当前"分是考生命根儿"的语境里，这 3 分之差可能决定部分考生一辈子的命运，现代联绵字理论为害之烈由此可见一斑。湖南省的情况是这样，然而，还有其他省份呢？不知不觉而受害于现代联绵字理论的其实是所有中国人，只是受害的原因、时间或场合不尽相同罢了。

---

①　如果能够采用历史考证法辨认联绵字语素，可能会正确地解决问题。但就目前情况看，采用历史考证法辨认联绵字语素，某种程度上说仅是一种原则。至少需要树立牢固的历史唯物主义观念，认识上也还需要进一步统一，同时施法者要有比较深厚的语文功底，占有足够的文献资料。如果我们一边强调坚持历史主义的重要性，一边又列举一些合成词证明"联绵字—双音单纯词"说，则只能说明我们缺乏独立思考之精神，而且理论上不过硬，同时专业功夫有待提升，或者材料功夫不到家。

三 大学生学习现代联绵字理论知识的困惑

中小学阶段"联绵词小知识"的灌输，为进一步学习现代联绵字理论奠定了基础。升入大学之后，中文专业的学生继续在"现代汉语"课与"古代汉语"课上接受现代联绵字理论知识的灌输。由于各种教材中讲授的现代联绵字理论知识不尽相同，一些学习卖力的学生往往越学越困惑。常见的有以下一些情况。比如他们的"现代汉语"教材中均称"联绵词"，说："联绵词指两个不同的音节连缀成一个语素，表示一个意义的词。"①（参看黄伯荣等 2012：211）然而，一个双音词能否拆开成两个语素的方法及标准是什么呢？又该怎样掌握那种方法及标准进行实际判断？现行所有"现代汉语"教材都说用同形替代法："用已知语素替代有待确定是不是语素的语言单位"，"须注意的是两种替代缺一不可"。且不说这是成见在胸的乱弹琴，只就常识说，不管什么方法都只是方法，而不是标准。比如常言道：头痛发烧，阿司匹林一包。这阿司匹林一包治疗头痛发烧只是一种方法，并不能诊断患者得了什么病，所以有人阿司匹林一包用上了，他的"头痛发烧"却没有治好。联绵字的语素判断也是这样。再说，不同的人用替代法判断双音词语素，由于每个人的语文水平不同，对同一个双音词，经常是甲说它是一个语素构成的单纯词，乙说它是两个语素构成的合成词，互不相让，在不少情况下连任课教师也拿不出令人信服的意见。30 多年的讲台生涯证明，用替代法判断联绵字语素很难得出一致的结论，而徒增混乱，学习用劲儿的学生陷于困惑，学习不用心的学生乱用一气，在一定程度上干扰了正常学习。

还有，某些"现代汉语"教材中说"联绵字/词"是上古汉语中遗留下来的（参看胡裕树 1987：235），这也让学生困惑。在笔者几十年的教学生涯中，就曾先后遇到几名学生问：为什么现代汉语里不再产生联绵词了？起初，笔者照一般的说法解释说：那是因为上古汉语里有一种特殊的

---

① "联绵词"的定义，各家所说不尽相同，甚至一部书不同的版本也不一样。如这里抄录的是黄伯荣等《现代汉语》增订五版中的。其增订四版中是："联绵词指两个不同的音节连缀表示一个意义而不能拆开成两个语素的词。"实际上不管怎么界定都无须辨正，因为汉语里根本没有正统的信守派学者想象的"联绵词—双音单纯词"。这里引用修订过四次、增订过五次的统编教材，也只是取其典型意义罢了。

构词法，即双声法、叠韵法、双声叠韵法等语音构词法，后来有了复合法和派生法，不再用那种特殊构词法造词，就没有新的联绵词产生了。后来知道这样的解释不符合汉语史的实际情况，所以近二十多年来不再这么解释了。又不便作出别的解释，因为其他任何解释都将牵一发而动全身。所以提出这一问题的学生也就只好"先那么记住"了。谁都知道这样做是误人子弟，但是又有什么办法呢？学生从中小学阶段就掌握了"联绵词基本知识"，要破除，还真的不容易！

另外，"现代汉语"教材中"联绵词""联绵语素"等术语也常让部分学生深感困惑。好在正值现代联绵字理论盛行，这类问题表面上看似乎很简单，他们可以"先那么记住"，教师也就免得"话多有失"了。

不错，遇到这类问题，教师可以写文章。但是，就像一位年轻教师所说的，现代联绵字理论风靡学界几十年了，几篇文章不过杯水车薪而已。再说，现代联绵字理论牵动着汉语学各分支学科的研究，要写文章进行深入讨论谈何容易。例如，就连一个"联绵字"的考辨有时也需要较大篇幅①，有些读者看不懂或耐不住性子看，根本不知其所云，等于白发表了。而且还有一个非学术性因素，亦即这类文章在现代联绵字理论一边倒的当代学界总被看成"另类"，一般杂志不愿意"惹是非"，所以这类文章即使写出来，但真要较真儿的话就别想发表。学术期刊上一向不多见反思现代联绵字理论的文章②，就是这个缘故。如果这类反思性文章中批评了哪位"权威"，就更别想发表了。

学生进入二年级上"古代汉语"课时，由现代联绵字理论引起的问题就更多了。第一，在这以前的"古代汉语"教材中一般称"联绵字"，

---

① 《联绵字理论问题研究》与本书中不可避免地要对一些被列举率较高的典型"联绵字/词"进行考辨，但所用篇幅不一。多的三两千字，少的三五百字，但都只是交代梗概，以大致说明问题为度。当年发表的《"从容"释略》七八千字，也只是对"从容"这个常被人举为"叠韵联绵字"例词的产生、发展及变化情况作了粗线条的梳理和交代。这样做可能难以满足部分古汉语研究者的要求，但篇幅有限，考辨现代联绵字理论及实践问题的工作不容喧宾夺主，所以验明"联绵字"之正身的文字宜略不宜详。

② 本书作者还算幸运，十几年以来发表了几十篇讨论现代联绵字理论问题的文章，所以特意在《联绵字理论问题研究·后记》里对发表过拙文的国内外 11 家杂志表示感谢。但总的说来涉及名家的文章在国内难发表，往往用几年时间走上一圈儿还待在电脑里，就只能怨自己水平低下了。

只有近些年新编的少数教材称"联绵词"，部分学生经常在这个小问题上提出疑问：为什么同一事物，名称不一样呢？是否"古代汉语"教材的编写者连语言符号与记录语言符号的符号也区别不清？他们不知道这两个名称对信守派学者来说都有自己的解释，其"理由"都支持现代联绵字理论，尽管统统靠不住。要说明这里面的问题，而避免概念游戏之嫌根本不可能，所以通常只告诉他们："这两个术语指同一概念，没有什么好说的。"这其实是出于多方面的考虑才不得不说的一句假话。因为要讲真话，则只能说：不管是"联绵字"，还是"联绵词"，只要用它们来指由两个音节联缀而成的单纯词，就找不到可靠的语言事实做根据，因为汉语里根本没有那样的"词"。然而，这样实话实说行吗？然则不讨厌求真的教师要讲"联绵字理论知识"，也只能言不由衷，万般无奈！

第二，一般"古代汉语"教材中连替代法也不讲了。正如我们一位教师所指出：用替代法判断联绵字语素只是乱弹琴。为什么？同型替代法是共时论的产物。由于语文水平不同，不同的人同用同形替代法判断同一双音词的语素构成情况，其结论往往不同。所以为了避免乱弹琴，不再用同形替代法判断联绵字语素是对的。但这样一来，判断一个双音词是不是"联绵字—双音单纯词"，就只有教学参考书和教师是标准了。而各家教材及其教学参考书的例词都是辗转抄引，常见的就是那么几十个，还不时有文章予以辨正，结果弄得爱学习的学生莫衷一是，惑而难求师。至于教师呢，一般人至多翻翻相关书籍补充几个"例词"而已。

第三，"古代汉语"教材里一般分联绵字为双声的、叠韵的和非双声非叠韵的三类，明确指出是依据上古音，但学生们回过头来看看所学过的"现代汉语"，分明不是这样。如几乎所有的"现代汉语"教材中都举"蝙蝠"为非双声非叠韵联绵字例词（参看黄伯荣 2007：222，2012：211），而"蝙""蝠"二字上古都是帮母［p］字，"蝙蝠"是个双声词。并且，不管照闻一多《古典新义·〈尔雅〉新义》的解释，还是照李海霞《汉语动物命名考释》的解释，"蝙蝠"都是偏正式合成词。看到这些事实后，学生们更是大惑不解了：给联绵字分类到底是依据上古音呢，还是依据现代汉语普通话音系？既然"蝙蝠"是双声的偏正式合成词，为什么各家

"现代汉语"教材都举它作非双声非叠韵"联绵字/词—双音单纯词"的例词呢？是不是教材编写者们把不明其内部结构方式者给判为"联绵字—双音单纯词"了？如果是那样的话，会不会有公认的"联绵字—双音单纯词"呢？如果不是，证据是什么？

第四，"古代汉语"教材中一边讲联绵字是用上古汉语中一种特殊的构词法构成的，一边举拟声而来的词为例词，也很使人困惑。如有的教材将"澎湃""铿锵"等举为"联绵字"的例词，却不知"澎湃""铿锵"虽然在现代汉语里为形容词，但它们都是由拟声而来的，不是用什么特殊的构词法构成的。学生在"语言学概论"课上学到拟声法是人类各种语言里都有的造词法，不为汉语所独有，古汉语教材中讲"联绵字"，例词中却有拟声而来的词，这是怎么回事呢？特别回忆起他们所学过的"现代汉语"，有的教材连"丁当""乒乓"等明显的象声词也列为"联绵词"的例词，就更让人困惑了。学生常问：联绵字到底是一些啥样的词？是不是只要是单纯词就是联绵字？这样一个看似十分简单的问题，笔者致力于联绵字理论及实践问题研究十几年了，如果不撇开现代联绵字理论，也无法做出令人满意的解答。但是，如果撇开现代联绵字理论作答，则需要进行全面辨正，那便把学生从中小学以来用前途换来的联绵字知识储备完全给破坏了，接下来的后果是什么？更多的问题又该怎么回答？一些可能随之而来的非学术性的问题又将怎样处理或面对？所以肯求点儿真的教师总不免处于两难的境地。

第五，教师在"古代汉语"课上谨遵现代联绵字理论，按照流行的说法告诉学生"联绵字"古人又叫"连绵字""连语""讄语"等，也常使学生大惑不解：现代人尚且不能准确判断联绵字语素，古人又是怎么从双音词里分辨出单纯词而谓之"联绵字""连绵字""连语"或"讄语"的？再说，人们常说"语言文字学在清代还只是经学的附庸"，既然只是经学的附庸，难道也需要辨明一个词是单纯词还是合成词吗？

所以中文专业的学生到了三年级上选修课"汉语史"时，为了避免过多的麻烦，一些教师不再讲联绵字问题，特别是不再讲那种用来创造"联绵字—双音单纯词"的特殊构词法，因为如果讲就不能不举例，而不管举哪个例子，都要冒着被推翻的危险。

特别是那"特殊的构词法"之类的名称根本算不上科学的术语，于是有些研究者们纷纷创造新名称附会"联绵字—双音单纯词"说。或名曰双声叠韵构词法，或名曰异音联绵构词法，或名曰语音关联造词法，或干脆名曰语音造词法、语音构词法，或直称联绵法，等等，但都只是标签，都没有可靠的语言事实支撑，没有恰切的理论支持，所以没有哪家的说法经得起推敲。然而，就是这些无根之论，乘着"联绵字—双音单纯词"说盛行之势粉墨登场，在壮大现代联绵字理论阵容之时，越来越引起教师的困惑和怀疑，于是讲汉语史时就只好自觉避开"联绵字"了。至于那些继续讲联绵字问题者，讲到"特殊的构词法"的产生和退隐，总是离不开曲解汉语词汇双音化，却不料从另一个侧面暴露了现代联绵字理论的无根性。因为想象毕竟是想象，汉语词汇双音化发展有其自身原因，与他们所谓特殊的构词法没有任何关系（参看沈怀兴 2013a：266—296）。至于有的学校大讲复辅音分裂而创"联绵字—双音单纯词"问题，说是引导学生探索未知可以，但是作为"定论"来讲，就只能是误人子弟了。

以上介绍的主要是在校大学生中学习肯下力气者的情况。只是由于种种原因，他们未能培养出真正独立思考的习惯和锐意求真的精神，毕业后或从事语文教学，或从事汉语研究，在强势的现代联绵字理论面前多半儿舍难从易，随大流了。至于那些在校期间学习不太认真的学生，接受了现代联绵字理论，学习了同型替代法，大多变得更形式主义，更不求真，自然也没有困惑了，尽管这不是好事。倒是那些不从事语文教学或汉语研究的学生幸运一些，他们永远告别了现代联绵字理论，久而久之，学生阶段所受的负面影响也就慢慢淡化了。

不过，大学生有一点比中学生幸运，那就是只要他们报考汉语言文字学专业的研究生，遇到现代联绵字理论知识题，他们一般不会丢分，不像高考生那么惨。

然而，大学生的这种"幸运"到底该不该继续保有？拙作《联绵字理论问题研究》出版之后，在"宁波市语言学界联绵字理论研讨会"上（2013 年 11 月 6 日，宁波市联谊宾馆四海厅），有教师疑惑地问："现行汉语教材，不管是'古代汉语'教材，还是'现代汉语'教材，都在贯彻现代联绵字理论。你现在彻底否定了现代联绵字理论，在今后教学中是继

续按照教材讲呢，还是按照你的观点讲？"这个问题看上去很简单：千教
万教，教人求真。当然要把正确的东西教给学生了。但是，学生多年的习
非成是，轻易破解得了吗？要破，势必会造成严重的混乱，怎么得了？部
分学生考汉语言文字学专业的研究生怎么办？所以也有老师提出：把教材
中的流行观点和否定现代联绵字理论的观点一起教给学生，他们考学遇到
现代联绵字理论试题时，继续照流行观点答。不过，这样做仍然不能解决
根本问题，特别由不同声音的输入而给学生造成思想混乱不好处理。

　　其实，由于现代联绵字理论长期盛行，学生在中小学阶段已经先入为
主，即使大学阶段不再讲授现代联绵字理论知识，只对他们已经掌握的那
些东西进行辨正，也不是一件很容易的事情。并且越向后，他们越不容易
接受对根深蒂固之错误的辨正。特别是一些现代汉语研究方向的研究生总
是放不下"刻骨铭心"的现代联绵字理论，教师也只能顺其"自然"。因
为要让他们对现代联绵字理论有个正确的认识，必须启发他们看清楚"联
绵字—双音单纯词"说是怎样一种理论，那就必须到信守派学者著作中找
一些典型的"联绵字"进行考辨，但多不顺利。如笔者，起初拿学生们熟
悉的"现代汉语"教材中的"联绵词"例词"蝴蝶"进行考辨，还算顺
利。但是，为了让他们加深印象，又拿《现代汉语词典》解释"联绵字/
词"所举的 6 个例词为例，面对汉语言文字学专业硕士生进行一一考辨。
可是，两节课下来，自己觉得讲明白了，但几乎所有的学生都一头雾水，
直呼"麻烦死了！"。为什么会是这个样子呢？原因之一是现代联绵字理论
知识已经牢牢地铭刻在他们的心坎儿上了，同时他们知识储备不够，特别
是古汉语底子较薄，连教师列举的古书例句也多数弄不懂。以后又试过一
次，情况没有好多少。笔者也曾经选出几篇讨论现代联绵字理论问题的文
章让他们看，效果也不好，只是不再那么迷信现代联绵字理论了。常言
道，破坏容易建设难。看来现在还得再加上一句：唯破除脱离汉语实际的
现代联绵字理论例外！然而，这个问题究竟怎样处理好一些呢？

　　十多年来，笔者一再呼吁将远远脱离汉语实际的现代联绵字理论知识
从汉语教材中删去。删去之后，各级各类学校的语文教师不再讲授现代联
绵字理论知识，各类试卷中不再出现代联绵字理论知识考题，现代联绵字
理论的问题也就随之慢慢解决了。然而，什么时候会实现这一愿望呢？种

种迹象表明，至少此后十年内不可能实现。

四　研究生批评现代联绵字理论的遭遇及启示

一切不科学的思想理论在学术史上都只是流星一颗，庞杂的现代联绵字理论群最终不过是较大的一颗流星而已。近年来常见有人因现代联绵字理论而表现出困惑情绪（参看前面第一章），证明部分较有功力的学者已经离彻底觉悟不太远了。特别是能够独立思考的在读研究生，他们从小学、中学到大学，先后经受了多年的现代联绵字理论知识的教育，而后陷入困惑，在读研期间如果遇到反思派教师，有志摆脱困惑者选择联绵字问题作为研究课题，则必有收获。本节简单介绍西南大学文献所 2009 届硕士生李娟同学的联绵字问题研究情况。该生硕士学位论文题为《联绵词考源和性质探讨》，大约五六万字。文章摘要里说："现代大多数学者把联绵词界定为双音节单纯词，用这一标准去判断古代出现的双音词时却仁者见仁，智者见智，而且这一做法本身犯了以今律古的错误。"这个观点很朴素，很实在，在文中论证也比较充分。特别是"这一做法本身犯了以今律古的错误"之说，出自一位年轻人笔下，对长期谨遵现代联绵字理论教学科研的同行来说，很有启发意义。

该文《绪论》重点考察了古今学者对联绵字[①]的看法，介绍了目前人们对联绵字来源的认识，其次交代了该课题的语料来源、研究方法及研究意义。接下来第一章讲述联绵字考源的理论依据，第二章是联绵字考源例析。文中考察了 200 个联绵字，发现其中复合词占 84%[②]，而且其中联合式合成词占 81.5%。于是文中进一步指出，信守现代联绵字理论者所说的"联绵字/词"主要是联合式合成词。第三章讨论了"联绵字"的性质，对一些"联绵字"之来源被人做了错误解释的情况进行考辨，并对人们误

[①]　该文中始终用"联绵词"这一术语。其实第一，古人不说"联绵词"；第二，"联绵词"是部分学者没有认识到"联绵字—双音单纯词"说脱离汉语实际的本质，而依现代语言学严格区分字、词的观念改"联绵字"为"联绵词"，是不经意间在玩概念游戏，说到底"联绵词"是个名不正言不顺的术语。因此，这里仍用"联绵字"叙述其文章内容。

[②]　一个硕士生能够考出这么多伪"联绵字—双音单纯词"，已经很不容易了。这项研究的意义还在于启发人们继续对剩余的伪"联绵字—双音单纯词"进行考辨，直到那下余的 16% 的待考者全部验明正身为止。

判"联绵字"为双音节单纯词的原因做了初步探讨和分析。全文内容大体如上。给人总的印象是能够让事实说话,比那些硬说"联绵字"是单纯词或不是单纯词的文章有力得多。文中虽然还存在着某些不足,例如,由于只是初步研究,还存在或然性表述甚或猜测;实证性还有待提高;甚至还有接受现代联绵字理论影响的表示等。但是,作为一篇硕士论文,无疑是上乘之作。记得当初一个下午读完了这篇硕士论文,的确很欣慰:有这样肯较真儿的年轻人,如果向后能够矢志不移地做下去,再有个适宜的工作环境,一定会取得可喜的成绩。

可是,后来得知此文在答辩时受阻,未能通过,并且许久未能得到正确处理。网易论坛 2010 年 7 月 5 日发表了李娟所在学校一位教师的一篇题为《求真路上的非奇遇》的文章,才使我们了解到这一事件。《求真》文章先说硕士学位论文答辩委员会为这篇硕士论文所做的决议中称:她的整篇文章都在证明联绵词是能够单释单用的,可是在综述部分却肯定不能单释单用,故其自相矛盾。接下来《求真》辩解说:"这个问题如果成立,李娟的文章就是基本思想自相矛盾。"但是,"三份书面评审都不认为该文自相矛盾,其中两份例行评审都推荐李娟论文为'优秀硕士论文'。文中要有这么大的矛盾,他们会不提吗!会推荐优秀吗!一份重申书,只承认综述部分'简略',委婉否定了自相矛盾说。""决议中有关句子'无效'的《说明》最终因一位专家签署'未发现文中有上述自相矛盾'而生效。""一年多的校内奔走,领教了各色教授各级领导上演的……。"

上面所录《求真》的话如果是客观的,则反映出以下事实。第一,现代联绵字理论完全左右了部分学者对联绵字问题研究的是非判断,不合现代联绵字理论的研究在他们那里很难被认可①。一篇另类的硕士论文要由其导师"一年多的校内奔走,领教了各色教授各级领导上演的……"之后才有幸澄清事实。第二,学界还有主持公道者。他们能够实事求是,"两份例行评审都推荐李娟论文为'优秀硕士论文'"是其证。第三,李娟硕士学位论文事件反映出对现代联绵字理论的两种截然不同的观点和态度:信守现代联绵字理论者谨守其"传统",包括作者及其导师在内的反思派

---

①　他们那里不过是整个学术大环境的缩影。远远脱离汉语实际的现代联绵字理论危害广泛而严重,却能够长期流行,不能不说与这种大的学术环境有关。

力求用事实否定现代联绵字理论。然而反思派航程艰难，暗礁、险滩太多，阻力太大，部分信守派学者及领导的某些做法已经超出了学术界限。第四，反思派最终赢得了胜利，其间导师顶住压力，勇于较真儿起了一定的作用。第五，李娟硕士学位论文事件告诉人们：现代联绵字理论及其实践问题研究将是一个困难重重、艰苦而漫长的过程，欲在这个领域里看个究竟者需要做好思想准备。

从上述事实中可以得出以下启示。第一，学术研究一定要让事实说话，而且一定要让靠得住的事实说话。现代联绵字理论的形成看样子也是以事实为根据的，什么复辅音声母分裂啦，什么衍声联绵啦，什么一种特殊的构词法啦，什么汉语特点啦，什么联绵字上下字多有语音联系啦，什么联绵字上下字形有同化趋势啦，什么联绵字不能拆开来讲啦，什么联绵字有多种书写形式啦，什么有些联绵字上下字位置可以互换啦，什么联绵字遍及各类词啦，等等；但是，考察结果表明，它们都不能证明现代联绵字理论成立（参看沈怀兴 2013a：48—62）。这是一个重要的借鉴。从事学术研究者当以此为戒，努力做到有一分证据说一分话，把自己的研究真正做到实处，不可只顾跟着"学界共识"走。第二，学术研究必须具有独立性，不能过多的行政干预；处在行政领导位置上的学者最好能够民主一些，甚或讲点宽容，允许别人发表不同的学术观点，不要一见观点与自己或主流不同就一棍子打死。特别是对年轻人，更不可随意给他们的学术研究"判死刑"。学术者，天下之公器也。为了让汉语言文字学健康发展，最好谁也别做阻碍学术正常发展的傻事。这样说，看上去好像废话，但毋庸讳言，现在行政干部及学阀左右学术研究的现象相当普遍而且严重①，加之现代联绵字理论已经广泛流行三十年了，有些人已经习非成是，听不进反面的意见了，所以还不能不说这种"废话"。第三，现代联绵字理论之批评者不仅要有实事求是的精神，而且要有足够的耐心与韧劲儿，要坚信事实、时间、历史迟早会作出公正的评价，所以要有超人的学术雅量，能对一些非学术性的东西一笑了之，以便静下心来做研究。

---

①　如那些混得一官半职的学阀常欲一手遮天，且每每一手遮天，各级科研奖及科研项目评定日益失去公信力是其证。至于那些"大评委"的评奖，人称"外行们的利益分配"，就更与学术无关了。

实现了以上三点，现代联绵字理论迟早会退出历史舞台。

但是，希望现代联绵字理论在此后几年内退出历史舞台，也是不现实的。第一，解三尺坚冰，一日之暖不成。简单而肤浅的小小叶音说曾经流行了千余年，何况内容庞杂的现代联绵字理论群呢？几十年来，无数学者信守现代联绵字理论，并且从现代联绵字理论出发创造了许多新理论，它们均以科学的面目出现，一些新理论在一般人那里同样真假难辨，以致现代联绵字理论群不断膨胀，同时招来了一些跟风者。特别是新老信守派学者队伍庞大，大家在从众心理影响下更不容易在短时期内改变其习惯认识，所以现代联绵字理论不可能在此后几年间失去其支配地位。第二，工程浩大，乏人投标。现代联绵字理论在汉语学研究中牵一发而动全身，"联绵字—双音单纯词"说的附庸理论与相关理论广泛联系着汉语学各分支学科。要对它们进行较为全面的研究，大约需要十六七篇优秀博士论文的工作量。这最好由国家设为重大招标课题，组织一流学者进行重点攻关，但目前能够认识到设立该课题之意义的人不知有几。第三，道阻且右，时不我与。十几年来，笔者几乎完全放弃了与联绵字理论及实践问题研究无关的活动，可谓呕心沥血，但始终离不开碰钉子，使我们看到这项研究不容易被认可，特别难得信守现代联绵字理论者认可。只要实话实说，就可能被视为"逆流"。但笔者做这项研究一直受宁波大学及其文学院的大力支持，有可能是同道中条件最好的，其他人未必有这样的条件，年轻人更不可能有这样的条件。他们很难发挥其积极作用，所以现代联绵字理论不可能很快退出历史舞台。第四，理论滞后，治丝益棼。也不能只是一味儿说人家不认可，联绵字理论及实践问题实在太复杂了，牵涉的面实在太广了。由于理论研究没有跟上，有时就连志在讨论现代联绵字理论问题者也会不由自主地着了它的"魔"。如有人一边批评现代联绵字理论，并考辨了一些信守派学者著作中常用的"联绵字"例词，但同时又承认联绵字是汉语中一种特有的语言现象。其实，联绵字不特殊。古人说的"联绵字"，用现代语言学的观点看多指双音词或词组，一个指双音单纯词的也没有。如果以此说联绵字是汉语中一种特有的语言现象，就等于说双音词和词组是汉语里一种特有的语言现象，行吗？今天信守现代联绵字理论者用"联绵字/词"指一种特殊的构词法构成的双音单纯词，但是汉语中并没有用特殊的构词法创造的双音单纯词。考察他们所举的例词，多是他们不明其语素构成情况的双音词。所以误把这类词认作汉语中一种特有的语言现象，是因为他们不知道（或者没有深入考察）音变、义变、字变以及一些修辞造词、修辞行为等原因影响了他们对这类词语素构成情况的判断，同时又受了一些不切合实际的现代语言学理论知识的误导，于是感到一些双音词特殊。这一点，看过前面第三章各节考察讨论的一般读者可能不会有多少疑义了。所以只要注意求本字，正确理解隐喻造词、换喻造词以及某些词被用了隐喻义或换喻义等情况，同时正确看待现代语言学的有关理论知识，如"能指和所指的联系是任意的""语言符号是任意的"之类的说法（参看沈怀兴2006，2013a：197—208），就会看到所谓"联绵字"不过是一般双音词，而不会再觉得它们特殊了。至于部分学者坚持联绵字语素融合说、联绵字结构凝固说、复合词过渡说或复合词蜕化说等，一方面是由于"联绵字—双音单纯词"说之成见在胸，另一方面则是由于理论不过硬，就更与"联绵字"无关了。至于有人批评现代联绵字理论，而相信复辅音分裂说、衍音联绵说等，也都是没有对这些理论进行深入研究，没有弄清楚它们的理论根据与事实依据究竟有多大的可靠性。公道地说，不是它们"联绵字"特殊，而是咱们研究者长期接受这样那样非学术性因素的影响，同时专业功夫不达标。而上述方方面面的理论知识要普及，也许不是短时间内可以奏效的。

　　不过，我们应当坚信，尽管现代联绵字理论已经盛行三十年了，尽管破除这一现代迷信困难重重，但是，谬误的东西总有一天会退出历史舞台。这是不以任何人的意志为转移的。特别是"联绵字—双音单纯词"说在信守派先行者那里早已开始发生变化，表现出某种程度的动摇，表明信守派先行者们对它的可靠性已有所怀疑，就更证明现代联绵字理论的破灭只是迟早的事情了。如吕叔湘（1942/1982：8）是最早证明"联绵字—双音单纯词"说的学者，也是第一个把现代联绵字理论写进词典的学者（详见他主编的《现代汉语词典》试印本。1960），但到他1979年出版《汉语语法分析问题》时却说："辨认语素跟读没读过古书有关系。读过点古书的人在大小问题上倾向于小，在异同问题上倾向于同。"如果吕先生说这话的时候，有人同他讨论现代联绵字理论问题，他或许不再赞成"联绵字

—双音单纯词"说了。又如王力先生（1958：45）曾大力发展现代联绵字理论，到他主编的《古代汉语》里又作了进一步的明确和强调，但是，到《王力古汉语字典序》（1985）中就不那么说了（详见第六章第二节及第一章附录一）。吕先生与王力先生晚年都不是那么坚信"联绵字—双音单纯词"说了，尽管他们没有来得及批评现代联绵字理论。这说明什么问题呢？看到这些现象，则可以肯定地说，现代联绵字理论将与历史上缺乏客观基础的其他思想理论一样，终将破灭。

至于部分名家仍在大力支持和倡导现代联绵字理论，那是他们的自由。但是，大量事实证明，倡导或支持现代联绵字理论的力度与失败的程度成正比，即用力越多，失败越彻底。这也是本书与其姊妹篇《联绵字理论问题研究》一书的基本结论之一。所以至此，道理很简单：灰色的东西越描摹越灰暗，缺乏客观现实性的理论越证明越多破绽。

第二节　现代联绵字理论贻误学人例说

盛行已久的现代联绵字理论在影响着汉语社会读书识字的每一个人，尽管每个人受影响的时间、程度及具体表现不尽相同。上一节考察了现代联绵字理论贻误中小学学生、高考生、大学生和研究生的情况，同时也间接提及汉语课教师所遭受的种种尴尬。接下来，本节考察现代联绵字理论贻误学人的情况。现代联绵字理论贻误学人的情况十分复杂，只能分散开来考察讨论。这一节举例谈谈现代联绵字理论贻误一般学人的情况。

这一节中的"学人"分信守派学人和反思派学人。二者的共同特点是都比较熟悉现代联绵字理论知识。所不同的是前者接受并传播现代联绵字理论，有的还努力发展现代联绵字理论；后者则对现代联绵字理论经历了一个从接受到反思、研究，最终给予批评和否定的过程。前者人多势众，名家辈出；后者人数极少，唯有求真。这么些内容，无法在一节书里面面俱到，这里只好简单提一提。下面切入正题。

一　现代联绵字理论贻误信守派学人例说

这方面的例子，前面第一章里已经涉及一部分，可参看。

一般信守现代联绵字理论者多像笔者十几年以前那样，自觉学习现代联绵字理论知识，很少怀疑从现代联绵字理论出发做研究的著作，往往不假思索地接受基于现代联绵字理论创造的新理论，甚至还把它们带上讲台，同时自觉谨遵现代联绵字理论做研究，无意中做了促进现代联绵字理论流传的错事。例如，本书作者直到 2002 年出版的书里还趋从过渡说，稀里糊涂跟了联绵字语素融合论的风（参看沈怀兴 2002：21—22）。

最难忘的是给学生讲现代联绵字理论知识时的尴尬。教材中某例词被人考见不支持"联绵字—双音单纯词"说，如果能够及时发现，课堂上说声该词可能不是"联绵字—双音单纯词"，自然问题不大。但是如果未能及时发现，仍旧按照教材讲，却被学生早看到了，并且在教师按照教材内容讲过之后给指出来，就不知道该怎么解释了。这类情况出现一次，教师不免有些心慌，数日忐忑不安；出现第二次时，站上讲台就不踏实了，自觉无颜面对学生，继而怀疑教材中的每一个例词，不知道它们中还有哪个靠不住。

还好，后来峰回路转，幸而看到有人讲"语素融合"论，只道联绵字语素融合了，囫囵一团了，就变成单纯词了，于是讲现代联绵字理论知识也就有些"底气"了。但是，当发现"语素融合"论只是附和"联绵字—双音单纯词"说的东西，并且与此相应的，"联绵字不可分训"说也是部分学者为了附和"联绵字—双音单纯词"说而曲解王念孙"连语不可分训"说的产物，王国维"联绵字合二字而成一语，其实犹一字也"之说也是由于同样的原因被曲解，于是又后悔不该讲什么"语素融合""囫囵一团"之类的荒唐话。

那时的学生不乏认真读书者。与同行私下交流得知，上述遭遇，现在教龄超过 25 年的汉语课教师多有同感。于是写成《"语素融合"说疑义》与《"联绵词不可分训说"辨疑》两文（参看沈怀兴 2008a、d）。但是，文中观点从未敢在课堂上讲过。遇到教材中讲现代联绵字理论知识，就告诉学生："这一节，同学们自己看看好了。"笔者曾经多次在学术研讨会上提议从汉语教材中删去讲现代联绵字理论知识的内容，那是因为实在被现代联绵字理论给折腾苦了。准确地说：如果说各类学子主要是受现代联绵字理论误导，受害仅在"初级阶段"的话（参看上一节），那么像笔者与部分同行则无疑是在深受其害。不错，自从扩招之后，被学生"将军"的情况明显减少了，近年更是一个"将军"的学生也没有了，但是这却不是什么好事。21世纪以来，现代联绵字理论越来越盛行，而且"联绵字"渐为"联绵词"所取代，实际上与我们没有教育出善于独立思考的人才、教育质量不断下滑也有一定的关系。

没有学生将我们的军了，现代联绵字理论知识就可以在课堂上畅行无阻了。然而，如果我们终生传播现代联绵字理论，其实是很不幸的。一方面，我们并不是每个人都赞成现代联绵字理论。一些肯读点书的人或多或少都会了解现代联绵字理论的问题，只是出于种种原因，如面对汉语研究的这个"瓶颈"而无可奈何①，或担心讲起来会搞乱学生已有的知识储备，或担心在"学评教""教评教"等活动中被人误解，或担心会影响学生的考研成绩，甚至担心一旦较真儿会触犯了某些"权威"的忌讳，等等。然则有话不能说，难免苦闷。至于那些坚持不看批评现代联绵字理论的文章，从不反思现代联绵字理论问题，教学科研悉从现代联绵字理论出发者，就真的是在某种程度上以牺牲其学术生命为代价了。

不错，有些人看到联绵字理论及实践问题研究领域里是非太多，便自觉绕道儿走，不沾联绵字理论及实践问题研究的边儿，但是其受害程度也只是相对小一点罢了。因为现代联绵字理论广泛联系着汉语学各分支学科的研究，所以即使不直接研究联绵字问题，也很难不受现代联绵字理论的影响。退一步讲，即使某些研究看上去与现代联绵字理论一点儿关系也没有，但只要从事汉语研究，则往往离不开语文字典、词典以及语言学词典，而近二三十年间编写出版的字典词典多受现代联绵字理论的误导，研究者仍然无法摆脱其影响。《联绵字理论问题研究》第六章从词典编纂角

---

① 这么说，是因为现代联绵字理论流传范围广，时间久，而且始终被搅合上传统语文学家的认识，致令本来不是十分复杂的问题变得十分复杂。对此，研究者只有广阔的理论视野远远不够，还必须有深厚的功底、锐意求真的科学精神和足够的耐心，这对部分学者来说也许不是那么容易做到。

度看现代联绵字理论问题，换个角度看也就是在考察现代联绵字理论对辞书学的负面影响（参看沈怀兴 2013a：209—246），本书第六章将用 10 万字的篇幅来反映现代联绵字理论误导学者错评已有词典、误导字典编写者错释"联绵字"，甚至左右汉语双音词词典编纂等事实，同样提醒字典使用者留心现代联绵字理论，特别是其核心理论"联绵字—双音单纯词"说的负面影响，姑不赘言。

　　然而，物极必反。现代联绵字理论之迷信令人无法理解的地方太多，以至于在一般信守派学人中逼出了一些意欲弄个究竟的人。有人发现持论者用来支持现代联绵字理论的例词有问题，于是予以考辨。考辨多了，就会发现现代联绵字理论靠不住，从而自觉脱离信守派，获得学术的新生，并给读者以求真和如何求真的影响。如白平（2002：172—208）曾一口气辨正了某"古代汉语"统编教材用来支持现代联绵字理论的 21 个例词，读者就有理由根据白平的考辨工作怀疑这些例词所支持的观点。虽然起初可能会产生信仰被动摇的困惑，但如果能够就此展开深入研究，走上刻意求真的道路，一定会摆脱困惑，实现学术上的进步。

　　但是，总的说来信守派学人大多拘泥于现代联绵字理论，常对"联绵字（或连语）不可分训"说产生误解，再受到"语素融合"说及"囫囵一团"说等说法的误导，往往会积极捍卫甚或努力发展现代联绵字理论。人们以"联绵字（或连语）不可分训"论证明"联绵字—双音单纯词"说，而不知道说"联绵字（或连语）不可分训"是对的，用它来证明"联绵字—双音单纯词"说却是不对的，因为它们二者之间没有可通之处。或用"语素融合"论之类附会"联绵字—双音单纯词"说，而没有任何可操作性的客观标准证明本来构成一个词的两个语素是怎么"融合"成一个语素的。或曲解传统语文学家的联绵字观念以比附现代联绵字理论，却从不证明传统语文学家为什么会有他们所理解的联绵字观念。或令方言研究中不甚了了的什么"嵌 I 词"趋附"联绵字—双音单纯词"说，而不知道所谓"嵌 I 词"只是以共时的眼光臆断史事的结果。即使论其形成原因也多为臆测，至今各家意见分歧，而且均未找到服人的根据。这些问题，笔者多有专文讨论，"嵌 I 词"问题也在《衍音说平议》（2013b）中提到过。这里不妨就"联绵字（或连语）不可分训"说问题再补充几句。

信守派学人之所以为"联绵字（或连语）不可分训"说所困，原因之一在于不知道传统语文学家强调"连语（联绵字）不可分训"，是就合成词词义的整体性而言的。合成词的连语（或联绵字）之所以不可分训，是因为一个合成词指称一种事物、一种现象、一种行为等，如果把它拆开来讲，就变成两种事物、两种现象或两种行为了，自然就不是说话人所说的那种事物、那种现象、那种行为了，因而也就讲不通了。从语言层面说，合成词不可分训是由其词义的整体性决定的。合成词词义之所以具有整体性，则是由其所反映的概念的特有内涵与外延决定的，同时也是由语言主体使用概念之特定内涵与外延决定的。

原来，任何事物、现象或行为都有其特点，人们在对它们认识和反映过程中，总是因焦点反映关系而整体把握，同时以相关事物或该事物自身某已知特点为参照，通过抽象概括，反映到语言中就产生出表达某参照物相衬下之目的物的一个复合词。如人物、豪杰、暧昧、清楚、目的、文化、干部、姑息、传奇、合同、主席、点心、笔谈、瓦解、总结、欢迎、闹心、瑰丽、风流等，它们的产生均因造词者对某事物、某现象、某行为之认识的抽象概括，最初其含义就不是两个语素义的简单相加，亦即它们都具有词义的整体性，是不能拆开来解释的。后来随着词义的发展变化，其中部分词一般人已不明其语素义，就弄不清其内部结构方式了。如笔者曾拿上述词测试汉语言文字学专业的 12 名研一学生，所有的受试者都说它们是复合词。但请逐一指出它们的内部结构方式并说明理由时，却没有一个人全部答对。这些都是书写形式少有变化的词，就像一个人始终穿着某件衣服容易被认出一样。如果一些历史悠久的复合词，音义几经变化，并且在文献中又有这样那样的同音或近音通假现象，或偏旁累增现象，甚至存在讹字夺正现象，在不善于求本字的研究者眼里已经囫囵一团，就更不能拆开来解释了。如颠覆，谁也不可能说它是单纯词，但方以智《通雅》卷六《释诂·謰语》收了它六种书写形式，任何一种书写形式拆开来解释，都不是"颠覆"的意思；蒂芥，方以智《通雅》卷七《释诂·謰语》也收了它六种书写形式，也都不能拆开来解释；等等。这些事实随处可见，只要研究者没有"联绵字—双音单纯词"说之成见，就不会以一个词不能拆开来解释判它为单纯词。然而，信守派学人普遍困于一些主观性的东西，长期遵循现代联绵字观念臆断汉语双音词，误人误己而不知，不能不说是汉语言文字研究史上的一大憾事。

更有甚者，部分学者偏执现代联绵字理论，凡评论别人著作往往从现代联绵字理论出发，所以多失之偏颇。这一点，就连众望所归的名家也不例外。例如，某名家文章《关于〈辞通〉和〈辞通补编〉》（1983）中说："现在我要谈的是胡适、刘大白、林语堂的序都有不合事实之处。首先，他们都一致认为《辞通》是专收'诔语'的书，其实不然。诔语（或连语、联语）就是联绵字。联绵字的名称，首见于宋张有的《复古编》。张氏所谓联绵字是指合二字以成一词的双音词而言，不包括复合词和词组。……《辞通》所收固然绝大部分是联绵字，但是也兼收双音节的'复合词'和'词组'。（复合词和联绵字在语言学上完全是两个不同的概念，不可混为一谈）因此，胡、刘、林所说并不能概括《辞通》的全貌。"这段话在没有现代联绵字理论之成见的读者看来至少有以下三个方面的问题：第一，批评者依据"联绵字—双音单纯词"说评论胡适等三人诔语观，却不知道胡适他们的"诔语"本来就不指双音单纯词（参看沈怀兴2013a：44—45）。再说，他们三位为《辞通》作序是 20 世纪 30 年代初的事情，那时候"联绵字—双音单纯词"说还处在酝酿阶段，十年之后才被正式提出来，他们笔下的"诔语"不可能指双音单纯词。再说，那时酝酿"联绵字—双音单纯词"说者只是几位初入道的年轻人，作为当时的学术名流，胡适他们未必过目年轻人那些新奇而幼稚的论述①，所以遍考胡适他们的著作，也不见他们有主张或认可"联绵字—双音单纯词"说的文字。他们的"诔语"实指双音词，所以他们在《辞通序》里讲的话没有什么不对。由此看来，信守派学人从事学术评论总是自觉不自觉地戴上现代联绵字理论的墨镜，批评严重片面，确是从事其他问题研究者不多见的。第二，宋代张有的"联绵字"也不是作者想象中的"联绵字"。张有所举

---

① 这话只是就事实说的。拙作《联绵字理论问题研究》第三章各节重点考察了这些事实，第四、五间或做了补充。尽管我们一直说那是时代决定的，但事实却不以时代特殊而改变性质。所以只讲事实的话，还是应该承认那时现代联绵字理论的酝酿者们的相关论述不够成熟。这样说，绝没有诋毁前辈学者的意思。

的 58 个联绵字的确都是"合二字以成一词的双音词",但主要是复合词。他的"联绵字"是指被人误写了的双音词。如他解释联绵字"左右"说:"左右手相助也。左,从ナ工,则个切;右,从又口,于救切。别作'佐佑',非。"在张有所举的全部联绵字中,除了几个拟声词和音译词之外,其他全部是复合词。这说明,尽管张有讲联绵字的内容仅有两千字左右的篇幅,这位谨遵现代联绵字理论写批评文章的学者也没有去认真看一看。这也是信守派学人的共同特点。他们现代联绵字理论之成见在胸,一般耐不下心来去考察其研究对象。一个不争的事实是他们多误解误用古人观点证明"联绵字—双音单纯词"说,甚至不惜道听途说,而从不全面引述古人话语。并且,他们错引古人文字者也很不少,更不介绍古人说话的语境。[①] 正是这种学风大大促进了现代联绵字理论的广泛流行。第三,说"《辞通》所收固然绝大部分是联绵字"也不对,因为《辞通》所收91%以上是合成词或词组(参看沈怀兴2007a)。按理说,作者助其父朱起凤编《辞通》,评论《辞通》应该比别人有发言权,但为什么会说"《辞通》所收固然绝大部分是联绵字"呢?《辞通》还在!由此看来,不管怎样的顶级学者,只要被现代联绵字理论给左右,说话就由不得自己,连自己最熟悉的书也难以正确评价了。

那篇文章中还说:章太炎"说《骈雅》局限于双声叠韵诸联语,却未免千虑一失,因为《骈雅》也收了不少一般词语,如不老、不禄、五行、先知之类"。批评者对章太炎客气一些,只是"千虑一失",尽管也错了。然而遍检章太炎的著作,也未发现章氏有主张"联绵字—双音单纯词"说的表述[②],章氏"失"在哪里?引用前人话语只凭己臆,批评前人观点而以现代联绵字理论为标准,却不知道被批评者压根儿就不清楚现代联绵字理论是讲什么的,这不是该名家一个人的事情,而是不少的信守派著作的共同特点。

至于信守派中的一般学者,如果碰上没有遵循现代联绵字理论做研究的文章,就更不得了了。通常他们好像不关心事实到底是怎样的,只要一

---

① 上述事实,本章各节多有考察讨论,可参看。

② 只有他的"一字重言说"看似例外,但详加考察分析,会发现章太炎的"一字重言说"还只是推测,并且难以确论,也不能支持"联绵字—双音单纯词"说(待另文考察讨论)。

眼瞥见谁讲的话不合他们的信仰"联绵字—双音单纯词"说，不管哪朝哪代什么人，就都只能认栽了。如一位长者在其《联绵词浅说》（2011）一文中对历代大学问家们之说有如下一些批评：

> 我们认为联绵词两个字是不能拆开讲的，他（张有）却要拆开按字讲；我们认为联绵词是记音的，他却只承认正体，排除异体。……我们还看到，在张氏所收的 58 例联绵词中，有一些不是科学意义上的联绵词。比如把"左右"、"怀抱"当作联绵词，这是很不妥当的。

沈按：这段批评虽然不知道张有的"联绵字"与今天的"联绵词"不是一个概念，但是迹象表明，批评者却是真切地看过张有的材料后说的，未能正确理解也只是水平问题。这就比信守派中一般学者好多了。

> 杨氏（杨慎）的"骈字"，字面上的意思等于今天说的联绵词。……杨氏认定书中所列都是骈字，今天看来其中有一大半不是联绵词。特别是书中搜罗了许多专有名词，更不宜当作联绵词。

沈按：这段话与前面批评张有一样，优点也是见材料说话。如果能够对杨慎所辑骈字进行穷尽式考察分析，必能发现其中一个用"一种特殊的构词法"构成的"联绵词—双音单纯词"也没有，就不会说这样的错话了。

> 方氏（方以智）的"謰语"，就是今天说的"联绵词"。……从为联绵词下的定义看，方氏的见解和我们今天的看法非常接近。但从他对具体词的认定和说解，可以看出他受杨慎的影响很深，甚至可以说，仍没有走出他的前辈的老路，把一些复合词或词组都当作謰语。

沈按：这么说是没有读懂方以智。但是，读不懂方以智者不止这位批评者，信守派中似乎没有谁读懂方以智，至少自《中国大百科全书》以来是这样（详见沈怀兴 2015）。

> 我们从《联绵字谱》中看到，尽管王氏（王国维）收词较其前辈更为严格，但仍收录很多复合词。

沈按：更确切地说，王国维《联绵字谱》中不仅"收录很多复合词"，而且还收了部分四字词组。王国维的"联绵字"与今天信守派学人的"联绵词"也不是同一概念，尽管今之信守派学者多认定王国维的《联绵字谱》是专收"联绵字"的重要著作，多曲解王国维的"联绵字合二字而成一语，其实犹一字也"来证明其信仰。

近人符定一著《联绵字典》。符氏对于联绵词的认定与杨慎、方以智、王国维等前辈比较起来，不但没有进步，反而倒退了。符氏书收词约两万余条，其中十分之七、八不是联绵词。

沈按：其实，符定一《联绵字典》所收词中97%以上是合成词或词组（参看第六章第一节）。但符定一并没有倒退，因为他的"联绵字"与今天信守派学者的"联绵字/词"也不是同一概念。

我们认为联绵词词义与所用汉字无关，王氏（王念孙）则认为二字同义，即两个单字都与词义有关。如"仪表"一词，王氏认为"仪"和"表"本义都是立木，故有表率之义，所以"仪表"也是"连语"。王氏的这种观点我们是不能认同的。

沈按：这段错误的批评，一方面是由于批评者完全被现代联绵字理论给绑架了，另一方面是因为没有读懂王念孙的书。遗憾的是这类现象在信守派学人著作中并不少见。

近代学者王国维、符定一等，在联绵词问题上，与王念孙相比还是倒退了。

沈按：王念孙没用过"联绵字"。其"连语"和王国维的"联绵字"、符定一的"联绵字"各有所指，而不是同一概念。传统语文学史上没有和信守派学者的"联绵字/词"相同的术语（参看沈怀兴2007c、d）。

《说文》："匍，手行也。"又："匐，伏地也。"有《说文》训释为依据，人们自然会认为"匍匐"是堂堂正正的正体。殊不知"匍匐"是联绵词，联绵词是记音的，本来就没有正体可言，只要能代表这两个音节就可以了。在使用过程中人们多数倾向某一种书写形式，于是这种形式就成了所谓正体。鲁迅先生说得好："这正如地上的路；其实地上本没有路，走的人多了，也便成了路。"由此可知许慎《说文》的释义正是在前人语言文字实践的基础上的一种选择，在词义的训释上具有很强的主观性。

沈按：在批评者看来连许慎也错了，因为批评者发现他"具有很强的主观性"。但是，这样以来错的人就多了，甚至连信守派先行者吕叔湘也错了，并且还是反复错。例如吕叔湘1942年出版《中国文法要略》，于第一章第5节提出"联绵字—双音单纯词"说，举"匍匐"为双声联绵字的例词；到1960年出版他主编的《现代汉语词典》（试印本），举"匍匐"作叠韵联绵字的第一个例词，到 1965 年，《现代汉语词典》出试用本，发现"匍匐"本是合成词，而换上"阑干"，已经反映出"主题先行"的特点；而今又说"'匍匐'是联绵词"，此二字只代表两个音节，是吕叔湘改来改去全是错，一力宣传"联绵字—双音单纯词"说的《现代汉语词典》也错了，还得回到它的试印本去。然则信守派学人内部在具体词的判断上出现这样的矛盾，原因到底是什么？看来，他们每个人心目中都有自己的一套现代联绵字理论，只要遇到与他们的认识不相吻合的观点，就统统是别人错了。

（《荀子》）《非十二子》原文："饰邪说，文奸言，以枭乱天下，喬宇嵬琐，使天下混然，不知是非治乱之存者，有人矣。"杨氏注："喬与谲同，诡诈也。宇，未详。或曰：宇，大也，放荡恢大也。"既然"宇"字在文中不知何意，就不必勉强训释了，也不必训"喬"为"谲"。其实"喬宇"是联绵词，无论是写作"喬宇"，还是写作"谲宇、谲讦、喬讦"，字形虽有不同，词义是相同的，都是诡诈之义。当然，也还有为"喬宇"找本字的学者，他们与杨倞一样，在这个问题上都是望文生义。

沈按：上引《荀子·非十二子》原文与唐杨倞注之后，批评有人为"宇"找本字是望文生训，但未讲谁为"宇"找本字，大概是指清代大学问家俞樾吧。俞樾《诸子平议·荀子一》在杨倞注后曰："读喬为谲是矣；训宇为大，则与谲谊不伦，宇当读为讦。《说文·言部》：'讦，诡诈也。'然则喬宇犹言谲诡也。"如果没有现代联绵字理论之成见，而且多少了解一点传统语文学史的人，将上引批评者释"喬宇"与这里所引俞樾之说比较一下，大概不会有人认为俞樾望文生训而认可今之批评者之说。

宋代程大昌《演繁露·不托》中是这样说的："汤饼一名馎饦，亦名不托……，不托，言不以掌托也。"把作为汤饼又名的"不托"，讲成其名称源于"不以掌托"之义，以程氏逻辑，说"不以脚托"也未尝不可。这种讲法纯属望文生义。

从上面摘录的文字看，只要遇上偏执现代联绵字理论者，从五经无双许叔重到宋代张有、程大昌，再到明代杨慎、方以智，再到清代王念孙、俞樾，再到民国王国维、符定一等，1800 多年间所有著名的大学问家，一个个都只能"认栽"了。特别是程大昌冤枉，让批评者割裂了李正文的话栽在他身上①，让他代李正文受过（其实李正文的话也没有错）。学术研究被弄到这个份儿上，真的令人为信守派学者受现代联绵字理论危害之深而担忧了。

然而，一篇文章中出现上述这么多问题，特别是制造了程大昌那样的千古奇冤，竟然能够通过论文集主编的把关，而且还顺利通过了出版社的三审②，这就不是非信守派学者能够理解的了。不过，非信守派学者如果写这种风格的文章，肯定无处发表。这倒于人于己都是好事。

其实，信守派学人著作中这样的例子不是很少，不能不说是现代联绵字理论害苦了信守派学人。通常的情况是，一个人只要戴上现代联绵字理论的墨镜，遇到讲联绵字问题的文字，往往免不了透过现代联绵字理论这幅墨镜黑它一黑③。所以上面只是举个例子，并不是这位长者特有的现象。说句老实话，这位老先生不知道要比信守派中的某些学者好多少倍，因为他是真真切切地看过他所批评的前人文字后说话的。这一点在信守派学者中实在不多见④！至于说错了话，那是多个方面的原因造成的，而现代联绵字理论的影响及作者专业水平的限制这两个方面应该是其主要原因。另外，近百年来的骂祖宗"时尚"也起了一些作用。

信守派著作中还有一些不可调和的矛盾，加剧了其学术的悲哀。例如，他们力主"联绵字—双音单纯词"说，但在"联绵字"来源问题上从未有过统一的意见。现代联绵字理论的核心理论"联绵字—双音单纯词"说，原为反对汉语单音节幼稚落后论提出的（参看沈怀兴 2010c）。论者

---

① 程大昌：《演繁露》卷十五《不托》："汤饼，一名馎饦，亦名不托。李正文勘误曰：'旧未就刀钌时，皆掌托烹之。刀钌既具，乃云不托，言不以掌托也。俗传馎饦，字非。'予始读此，未审其言信否。及见束皙《饼赋》，知其有本也。"批评者略去"李正文勘误曰：'旧未就刀钌时，皆掌托烹之。刀钌既具，乃云……俗传馎饦，字非'"29 字，截下李正文勘误中的半句话加在程大昌身上，于是弄出个"程氏逻辑"，于是"说'不以脚托'也未尝不可"，于是程大昌的讲法"纯属望文生义"。为什么会出现这种现象呢？

② 这里只是就常规的三审制度说的。具体到载有《联绵词浅说》的那本论文集是否曾经通过责任编辑初审、送专家外审、总编终审然后出版，尚不清楚。

③ 每与朋友论及此类现象，不觉胆寒。家人也很为本书命运担心，一直反对我做这种"出力不赚钱还要引火烧身"的傻事。但是，能不能眼睁睁看着现代联绵字理论继续为害学界？不错，本书在偏执现代联绵字理论者看来一定是糟透了，很可能要比被信守派批评的所有著作栽得重，甚至要比符定一《联绵字典》在近 30 年来的遭遇惨得多（参看第六章第一节所论事实），因为符定一他们都与现代联绵字理论无瓜葛。但我总认为事实、时间迟早会证明一切。

④ 参看下一章第一节所引信守派学者对符定一《联绵字典》的评论。

强调"联绵字"是汉语里特有的一种语言现象，而不知道"联绵字"是怎么来的，怎能断定它们就是单纯词？何以见得"特殊"？怎样特有的语言现象可以驳斥汉语单音节幼稚落后论？所以"联绵字—双音单纯词"说的酝酿者一边强调"汉语自古就不是单音节语"，一边极力想象联绵字的来源，一心给它一个可信的说法。如魏建功（1926）说："我总以为中国语言，除去'重言'、'双声'、'叠韵'的原则而外，连绵字的构成，还有几条方法；其中的一个便是发音相近的声或韵的连缀。"果真如此，联绵字为双音单纯词之说也许无须多做解释，但其例证却是吞并、特别、承平、逃遁、蒂柄、喷嚏、地方、推板、屯堡、撺扑、淡泊、颠沛、颠扑、提防、钝笨、敦朴、靶靶、投奔、大胖等。到1935年其《古音系研究》出，书中有两节专讲"连绵词"，又有补充想象，而且对后世影响较大，但是仍然没有给出可信的证据（参看沈怀兴2011d）。至20世纪40年代，又有人创衍声联绵说，同时曲解王国维"联绵字合二字而成一语，其实犹一字也"之说为之证，其实也没有仔细读一读王国维的《研究发题·古文学中联绵字之研究》[①]，更没有认真考察王国维1921年撰写的《联绵字谱》，而且所举的50个"联绵字"例词也尽是作者不明其语素构成情况的双音词，不知道它们都不支持"联绵字—双音单纯词"说（详见第三章第一节）。至20世纪50年代，又有人想象"汉语的双音词有一种特殊的构词法"，所举例证也都是作者不明其语素构成情况的双音词，也都不是用"一种特殊的构词法"构成的，因而也都不支持"联绵字—双音单纯词"说（详见沈怀兴2009a）。至于其他各家，虽然也曾想象出这样那样的构词法，但是，他们始终举不出一个当其说的例词，因而令人无法相信他们的"创见"。

　　既然各家所想象的特殊构词法都没有举出可靠的例词作证，他们的"联绵字"大致相当于现代词汇学里的"双音词"，于是淡漠了反对"汉语单音节幼稚落后论"的研究者在继续想象的同时，把双音节叹词和拟声而来的双音词、同义或近义单音词联用而来的双音词，以及音译而来的双音

---

　　① 王国维"联绵字合二字而成一语，其实犹一字也"之说见《研究发题》第三部分《古文学中联绵字之研究》。《研究发题》发表在《国学季刊》一卷三号（1923），许惟贤（1988）有具体的论述，可参看。

词等，统统归入联绵字（参看徐振邦 1998：43—74）。这么一来，例词是有了，但说它们是汉语里特有的语言现象就不可以了，因为任何一种语言里都有这几类词。① 于是结果如许惟贤（1988）所说："自联绵字为单纯词一说提出，学者纷纷强调联绵字之不可拆开分析，使联绵字之词源研究及衍变研究大受影响，而一些著作一方面以现代语言学之术语解释前人之说，将联绵字限定为单纯词，一方面又承前人所举实为复合词之例列以为证，造成矛盾与混乱。"而受这种矛盾与混乱之影响者，首先又是信守派学者自己。因此，确切地说，是信守派学者受现代联绵字理论的危害最重；从某种程度上讲，他们努力捍卫现代联绵字理论，是以牺牲自己学术生命为代价的。

至于努力发展现代联绵字理论者，主要表现在以"联绵字—双音单纯词"说为依据，创造新理论，如双声叠韵构词说、衍音造词说、语音造词说、语音关联造词说、异音联绵构词说、复辅音裂变说、一分为二说、增字构词说、羡余说，等等。大多以索绪尔"能指和所指的联系是任意的""语言符号是任意的"之说为理论基础，日渐形成了一个以现代联绵字理论为核心的"理论联盟"，牵动着汉语学各分支学科的研究，同时也推动汉语各分支学科向科学的反面滑落（参看沈怀兴 2004a，2006，2011b，2011d，2013b）。但是，其间创说者损失亦大，受害亦深，因为他们第一个掉进自己挖掘的理论陷阱，并且有可能是最后一个爬出，有的甚至永远身在陷阱。

二　现代联绵字理论贻误反思派学人例说

反思派学者都是从信守派队伍中走出来的。他们一般不是一开始就知道反思现代联绵字理论问题，有的还在信守派队伍里迷惑了很多年，甚至遵循现代联绵字理论做过研究、说过错话，像本书作者就在信守派群里混了二十多年，并且跟风说了错话，对待现代联绵字理论的态度与信守派一

---

① 有人说"联绵字"的来源还有一些。如徐振邦《联绵词概论》中还综合各家之说将"单音词的衍音""单音词的缓读""单音词复辅音声母的分立"等，作为"联绵字"的来源各设专节介绍，有一定的代表性，但我们或专文，或放在其他文章中重点考察过，也未发现它们有可靠的证据。

般人没有特殊的地方，所以现在只说说他们反思现代联绵字理论的一些表现就可以了。

以现年 55 岁为界，反思派学人又可以大致分为年长者与年轻人。本节只介绍反思派学人中年长者遭遇现代联绵字理论的情况。这部分人不多，但是篇幅有限，无法一一叙述。再说他们中有些人的研究有一定的共性，所以也不需要一一叙述。① 下面只举几位较有代表性的例子略述一二，其他问题参看本页脚注①。

现在先看许惟贤的例子。许先生《论联绵字》（1988）是反思派著作中较早而且较有分量的一篇，文中不少论述至今无可挑剔，因而影响也比较大。但是也有些地方，现在看来还没有完全摆脱现代联绵字理论的束缚。如其文章中分类论述联绵字说：

> 甲，起源即为复音的单纯词。此类多为名词。如菡萏、鸳鸯、芍

① 多数反思派学者的研究还停留在初期阶段。第一，他们大多没有完全摆脱现代联绵字理论的束缚，所以反思不彻底，经常出现抓小放大现象。第二，大多没有考察现代联绵字理论的产生、发展及变化情况，历史主义贯彻不彻底，用力不够，给人以浅尝辄止的感觉。第三，虽能求真，但大多缺乏全局观念，没有注意理清现代联绵字理论与左邻右舍的关系，其研究大多限于点的考察，不能避免或然之争，显得不够成熟。第四，大多没有看到现代联绵字理论在汉语研究中牵一发而动全身的特点，大多忽视了多角度考察现代联绵字理论存在的问题，更没有对依据现代联绵字理论创造的新理论进行考辨，所以其研究主要收到了点燃火种的效果。第五，大多没有注意到信守派学者习惯从现代联绵字观念出发做研究的特点，因此未能把研究推向深入，其研究总的看来还需要进一步上层次。第六，大多没有来得及考察信守派学者"联绵字"内涵与外延的差异，也没有考察坚执现代联绵字理论的名家前后观点的矛盾性，其研究大多停留在外围。第七，大多没有看到现代联绵字理论危害的普遍性，未能自觉从理论与实践的关系方面考察现代联绵字理论的性质。第八，大多未能跳出现代语言学的视野，被现行语言观束缚了手脚，以至于不仅没能较好地汲取传统语文学的营养，而且忽视了语言主体的决定性作用，使其研究停留在知其一不知其二的层面。第九，大多未能从方法论角度审视固有研究存在的不足，研究方法比较单一，更没有明确提出新的研究方法，所以部分学者的研究存在简单性重复之嫌。第十，没有论及学者惑于现代联绵字理论的原因，更没有言及如何肃清现代联绵字理论在教学、科研等领域的负面影响。第十一，研究投入严重不足，文章总量不到 50 篇。其中多数人都是只对《现代汉语词典》解释"联绵字"曰"旧称双音的单纯词"的"旧称"进行考察辨正，而且大多只考察民国以前文献中"联绵字"及相关术语的含义，忽视了 1949 年以前 52 年间的中国现代语言学文献中的"联绵字"含义及用法，发表两篇以上反思性文章的人很少，给人万里长征只迈了一步就止步的印象。第十二，考辨信守派学者所举"联绵字"例词太少，像白平一口气考辨了一部统编古汉语教材中那么多"联绵字"的人很少。这样做不能充分揭示"联绵字—双音单纯词"说的无根性。所以必须首先选取一些较有代表性的信守派学者著作，对它们列举的"联绵字"进行穷尽式考辨，以揭示"联绵字—双音单纯词"说脱离汉语实际的本质特点。

药、苤苢、脊令（以上见《诗经》）、鹦鹉（见《礼记》）、螳螂（见
《庄子》）。联绵字中有些词，由于其形成时间过早，其本源难以探讨，
内部结构无法分析，也只能归入此类。

许先生这段话中隐约反映出受到现代联绵字理论制约的无奈。如一个
双音词因其"内部结构无法分析"，就归入"起源于复音单纯词的联绵
字"，这其实与信守派学者的语素融合说或复合词蜕化说没有本质性差别，
只是坦率地立足研究者角度说话，错也错个明白。不像一些信守派学人那
样，明明是自己弄不清楚某双音词的内部结构关系，又不愿去下功夫进行
具体考察，只是贸然说它"语素融合"了，甚至还冠以"历史发展的观
点"。我们说以其"内部结构无法分析"为由，把某双音词归入单纯词的
"联绵字"不妥，原因主要有两个。第一，作为标准，它不是从研究对象
角度确立的，缺乏应有的客观性。这是从事语言研究之大忌，也是信守派
学人普遍存在的问题。第二，具体研究中无法操作，很难保证研究结果的
一致性，更谈不上客观性、科学性。这一类的例子同样普遍存在于信守派
学人著作中，此前已经多有讨论（参看沈怀兴 2010a、b，2011d）。即使
仅就上录许先生文章所举 7 个例词来说吧，"菡萏"其实是动宾式合成词；
"鸳鸯"是联合式合成词；"勺药"最初是联合式合成词，后来在使用中被
当作偏正式合成词理解了；"脊令"是个拟声而来的双音词；"鹦鹉"照白
平（2002：206）的考证也是个偏正式合成词；"螳螂"照李海霞（2005：
539—540）的解释是个动宾式合成词。至于"苤苢"，一般写作"苤苢"，
古来说者甚众，其结构方式待考。上述情况告诉我们，对于内部结构方式
暂时无法分析的双音词，只能留待继续考察，而不能采取其他处理方式。
如果许先生彻底摆脱了现代联绵字理论的束缚，对所举例词进行深入考
察，文中就不可能列出这甲类"联绵字"，更不会主张把那些"本源难以
探讨，内部结构无法分析"者也归入此类。一个不争的事实是：一个复
音词的内部结构不管研究者能不能分析，它都客观存在着，语言研究者
没有理由因为它"本源难以探讨，内部结构无法分析"，就把它看作
"联绵字—双音单纯词"。站在语言本体角度做研究，就是要揭其"谜
底"，而不能满足于贴个标签。君子于其所不知，盖阙如也。任何人的

能力都是有限的，不能解决的问题留给后人研究解决，不仅是允许的，而且也是必要的。

　　许先生文章中受现代联绵字理论束缚，不免随波逐流的例子还有一些，如讲汉语词汇复音化而附和语音简化说、给"联绵字"分类而采纳慢声说等。只是它们不是许先生文章的主要内容，而且信守派学人倡言在前，同时已经多有讨论①，恕不重复。本节举许先生文章为例是想说，现代联绵字理论对学者影响至深，即使较有代表性的反思派学人也未能完全摆脱其影响。鉴于这种现象的存在，学者研究汉语双音词必须彻底排除现代联绵字理论的干扰，坚持独立思考，锐意求真，倒是没有批评许先生的意思。说句心里话，许先生（1988）早在 20 多年前，现代联绵字理论刚开始流行不几年就能比较深刻地反思现代联绵字理论问题，并且取得了不小的成就，实属难能可贵！

　　再看白平的情况。随着考辨工作的步步深入，白先生也由信守派转到了反思派，但始终不够彻底。如他在《汉语史研究新论》一书中详细考察了历代语文学家的联绵字观念，以大量事实证明传统语文学家的联绵字观念不支持"联绵字—双音单纯词"说，并且对信守派顶级学者著作中所举的例词进行了部分考察分析，在一定程度上揭示了"联绵字—双音单纯词"说的无根性（白平 2002：152—169，172—208），这些都是扎扎实实的反思工作。但是，在同一部著作里，仍可看到作者未能彻底摆脱现代联绵字理论束缚的表述。如《汉语史研究新论》第六章第五节《双声联绵字成因浅探》批评马真教授的观点就是一个比较典型的例子。

　　白平书中先引被批评者马真的观点："既然可以采取音节重叠的方式来造词，自然也可以采取在音节重叠的基础上改变其中一个音节的声母或韵母的方式来造词，先秦汉语中的迭音词，双声叠韵的联绵词就都是这种音变造词方式在双音词中的推广。……由音节重迭到音节的部分重迭，再进一步就是任意音节的组合（非双声叠韵的联绵字），这是用音变造词方式构成复音词的最后一步。"对此，白平指出："有的双声联绵字的本质就是叠音词语，这些词语和叠音词语之间只存在书写形式上的差别，除此之

---

　　① 关于汉语词汇复音化问题的讨论，详见沈怀兴《联绵字理论问题研究》，第 267—296 页；关于慢声说问题的讨论参见沈怀兴（2008b、2011b、2013b）。

外，二者是完全可以划等号的。"接下来用了一两千字的篇幅证明这一观点。这就有点儿偏离主题了。其实，被批评者的要害在于看似站在语言本体角度说话，实则忽视了语言本体除了语音形式之外还有语义内容，于是片面地根据现代联绵字理论臆测先秦汉语造词法。因此，批评者只需要依照被批评者的说法，造一串"叠音词"，然后"改变其中一个音节的声母或韵母"而成为"叠韵联绵词"或"双声联绵词"，最后再"任意音节的组合"成"非双声叠韵的联绵词"，看看被批评者能不能理解它们这些"联绵词"，语言社会里又有谁能理解和使用这些"联绵词"，就可以了。所以被批评者的问题并不在于说"联绵字/词"是怎么由叠音词变来的，而在于不清楚语言究竟是什么，有什么功能，不清楚语言社会为什么要造词，不清楚语音"外壳"在人们的造词活动中究竟起什么作用，不清楚其所谓"先秦汉语中的迭音词，双声叠韵的联绵词就都是这种音变造词方式在双音词中的推广"云云还有待证明，不知道在共时语音平面上分析出来的东西与语言社会的造词心理不是一回事儿，不知道在说那些话的时候不知不觉地走上了语音决定论的迷途，不清楚用那种想象中的"音变造词方式"造出来的"词"没有可验证性，不能进入言语交际领域，一定要进入言语交际领域，那些所谓的双声联绵词、叠韵联绵词或"任意音节的组合"必然不为受众所理解，想推广开来、流传下去是不可能的事情。如果从语言研究方法论上看，被批评者的问题出在缺乏历史观点，以共时的眼光臆测历史事实，只见语言形式而不见语言主体，不清楚造词者与接受者之间的关系。批评者没有看到这些事实，于是希望通过对积渐、提条、便蕃、嬰婉等四个词的考辨来证明自己的观点，但这四个词无一例外都是合成词。尽管批评者没有认定它们是单纯词，批评者的联绵字观念不同于被批评者所执的现代联绵字观念，但在那样的语境里，那样抓小放大，真的是有点儿跑题了。我举这个例子也不是批评白先生，只是想说明信守派学人在转变过程中备受艰辛，一不小心，就有可能被现代联绵字理论的洪流淹没，身手再好也不免出点问题。更不是批评马真教授，她不过是千万名信守派学人之一，多数信守派学人都有马真的特点：从事联绵字问题研究只是围着现代联绵字理论兜圈子。因此，客观地说，这个问题不是批评者和被批评者两个人的事情。他们在这个事例的讨论中所反映出的重大问题很是发人深思：现代联绵字理论的影响太广泛太深刻了；对着这样一个复杂的问题，人的认识不能一步到位是可以理解的，但是研究者必须慎之又慎。换个角度说，在现代联绵字理论盛行时期，研究者如果随波逐流，想出点"成果"的确很容易；但是，如果想拿出点不脱离汉语实际的真东西，却是很不容易！

再看胡正武教授的情况。胡先生锐意求真，长于考辨，也是对联绵字问题研究用力最多的反思派学人之一。他著有六篇专论：《十余年来的联绵词研究》《前人联绵词说概览》《联绵词辨认方法简说》《试析由颜色词演变成的联绵词的发展过程及其规律》《同义复词是联绵词一大来源例说》《同义复词是联绵词一大来源例说续》，都收在《训诂阐微集》（2005）中。不过，胡先生的情况特殊一些，亦即他拥护现代联绵字理论，而所做的建设性工作却是反思派的疑难词考辨。在这些文章中，作者的主要工作是深入考证"联绵词"的语素构成情况，证明大量的"联绵词"都是同义语素并列构成的复合词。其深厚的专业功夫与严谨的考证路数令人叹服。有如此扎实的基础工作，只要再多几分反思的勇气，本该不难冲出现代联绵字理论的藩篱，但是胡先生却与我们山东的部分学者一样，为现代联绵字理论所束缚，行文中强行附和"联绵字—双音单纯词"说，[①] 以至于功亏一篑。胡先生著作中反复强调："根据传统的观点，联绵词是由两个音节联缀成义，不能分开来解释的复音单纯词"；强行使自己的工作为其所谓"传统的观点"服务。如"现代语言学界'联绵词'与'联绵字'两个称呼长期共存，直至今天仍然如此。从现代语言学区分字与词的不同概念来说，应该叫做'联绵词'"（《前人联绵词说概览》），"部分联绵词是从同义并列结构的词语经引申发展而成，是为某一引申义而创造新的专用字形以后凝固定型的结果"（《试析由颜色词演变成的联绵词的发展过程及其规律》），"联绵词是汉语词汇中一种特殊的词语。在对联绵词的来源问题的探索中，笔者发现，同义复词是联绵词的一大来源"（《同义复词是联绵词一大来源例说》），等等，的确说了不少信守派学者经常说的话。甚至还主

---

　　① 所以至此，原因之一是这类学者没有对现代联绵字理论的产生、发展的社会背景与学术背景进行全面考察，不了解"联绵字—双音单纯词"说的本质特点，而未能彻底挣脱现代联绵字理论的束缚。

张"应该建立综合各种方法辨识联绵词并以运动的观点看待理解联绵词"（《联绵词辨认方法简说》）。

但这些都是由于只站在研究者角度说话，给读者突出的印象是从现代联绵字理论出发说话，而不是站在研究对象角度看问题，因此对语言研究，特别是对汉语复音词研究没有多少积极意义，对无现代联绵字理论之成见者没有说服力。所以读胡先生联绵字问题研究的著作，只看作者做的那些扎实的考证工作就可以了。这些工作的成绩客观地摆在那里，它们向现代联绵字理论投出了有力的反对票，不受其作者观点支配。另外，如果结合胡先生传达信守派学人的那些话做些探讨，看看信守派学人在联绵字问题研究中惑于哪些理论，以帮助人们避免继续走弯路，也很有意义。这里举胡正武教授的例子，还想说明这样一个道理：不管一个学者本意怎样力挺现代联绵字理论，只要在具体研究中锐意求真，他的研究成果就一定违背他的意愿，就可能在捅现代联绵字理论的娄子。同时，这个例子还给我们这样一个借鉴：考察现代联绵字理论问题不仅需要独立思考的精神及深厚的专业功夫，而且还需要宽阔的理论视野以及敢于打破现代迷信的勇气。

最后简单提一提笔者自己的情况。前面已经提到，笔者学习和讲授现代联绵字理论知识，谨遵现代联绵字理论做研究，曾一度二十余年，因遭受尴尬与困惑而开始反思，以至于恋恋不舍地从信守派队伍里走出来，开始较为全面地研究联绵字理论及实践问题，近十几年间于国内外期刊发表了几十篇讨论现代联绵字理论问题的文章。本想就这么自由地做下去，但由于单位领导的关心与动员，以及本单位学科建设的需要，不得不申请项目，终于以"联绵字理论问题研究"获国家社科基金后期资助项目立项（批准号为10FYY017）。但《立项通知书》第2条说："项目负责人要照评审专家意见（附后）对成果做出修改、完善，力求出精品。结项时须提交修改说明。"而评审专家意见第1条是：

> 建议将古代联绵词进行历时分段考察，如"先秦"划一段，"两汉魏晋"划一段，"唐宋"一段，"元明清"一段，"现代"一段，分别作出阐述，因为不同时代"联绵词"的状况是不同的。

刚看到这条建议时，一下子不知所措。而今三四年过去了，还是没有办法照上述意见做研究。相信学界持上述评审专家意见者一定不在少数，那就请他们实践一下好了。

三　小结

本节与上一节简要地考察了现代联绵字理论流行对各级学子以及一般学者的负面影响。目前的情况是，各级学子中的多数继续接受现代联绵字理论知识的灌输，于潜移默化中培养习非成是的"能力"，直到本科、研究生阶段才有少数学生在能够独立思考的教师引导下冒险予以反思，其研究成果却很难被认可，甚至想拿一个学位都相当困难。同时，各类学者也多受现代联绵字理论的左右，以至于"联绵字"研究无法正常进行。信守派学者的遭遇是，其著作越丰，负面影响越广，越是在阻碍汉语语言学健康发展，因而其负价值越大。这是由于现代联绵字理论远远脱离了汉语实际，只要研究者偏执现代联绵字理论做研究，就不可能得出合乎汉语实际的结论。这其实不只是学术的悲哀。

反思派的遭遇相对说来好一些。年轻人的遭遇是在现代联绵字理论盛行时期，其文章不容易发表，特别是不容易发表在所谓"高级别"的期刊上。其实这一点，反思派中年长者也好不到哪里去。就拿笔者为例吧，所写讨论性文章中凡言及名家"权威"者都不容易发表。有的在国内杂志社转一圈，数年下来，最后还得寄到海外发表，其实无异于没发表，因为现代联绵字理论只流行于国内，海外学者多不熟悉这一套。也有一些写成数年了，至今不能发表。所以笔者怀疑学者手中现存未能公开发表的反思现代联绵字理论问题的文章一定比已经发表的多得多，因为确能独立思考者大有人在，而且远远脱离汉语实际的现代联绵字理论长期盛行所造成的负面影响太严重了。但这并非全是坏事情，因为它给我们一个千锤百炼的机会。只要是真金，就不会永远埋在地下的。退一步说，即使永远埋在地下，真金仍然是真金。孟子说："古之学者为己，今之学者为人。"王阳明则说："为学大病在好名。"做埋在地下的真金又有什么不好？至于反思派学人的文章，由于作者们不同程度地接受了现代联绵字理论的影响，所撰反思性文章中也可能不知不觉地说了些仍然被现代联绵字理论束缚的话，但对讨论联绵字理论问题这样一个复杂的大课题，这其实是无法避免的。学术研究允许出错，反思派功大于过是略可自慰的。即使部分学者戴上现代联绵字理论的墨镜怎样来黑反思派的研究，反思派文章中揭示的现代联绵字理论之虚妄性是改变不了的，现代联绵字理论所到之处造成的负面影响还摆在那里的。

第三节　现代联绵字理论对顶级学者的负面影响
——以徐通锵先生"联绵字"研究为例①

　　上一节考察发现：部分学者从事联绵字问题研究缺乏求真精神，只是围扰现代联绵字理论兜圈子。他们好像根本不知道汉语里没有用特殊的构词法创造的"联绵字—双音单纯词"，只知道有一些他们不明其语素构成情况的双音词，又不满足于"一种特殊的构词法"之类的标签，希望创造出一种比较科学的名称，于是语音造词法、语音关联造词法、音变造词法、双声叠韵构词法、异音联绵构词法、增字构词法、羡余法等构词法名称纷纷被创造出来。近十几年以来，又间或有人讲"一分为二"法，并且经常和缓读说、分音说之类的说法搅和在一起，令初学者是非难辨。为此，我们发表了一系列文章讨论相关问题（参看沈怀兴2004a，2007b，2009a，2011b，2011d，2013b），现在来考察"一分为二"法的问题。

　　要想弄清楚"一分为二"法的问题，无法绕开徐通锵先生，因为"一分为二"说是徐先生（1997：340—355）提出的。徐先生是当代著名的语言学理论家，其贡献卓著，甚为同行所称道。笔者一向喜欢读徐先生的著作，且每每获益，唯有读徐先生联绵字问题研究的文字是另一种情况。读

---

　　① 本节以徐先生的联绵字问题研究为例，不仅没有批评徐先生的意思，而且认为徐先生力证现代联绵字理论而失败，同样是做了特殊的贡献。因为徐先生现象不是孤立的（参看第三章各节和第六章第二节以及沈怀兴2009a，2011b，2013b），他们的共同遭遇充分说明：不管怎样顶级的学者，也不管是企图证明"联绵字—双音单纯词"说呢，还是围绕"联绵字—双音单纯词"说提出新理论，都只能以失败告终。顶级学者们的共同遭遇，最能揭示现代联绵字理论脱离汉语实际的本质特点。

第一遍时，多有困惑；读第二遍时，或有疑焉；读第三遍时，则不由得想做点考辨。一处一处考察下来，对徐先生竭力捍卫并利用现代联绵字理论的做法就不敢苟同了①。因为徐先生联绵字问题研究的观点较有代表性，并且已经产生了一定的影响，就只好把笔者一些粗浅的认识公诸学界，与读者做个交流，还望方家不吝赐教。下面考察徐先生提出的"一分为二"法之说。

一　"一分为二"法仅处于想象层面

拜读徐先生（1997：340—355；277—283）联绵字问题研究的著述，发现他提出"一分为二"法的主要理由有二。一是他看到了汉语词汇双音化发展这一事实，认为一分为二而成联绵字是汉语单音词向双音词发展的桥梁。但是，由于对汉语词汇双音化缺乏深入研究，没有真正弄清楚汉语词汇双音化发展的动因②，所以这一条理由很难支持他的观点。二是现代联绵字理论。但是由于对其核心理论"联绵字—双音单纯词"说缺乏全面深入的考察研究，轻信了信守派学者的无根之说，乃至成见在胸③，所以也不能支持其观点。正是因为徐先生轻信了现代联绵字理论的科学性，又不满意有关"联绵字—双音单纯词"说的一些证据及其证明方法，同时也没有真正弄清楚汉语词汇双音化发展的动因，所以提出

---

①　同是信守派学者，徐先生捍卫现代联绵字理论的出发点与一般信守派学者不完全相同。但是，不管出于什么目的，其书中力挺"联绵字—双音单纯词"说，并且提出古人用"一分为二"之法创造"联绵字—双音单纯词"的观点，客观上起到积极捍卫"联绵字—双音单纯词"说的作用。下文将多次讲到徐先生书中积极捍卫并利用现代联绵字理论之事实，根据同此。

②　徐先生轻信了汉语词汇双音化发展是为避同音混淆之说，但语言社会为避同音混淆而变单音词为双音词从而促进汉语词汇复音化发展这种认识并不符合汉语史的实际情况。汉语词汇双音化发展研究是一个较大的课题，也是一个十分重要而复杂的研究课题。从高本汉到张世禄、王力、程湘清、黄志强和杨剑桥、苏新春、许威汉等都倾注了大量心血。但是，大家主要是机械地站在语言本体角度做研究，由于语言观问题未能解决，所以费力不少，收效不大。汉语词汇复音化发展问题也是从事联绵字理论及实践问题研究绕不开的话题，《联绵字理论问题研究》（2013a：266—296）中有专章讨论，可参看。

③　这与徐先生学习工作的环境有直接关系。徐先生1956年北京大学中文系毕业之后留校，一直在北京大学工作。北京大学是酝酿和发展现代联绵字理论的基地，徐先生在那里直接学习这套理论。当他发现宣传现代联绵字理论的某些观点多有可商，能够做的就只有想方设法完善该理论，于是就有了"一分为二"说。他也许没有想到从学生时期被灌输的现代联绵字理论原来脱离了汉语实际。

"一分为二"法是可以理解的。为了证明自己的推断，徐先生广泛搜集在他看来可能较有说服力的理论依据及少量的事实依据，却不料其证据越多，暴露的问题也越多，到头来是他的证据出卖了他，证明他提出汉语史上曾经用"一分为二"造词法创造"联绵字"的观点还处在想象层面，一个不怀现代联绵字理论之成见的读者无法通过他的论证相信汉语史上曾经有过"一分为二"造词法。徐先生的"联绵字"研究，其实就等于从一个侧面证明"联绵字—双音单纯词"说的无根性，因而与其他名家一样，为揭示现代联绵字理论的无根性特点做出了重要贡献。

　　具体点说，徐先生（1997：340—355；277—283）把表面上看似有利于宣传现代联绵字理论的某些证据汇集到一起，经过一番独到的构思，对它们进行精心剪裁和利用，创造出"联绵字"的生成机制，以期说明汉语由单音词向双音词发展的过程中，"联绵字"是第一站，是不可逾越的中间环节。用徐先生（1997：334—355）的话说，"联绵字"的产生是汉语为解决"编码体系的结构不平衡性"而进行"结构格局的调整"的结果，"联绵字的'2'是形成双音字的中介和桥梁"。所以比较而言，这"中介和桥梁"说是同类著作中最具有说服力的学说。但是，如果说理论上怎么推测都不过分的话，那么归根结底还需要拿出符合客观实际的证据来。遗憾的是，徐先生书中没有给出可信的证据（详见本节第二、三部分）。

　　徐先生给"一分为二"造词法下的定义是：由一个音节分化成两个音节而创造出一个双音词的方法。这实际上与部分晋方言研究者所谓分音词的成词方法是一致的，也与衍音说有相通之处。所谓分音词、衍音说之类，无一不是研究者用共时眼光看历史事实的猜谜和臆断，这首先在研究方法上就说不过去了。研究方法的贯彻令语言事实得不到客观的反映，结论自然靠不住。因此，什么分音词、衍音说之类尽管至今仍然有不少信众，但是终因没有可靠的证据而不足信（参看沈怀兴 2011b、2013b）。然而，徐先生模仿分音说、衍音说之类创说[①]，又怎么可以？例如他（1997：345—346）说：

---

　① 这里只是就徐先生"一分为二"说与分音说及衍音说的相似性说的。

双声、叠韵和重言，表面上看是三种形式，而实际上是同一现象的三种变体：重言是同一个字（音节）的重叠，而双声和叠韵则是同一个音节向不同方向的延伸，周法高（1962，97—101）把重言看成为全部重叠，把双声、叠韵看成为部分重叠，这是有道理的。这就是说，联绵字的"2"是"1"的分化的结果。这种"1"与"2"的关系，以往的训诂学著作已有不少论述，认为急言为一（字），缓言为二（字）。近人朱芳圃（1928）也指出，颊，"缓言之，则为侏儒，故短谓之侏儒，又谓之颊"。这种"急"与"缓"往往可随结构或吟诵的需要而作适当的调整，"急"就是一个字，"缓"就是二音节的联绵字。

上面引录的这段话在没有深入研究现代联绵字理论的读者看来也许是新鲜的、可信的。但是，对联绵字问题认真研究过的读者则可能发现它至少存在以下问题。第一，语文学史上的"急言、缓言"及相关说法只是针对两种语文现象说的：a）合音词现象，如之乎→诸；b）切脚词现象，如不丁→兵。[①] 它们的形成原因不同，但是都与徐先生所谓一分为二运动方向相反，两者不是一回事，都不支持现代联绵字理论（参看沈怀兴2008b，2009b）。例如作为传统语文学家的朱芳圃，其联绵字观念与现代联绵字观念截然不同（参看沈怀兴2013a：65—79，2007c，2012b），他的观点即使不误，举以证明徐先生所信守的现代联绵字理论也没有积极意义，就像阿司匹林，如果用来治感冒管用，用来治顽癣则不管用一样。第二，即使"管用"，也不免以偏概全，因为徐先生的"联绵字"不单指由单音词缓读而来的双音词[②]（参看本节下文）。第三，语文学家朱芳圃论"侏儒"的观点靠不住，"侏儒"不是"颊"的切脚词，而是联合式合成词（参看郭万青2009）。退一步说，即使朱氏之说没有错，"侏儒"是个切脚词，但是切脚词是部分孤立语中都有的，不为汉语所独有，所以也不是正

---

① 对于这样两种语言现象，传统语文学家常以"急言、缓言""疾言、徐言""长言、短言""急声、慢声"等术语来描述，实际上那样说明显犯了循环论证的逻辑错误。另外，部分学者还拿郑樵"二文一命"说、顾炎武"迟之又迟"说等支持"联绵字—双音单纯词"说，也是误会（参看沈怀兴2008b）。

② 徐先生（1997）书中不叫"双音词"，而多叫"双音字"。

统的信守派学人认可的"联绵字—双音单纯词"。第四，周法高的联绵字观念与现代联绵字观念截然不同（详见本章第四节），徐先生持现代联绵字观念而引周氏的话为证也不合适①。总而言之，徐先生所举朱芳圃、周法高两位之说都不支持他的观点，可知徐先生的观点不过是一种有待继续证明的假说，不讳地说是看似鲜明实则无法证实的想象。

说作者"双声、叠韵和重言，表面上看是三种形式，而实际上是同一现象的三种变体：重言是同一个字（音节）的重叠，而双声和叠韵则是同一个音节向不同方向的延伸……联绵字的'2'是'1'的分化的结果"云云是经不起验证的想象，根据有三。第一，实践中行不通（参看沈怀兴2011b、d，2013b），而且书中没有举出一个可信的例词。② 第二，语言使用是交际双方的事情，不是摆积木，可以任一个人摆弄成不同的模型。语言的功能在于帮助言语交际双方交流思想感情。言语交际中受话人凭着什么就能听出被说话人分化为"2"的"1"本是哪个"1"的含义？比如"tanqianchantangdanyijiuyou"这句"话"是什么意思？今人不懂。古人又怎么懂得？即使用汉字标记下来，比如写作"坦千禅唐第义究友"吧，又有多少人懂得？不予一分为二，直接说成"天长地久"，就少有人不懂了。不错，信守派学者中有些人似乎早已考虑到这个问题了，他们往往拿切脚词说事儿。但是他们似乎忽视了以下事实：a) 切脚词的"2"虽然与被切字的"1"表义差不多，但切脚词是切，看到切脚词的"2"之后，在特定语境中被切字不难猜出来，所以切脚词有进入特定语境的"通行证"；

---

　　① 台湾学者周法高对联绵字问题的论述，大陆信守派学者中有人非之（参看张永言1985：123），有人是之。非之者非也，是之者亦非也。又如同一位传统语文学家，像郑樵、方以智、王念孙、王国维等，信守派多数学者争相拿他们的话来证明"联绵字—双音单纯词"说，但是同派中也有人对他们的话"不能认同"，甚至斥之为"倒退"（参看上一节）。这是怎么回事？原因只有一个：一个人只要戴上现代联绵字理论这副墨镜，就只能跟着感觉走了。明乎此，有人横斥古人则不难理解（参看上一节）；有人终生受困于他倡导的现代联绵字理论而说了许多错话也不是偶然现象（详见第六章第二节及沈怀兴2009a）；前面第三章第二节考察发现的顶级学者的遭遇也不奇怪。然则名家们一个个栽在了现代联绵字理论的陷阱里，原因何在？这的确是语言学史上不多见的现象，因而也是一种很值得研究的现象。
　　② 一个很值得注意的现象是：信守派学者虽然至今仍在坚守"联绵字—双音单纯词"说，但是比较而言，所举例词却越来越少。他们大多照《现代汉语词典》的样子把"联绵字"分成双声的、叠韵的、非双声非叠韵的三类，每类转抄两三个例词完事。徐先生书里例词就更少了。是否理论好讲，事实难觅呢？

一分为二创造的"联绵字"如果有的话，受话人看到"2"无法准确猜出被分化的那个"1"本该是哪个"1"，所以那个"2"没有进入言语交际领域的"通行证"。不错，如果照徐先生的例证，"侏儒"是由"颣"一分为二而来的，有人看到"侏儒"也许会想到"颣"（就像徐先生所引朱芳圃的材料），却不料"侏儒"是个联合式合成词（参看郭万青2009）。再从说话人角度看，古今人说话都是为了把思想感情传达给受话人，谁会把单音词"一分为二"故意让人听不懂啊？受话人听不懂他"一分为二"创造的"联绵字"，他们的交际怎么进行下去？那个"联绵字"怎么传播开去并流传下来？b）切脚词是为适应特殊语境创造的。它具有隐蔽性、游戏性等特点，有的因其陌生化而使人产生幽默感，有的则以其隐秘性增强说话的安全性，一分为二创造的"联绵字"也有这样的生成机制和作用吗？c）切脚词不是信守派先行者所谓"一种特殊的构词法"创造的，也不是"汉语里特有的语言现象"，不能冒充"联绵字—双音单纯词"。上述三个方面的事实共同说明二者没有可比性。由此说来，把切脚词举为"联绵字—双音单纯词"的例证，其实是没有弄清切脚词的生成机制，不了解切脚词的特殊作用，同时忽视了合与分运动方向完全相反之事实，以至于事与愿违。换一个角度说，以切脚词证明一分为二说就是在否定"联绵字—双音单纯词"说。第三，谁也举不出标记某概念的三种变体——"重言—单纯词""双声联绵字—单纯词""叠韵联绵字—单纯词"，因为这不符合语言优胜劣汰之规律，任何语言中都不可能有这种现象。特别重言，正统的信守派学人是不把它们归入"联绵字—双音单纯词"的，因为它们的创造方法不为汉语所独有，重言不是"汉语里特有的语言现象"。例如，《现代汉语词典》《汉语大词典》《语言学名词》等权威工具书解释"联绵字"或"联绵词"都不包括重言。即使退一步说，一定要扩大"联绵字"的范围，一定要把重言包括进去，而一般汉语学著作论重言都包括叠音词和重叠词两类，怎样区别叠音词与重叠词却不只是理论上的事情。有些重言更不是学者用共时眼光一瞥就可以准确判断它是重叠词还是叠音词的。即使徐先生说的"重言"只指叠音词，但是从词源学角度讲，叠音词非拟声而来，即音译而来，绝无第三个来源。然而，哪种语言中不用拟声法和音译法造词？如果说叠音词也是"联绵字"，那么"联绵字"还是"汉语里特有的一种语言现象"吗？正统的信守派学者著作中不把重言作"联绵字—双音单纯词"看，大概就是出于上述原因吧。至于某些传统语文学著作中把"重言"归入联绵字，那是因为它们的"联绵字"实际上相当于现代语言学里面的"双音词"，与今天信守派学者的"联绵字"根本不是同一个概念。今之部分学者著作中经常拿传统语文学家的联绵字观念证明"联绵字—双音单纯词"说，其实是不清楚传统语文学与现代语言学存在本质区别的误会（参看沈怀兴2007c，2009b，2012b，2013b）。

综上所述，徐先生"一分为二"观点的提出缺乏可靠的根据，与信守派其他学者的意见一样，充其量还处在想象阶段。欲其成立，还需要继续证明。

二　"一分为二"法的理论依据靠不住

徐先生研究"联绵字"而提出"一分为二"造词法之观点，其理论依据大致说来不外乎三个方面。

一是汉语词汇复音化成因：为了避免同音混淆，必须由单音词向双音化发展。这个观点至今仍然是学界主流认识，但却不符合汉语史的实际情况（参看沈怀兴2013a：266—296），上文已经简单交代过，其余将在《汉语双音词研究的误区及出路》中继续考察交代。

二是索绪尔能指和所指的联系是任意的、语言符号是任意之说。徐先生书中没有明确提及这个依据，这是就学界主流认识而言的。如有人认为，既然语言符号能指和所指的联系是任意的，一个音节缓读成两个音节没有什么不可以，联缀两个声母或韵母相同的音节构成"双声联绵字—单纯词""叠韵联绵字—单纯词""双声叠韵联绵字—单纯词"更是求得连绵叠复之音乐美的需要，进而联缀任意两个音节构成"联绵字—单纯词"理应是语言发展的必然。① 其实，这些都还需要靠得住的证据来证明。人们只要不是先入为主、成见在胸，按照自己的说法或信仰把一个音节缓读成两个音节试一试，或者把两个有声韵联系的音节联缀成双音单纯词试一试，或者任意联缀两个音节构成双音单纯词试一试，看看自己能否理解它

---

① 关于这一类的认识，读者可以就近参看上一节所引马真教授的观点。

们是什么意思，也许就用不着争辩了。我们常说，虚妄的理论总是经不起实践的检验，语言研究不能只是凭空想象。索绪尔提出能指和所指的联系是任意的、语言符号是任意的之说是其理论建构的需要，说到底缺乏靠得住的语言事实的支持（参看沈怀兴 2013a：197—208），因为创说者忽视了这样一个朴素的道理：言语交际是双方的；说话人任意了，受话人不知道说话人任的什么意，言语交际就无法进行。或者换个角度说，语言表达过程中任意音义结合创造新词，不怕他需要表达的思想感情不被受话人理解吗？所以从词源学角度看，这"任意"压根儿就不存在。也可以拿我们每个人做个实验。我们从事言语交际过程中任意音义结合创造个"新词"，看会不会表达出我们要表达的特定认识，受话人又能不能顺利理解我们表达了什么意思，那样的话一切都不用争论了。近七八十年以来从事语言本体研究者因不能冲破共时论之迷雾[①]，而经常出现削足适履的现象，乃是不可避免的。

三是现代联绵字理论，特别是信守派学者倡导或维护现代联绵字理论过程中误解或曲解的一些古人理论。和信守派中的大多数人一样，徐先生捍卫并利用现代联绵字观念也喜欢援引古人理论做证据。并且与援引古人观点为证的多数信守派学者一样，始终是在误解古人观点的基础上援引的，所以到头来仍不免信守派学者著作中普遍存在的那种现象：观点明确，论据无力，有强古人以就己之嫌。[②] 如徐先生（1997：277—278）说："联绵字包括重言、双声和叠韵三类。每一个联绵字表面上都是两个字，是'2'不是'1'，但每个字只代表一个音节，本身没有独立的意义，自然也谈不上什么理据，不符合字的要求，只有两个字组合在一起、相互作为一个整体，它才能成为语言中一个有理据的最小单位，对现实现象进行编码，其性质相当于一个字，'联绵字合二字以成一语，其实犹一字也。'"与这段引文类似的话，徐先生书中反复出现，的确观点明确而一致，但是却始终没有给出可信的证据。例如在这里，徐先生援引王国维的

---

① 近二十年多来引进语法化理论从事汉语部分词的语法化研究者，情况好一些。但由于没有解决语言究竟是什么的问题，研究方法比较单一，所以语法化研究还比较机械。

② 部分学者著作中所引前人理论或错引，或误解，或曲解，无论如何也不能证明"联绵字—双音单纯词"说，其实这已经透露出"联绵字—双音单纯词"说的无根性了。

"联绵字合二字以成一语，其实犹一字也"（句中"以"，王国维本作"而"），证明他用来捍卫并利用"联绵字—双音单纯词"说的观点，却不知道王国维这话虽然被信守派学者反复称引，但它毕竟不支持"联绵字—双音单纯词"说。他的"成一语"不是成一个语素，与单纯词无关；"犹一字"也不是一个字。王国维的联绵字观念与今天信守派学者的联绵字观念截然不同（参看沈怀兴2007b，2012b）。因此，不管徐先生的基本观点如何明确、一致，都只是从脱离汉语实际的现代联绵字理论出发，并不能说明什么问题。其实，这是作者及所有信守派学人无法克服的困难，除非彻底放弃"联绵字—双音单纯词"说，彻底放弃现代联绵字理论。这里需要再次指出的是，徐先生书中喜欢援引前人理论观点为证，而不喜欢列举例词，比如这里就一个例词也没有。这是一个很值得注意的现象：他大概不是有靠得住的例词不举吧。徐先生举不出当其说的例词，谁能够举出呢？实际上谁也举不出，因为汉语里根本没有那样的词。

　　和其他同类著作一样，在没有可靠的语言事实做依据的情况下，书中（第278—282页）继续讲"联绵字—双音单纯词"形成的原因。并且与同类著作一样，也频频误引古人之说证明现代联绵字理论。如书中（第278页）说："联绵字的性质是临摹事物的状态，其中主要是'声'和'形'，所以是'双声叠韵之字，其义即存乎声，求诸其声则得，求诸其文则惑矣'（王念孙：《广雅疏证》卷六上）。钱大昕在《诗音表·序》中也说过类似的意思：'凡古人之以两字相续者，非有所本。古人皆以意造，或以其形，或以其声，皆肖之耳。'"[1] 作者这里连引两位清代学者的话来证明其观点，但都是在没有正确理解前人观点的基础上拿来的。如王念孙那话是说：具有双声叠韵关系的各字在文献中常通假，理解用了假借字的词时要注意破通假，其词义就存在于通假字所标本字之声中，所以根据通假字读音求得本字之义，就可以正确地理解文意；如果拘泥于通假字字形，就弄不清文意了。很明显，王念孙这里是在讲训诂问题，主张辨通假而因声

──────────

　　[1]　徐先生（1997：345）说："双声、叠韵和重言，表面上看是三种形式，而实际上是同一现象的三种变体：重言是同一个字（音节）的重叠，而双声和叠韵则是同一个音节向不同方向的延伸……联绵字的'2'是'1'的分化的结果。"这里讲"联绵字的性质是临摹事物的状态"，产生于"肖声""肖形"，这就构成一对矛盾，除非能够证明"肖声""肖形"把语言中固有的"1"肖出"2"而创造出一个联绵字。

求义，与徐先生所论"联绵字—双音单纯词"说没有任何关系，只能说是误解误引。但误解误引不是徐先生自己的事，更不是徐先生最早引用这段话，主流学者误解误引王念孙这段话者并不罕见，所以我们只好多费些笔墨把王念孙这段话串一串。

上引徐先生文中被称为钱大昕的那段话也有同样的问题，尽管讨论联绵字问题的其他学者著作里每见误解误引这段话。具体点说，徐先生所引钱氏的话有两误：一是作者有误。《诗音表序》是钱大昕的侄子钱坫自己写的，不是钱大昕写的。徐先生节引的话就出在钱坫的这篇自序中。钱大昕并没有为钱坫的《诗音表》另作序。这是《诗音表序》的作者有误。二是引文和理解都有误。钱坫的《诗音表序》原文是："凡古人之以两字相续者，非有所本。古人皆以意造，或以其形，或以其事，或以其声，皆肖之耳。"很明显，这样引录，即使不做任何解释，也没有人再相信钱坫这话可以支持"联绵字—双音单纯词"说了。徐先生漏引"或以其事"最令人费解：是否在信守派学者看来形与声均可"肖"，唯事不能"肖"，所以给省略掉了？因此笔者怀疑徐先生这里可能是转引的，而且没有核实原文，因为徐先生当不至于故意漏引以证其说，也不会亲见其文而将《诗音表序》的作者误作钱大昕。现在来看钱坫这段话的含义，其意思是说：大凡古人用两个字（语素/音节）创造出双音词来，也不是本着什么这标准那方法。古人都是根据自己对事物的认识造词的。他们造词有时根据所识外物之形，有时根据所识事物间的联系，有时是模拟外界的声音，都只是取其近似而已。这样说来，钱坫那话就跟信守派学者的"肖声""肖形"没有关系了。看来，信守派学者是把钱坫的"肖"给误解了，又发现"事"不能"肖"，于是省去了"或以其事"。

的确，此前不乏以钱坫之说为依据解释联绵字之生成的。只是传统语文学家说的"联绵字"是指双音词，不似今之信守派学者只指（汉语中不存在的那种）单纯词。这一点，前面已经反复讲过了。现在再补充一句：现代语言学家也有这样做的。例如王力先生《中国语法理论》（1944）中说的拟声法和绘景法很可能受了钱坫之言的影响，只是此时他的联绵字观念中尚无"联绵字—双音单纯词"说的影子罢了（参看沈怀兴2009a）。

徐先生力主古人用"肖声"法和"肖形"法创造"联绵字—双音单纯

词"，书中反复强调这一点，并且不忘援引传统语文学家的某些说法证明这一观点。但是，遗憾的是徐先生对前人之说的理解与前人本意无关，他似乎不知道古人理论实际上不能证明他所谓古人用"肖声"法和"肖形"法创造"联绵字—双音单纯词"的观点。如书中（第346页）又说："联绵字是因'肖声'和'肖形'的需要而产生的，因而不同的人可能因'肖'的差异而呈现出差别，致使一个联绵字在文献中没有固定的写法，少的有几个，多的有十几个，甚至二十几个，'侏儒……短也'条可以清楚地说明这个问题。对于这种现象，刘师培曾有过如下的解释：'惟所用骈词，往往义同字异。推其原因，则以骈词之中，或无正字，同音之字，取义必同。故字异音同，均可通用，名曰异文，实则同义……古代文词之骈字，虽因文而殊，然其音极近，其义亦必相同，不必泥于字之同异也。'"徐先生这段话继续坚持"肖声""肖形"创造"联绵字—双音单纯词"的观点，并且列举了一条语文根据和一条理论依据。其语文根据固不当其说，前面已有说明，后文还有相关考察讨论。其理论依据是传统语文学家刘师培之说。这在没有"联绵字—双音单纯词"说之成见者看来一定很奇怪：刘师培这段话近似大白话，畅晓易懂，没有歧义，本来与"联绵字—双音单纯词"问题一点边儿也沾不上，信守派学者怎么可以拿这话来证明其"肖声""肖形"说，进而证明"联绵字—双音单纯词"说呢？所以这里不能不再费点笔墨串一串刘师培的这段话。其意思是说：在文献中，同一个双音词往往有不同的书写形式。推究造成这种现象的原因，就是双音词之中有的没有正字，用了读音相同的字，不同书写形式表义一定相同。所以不同的字，只要读音相同，皆可通用，名为异体词，实际上含义是相同的……古文里的双音词，虽然同一个词在不同文章里有不同的写法，但是其读音十分接近①，它们的含义也就一定相同，读书人不必拘泥于其书写形式是否相同。窃以为不是被现代联绵字理论严重束缚的学者，对刘师培这段话应该不会有什么阅读障碍。但是当今学界不迷信现代联绵字理论的人极少，所以如果有人阅读刘氏这段话有障碍，大概只有"骈词之中，或无正字"一处。这一处向有争议，信守派著作认同，尽管给误解了，非

---

①　刘师培前面讲同音，这里讲其读音"极近"，其实都是在讲训诂学的老路子——同音近音相通假问题，与"肖声""肖形"没有任何关系。

信守派著作中予以批评（参看杨黛、咨津 1986）。其实，刘师培这话还是比较客观的，关键是要进行客观的理解。他只说文献中有的双音词没有正字，没有说所有双音词都没有正字。在没有社会统一制定文字规范的历史时期，这么说还是符合实际情况的。即使现在，国家为汉字规范化积极做了五六十年的工作，文献中仍然存在一些异体词。不过，即使刘师培这话没有错，仍不能支持"联绵字—双音单纯词"说。第一，传统语文学家笔下的"骈字"（或"骈词"）一律指双音词，没有任何一家指双音单纯词（参看沈怀兴 2007c，2012b），刘师培也不例外。第二，刘师培说"骈词之中，或无正字"，但是没有说没有本字。有些词已经找不到本字了，那是研究者功力是否达标与研究资料是否丰富的问题，不是研究对象亦即语词本身的问题。刘师培的话与部分学者经常引用的朱郁仪的话、方以智的话、王念孙的话、钱坫的话、王筠的话、王国维的话、朱芳圃的话一样，都不支持"联绵字—双音单纯词"说。

那么，为什么信守派著作中会经常拿明清两代与民国时期的传统语文学家一些不相干的话来证明"联绵字—双音单纯词"说呢？信守派学者研究联绵字，由于戴上了"联绵字—双音单纯词"说的墨镜，既没有真正搞清楚字与词的区别（平时总是机械地理解"文字是记录语言的书写符号"之说），又不肯下力气求本字，具体研究中经常把文献中用字现象与构词现象混为一谈，这些是其主要原因。其次，由于现代联绵字理论之成见在胸，一心证成其说，所以凡所遇到古人话语，多不求甚解，便一厢情愿地拉来作"联绵字—双音单纯词"说的理论依据，结果经常似是而非，事与愿违。还有，文化断层也是一个不可忽视的原因。数十年以来，汉语研究忙于与国际语言学接轨，实际上主要是在民族虚无主义思想主导下做些数他家之典忘自家之祖的工作，结果令部分学者连简单的国学文献也读不懂了。特别是中经几十年的反传统，而今又说继承民族优秀文化传统，古书读不懂了，怎么继承"优秀文化传统"？这也是信守派学者引古书作证而经常出错的原因之一。

由于"联绵字—双音单纯词"说没有可靠的语言事实做基础，主流学者没有看到这一点，却自觉以现代联绵字理论为依据研究联绵字，尽管时刻注意其基本观点前后一致，但是，细节之处却难免出问题。徐先生的联绵字研究也表现出同样的特点（参看后文第四部分）。这是因为，要使其基本观点前后一致，只要顺着现代联绵字理论的主张不断发挥，一般不会出大问题；而越是细节处越贴近语言事实，越容易表现出不支持现代联绵字理论的特点。这正是巧妇难为无米之炊；必欲"炊"，则必事与愿违。所以多年来的联绵字理论及实践问题研究使笔者在不少文章里反复强调这么一句：考察"联绵字—双音单纯词"说及相关理论，只要考察持论者的论据与论证方法就可以了，不要管他们那些五花八门的理论观点。没有可靠的语言事实支撑，不管怎样新鲜的理论观点都不能成立。

三 "一分为二"法的事实依据靠不住

徐先生研究语言长于理论构思。他对汉语语言学的理论贡献有目共睹。他捍卫并利用现代联绵字理论同样注意在理论建设方面下大力气，前面考察讨论中抄录了徐先生书中部分理论构想的文字，略见一斑。与徐先生其他研究不同的是，他在捍卫现代联绵字观念方面的理论构想是不成功的。这只能说明：此路不通；怎样顶级的理论家也救不了"联绵字—双音单纯词"说的驾，因为它完全脱离了汉语实际，同时也说明语言研究归根结底还得靠事实说话。

但是从表面上看，徐先生捍卫并利用现代联绵字理论不太注意语言事实的挖掘。书中举语言实例为证者少得很，而且基本上都是二手材料。然而，换个角度看，只要对现代联绵字理论略作客观考察，人们就会发现，徐先生的做法大概是不得已的事情。也许在他看来与其自己费大力气找不到可靠的语言事实作证据，不如选用那些看上去还算差不多的二手材料；同时二手材料也不能多选，选多了就会出问题，就可能因此前功尽弃。所以徐先生选用二手材料时较为慎重，以致选用的语言材料特别少。出现这种情况，在没有现代联绵字理论之成见者看来，徐先生完全没有必要力挺现代联绵字理论了。但是徐先生从学生时代被灌输的就是现代联绵字理论，工作环境中又多有力挺现代联绵字理论者，并且他们在联绵字问题研究中看上去多有建树，于是耳濡目染，不知不觉间习非成是，久已对现代联绵字理论深信不疑了。而今又出于理论建设的需要，所以就把主要精力用到理论构想上去，以弥补语言事实之不足了。

徐先生书中用的语言材料有以下几种。一是前面引录的"颜，'缓言之，则为侏儒，故短谓之侏儒，又谓之颜'"。正如前面所说，"侏儒"是个联合式合成词（参看郭万青2009），不是"颜"缓读而成的单纯词，不支持徐先生的理论观点。

不错，徐先生（1997：280—281）还引了《广雅》"侏儒……短也"条下王念孙疏证的数百字，其中有"侏儒"的数条同源词。这些同源词，徐先生凭借它们坚定了自己的观点。其实那也是误会：既然"侏儒"是联合式合成词，那么同源的其他词就不需要——证明了。至于王念孙疏证中讲"语之转也"，那是音变问题，与徐先生"一分为二"之说也没有关系。

二是前面引录的徐先生为证明其"联绵字是因'肖声'和'肖形'的需要而产生的，因而不同的人可能因'肖'的差异而呈现出差别，致使一个联绵字在文献中没有固定的写法，少的有几个，多的有十几个，甚至二十几个"之说而列举具有多种书写形式的"侏儒"为例①。其实，不管"侏儒"有多少种书写形式，都不能改变它的内部结构方式，都不能改变它合成词的本质②。但是我们不能不承认，"不同的人可能因'肖'的差异而呈现出差别，致使一个联绵字在文献中没有固定的写法"的观点不限于徐先生，信守派中不少人都是这么认识的，甚至早已成了"学界共识"，被写进汉语学知识词典里了（参看杨剑桥2003：345—346），所以这里不是只辨明"侏儒"一词就可以了事的，还必须考察问题的根源。否则，读者会想：只是例词"侏儒"不当，不能遽然否定"不同的人可能因'肖'的差异而呈现出差别，致使一个联绵字在文献中没有固定的写法"的观点，因为也许还有别的词可以支持他们的观点呢。

---

①　徐先生书中常用"侏儒"这个例词，但前后用途不同，亦即或用"侏儒"来证明"一分为二"说，或用"侏儒"来证明"肖形"说。然则读者不免产生困惑："侏儒"到底是"一分为二"而来的，还是"肖形"而来的？其实，"侏儒"既不是"一分为二"而来的，也不是"肖形"而来的（参看郭万青2009）。

②　徐先生书中其他地方也多用"侏儒"作"联绵字"例词，说明"侏儒"被看作典型的"联绵字"了，却不料它是个合成词。同类的例子如《现代汉语词典》，从1965年出试用本解释"联绵字"用的那六个例词，直到2012年立"联绵词"为正条，照旧使用，其间连《汉语大字典》解释"联绵字"也抄去了它五个例词，还被数不清的人抄来抄去，却不料它们都是合成词（详见第三章第一节）。这说明，从现代联绵字理论出发做研究始终过不去语言事实这一关，信守派"联绵字"研究工作中备受折磨的则是一例难求。

其实，这种观点的形成与没有弄清楚以下两个事实有关。第一，就语言实践来看，"肖形"不同于"肖声"，"肖形"不会肖出双音单纯词来。这是因为语言凭声音传递信息，任何物品可见之形都无声可"肖"（例如碗深碟子浅是看到的，不是听到的）。声音有持续性特点或持续中又有变化之特点者，入于耳，会于心，拟之可得复音单纯词，且不止双音单纯词，如嗡嗡、隆隆、咔嚓、噗通、稀里哗啦、叽里咕噜、噼里啪啦等。另外，还有一些拟声命名的复音词，也是单纯词，如蝈蝈、知了、蛤蚧、吉弔、鹧鸪、鹡鸰、仓庚、吁吁嘿、吖呼嘟（一种秋蝉）等。然而，任何物品之形均由人的视觉器官所认知，物之形名必由"视觉思维"所见物之焦点反映而来（参看［美］鲁道夫·阿恩海姆 1987：154—162），因而语言中反映事物之形名的根词多是单音词。随着认识的发展变化，反映事物分类之认知成果的新词则一定是合成词，而不会是复音单纯词。也就是说，"肖"派学人所说的"肖声"的"肖"是模拟，"肖形"的"肖"只能是描绘，这两个"肖"的含义应该有所区别方可说得通。一旦笼统含混，区别不清，如果读者让我们用"肖形"法"肖"出个双音单纯词来的话，就不好办了。因此，我们必须牢牢记住，凡肖声而来的复音词都可能是单纯词，只是正统的信守派学人无法承认它们是"联绵字—双音单纯词"而已；凡肖形而来的复音词则一定是合成词，绝不会是所谓"联绵字—双音单纯词"。这里面需要真正弄清楚促进汉语词汇复音化发展的原因，问题比较复杂（参看沈怀兴 2013a：266—296）。第二，造词与用字标记词不是一回事。徐先生所谓"不同的人可能因'肖'的差异而呈现出差别，致使一个联绵字在文献中没有固定的写法"云云，大概是以一般词都有固定的写法为立论根据来说的，但那只是假设。实际上，如果同样站在后世共时的立场上看历史的积淀，则可以看到这样的事实：汉语中一般复音词都有多种书写形式。所以从根本上看，信守派学者以多种书写形式证明"联绵字—双音单纯词"说是一个极大的误会，是混淆了造词与记词之别的误会，是忽视了时地差别的误会。造词只有一次，用字标记词语可能会因时代、地域之异而有所不同，有时甚至因人而异，所以一词多形（即多种书写形式）是常态。书面上存在大量异体词的根本原因，就在于字是记录词的书写符号，而且历史上多有音变字易现象，现实中也经常发生随音记字之事实。其间还有通假字、后起字、讹字之类，都会使一词具有多种书写形式。人们不否认这些事实之存在的话，就可以肯定地说，任何语词有多种书写形式都与部分学者习惯说的"肖形"没有关系。如方以智《通雅》辑谜语 534 组/条，只有拟声而来的 14 组/条可以肯定是单纯词。但是下余的 520 组/条中，笔者已经考见 486 组/条是合成词或词组，而且都有少至 2 个多至 32 个不等的变体，连词组"一箦"等和 37 条派生词也都有多种变体（详见沈怀兴 2015）。如果我们一定要坚持用"肖声"法和"肖形"法创造"联绵字—双音单纯词"的观点，坚持"不同的人可能因'肖'的差异而呈现出差别，致使一个联绵字在文献中没有固定的写法"的看法，对《通雅》所辑谜语中 91％以上是合成词或词组但都有多种书写形式的现象则无法做出合理的解释。近人朱起凤《辞通》所收全部具有多种书写形式的双音词也都属于这种情况。

　　或许有人会问：既然方以智《通雅》中所辑谜语个个都有多种变体，你是怎么知道它们中 91％以上是合成词或词组的？答曰：通过求本字的方法①。有些谜语虽有多种变体，一眼就可以看出何为本字，自然很容易弄清楚它的语素构成情况。有些谜语几种变体中孰为本字一时看不出，就用历史考证法来考一考，问题也不难解决。至于有些谜语，受资料限制，暂时不能考见其本字，无法判断其语素构成情况，那就留待以后继续考察好了。方以智《通雅》所辑三卷谜语中，待考的谜语还有 34 条（参看沈怀兴 2015）。但可以肯定，要弄清楚它们的身份，仍然需要坚持历史主义求得其本字，真正弄清楚其造词理据，让事实说话。绝不能一遇到不明其语素构成情况的双音词，就从现代联绵字观念出发，乱点鸳鸯。虽然也有人辅以"肖声""肖形"之类的说辞，但那是打偏了靶子，归根结底不仅不能解决问题，而且还会把汉语词汇研究引向科学的反面。清代龚道耕《诗音表斠

---

　　① 还要辅以考察造词或用词手段的方法。有些词，即使考见了本字，也还不能马上看出它的结构特点。这时候就要看它最初是否由隐喻造词或换喻造词而来，或者所看到的某义是否由隐喻用法或换喻用法而成。只要文献材料充足，做了这些工作之后，一般双音词的造词理据就弄清楚了。部分学者所以习惯把他们不明其语素构成情况的双音词拿来证明"联绵字—双音单纯词"说，问题就出在没有对那些双音词进行求本字等上述工作。有些谜语，凭其构词特点，但一眼就可以看出是合成词，连求本字的工作也省了，例如方以智《通雅》中收录的那 37 组派生词谜语。还有些谜语，是再明显不过的词组（其中二字的、三字的、四字的都有），也无须求本字。因此，真正需要求本字才能验明其正身者，实际上不足四分之一。

后记》曰："夫古人所称小学者有三，文字也，声音也，训诂也。舍文字而言声音，是谓数典而忘祖；离声音而言训诂，是谓伐支而失原。"龚氏之言，至今对研究汉语（特别研究联绵字问题），仍然具有重要的指导意义。

另外，近半个世纪以来，国家有关机构整理的异体词中绝大多数是合成词。这也不支持部分学者以多种书写形式证明"联绵字"是双音单纯词的做法，同时也不支持某些学者认定"联绵字"是由"肖声""肖形"而来所以有多种书写形式的观点。

不错，对同一事物，不同的人"肖"亦即描绘其形时可能有所不同。但是，那样的话必然会产生不同的词，即所谓一物多名。如玉蜀黍，或因其果实如碎玉，且如米之可食，故谓之"玉米"；或因其果实如米之可食，且包在萼里，故谓之"包米"；或因其谷物可食，且包在萼里，故谓之"包谷"；或因其果实形如棒头，故谓之"棒子"；等等。"玉米""包米""包谷""棒子"等都是玉蜀黍的异名，都是不同的人"肖"其所见之形而命名的，都是不同的词，而且都是合成词，没有一个是信守派学人推定的那种"联绵字—双音单纯词"。

三是徐先生书中（第 348 页）引用《中国语文》1993 年第 3 期发表的一篇探讨叠韵联绵字统谐规律的文章中的例词为证，讨论确定联绵字的标准问题。这些例词是烂漫、谩谰、婆娑、盘姗、娑婆、澶漫、彷徨。原作者和引用者也许不知道这 7 个"联绵字"中，前 6 个词都是联合式合成词。最后一个"彷徨"问题多一些，前面第三章第二节考见它是个偏正式合成词。由此看来，二手材料看上去好用，顺手拈来就可以了；但却往往不中用，不能证明其观点，尽管这与那种脱离汉语实际的观点根本无法证明有关。特别是那些从现代联绵字理论出发做研究所发生的二手材料，使用前有必要进行具体考察，确证可用再用。前辈著名学者中有一位顶级学者传授其治学经验：一靠理论，二靠方法。笔者始终怀疑这一主张中缺了一种最主要的东西——材料，切实可靠的材料，经得起检验的客观材料。徐先生立论靠二手材料，且未予甄审，最终也栽在了二手材料上面，就充分说明了这个道理。

四是徐先生（1997：344—345）引用 1986 年一篇硕士论文《〈文选〉联绵字研究》中的统计数据，证明汉语史上"双声、叠韵联绵字的创造和使用"情况，说这篇硕士论文研究发现"三分之二的双声、叠韵联绵字都是在先秦以后的中古时期产生的，总数约计 820 余条"。这在没有现代联绵字理论之成见者看来，实在过于轻率了。事实告诉我们，不管统计任何书里的"联绵字—双音单纯词"，都必须首先具有能够准确地判断联绵字语素构成情况的方法和能力，而不能只是现代联绵字理论之成见在胸，举一些自己不明其语素构成情况的双音词做例词就可以解决问题的；更不是只给出个数字，连一个"联绵字"的具体考辨过程也不给人看就可以完事的。不错，研究者可以把经过具体深入的考察结果用一句话公布出来。但前提是必须有具体深入的考察过程。比如公布某"联绵字"本是联合式合成词，不管谁考察都可以得出这一结论；公布某"联绵字"本是偏正式或动宾式合成词，不管谁考察都不会得出其他结论；等等。否则，只给出一个数字怎么行啊？

时至今日，学者在联绵字问题研究中已经走了半个多世纪的弯路，汉语词汇研究已经乱到极点，就更应该注意上述问题了。必须牢牢把握这样一个原则：研究语言，必须站在语言角度看语言，而不是站在研究者角度看语言。道理看似很简单，但是，脱离汉语实际的"联绵字—双音单纯词"说之所以产生、发展并且长期盛行，原因之一就是越来越多的研究者习惯站在自己角度看语言。并且发现问题之后不知反思，却通过曲解王念孙连语不可分训说，造出"联绵词不可分训说"之类，还有什么联绵字语素融合说、复合词蜕化说之类，看似新见迭出，令人眼花缭乱，实则在错误的道路上越滑越远，以致"成果"越丰富，越是远离了汉语实际。这是数十年来咱们从事联绵字问题研究的深刻教训，不仅我们这一代要牢牢记住，后世学者也应该了解这些事实，以避免继续发生这类掩耳盗铃的傻事。

十几年以来，笔者穷尽式地考察了研究联绵字问题的著作，发现联绵字语素判断问题是个至今尚未解决的难题。就连顶级学者吕叔湘先生（1979）也感到无奈，发出"辨认语素跟读没读过古书有关系。读过点古书的人在大小问题上倾向于小，在异同问题上倾向于同"的慨叹。就连《现代汉语词典》《汉语大词典》《语言学名词》等权威辞书谨遵"联绵字—双音单纯词"说解释"联绵字/词"，也没有举出一个靠得住的例词（详见前面第三章各节）。这些事实足以说明此前主流学者的"联绵字"判断都只是在现代联绵字理论的误导下乱点鸳鸯。现在徐先生举1986年一篇硕士学位论文中的联绵字统计数据为证，读者不清楚那篇硕士学位论文《〈文选〉联绵字研究》的作者是怎么从《文选》中准确地辨识出"联绵字—双音单纯词"来的。据此，是否可以怀疑徐先生研究联绵字问题只是从久已流行的"联绵字—双音单纯词"说出发的？

　　但是，学术研究必须靠证据说话，只是"怀疑"不能解决问题。所以在看到徐先生报道汉语"联绵字"发展状况而举1986年那篇硕士论文中的联绵字统计数据为证之后，笔者详细考察了那篇硕士论文之作者的研究方向和相关研究成果。发现那位作者硕士毕业以后留校，主要从事行政工作和对外汉语教学工作，她所发表的不多的文章中有关"联绵词"研究的论文共五篇：《〈文选〉联绵词的训释问题》（载《昭明文选研究论文集》，吉林文史出版社1988年版）、《论余音联绵词》（载日本女子大学人文社会学会《人文论丛》1993年总第41辑）、《〈文选〉联绵词的语义问题》（载《传统文化与现代化》1996年第3期）、《〈文选〉联绵词语用类型分析》（载《〈昭明文选〉与中国传统文化》，吉林文史出版社2001年版）、《〈说文〉中的联绵词训释与许慎的联绵词意识》（载《纪念王力先生百年诞辰学术论文集》，商务印书馆2002年版）。其中有的文章，我们是通过文献传递弄到手的。通读这些论文，我们发现其作者与信守派其他学者一样，统统是从现代联绵字理论出发，而不是从语言事实出发；尽管她显得比较谨慎，但实际上连考察联绵字造词理据的意识也没有，所举"联绵词"都是她自己不明其语素构成情况的双音词。有时候只出数字，连个具体的例子也没有。她的文章中也有不少地方援引古人之说证明其观点，但这些例子明确地告诉读者：她没有读懂它们，它们实际上都不支持她的观点。只是这种情况在信守派学者著作中普遍存在，不是某个人特有的罢了。然而，徐先生用这篇硕士论文的结论支撑自己的观点，使用证据材料如此轻率，就只能说明其研究联绵字问题是从"联绵字—双音单纯词"说出发的了。不过，这也不能尽怪徐先生，因为只要从"联绵字—双音单纯词"说出发做研究，谁也找不到有力的证据，因为汉语里根本没有能够支持他们观点的证据。

　　上面简单考察了徐先生捍卫并利用"联绵字—双音单纯词"说所举四

个最受器重的例证，发现它们都不能支持"联绵字—双音单纯词"说。特别是"侏儒"，先被用来证明"颡"缓言之而来，又被用作"不同的人可能因'肖'的差异而呈现出差别，致使一个联绵字在文献中没有固定的写法"之说的证据，一分为二的"缓言"说与"肖"说的矛盾没解决，却没想到它是个联合式合成词，真是把作者徐先生给害苦了！本书考察徐先生联绵字问题研究的情况，不是针对徐先生的。只是希望通过考察徐先生这位顶级学者捍卫并利用现代联绵字理论的情况，进一步揭示现代联绵字理论的本质特点。今谓上述四例足以说明问题，其他小问题就不讨论了。

四　"一分为二"说的论证方法有问题

徐先生"一分为二"说是在"联绵字—双音单纯词"说盛行已久而且汉语语音系统简化促进词汇复音化之说仍占主导地位的情况下提出的。在对这样两大至关重要的理论缺乏深刻的研究和理性的认识之前，徐先生像其他信守派学者一样，把它们作为不刊之论，据以提出"一分为二"说，其实是一种冒险。于是便出现了这样的现象：倡导"一分为二"说，不仅很难找到当其说的例词，即使很少的例证也无一靠得住，而且找不到可靠的理论支持，特别援引古人之说全部是在误解的情况下使用的。徐先生在没有可靠的理论依据与语言事实支持的情况下，只是凭着流行的"联绵字—双音单纯词"说提出"一分为二"说，又是用了怎样的论证方法给"一分为二"之说描绘出一副科学的面孔并且赢得了部分读者的呢？一个最有利的条件首先是字本位理论。字本位理论乃徐先生所创，在出版《语言论》(1997) 时刚提出几年，一般人不太熟悉。不难设想，如果徐先生的"一分为二"说不是借助于一般人不太熟悉的字本位理论，未必有多少人认同。一般读者自幼读结构主义语言学思想方法指导下写成的汉语学著作，对字本位著作，读一遍往往理不清头绪。读到"一分为二"说部分，由于比较熟悉书中所依附的现代联绵字理论[①]，今有"一分为二"说的支持，便更对

---

① 从提出"一分为二"说和发展字本位理论角度说，是依附现代联绵字理论。为了证明"一分为二"说，书中反复强调现代联绵字理论的科学性，突出表现了一位信守派学者的顽强和执着。从"一分为二"说的提出为"联绵字—双音单纯词"说又扎上一根看似"粗大的根"的角度看，则是捍卫现代联绵字理论。

"联绵字—双音单纯词"说深信不疑了。笔者曾经向汉语言文字学专业的研究生介绍徐先生的《语言论》，希望他们认真研读这部书。尽管事先告诉他们读到谈论联绵字问题的内容时多留点神，但多数同学仍倾向于书中倡导的"一分为二"说。不过，字本位理论不是本书研究的重点，暂且放下。上面的话只想提醒读者读到徐先生书中谈论"一分为二"说和联绵字问题时，暂不必考虑字本位理论问题。这样以来，考察徐先生书中论述"一分为二"的内容时，就会看得更清楚一些，因此收获也会更大一些。

读者首先会看到，徐先生书中尽管基本观点前后一致，但不支持其基本观点的细节却很不少。如书中反复强调汉语编码体系的结构不平衡性促使其结构格局调整，从而产生"联绵字—双音单纯词"。如果这一观点能够得到确证的话，不仅"联绵字—双音单纯词"说有根，而且与之相关的一些理论问题也可以得到解决。但是，徐先生的观点虽然鲜明独到，行文中却前后出现了不可调和的矛盾。如徐先生（1997：343）说："字义的功能负荷已经到了极限，需要对'1个字·1个音节·1个概念'的格局进行一些必要的调整。总之，不管是宏观的结构不平衡，还是微观的结构不平衡，都需要冲破单字格局'1'的限制，要求采用字组以改进编码的方法。但这种改进必须有内在的基础，不能是人为的'革命'。汉语有这种内在的基础，这就是联绵字的结构。"该书中（第343—344页）又说："联绵字包括重言、双声和叠韵三类，都是两个字表示一个意义，形成'2个字·2个音节·1个字义'的结构形式，与字、音节、字义三者一一对应的格局不一致。这里的'2'实质上是'1'的一种变体，但在语言发展中它却成为突破单字结构格局、诞生字组、形成双字格局的过度环节和桥梁。"该书中（第348页）也说："联绵字的'2'是'1'的分化，是'1'分化为'2'的结果。它是单字编码格局因理据性编码的需要而产生的一种变体；虽然是变体，但在汉语编码格局的调整中却产生了巨大的作用，为双字编码格局的形成和发展开辟了前进的道路。"这些观点都很明确，但是却没有给出可靠的证据和必要的证明。反复读过徐先生书中的论述之后，不难看到徐先生对发表这些明确的观点并没有足够的底气，因为书中不仅没有让读者看到可靠的论据和可信的论证，而且时或出现矛盾。如该书中（第340页）说："汉语的基本结构格局是'1个字·1个音节·1个

概念'的一一对应，但联绵字却又是'2个字·2个音节·1个概念'，是
'2'对应于'1'，等等。这些结构的不平衡不能不影响语言的演变。"这
么说，是不是可以理解为"联绵字—双音单纯词"的产生引起了汉语结构
的不平衡性？否则，这里的"结构的不平衡"指的是什么呢？如果是这样
的，岂不与前面所引徐先生的观点相矛盾？可是，上引矛盾着的观点，书
中没有哪一处给出可信的证明，读者就只能对它们持保留态度了。这是我
们理解有误呢，还是徐先生一时不慎造成的，或者本来就是无法调和的矛
盾？看来，所谓语言本体论的"结构不平衡性"云云，难为确论。

　　又如，该书中（第345页）引一篇硕士论文《〈文选〉联绵字研究》
（1986）中的统计数据说："诏、文、启、奏、对这些文体则一个联绵字也
没有见到。这里，赋的联绵字超过总数813条的一半以上，说明它比较适
合这种文体的崇尚高雅、追求形式美的需要。"而该书第346页却说："随
着优秀文学作品的影响的扩大，这种植根于口语的联绵字就会成为一种相
当固定的形式，流传给后世。"通常，信守派学者总爱说"联绵字"出自
天籁，发自口语，说明第346页说"植根于口语的联绵字"亦即联绵字本
来植根于口语是有根据的。但是，前面却说联绵字"比较适合这种文体的
崇尚高雅、追求形式美的需要"。读者不禁要问：赋是口语写成的？再说，
现在信守派学者著作中列举的"联绵字"都是"崇尚高雅、追求形式美"
的赋这种"优秀文学作品的影响的扩大"流传下来的？同时，有什么证据
能证明那篇硕士论文《〈文选〉联绵字研究》判定的"联绵字"都是"一
分为二"法创造的？如果这些最基本的问题也得不到合理的解释，就只能
说徐先生的论述顾此失彼。

　　还有，徐先生书中明确的观点也许可以让读者收到一种醍醐灌顶之快
感。但是当读者看到独到的观点却不见必要的证明，自己又无法给了有效
的证明时，就可能会产生百思不得其解的困惑。如徐先生（第277页）
说："理据性的一种重要表现形式就是直觉性，人们能够比较清楚地意识
到音义之间的理据性关系。……可以说，联绵字是理据性编码机制的一种
活标本。"单看这段引文中省略号前面的文字，当然没有问题，因为这是一
般人都知道的常识。但是，如果拿省略号前后的判断对照一下的话，其矛
盾就很容易暴露出来了，除非有人能够证明"联绵字—双音单纯词"具有

理据性,证明它"重要表现形式就是直觉性,人们能够比较清楚地意识到音义之间的理据性关系"。然而,徐先生书中却没有让人看到这样的证明,我们自己因为无法找到"一分为二"的"联绵字",所以也无法给予证明。

这类例子较多。如徐先生(1997:344)说:"对双声、叠韵联绵字的性质的认识比较晚,两汉时期的训诂学家还把其中的每一个字都当作有独立意义的单字看待,不知道它们只相当于一个音节的单字。宋齐之际,这种情况才发生变化,开始具体讨论联绵字。但是,理论上的'无知'一点也没有妨碍人们对双声、叠韵联绵字的创造和使用,使它们随着'赋'这种文体的兴起而有了一个很大的发展。"这段话中,"但是"前面的观点十分重要。如果得到确证,整个中国语言学史也许需要重写了。但是书中对此也没有必要的证明,读者也无法代以补出可靠的证据,这就难免陷入困惑之中了。如读者可能会根据常识发问:第一,训诂是什么?训诂学家是干什么的?汉代去古未远,如果那时的训诂学家把"联绵字"的"每一个字都当作有独立意义的单字看待"是错误的,为什么统统那么做,而没有一个不"错"的?他们解释"联绵字"的目的不少时候在于明经通史,如果无一例外都解释错了,向后数百年间竟无人觉察,直到"宋齐之际"才被人发现,从而开始改变这种状况,这可能吗?不错,到了方以智、黄生之后,确实不断有人批评前人"拆骈为单",但那只是个别场合,总体上看他们对前人绝大多数的解释还是肯定的,特别是批评汉代注家者极少。并且,即使对个别地方有批评,也主要限于古代注家给部分同义语素并列构成的双音词之上下字作出不同的解释者。批评家们的"不可分训"之类的说法绝不支持"联绵字—双音单纯词"说,传统语文学家笔下的"骈字"无一指双音单纯词。第二,"宋齐之际……开始具体讨论联绵字"的证据是什么?信守派学人都习惯到古人著作中为"联绵字—双音单纯词"说寻找根据,但是却很少有到宋元之前的文献中搜寻证据者。有的话,也主要集中在对荀卿"单不足以喻则兼"之类话的错误理解上。现在徐先生说"宋齐之际……开始具体讨论联绵字",如果能够找到可靠的证据,的确是一个很大的发现。但是,关键是要拿出证据来。无征不信,是传统语文学家的信条,也是我们研究现代联绵字理论问题十几年以来感受最深的一点。

至于上引徐先生话中"但是"后面的观点,虽然给出了证据,亦即前面提到的那篇硕士论文《〈文选〉联绵字研究》（1986）给出的"联绵字—双音单纯词"的统计数据，但是那个证据其实是靠不住的。这个问题前面已经交代过了，不再重复。另外，这里说："理论上的'无知'一点也没有妨碍人们对双声、叠韵联绵字的创造和使用，使它们随着'赋'这种文体的兴起而有了一个很大的发展。"但是只隔了一页，到第346页却说"植根于口语的联绵字"云云，前面已经指出，那是矛盾的，除非有人能够证明以铺张扬厉著称的汉赋是用口语写成的。

又如徐先生（1997：348—349）说："联绵字是汉语中理据性编码机制保存得最好、表现得最清楚的结构单位，印欧系语言中只有象声词之类的理据性可以与此相比拟。人们可能会说：象声词之类的结构单位在不同的语言中都是有理据的，都是对现实现象的临摹性摹写，为什么要把汉语联绵字看成为汉语的一种理据性的编码机制？不错，各种语言中的象声词都是有理据的，但它不能成为一种有效的编码机制，即不能成为一种能产的结构模式变成语素组合成词的结构框架。汉语的联绵字却不同，它是汉语理据性的编码机制从非线性向线性转移的过渡环节，是'音'与'义'相互转化的一种桥梁。"在这段引文中，徐先生提出"联绵字是汉语中理据性编码机制保存得最好、表现得最清楚的结构单位"的观点[1]，并且认为"印欧系语言中只有象声词之类的理据性可以与此相比拟"。如此鲜明独到的观点，一般书里是读不到的。所以读者很可能会问："何以见得？"这一点作者可能早就意识到了，于是代读者发问："象声词之类的结构单位在不同的语言中都是有理据的，都是对现实现象的临摹性摹写，为什么要把汉语联绵字看成为汉语的一种理据性的编码机制？"这个问题真是提到读者的心坎儿上了。可惜，徐先生给出的答案却是："不错，各种语言

[1]　这个观点无疑最有诱惑力，但却无法证明。例如，果真"联绵字是汉语中理据性编码机制保存得最好、表现得最清楚的结构单位"，《现代汉语词典》《语言学名词》等权威辞书解释"联绵字/词"，为什么会错拿合成词来充当其所谓"双音的单纯词"例词呢？编写者们为什么不用"理据性编码机制保存得最好、表现得最清楚的结构单位"做例词？又如其他信守派学者著作中也总是列举不明其语素构成情况的双音词充当"联绵字/词—双音单纯词"说的例词，为什么不用"理据性编码机制保存得最好、表现得最清楚的（联绵字）"充当例词？再如徐先生书中把"侏儒"作为典型的"联绵字"，多次在不同场合举它为例，它是否"是汉语中理据性编码机制保存得最好、表现得最清楚的结构单位"？是的话，它却是个联绵式合成词，怎么解释？不是的话，为什么常举它这个典型的"联绵字"？

中的象声词都是有理据的，但它不能成为一种有效的编码机制，即不能成为一种能产的结构模式变成语素组合成词的结构框架。汉语的联绵字却不同，它是汉语理据性的编码机制从非线性向线性转移的过渡环节，是'音'与'义'相互转化的一种桥梁。"于是读者大失所望，不禁要问：这是"象声词之类的结构单位在不同的语言中都是有理据的，都是对现实现象的临摹性摹写，为什么要把汉语联绵字看成为汉语的一种理据性的编码机制"的答案吗？还好，作者虽然没有给出令人信服的答案——实则无法解答，但是还是给了读者新的希望："汉语的联绵字却不同，它是汉语理据性的编码机制从非线性向线性转移的过渡环节，是'音'与'义'相互转化的一种桥梁。"不过，读者通读徐先生（1997）全书，却不见对"它（联绵字）是汉语理据性的编码机制从非线性向线性转移的过渡环节，是'音'与'义'相互转化的一种桥梁"之说有一点说服力的证明。然而，读者中又有谁能够为此说作出有力的证明呢？其实，只要研究者没有现代联绵字理论之成见，也许不难发现徐先生这类明确的观点实际上是无法证明的，因为这些观点仅仅处于现代联绵字理论之成见在胸的臆断层面。信守派学者被"联绵字—双音单纯词"说给牢牢捆住了，又找不到可靠的语言事实和有力的理论依据，就只能紧紧围绕着"联绵字—双音单纯词"说讲话，别无他法，这不能不说是汉语研究者最大的悲哀。

徐先生书中涉及联绵字问题研究的地方，观点明确而论证无力者还有不少，恕不一一展开讨论了。所以至此，关键是巧妇难为无米之炊。所以它只能说明现代联绵字理论完全脱离了汉语实际，广泛流行的"联绵字—双音单纯词"说实际上是无法证明的臆说。

五　徐先生联绵字问题研究的启示

从上面的考察情况看，徐先生从现代联绵字理论出发，提出古人采用"一分为二"法创造"联绵字—双音单纯词"的观点，由于缺乏必要的客观基础，尽管作者在具体论述过程中积极发挥其想象力，用尽了在他看来可以支持其观点的前贤和时彦之说，同时尽可能避开例词难寻的麻烦，但最终能够让读者看到的仍然是"一分为二"之观点仅处于想象层面，汉语古有用"一分为二"法创造"联绵字—双音单纯词"的观点靠不住。同时，书中关于"一分为二"说的论证方法也捅了作者自己的娄子。可以肯定地说，徐先生从现代联绵字理论出发做研究，虽然已经尽力，但却以失败告终。这一事实给了我们以下启示。

1. 不管是怎样顶级的学者，只要误入现代联绵字理论之陷阱，都难逃出阱无日之厄运。对照吕叔湘先生（参看前面第三章第一节）、王力先生（参看第六章第二节）等大师倡导现代联绵字理论或遵循现代联绵字理论做研究的情况，人们会对这一结论认识得更深刻一些。

2. 语言研究必须从事实出发，努力做到论从材料来，因此，必须首先把材料工作做得扎扎实实。没有可靠的事实支持的理论是苍白无力的。这一点看上去不言而喻，但恰恰被越来越多的信守派学者给忽视了。如果汉语双音词研究者早已注意到了这一点，脱离汉语实际的"联绵字—双音单纯词"说就不会产生，现代联绵字理论就不会发展，中国现代语言学史上就不会产生那么多无根之说，并且至今不见有多大的改观①。

3. 近二三十年以来，汉语言文字学研究出现了断层，中国现代语言学与中国传统语文学已经成了具有本质性区别的两门学问。中国传统语文学久已后继乏人，一些顶级学者已经读不懂传统语文学家的书了。在继承优秀文化传统的时代感召下，他们开始读点古书，有的为了捍卫并利用现代联绵字理论而援引传统语文学家的话，但却很少不是在误解其所引传统语文学家的话语。这是一种十分悲哀的现象。没有历史的民族是不可能实现正常发展的，更不可能有成熟而发达的文化，没有学术积淀的学科不可能实现长足而扎实的发展。然而，部分现代语言学家仍然一边贬斥传统语文学为"经学的附庸"，弃之如敝屣；一边照着人家的化验单填写自己的体检表②，自以为这样的研究就是"与国际语言学接轨"，而忽视了语言研究的终极目标是更好地服务社会发展。每想起燕国寿陵的那位少年没有

---

①　这方面的事实，《联绵字理论问题研究》一书中已经讲到一些，本书中不少地方也提到一些，正在撰写的《中国现代语言学问题研究》中将重点考察讨论这方面的现象，届时可参看。

②　这样说，有人一定很反感。笔者欢迎有不同意见的学者拿出证据来反驳。例如中国学者已经提出了稍有影响的语言观啦，或者已经在完善语言研究方法论方面做出了重要贡献啦，或者在与国际语言学接轨中已经实现了平等对接啦，或者已经创立了一些语言学流派啦，等等。我们有吗？学界高喊与国际语言学接轨已经二三十年了，到底做出了哪些与我们大国相称的接轨事迹？

学会赵国邯郸步，连原来的寿陵步也丢了，就不免为我们的语言研究担忧。现在，也许应该深深反思今天的汉语学家为什么读不懂明清语文学著作的问题了，甚至已经到了为促进汉语学研究更好地服务社会发展而大力提倡汉语言文字学研究古今贯通的时候了。

第四节　现代联绵字理论对台湾学者的负面影响

建立在"联绵字—双音单纯词"说基础上的现代联绵字理论在中国大陆已经产生 70 多年，并且广泛流行三十年了，对学子成长、学者继续成长都造成了一些负面影响。本章前面三节简单地考察了这一事实。接下来考察现代联绵字理论在中国大陆以外的影响，以便作个比较。

总的说来，在中国大陆以外，目前受现代联绵字理论影响的主要是台湾的部分学者。香港、澳门也有人信奉现代联绵字理论，但他们都不是当地培养的。日、法、美、英、俄等国虽然都有一些汉语学家①，但是目力所及，我们没有发现他们有人信奉现代联绵字理论。这种现象很是发人深思。深思什么呢？可能因人而异。比如笔者吧，一直在想：国内语言学界总以"与国际语言学接轨"为最高目标，部分学者不断高喊"与国际语言学接轨"，喊了二三十年了，可是，人家怎么不来跟咱接轨？并且，从《马氏文通》（1898）问世算起，中国语言学"与国际语言学接轨"其实已经 110 多年了，怎么就是不见人家来接咱们中国现代语言学的轨？特别是现代联绵字理论已经产生 70 多年了，它越来越影响着汉语学各分支学科的发展，如果真的符合汉语实际，日、法、美一些知名的汉语学家该不会不知道吧？知道的话，至少他们研究汉语不会有意避开这套"科学"的理论而另行一套吧？可是现在他们的著作里却不容易找到从现代联绵字理论出发做研究的表述，这到底是什么原因？当然，如果现代联绵字理论有坚实的客观基础，他们执意不跟咱们接轨也不要紧。只要现代联绵字理论反映了汉语实际，能够正确地指导汉语词汇教学与研究，促进国内优秀人才

---

①　不包括在中国大陆学成后前去定居并从事汉语教学与研究工作的学者。下同。

的培养，至少不影响汉语言文字学的健康发展，他们不来接轨又怎么样？关键是这盛行已久的现代联绵字理论把国人给害苦了！是不是这样的呢？希望读过本书者不吝赐教，以便把问题弄个究竟。

现在再退一步说吧，即使台湾、香港与澳门三地，学者们接受现代联绵字理论的情况也大不相同。香港与澳门学界，只发现有三位学者的文章中有从现代联绵字理论出发做研究的表现。他们的联绵字观念都是从大陆带过去的①，与大陆信守派学者的思想认识相比，他们没有什么特别之处，没有必要专予论述。只有台湾学界的情况特殊一些，值得予以简要叙述，以利于比较分析，从而让我们较为全面地了解现代联绵字理论问题。

一　20 世纪台湾学者的联绵字观念

要客观地考察和正确地评价现代联绵字理论对台湾学界的影响，必须首先考察现代联绵字理论未传入台湾之前，台湾学者的联绵字观念是怎样的，他们较有代表性的学者是怎样界定"联绵字"（或相关术语）的。这样才可以对台湾学界的前后材料进行比较，从而发现现代联绵字理论在两地的流行情况有什么异同，发现台湾学界什么时候才开始受到现代联绵字理论的影响，受影响的程度怎样。

就现在掌握的资料看，在 20 世纪的台湾学者中，没有人信奉现代联绵字理论，也没有人从现代联绵字理论出发做研究。虽然 1953 年台湾一家小报上曾经刊登过一篇宣传现代联绵字理论的短文②，但始终未见有什

---

① 这种情况其他国家也有。有些学者在中国大陆学成，出国后把现代联绵字理论也带了去，是可以理解的。有的在海外教书做研究，依据现代联绵字理论进行想象和发挥，也不奇怪。总的说来未成气候，所以暂可不予讨论。值得担忧的是现代联绵字理论可能随着"汉推"工作的开展而影响各国汉语学习者。当前，孔子学院和孔子课堂作为对外汉语教学与中华文化传播的全球性公益平台已经覆盖了 100 多个国家和地区，我国每年要派上万名教师分赴海外，投入"汉推"事业（参看郑通涛 2013）。这些教师在国内学的是现代联绵字理论知识。如果随着他们的"汉推"工作将现代联绵字理论传播开来，它就不再只是贻误国人了。

② 台湾《中国学生周报》1953 年 9 月 18 日发表署名逸文的一篇短文《复词的构成方式》，说："复词的构成方式约可分为以下六种。第一是衍声复词，也称联绵复词。"接下来袭用了吕叔湘《中国文法要略》第一章第 5 节"衍声复词：联绵"的观点和例词。只是《要略》说"联绵字"，"从前人给他下的定义是'合二字而成一语，其实犹一字也'"，其"从前人"指王国维。王国维说这话早吕叔湘引用他这话 18 年，所以吕先生称他"从前人"。因袭者不明就里，而误把"从前人"给改为"古人"了。

么反应。并且，除此以外，在整个 20 世纪的台湾学者著作中再也没有明显倾向于现代联绵字理论的表述。甚至还可以说，那时台湾一些学者的著作里，术语"联绵字"（或"连绵词""连语"等）的含义很不确定，有的学者在前后不同的文章里"联绵字"的含义也不很一样。下面试举那个时代较有代表性的两位学者为例，简单考察他们的联绵字观念，以窥见那时台湾学界的联绵字研究情况。

在整个 20 世纪，台湾学者研究联绵字问题投入最多的是杜其容教授。考察她的两篇文章，可以大致看出那个时期台湾学者对联绵字问题研究的某些特点，也可以看出与大陆学者联绵字观念的不同之处。一篇题为《毛诗连绵词谱》，十多万字，发表在《文史哲学报》（1960）第九期。文章认为："连绵词是一种复合词。……连绵词的独特之点是两字以声音完全重叠（重字）或部分重叠（双声或叠韵）的关系组合而成的。或者我们可以简单地说：'连绵词，是两字以声音重叠关系组合而成、具有单一意义的复合词。'"① 文章后面编有《毛诗连绵词谱索引》，收有干戈、土田、旅力、人民、民人、土宇、子子、孙孙、平平、好好、青青、明明等或双声或叠韵或重叠的"连绵词"。我们看到这些词，再结合上引杜其容教授给"连绵词"下的定义，可以清楚地看到她这第一篇文章中的"连绵词"指有语音联系的双音词，而且多是十分明显的合成词。由此可见，她的联绵字观念不仅与现代联绵字观念有着本质的不同，而且与前人的联绵字观念也有一定的差别。如与王国维相比，杜其容的双声连绵词和重叠连绵词大致相当于王国维《联绵字谱》中"双声之部"里的双音词；杜其容的叠韵连绵词大致相当于王国维《联绵字谱》中"叠韵之部"里的双音词。就是说，杜其容舍弃了王国维"联绵字"中的四字词组、双音词的 AABB 式以及"非双声叠韵之字"的全部词。又如与符定一相比，符定一"联绵字"之所指大致与现代词汇学术语"双音词"之所指相当，其《联绵字典》其实就是一部古汉语双音词词典，杜其容"连绵词"自然要比符定一"联绵字"的范围小一些，因为她的"连绵词"不包括无声韵联系的

---

① 句中"复合词"与大陆语言学界常用的"复合词"所指范围不同，即杜其容的"复合词"多出了重叠词一类。另外，本节所引杜其容的文字均依中华书局 2008 年出版的《杜其容声韵论集》。

双音词。

杜其容另一篇研究联绵字问题的文章题为《部分叠韵连绵词的形成与带 l-复声母之关系》，约八九千字，发表在《联合书院学报》（1968—1969）第七期。文中说这是一篇"基于完全接受前人'中国古有复声母'的立场，以推想部分连绵词之构成与复声母之关系"的文章，实际上是接受了艾约斯汉语古有复声母的观点，重选例词证明汉语古有某些复声母的文章。文章不同意林语堂《古有复辅音说》中的某些做法，而举果蠃、蜾蠃、螟蛉、优倿、来牟、命令、拣练、勉励等 8 个"连绵词"重新证明汉语古有 kl、ml、tl 等复声母。杜教授的表述中明显具有先入为主的特点。语言研究只是从理论出发，则难免有道听途说之嫌。但这是近百年来多数现代语言学工作者在外来语言学思想方法指引下从事汉语研究的"习惯"，不是哪位学者个人的事情，后人只要注意到这一点，从事汉语研究而坚持独立思考就可以了。况且，杜教授已经自言只是"推想"，也不必过分计较。我们只要看到她所列出的后面 4 个"连绵词"来牟、命令、拣练、勉励等都是再明显不过的合成词，就知道她的联绵字观念与现代联绵字理论完全不同，而且可以断定她的"推想"仅仅是推想而已。其余 4 个例词，大陆也有人举作"联绵字—双音单纯词"说的例证，但那也是他们未考其造词理据的结果。特别上举杜其容两篇文章中都没有双音词语素辨识的意识及表现，这不仅与大陆近三十年以来主流学者的联绵字研究习惯不同，他们至少从形式上在注意联绵字语素辨认，而且与 21 世纪台湾一般青年学者的联绵字研究习惯也有天壤之别（参看本节第三部分）。

在台湾，杜其容之后研究联绵字问题比较投入的是周法高教授。他的《联绵字通说》总结了自王念孙以来的学者对联绵字的认识，有较强的概括性。文章指出，学者笔下的"联绵字"的含义不够确定，这是十分中肯的。但是也就是因为这个缘故，他自己也没有给"联绵字"下定义。文中引大陆学者著作最晚的是王力先生的《中国语法理论》（1944）。至于王力先生《汉语史稿》（1958）中所阐发的现代联绵字观念及其他学人所讲的现代联绵字理论知识，文中均未提及。这个现象很值得注意。应该承认，周氏博览群书，对于大陆学者宣传现代联绵字理论的一些著作，他不可能不略知一二①。特别 20 世纪三四十年代，现代联绵字理论已在酝酿（魏建功 1935；陈独秀 1937；郭绍虞 1934，1938；孙德宣 1942），且已有著作创"联绵字—双音单纯词"说（吕叔湘 1942），周氏不可能一篇/本也没有读。他撰写《联绵字通说》一概不提这些著作中的联绵字观念，不讲"联绵字—双音单纯词"说，说明他对现代联绵字理论不认可，同时也说明在他那个时代，台湾学界还没有人追随现代联绵字理论，也没有人从"联绵字—双音单纯词"说出发做研究②。否则，他的文章既然通说联绵字研究情况，就不可能对倾向于现代联绵字理论的表述避而不谈。

周氏《通说》虽然未给"联绵字"下定义，但是在文章第二节中说："联绵字有必须合二字成义不能分析者，……也有二字同义者。"说明他心目中的"联绵字"指双音单纯词和部分同义语素并列构成的合成词。这与传统语文学家的联绵字观念相比，范围小了一些。但是，周氏此时的"联绵字"同大陆信守派学人仅指双音单纯词的"联绵字"相比，也有本质性的区别。另外，周氏与杜其容氏对联绵字的认识也颇不相同，说明直到 20 世纪下半叶，台湾学界还没有统一的联绵字观念。

后来，周氏的"联绵字"范围有所扩大，大致指所有的双音词了。如他在《二十世纪的中国语言学》中说："专收联绵字的有朱起凤的《辞通》和符定一的《联绵字典》。"《辞通》中 91％以上是合成词（参看沈怀兴 2007a），《联绵字典》中 97％以上是合成词或词组（参看沈怀兴 2007d），周氏说这两部书"专收联绵字"，证明他这时的"联绵字"已经同传统语文学家的"联绵字"一样，指双音词了。

上面以杜其容、周法高两位教授的研究为例，简单介绍了 20 世纪台湾学界联绵字问题研究的情况。继他们两位之后，20 世纪的后二三十年间，台湾学界联绵字问题研究的著作不多，部分著作中间或谈到联绵字问

---

① 由于历史的原因，这一点不绝对。但周氏做学问一贯颇冷静，能够坚持实事求是。如果他认可"联绵字—双音单纯词"说，不可能只字不提。特别他文章讲到王力 1944 年出版的不反映现代联绵字理论的《中国语法理论》，却未提及吕叔湘（1942）的"联绵字—双音单纯词"说，就更不是"历史的原因"可以解释的了。

② 周法高《联绵字通说》一文收在他的《中国语文论丛·语文学》中，该书于 1970 年由台北正中书局出版。客观地说，在那以前，中国大陆学界信奉现代联绵字理论的人们还没有取得主流地位。

题，也没有表现出确定的联绵字观念，更没有倾向于现代联绵字观念的表述。如台北三民书局于 1985 年出版的《大辞典》在"联绵字"条下释曰："二字连成的同义复词。"又不同于上述杜、周两教授的联绵字观念，但也不是大陆流行的现代联绵字观念，因为它只是继承了清代学者王念孙的连语观。20 世纪 90 年代，台湾学者发表的文章中，联绵字观念仍不统一，但也没有倾向于现代联绵字观念的表述。

至此可以肯定地说，在 20 世纪，台湾学者的联绵字观念很不统一，但没有人信守现代联绵字理论，也没有人持"联绵字—双音单纯词"说做研究。虽然署名逸文的《复词的构成方式》曾经宣传过几句现代联绵字理论的内容，但那是因猎奇而抄袭，知识产权仍然应当归吕叔湘先生（参看前面第三章第一节）。这一考察既可以与台湾学界 21 世纪的联绵字研究情况作纵向比较，弄清楚什么时候和什么地方出了问题，又可以促使我们深入探讨联绵字观念分歧的原因，以便更有效地研究汉语双音词。至于岛内前辈学者的联绵字观念分歧严重，后辈莫衷一是，适逢现代联绵字理论流入海峡彼岸，慎重一些的学者可能更加困惑，不很慎重的年轻学者则有可能遭其迷惑而误入歧途。本节下面两部分分别考察其慎重者及不够慎重者的各自表现，读者也可以与大陆学界的情况作个比较，借以了解两岸联绵字问题研究之异同。

二　近年来台湾慎重治学者深为现代联绵字理论所困扰

现代联绵字理论困扰台湾学者只是近十来年的事情。进入 21 世纪以来，随着海峡两岸关系的不断改善，学者间的接触日益频繁，网络的发达也大大方便了文献传递和阅读，从而方便了台湾学者学习和接受大陆广泛流行的现代联绵字理论。不过，真正接受现代联绵字理论影响的，只是部分学术功力尚浅的青年学者。在这部分青年学者的文章里，大多先介绍现代联绵字理论知识。例如他们往往会说联绵字"两个音节连缀而成一个语素"，"不能拆开来解释"，"大多有双声叠韵关系"，"有多种书写形式"，等等。并且，几乎一律改称"联绵词"，很少有人称"联绵字""连绵字""连绵词"及其他相关术语。因而从理论形式上看，他们很像现代联绵字理论的信守派。他们的具体情况将在本节的下一部分介绍。

　　还有一部分功力较好而且较为慎重的中年学者好像对"联绵词"的范围有自己的看法，因此往往要对所怀疑的部分进行具体考察，考察的结果又往往令他们对新接触的现代联绵字理论的部分内容提出异议，从而对现代联绵字理论持部分保留意见。如李添富博士（2009）著有《〈诗经〉中不具音韵关系的联绵词研究》，还与林炯阳一起指导研究生李淑婷写过一篇学位论文《〈世说新语〉联绵词研究》，就是这方面较为典型的例子。

　　试看他的《〈诗经〉中不具音韵关系的联绵词研究》。这篇文章约三万字。首先比较系统地介绍了大陆几位现代联绵字理论倡导者的一些说法，也说"'联绵词'又称'联绵字'或'连绵字'，一般认为它是不能拆解的单纯词，是一种声音组合形式的词汇"。接下来用了大半的篇幅逐一考察大陆学者向熹《诗经语言研究》一书中所列出的 26 个非双声叠韵的"联绵词"，认为其中至少有 24 例不支持现代联绵字理论：猃狁、昆吾、混夷、串夷等 4 个异族名称都是外来词①；鸤鸠、脊令、歇骄、戚施等 4 个词都是摹声词；于嗟、猗与两个词都是叹词；终南、焦获、徂来、新甫等 4 个词是古地名；雎鸠、鸤鸠、桑扈、桃虫、驺虞、苌楚、梧桐、常棣、仔肩、滂沱等 10 个词都是合成词。于是文章总结说：这些词"皆不宜归诸复音形式单纯词"。又说："只有夸毗、权舆二词或有学者解作复音形式之单纯词，但二词亦有学者分别解作双动并立与双名并立者，而且说皆可通，若以其说，则向先生所列二十六个不具声韵关系之联绵词，其实皆不具联绵关系。因此，若以《诗经》为例，则联绵词可以不具双声或叠韵关系之说，或许容有可以再行商榷之余地。"这里，作者对大陆信守派学者向熹先生著作中所举的 26 个非双声叠韵的"联绵词"进行穷尽式考辨，结论是无一当其说，于是指出："联绵词可以不具双声或叠韵关系之说，或许容有可以再行商榷之余地。"

　　但是，这是否可以说具有双声叠韵关系的词，就是"联绵词—双音单纯词"呢？李博士和读者该不该继续考察信守派学者著作中列举的双声联绵词和叠韵联绵词？或者换个角度思考一下：既然"联绵字—双音单纯

---

　　① 正统的信守派学人多认定联绵字是汉语中一种特有的语言现象，而不把音译外来词、拟声词、叹词和切脚词归入联绵字。向熹的联绵字观念异乎是。这是信守派内部的矛盾。

词"的"半壁江山"——非双声叠韵联绵词——靠不住，唯独另一半——双声联绵词与叠韵联绵词——靠得住，可能吗？李博士和一般读者也许不知道，信守派先行者认为汉语的双音词里有一种创造双音单纯词的特殊构词法，构词法名称往往因人而异，猜想的角度也多有不同。如吕叔湘《中国文法要略》（1942）叫"衍声联绵"法，王力《汉语史稿》（1958）叫"一种特殊的构词法"，任学良《汉语造词法》（1981）叫双声式造词法、叠韵式造词法什么的，朱广祁《〈诗经〉双音词论稿》（1985）叫语音造词法或语音关联造词法，等等。近二三十年间构词法名目就更多了，如双声叠韵构词法、异音联绵构词法、一分为二法、衍声法、衍音法、联绵法、增字构词法、羡余法；等等，不一而足。但是，这种贴标签的严重分歧已经透露出"无中生有"的信息了，所以至今没有人举出一个当其说的例词来。换一句话说，他们所举的例词都是他们自己不明其语素构成情况者，都不能支持他们提出的专用来创造双音单纯词的这法那法。白平（2002：172—208）、胡正武（2005：52—80）的研究都初步证明了这一点，笔者十几年以来发表研究联绵字理论及实践问题的大量文章中考辨信守派学者著作中列举的典型"联绵字"更多，也可证明这一事实。特别已经考见那些顶级学者著作中没有举出当其说的"联绵字—双音单纯词"，也算初步揭示了现代联绵字理论脱离汉语实际的本质特点。李博士（2009）的研究，从一个角度证明了大陆反思派的研究结论，从而让读者清楚地看到这样一个事实：大凡错误的理论，不管它拥有多少信众，也不管流行多么广泛，只要坚持独立思考，不同的研究者从不同角度出发，都会有同样的发现：它没有可靠的现实基础，归根结底靠不住。因此，从李博士角度讲，如果他肯继续对那些"双声联绵词""叠韵联绵词"进行考辨，一定会看到它们之中同样没有"联绵字—双音单纯词"。

因此，李博士考见信守派学人书中的 26 个例词无一当其说，这一结论不只是否定了信守派学人认定的非双声叠韵的联绵词。即使他的文章中有些地方容有可商，但只要有几处不误，即可令人怀疑信守派学人所举词例是他们未考其造词理据、不明其语素构成情况的双音词。因为只要他们坚持"联绵字—双音单纯词"说而列举例词，不管错举了多少，都反映出同样的事实：他们并没有准确判断联绵字语素构成情况的意识、方法及能力。他们的研究，不过趋从"联绵字—双音单纯词"说而列举一些自己弄不清其造词理据的双音词临时填个空罢了。否则，如果汉语里确有他们想象的那种"联绵字—双音单纯词"，同时他们也不是从现代联绵字观念出发，又确有弄清"联绵字"语素构成情况的打算，并且已经具有准确判断联绵字语素构成情况的方法和能力，为什么会错判某些双音词为"联绵字—双音单纯词"呢？换个角度讲，如果他们不是现代联绵字理论之成见在胸，凡遇不明其语素构成情况的双音词，列入待考类才是唯一可行的方法，又为什么一定要乱点鸳鸯呢？

事实早已证明，信守派学人列举的例词多是他们未考其造词理据、不明其语素构成情况的双音词①。其基本规律是，创说者"联绵字—双音单纯词"之成见在胸，对一些未经深入考察的双音词，就其语音形式进行分类，后来者又模仿他们的分类把自己不明其语素构成情况的双音词塞了进去。至于其模式，不过画一个上下字是否有语音联系的"弧"，又联系上诸如多种书写形式、上下字义符趋同、前后字位置可互换以及一字缓读而成、复辅音声母分裂、增字构词、增强话语的音乐美之类似是而非的东西罢了。有时，还不忘拿古人话语来做个证明。可是，由于古人的观点与他们的猜测貌合神离，所以冷静的读者仍可看到他们"认识不清但结论明确"的行文特点。这些问题，笔者在近年发表的文章中不止一次考察讨论过，前面各章节也多次提及，可参看。

在台湾学界，深受现代联绵字理论困扰而奋起求真的当数徐芳敏教授。她在《汉语方言本字考证与古汉语联绵词》中谈到她为现代联绵字理论所困扰时说："受到'联绵词不得分训'刻板印象的影响，笔者个人对于（三）②难免起困惑：汉语方言单音方言词本字是古汉语联绵词其中一字，可靠还是不可靠？"接下来便在困惑中开始了艰难的探索，以约26000字的考证，拓宽了通过古、今、方三方印证而考辨联绵字语

---

① 还有些复合词，论者对它们的语素构成情况是了解的，但由于受了联绵字语素融合说以及被误解的"连语不可分训"说等理论的影响，一厢情愿地把它们判为"联绵字/词—双音单纯词"了。其深层原因还是在于盲从现代联绵字理论，附会"联绵字—双音单纯词"说。否则，怎么证明语素融合？研究者觉得它"囫囵一团"的话，它就是语素融合了吗？

② 原文中这个"（三）"下是："汉语方言单音方言词本字是古汉语联绵词的第一字或第二字，一音节对二音节其中的一音节"。

素的通途①，为无现代联绵字理论之成见者正确研究联绵字语素构成情况提供了重要的思路，同时也为其他受现代联绵字理论困扰的学者献上了解除困扰的良方，因为一些公认的"联绵词"，只要通过古今方参求，就可以看到它们的合成词身份。也就是说，只要研究者坚持历史主义，采用历史考证法辨认联绵字语素的同时，再兼顾方言材料的印证，最终会使一般疑难词语得到正确的解释，并由此解除现代联绵字理论的困扰。至于反思派学人，有了用方言材料印证古文献资料的思路，具体研究中路子将更宽广，步子将更扎实，成果将更有说服力。而徐芳敏教授如果不受现代联绵字理论的束缚，弄清了"联绵词不得分训"说是怎么由信守派学人误解王念孙"连语不可分训"说或误解王国维"联绵字合二字而成一语，其实犹一字也"之说而来（参看沈怀兴 2007b，2008d），那篇文章也许用不了那么长的篇幅就好了。当然，这样说，并没有否定徐教授善用方言材料考察疑难词真身的建设性工作以及她所做的坚实而有用的资料工作的意思。

　　知困，然后能自强也。广泛考察台湾学者联绵字问题研究的文章，可知李添富博士、徐芳敏教授是目前台湾学界受现代联绵字理论困扰而奋起突围的代表性学者，特别是徐芳敏教授。换个角度看，他们的研究又有广泛的意义。如李添富的研究可以使人想到：既然信守派学人著作中所列的 26 个非双声非叠韵的"联绵词"均属误举，那么，信守派学人与此相应的观点是怎么来的？这些词会不会是他们成见在胸而拉来的身份不明者？他们所谓双声联绵词和叠韵联绵词会不会也属于这种情况？其他同类著作中的情况会不会也是这个样子？现代联绵字理论究竟靠得住靠不住？徐芳敏教授的研究更有方法论意义。可以肯定地说，他们的研究精神与研究方法一旦被广大读者所接受，自觉用到研究工作中去，现代联绵字理论就不会只是失掉台湾市场了，汉语双音词研究重见天日的日子也不会太远了。

---

　　①　古今方参求是中国传统语文学家的绝活儿，清人著作中已不乏自觉运用者。到民国时期，传统语文学家著作中以古今方参求之法解决疑难问题的成功范例更多。但是，自 20 世纪 50 年代以来，随着索绪尔共时论的传播、传统语文学的式微、社会风气的日渐浮躁等因素的影响，汉语研究中运用古今方参求之法解决疑难问题者越来越少。与这种现实情况相比，徐芳敏的研究可以说"拓宽了……"，倒不是说她的研究已经远远超过了传统语文学家。客观地说，在形音义互证、古今方参求之法的运用上，的确今不如昔了，当前海峡两岸已少有王国维、章太炎、黄侃、杨树达那样功夫深厚且锐意求真者了。

所以应该说，他们的研究，其现实意义是多个方面的，重大的。

三　近年来台湾部分青年学者受现代联绵字理论影响而走偏

由于台湾学界历来联绵字观念纷然杂陈，致令初学者不识联绵字真面目，初事研究者也不知道应该遵从哪家之说。青年学者在困惑中看到现代联绵字理论的"科学面孔"，喜出望外，从事联绵字问题研究便祭起这个"法宝"，自觉无往而不胜，却不料走出泥沼而跌进陷阱。为了更清楚地说明这种现象，下面也举两个例子。

台湾《汉学研究》2006 年第 2 期刊登台湾某青年博士的一篇文章，一开头儿便说：

> 联绵词上下两字联缀成单一语素且不可拆解的特征，在以单音节为主要结构机制的汉语中显得格外突出，在汉语词汇中是一直被关注的对象，因此对联绵词性质的说明及研究，从宋代张有（1054—?）的《复古篇》开始（按："篇"系"编"之误），直到近代学者，未曾停止。这些研究成果，对于联绵词的定义，以及古今联绵词在概念上的差异，皆有清楚的认知及界定，也清楚的勾勒出联绵词的特性，确立了联绵词上下两字之间联缀不可拆解，大多具有语音的关系，且有浓厚的口语色彩，文字只是提供记录语音的符号，字形的标示与意义之间并无必然联系，因此以同一意义概念为中心的联绵词，可以呈现出多种字形。①

这段话体现了全文的基本特点：因为迷信现代联绵字理论而陷于绝对化，以致多有走极端的表述。例如，作者说"联绵词上下两字联缀成单一语素且不可拆解的特征"：既然认定"联绵词上下两字联缀成单一语素"，

---

①　原文此处作注引符定一《联绵字典·凡例十七》的话为证，是不知道传统语文学家符定一大概不知道"文字只是提供记录语音的符号，字形的标示与意义之间并无必然联系，因此以同一意义概念为中心的联绵词，可以呈现出多种字形"这话是什么意思。实际上，"以同一意义概念为中心"而呈现出多种字形者主要是外来词，并且不限于双音节外来词。至于汉语固有词，有多种书写形式者多与时地因素有关，而与是否"联绵词"无关。这一认识，前面不少地方都讲过，可参看。

不可拆解就是不言而喻的了，而说"且不可拆解"，这么一"且"，强调意味顿增，却不料反映出过分迷信现代联绵字理论而走极端的特点。又如，说从宋代张有到近代学者"对于联绵词的定义，以及古今联绵词在概念上的差异，皆有清楚的认知及界定"云云，与大陆信守派学人的论述相比也提升了一大截。只是全文未见证明，而且也无法证明，因为中国语文学史上并不存在作者说的那事儿。一定要刻意取证，只有明代方以智的"谎语者，双声相转而语谎语也"之说，在大陆部分信守现代联绵字理论者看来有点貌似，于是《中国大百科全书·语言文字》等著作纷纷围绕现代联绵字理论作解，无奈方以智不懂现代联绵字理论，其所谓"谎语者，双声相转而语谎语也"根本不是信守派学人理解的意思（参看沈怀兴 2015）。再如，说"文字只是提供记录语音的符号，字形的标示与意义之间并无必然联系，因此以同一意义概念为中心的联绵词，可以呈现出多种字形"云云，也是大陆信守派学人的习惯说法，但是他们不知道"多种字形"不是"联绵词"特有的。所不同的是，大陆信守派学者中没有人引符定一的话为证，倒是不乏批评符书"收词过滥""名不副实"者。其实，符定一《联绵字典》所收的"联绵字"中 97％以上是合成词或词组，因此他的"联绵字"实指双音词及词组。这里引符定一的话不能证明所谓"以同一意义概念为中心的联绵词"云云，否则就是其大前提——"联绵词上下两字联缀成单一语素"不成立！短短二百来字里有这么多问题，说明学者一旦着了现代联绵字理论的魔，执笔为文时什么问题都可能暴露出来。换个角度也可以说，出现这类情况，现代联绵字理论贻误学人之重堪令局外人吃惊，尽管局内人因为着了现代联绵字理论的"魔"而浑然不觉。

　　另外，这段话中反复以"不可拆解"来强调联绵字的特点，不仅为全文议论定下了基调，而且体现了信守派学人的共同特点。如文中说：

　　　　王若江从许慎对《说文解字》的联绵词训释中，证明许慎已具有联绵词的意识。在《释文》所收的注释中，也可以发现从西汉的注家开始，注释联绵词时，并不解释单字的个别意义，也不单举一字，而是解释两个音节的整体意义，《释文》注家的注释并无完整的训释体例可言，但是从事联绵词二字为一个整体意义的认知看来，当时的注家，确实已有联绵词的意识了。

这段话中引王若江的研究说事儿。王若江作为北京大学某单位的一位行政领导，能够坚持研究联绵字问题，精神可嘉。并且作为一位信守派趋从者，1986 年完成的硕士论文《〈文选〉联绵字研究》颇为徐通锵先生所赏识，本章上一节已经提到过，不再重复。仅从上面引文之作者的角度说，一个不争的事实就是忽视了词义的整体性与构词语素二合性的相辅相成正是双音节合成词的本质属性。作者发现某词词义具有整体性，只要不明其造词理据，就判它为"联绵词—单语素词"。这样以来，其研究的意义就只有"后车戒"了。当然，这还只是次要原因。主要原因在于作者既然为现代联绵字理论所左右，就不会下力气去做点具体考察。否则，即使随便翻一翻汉语词典，也不会出现这类误解的。比如《现代汉语词典》2005 年第 5 版正文第 1 页"阿"字头下收释了 22 条复音词，其中音译外来词阿訇、阿兰若、阿罗汉、阿门和拟声词"阿嚏"固然不可拆解，其他如阿鼻地狱、阿尔法粒子、阿伏伽德罗常量、阿拉伯数字、阿狗阿猫等合成词也都是整体为训的，研究者能否因此判它们为"联绵词—单语素词"？为什么不能？唯一的理由大概是它们均非双音节。然而，如果因为它们都不是双音节，那么《现代汉语词典》对阿公、阿婆、阿飞、阿姨等双音词也都是整体为训的，谁能因此判它们为"联绵词—单语素词"呢？至此，如果仍然要辩解，就只能说阿公、阿婆等分明都是派生词，所以不能判它们为"联绵词—单语素词"。然而这是不是说一个双音词，研究者认出它不是一个语素构成的，就说它是合成词，反之就归单语素词啦？双音词的语素判断究竟是根据语言事实说话，还是根据研究者的意识说话？这是信守派学者共同存在的问题。所以至此，根本原因在于他们习惯从观念出发做研究，而缺乏独立思考的学术精神。然而，也正是由于信守派学者习惯根据肤泛的认识说话，才促进了现代联绵字理论广泛传播，长期流行。

纵观台湾学界，目前从事汉语词汇研究而趋附现代联绵字理论的青年学者已经不是很少了。他们有的只要发现大陆信守派学人文章观点"新鲜""独到"，并不怎么看作者为什么提出这一观点，更不看其论据是否靠得住，便一股脑儿引入自己文章，于是自己的文章观点也很"独到"了。

这一点，与大陆的信守派学人相比，显得有点儿饥不择食。也许由于大陆宣传现代联绵字理论的材料比比皆是吧，大陆学界跟现代联绵字理论之风者往往有所选择，一般不是那么喜欢一些虽然"独到"但明显无根的观点。例如，大陆有些专科学校学报上偶尔发表几篇为晋升职称而趋从现代联绵字理论甚或走极端的文章，大陆信守派学人多不以为然，更无人引用，但却颇得台湾部分青年学者青睐。这里也举一个例子。台湾《人文研究学报》2007 年第 2 期刊登当地某青年博士的一篇文章，以《苏州教育学院学报》2001 年第 3 期《非双声叠韵联绵字的语音关联》和《泰安师专学报》2001 年第 1 期《论联绵词的界定及分类》等文中的想当然为依据，撰文通过讲《玉篇》里的"联绵词"，"验证随着时代的往后推延，联绵词音节之间的声音关联愈受重视的说法"，并"以这些材料加以考察《玉篇》韵系中的细节问题"，认定这些"音韵关系乃是《玉篇》作者判定联绵词的重要条件，进而支持我们做出《玉篇》联绵词上下音节之间必有双声或叠韵，或其他音近的假设"。读者读完这篇近两万字的文章，会清楚地看到被现代联绵字理论误导下的研究完全脱离了汉语事实，只要不离开现代联绵字理论，真是想怎么说就怎么说了！

以上两例均出自博士毕业多年的青年学者之手。这却印证了大陆学界长期流行的那句话：学位好拿，学问难做。看来，"学位好拿，学问难做"应该是海峡两岸的共同特点。这是现代联绵字理论给两岸学界带来的客观标准，也是它唯一的积极意义。

实际上，类似上述两例的情况在近年来台湾青年学者发表的文章中较为多见，同时台湾各校研究生学位论文中也不乏此类现象。给人总的印象是，现代联绵字理论到台湾之后大受青年学者欢迎。只是其文多热情而少审慎，比大陆信守派文章更缺乏说服力。

需要说明的是，这部分列举台湾两位青年学者文章的例子，只是为了客观地反映现代联绵字理论在台湾青年学者中的影响，没有批评青年人的意思。面对复杂的学术问题，初事学术研究者在认识上更容易出现偏颇，这是可以理解的。青年人需要爱护，本着只论事的原则，对于这两个例子只列出处，一律不列出作者姓名及其文章篇名。意欲继续研究或欲核实本节引文者，根据文中提示很容易查得出处。

四　现代联绵字理论在台湾学界的前途

目前台湾有两种值得注意的情况。一种情况是有些青年学者或者出于对现代联绵字理论的迷信，或者急于出成果，往往对大陆某些遵从现代联绵字理论而走极端的文章再加发挥，其成果就不是学术含金量的有无问题了。另一种情况是已有青年教师把现代联绵字理论带上了讲台，大讲特讲。这两种现象在此后几年可能越来越多。种种迹象表明，在未来 10 年间，现代联绵字理论在台湾学界将会出现流行趋势。不过，随着大陆学人对现代联绵字理论反思及研究的不断深入，脱离汉语实际的现代联绵字理论在各领域造成的危害必将慢慢为人所了解，所以这个长期臆造加拼凑而成的理论群必将淡出于汉语研究，成为历史。大势已定，只要台湾学界有更多的人借鉴李添富博士与徐芳敏教授的研究，同时注意读一读大陆反思派的著作，弄清现代联绵字理论产生的基本原因与发展的历史过程及其在三大重灾区造成的种种危害，现代联绵字理论在台湾地区的流行也许不会太久。它将与一切违背事实、违反科学的东西一样颓然逝去。与它在大陆的情况不同的是，它在台湾部分青年学者中虽兴也暴，必逝也遽。因为台湾学界对联绵字问题的研究本来观点就分歧严重，令青年人莫衷一是，一旦遇上现代联绵字理论，不少人好像找到了突围的方法，为解一时之渴而饮鸩却不知其鸩，争相归附，故现代联绵字理论在台湾部分青年学者中其兴也暴。一旦发现脱离汉语实际的现代联绵字理论来自"臆想＋拼凑"，因"误解＋附会"而发展，虽以"科学的面目"出现，但毕竟缺乏可靠的语言事实支持，依据现代联绵字理论做研究不是误入陷阱，出头无日，就是跳进苦海，难以生还，挨栽而醒悟之后必弃之如敝屣，故其逝也遽。特别是台湾学界像徐芳敏教授、李添富博士这样能够独立思考的学者相对说来不是很少，中坚势力还在；而不像大陆学界，现代联绵字理论已经广泛流行数十年，而今又越来越多地占领了语文字典与词典以及各类汉语教材，几代人的习惯势力也许不是短时间内能够破除的。

第六章　现代联绵字理论对词典学及词典编纂的负面影响

　　脱离汉语实际的现代联绵字理论已经盛行数十年了，汉语词典学及词典编纂领域也不可避免地成了三大重灾区之一。这一章从三个方面考察现代联绵字理论盛行对语文辞书的负面影响。首先从符定一《联绵字典》的遭遇看现代联绵字理论对词典学的负面影响；接下来通过考察《王力古汉语字典》《汉语大字典》收释"联绵字/词"的情况考察现代联绵字理论对词典学的负面影响，特别是考察现代联绵字理论误导字典编纂者错释"联绵字/词"问题；最后考察现代联绵字理论左右下的《新编联绵词典》存在的一系列问题，多角度观察现代联绵字理论对汉语词典学及汉语词典编纂的负面影响，也可以说是对前面讨论现代联绵字理论之危害的补充。各节均较长，下面先做点简单介绍。

　　第一节考察信守派部分学者对符定一《联绵字典》的评论。符定一《联绵字典》问世 70 多年以来，前后的评价截然相反：前 40 多年无人提出批评，特别是前 20 年一片赞扬声；自 1985 年以来常被斥为"名不副实""名实不符""体例芜杂""重蹈符定一的覆辙"等，就连叫"联绵字典"的资格也没有了。这是怎么回事呢？原因在于现代联绵字理论是否流行。也就是说，前 40 多年现代联绵字理论没有多大影响，人们站在传统语文学角度看《联绵字典》，只能说它是一部不可多得的好书；进入 20 世纪 80 年代，现代联绵字理论逐渐取得了支配地位，主流学者现代联绵字理论之成见在胸，褒贬均从现代联绵字理论出发。评论者共同的特点是不深入考察所评论的《联绵字典》，甚至连其诸叙和凡例也不看，只是围绕着现代联绵字理论发言，他们评论的实际上都不是符定一的《联绵字典》。但是，这一节的考察分析，本意不在批评错论符定一《联绵字典》者，只想从一个侧面说明现代联绵字理论的性质特点及其负面影响。

第二节通过考察《王力古汉语字典》的相关内容，讨论王力先生晚期的联绵字观念及其执行情况。与其中期与后期的联绵字观念相比，王力先生晚期对联绵字的认识又发生了很大的变化。一是把不明其语素构成情况的复合词以及象声词、叹词、音译词、重叠词统统归为"联绵字"，这是对他中期与后期所执现代联绵字理论的部分否定，因为这几类词都不是用他中期所谓"一种特殊的构词法"创造的。二是虽然仍旧坚持现代联绵字理论的基本认识，但表述含混，底气明显不足，就连其《字典序》中所举最典型的 4 个例词也全部是合成词，并且解释"联绵字"常出现不够准确的现象。这便又一次说明：没有语言基础的语言理论必不能指导实践，不能指导实践的语言理论一定没有可靠的语言基础。

第三节考察《汉语大字典》第二版卷一所收"联绵词"问题。《汉语大字典·第二版修订说明》（2010）中告诉读者这次修订时对"联绵词"做了"专项检查"，表明已经接受了现代联绵字理论的指导。于是按照《现代汉语词典》解释"联绵字"所举例词范围为标准，首先辑录了第二版《汉语大字典》卷一中的 301 例"联绵词"，对无僻字的 153 例逐一进行考察，已发现其中合成词 121 例，约占 79.08%，其余 32 例待考。这表明其所谓的"联绵词"与信守派一般著作中的"联绵字"一样，都无异于一般双音词。另外，《汉语大字典》中"联绵词"分布极不均匀的主要原因也在修订者是否趋从"联绵字—双音单纯词"说。上述情况折射出"联绵字"研究的现状。通过本节的考察分析，不仅可以进一步看清楚"联绵字—双音单纯词"说的实质，而且还可以初步看到它是如何影响字典中双音词释义的准确性的，因而也可以看到现代联绵字理论对汉语词汇研究、语义研究、训诂研究所造成的危害。这一点，如果能够与前面第二节相互参看，可以认识得更清楚一些。如果能够结合前面各章节的考察讨论，则更有助于全面认识现代联绵字理论的本质特点及其危害。

第四节考察学者受现代联绵字理论左右编纂的《新编联绵词典》。发现这部词典前后有三个名字呈现在词典中，名称的游移不定其实是词典编写者受现代联绵字理论支配的结果。同时发现，短短二三百字的名家序文中也从多个方面反映出了信守派学者研究"联绵字"重观念而轻事实的特点。并且更为典型的是，学者受现代联绵字理论左右编纂《新编联绵词典》，但在收词上遇到了不知如何抉择的困难；整部词典所收五千多条"联绵词"不出复合词、重叠词、拟声词、叹词、音译词和切脚词六类，一个用"特殊的构词法"创造的"联绵词"也没有。这便又一次证明汉语里没有用"一种特殊的构词法"创造的"联绵字—双音单纯词"，没有"一种特殊的构词法"，"联绵词/字"不是汉语里什么特有的语言现象，同时也又一次证明现代联绵字理论于实践中行不通。《新编联绵词典》奉行现代联绵字理论而失败一事具有特殊意义。它告诉世人：盛行已久的现代联绵字理论没有可靠的语言基础；人们不能只从观念出发做研究。

第一节　符定一《联绵字典》的遭遇及其他①

符定一《联绵字典》的收词以及学者评论，不仅反映了学界对联绵字认识的变化，而且在一定程度上反映了汉语词汇研究的现状、走向及得失。学者们对符定一《联绵字典》收词问题的评论，基于汉语双音词研究的理论水平，反过来又影响着汉语词汇的研究，特别是影响着联绵字问题研究，影响汉语词典收词释义的科学性。因此，考察符定一《联绵字典》的收词情况与相关评论，澄清是非，不仅是正确评价中国传统语文学著作的需要，而且也是促进汉语词汇学与词典学健康发展的需要。

概括地说，由于为现代联绵字理论所左右，近三十多年以来凡评论符定一《联绵字典》者，差不多都从现代联绵字理论出发，根本不考虑符定一是否了解现代联绵字理论，也不看《联绵字典》究竟是一部怎样的著作，因此整体说来未见中肯者。

一　《联绵字典·重印说明》言不及义

符定一《联绵字典》1943 年于商务印书馆出版，1946 年中华书局重

---

①　本节曾以《〈联绵字典〉的收词及相关问题》为题单独发表。后来写成《〈联绵字典〉的收词及相关问题辨疑》，作为《联绵字理论问题研究》中一节，增加了辨的成分，篇幅扩大了约1/4。本节是在此前研究的基础上再次增订，篇幅比二次增订又扩大了一倍多。上述三个文本中对相关问题的认识以本书为准。

印，1954 年又一次重印。即使只从 11 年间三次印刷来看，这部书起初是很受读者欢迎的。再看看那时候学者的评论，亦可谓一片赞扬声。所以拨乱反正后，中华书局于 1983 年再次重印这部《联绵字典》，并且一次印了 15000 套（一套四册）。

这个 1983 年的重印本前面有中华书局编辑部 1981 年 4 月写的一篇"重印说明"。这个"说明"里面还有这部书刚问世时候的赞美话。但是，由于它的写作换了一种理论根据，即它是在现代联绵字理论的误导下写成的，所以尽管仍然极力推赞《联绵字典》，但是在没有现代联绵字理论之成见者看来言不及义，大部分内容都不是在说符定一的《联绵字典》，而在只看《重印说明》不看字典序言、凡例及正文的大部分信守派学人看来，或许至今一字不易。这看上去似乎是个谜，但却是一种悲哀，因为它完全被现代联绵字理论给扭曲了。换一句话说，它是信守派学者从事联绵字问题研究而严重脱离汉语实际的一种见证。为了能够较好地说明问题，现在先摘录这篇《重印说明》中与本课题研究相关的内容如下。

> 联绵字是一种由两个音节联缀成义而不能分割的词。这种词往往"上下同义，不可分训，说者望文生义，往往穿凿而失其本指"（王念孙《读书杂志》）。饕餮是我们形容贪婪凶恶或贪于饮食的人常用的一个词，是一个联绵字。对于这个词我们就无法用饕或餮的单独含义去进行解释。又如，犹豫也是一个联绵字，旧注把犹释为兽之善疑者，显然也是错误的（以上参见《广雅疏证》《读书杂志》）。
>
> 组成联绵字的两个字有时双声（声母相同），有时叠韵（韵母相同），但古人把无双声叠韵关系的双音节词也叫做联绵字。联绵字的字形往往不固定，组成联绵字的两个字有时也可以上下颠倒。
>
> 由于古代文献中有大量的联绵字，因而古人对这种语言现象早已有所注意。《荀子·正名》就说过："单足以喻则单，单不足以喻则兼。"所谓"单不足以喻则兼"，就是指联绵字而言。下及清代，乾嘉学者对联绵字更进行了充分研究，其中以高邮王念孙的成就为最大。
>
> ……本书收集了六朝以前所有的联绵字，按部首排列。每个联绵字下分类集录古书注疏中的所有解释，汉代以来的研究成果大体具

备。……由于古今文字、语音的变化，同一个联绵字往往衍化出许多不同的写法，对此作者也一一罗列，详为注明。

上面摘录了《联绵字典·重印说明》中的大部分内容。很明显，它本意是站在现代联绵字观念角度上推赞符定一的《联绵字典》。但是，凡是用过符定一《联绵字典》而且不带任何偏见的人，或许都会说它实际上并没有沾上符定一《联绵字典》的边，而是把它要说明的《联绵字典》撇到了一边，转而积极宣传现代联绵字理论。站在其作者角度上看，无疑是想通过把符定一的《联绵字典》朝现代联绵字理论这种新兴的"科学理论"上靠一靠，让符定一《联绵字典》赶上"现代语言科学"的头一班车。现在来看上面选录的内容。

上录第一自然节先给"联绵字"下定义："联绵字是一种由两个音节联缀成义而不能分割的词。"这是信守派学人一再强调的。所谓"联缀成义"，照信守派学者一般的说法是说不联缀时各音节均无义。《汉语大词典》释"联绵字"作"由两个音节联缀而成的单纯词"，就是对这种观点的客观反映。但是，符定一那么大一部《联绵字典》中却一个这样的词也看不到。如《联绵字典》正文第1—10页共收"联绵字"34个：一二、一人、一个、一口、一介、一夫、一心、一方、一片、一半、一再、一成、一曲、一言、一定、一昔、一例、一门、一面、一乘、一售、一级、一致、一贯、一握、一统、一朝、一等、一概、一齐、一双、一体、一袭、一一等，多是双音节合成词或词组，而不见"由两个音节联缀成义而不能分割的词"。特别像"一人""一个""一口"之类，大概谁也不会认作"由两个音节联缀成义而不能分割的词"。然而，为什么符定一的"联绵字"与信守派学人说的"联绵字"迥然不同呢？从整体上看，这是由传统语文学家重语文应用研究与现代语言学家重语言本体研究之不同决定的。它们是两股道儿上跑的车，不相遇是注定了的（沈怀兴2007c，2012b）。并且，汉语里本来就没有信守派学人想象的用特殊的构词法构成的"联绵字—双音单纯词"，而今信守派学者认为有，找不到当其说的例词仍然说有，可是古人连"联绵字—双音单纯词"的观念也没有，所以古今从事联绵字问题研究者"不相遇"是不可避免的。

　　接下来，该"说明"举王念孙《读书杂志·汉书第十六》"连语"条下的话证明其说，殊不知王念孙作为一位传统语文学家，他的话根本不支持作者所遵循的现代联绵字理论（参看前面第二章第三节及沈怀兴2008d）。这里又一次说明，信守派学人不清楚在联绵字问题研究上他们与传统语文学家的根本区别，而偏执现代联绵字理论的核心理论"联绵字—双音单纯词"说讲话，却援引传统语文学家王念孙的观点做理论依据，"嫁接"错了，其结果只能事与愿违。并且，如果读者肯做进一步的考察，还会发现符定一的"联绵字"与王念孙所论"上下同义，不可分训"的"连语"也多不同。例如，前面第二章第三节提到过王念孙的连语不可分训说，并且引录了他对"流贬"的例析文字，拿来与上面所引符定一《联绵字典》正文第 1—10 页的一二、一人、一个、一口、一介、一夫、一心、一方、一片、一半、一再、一成、一曲、一言、一定、一昔、一例、一门、一面、一乘、一眚、一级、一致、一贯、一握、一统、一朝、一等、一概、一齐、一双、一体、一袭等"联绵字"对照一下看，又有多少是"上下同义，不可分训"的呢？不错，其最后一个"一一"，形式上看确是"上下同义"的，但是，能说它就是王念孙说的"连语"吗？至于有人质问对王念孙"说者望文生义，往往穿凿而失其本指"作何种理解，这在不少地方已经多次说过了，本书前面第二章第三节又重复讲了一遍，一般读者只要看看本书所录王念孙对"流贬"的解释，也许不会有什么疑义了，恕不再重复。

　　再朝下，《说明》为证明其观点而举的"饕餮""犹豫"两个例词，也是由于现代联绵字理论之成见在胸而误解了王氏之书。实际上照王氏的考察，它们都是联合式合成词，而不是信守派学人说的"联绵字—双音单纯词"。如"饕餮"，《广雅·释诂》卷二"……贪也"条下，王念孙疏证曰："饕餮①者，《说文》：'饕，贪也。'《多方》云：'有夏之民叨懫。'叨与饕同。《说文》：'餮，贪也。'引《文十八年·左传》谓之'饕餮'。今本餮作饕。贾逵、服虔、杜预注并云：'贪财为饕，贪食为餮。'案：《传》云：'贪于饮食，冒于货贿，侵欲崇侈，不可盈厌；聚敛积食，不知纪极。天

---

　　① "饕"是"餮"的后起字，或者是个俗字。《说文》有"餮"字，释曰"贪也"；无"饕"字。《广雅》亦作"餮"。

下之民谓之饕餮。'是贪财贪食总谓之饕餮。饕、餮一声之转，不得分贪
财为饕、贪食为餮也。《吕氏春秋·先识篇》云：'周鼎著饕餮，有首无
身，食人未咽，害及其身。'盖'饕餮'本贪食之名，故其字从食。因谓
贪欲无厌者为饕餮也。"王念孙这里首先引《说文》单释"饕，贪也"
"餮，贪也"，使人看到"饕""餮"本是一对同义词；又说"今本餮作
饕"；接下来列出古代注家为"饕""餮"这对同义词所作的解释，然后据
《传》文提出自己的观点："贪财贪食总谓之饕餮"，并作了进一步的证明。
所谓"饕、餮一声之转"，是说饕、餮二字声母相同，韵母有音转关系，
可知它们本是同源字，也是同义词，而不能给它们作出不同的解释云云。
这样说来，王念孙的观点与现代联绵字理论没有关系。信守派学者动辄援
引王念孙这话证明其信仰"联绵字—双音单纯词"说，是没有读懂王念孙
的话呢，还是另有原因？

　　信守派学人多认定"饕餮"是"联绵字—双音单纯词"，其理由大致
有三：一是他们的信仰——汉语里古有"一种由两个音节联缀成义而不能
分割的词"的构词法（或王力先生所谓"汉语的双音词有一种特殊的构词
法"）；二是饕、餮二字双声；三是在他们看来王念孙的"不可分训"就是
他们的"两个音节联缀成义而不能分割"。殊不知这样三个理由都不支持
"联绵字—双音单纯词"说。第一个理由前面已经多次论证过了，恕不重
复。第二个理由前面也多次涉及，但仍有人问"为什么联绵词大多有'双
声'、'叠韵'的语音特点？"其实这还是个认识问题，或者确切一点说是
受现代联绵字理论毒害至深而且没有考察现代联绵字理论产生、发展过程
的结果，下面还会谈到。第三个理由是对二者的理论界限不清楚的误解，
亦即他们不知道王念孙语文理解上的"不可分训"[①]与他们造词上的"两
个音节联缀成义而不能分割"实际上是本质上完全不同的两个问题。由此
看来，他们引王念孙之说只是拉古人来搞统一战线[②]，所以并没有认真考
察王氏话语的本意。这是信守派学者"联绵字"研究的传统做法。被他们

---

　　① 所以不能正确理解王念孙的"不可分训"说，一是因为现代联绵字理论之成见在胸，二
是因为不看王念孙是用那些事实支撑他的"不可分训"说的。其中，前一个原因又是后一个原因
的原因之一。

　　② 这只是就其所表现出来的误引误证之现象说的。这种现象太多了。甚至可以说，没有这
一类的误引误证，"联绵字—双音单纯词"说就不可能流行，因为其他证据更没有说服力。

经常举作"双声联绵字"例词的"犹豫"也属于这种情况。

"犹豫",王念孙在《广雅疏证》与《读书杂志》二书中有着一致的解释,这里只看他在《广雅疏证》中的认识。《广雅·释训》卷六"……犹豫也"条下,王念孙疏证曰:"犹豫,字或作犹与。单言之则曰犹曰豫。《楚辞·九章》:'壹心而不豫兮。'王注云:'豫,犹豫也。'《老子》云:'与兮若冬涉川,犹兮若畏四邻。'《淮南子·兵略训》云:'击其犹犹,陵其与与。'合言之则曰犹豫。"尽管后面王氏对古代注家解释"犹豫"谓"犹是犬名,犬随人行,每豫在前,待人不得,又来迎候,故曰犹豫"之类的观点提出了批评,但那是因为古代注家望文生训,不清楚"犹""豫"转注而成"犹豫"之事实。所以王念孙指出"犹豫"一词"单言之则曰犹曰豫",并引古注以证之,"合言之则曰犹豫"。由此看来,王念孙的观点无论如何也不可能支持现代主流学者信奉的"联绵字—双音单纯词"说,不支持上引"重印说明"所谓"联绵字是一种由两个音节联缀成义而不能分割的词"的观点。主流学者只讲王念孙批评古代注家解释"犹豫"之误,殊不知他们的解释与古注之间没有彼错此对的关系,只是错误的表现形式不同而已。① 如果再具体一点讲,今天的信守派学者错判了"犹豫"语素构成;其词义理解只是沿袭了古人正确的解释,并非遵循现代联绵字理论做出的解释。如果遵循现代联绵字理论解释"联绵字",则往往出现

---

① 主流学者著作中常以"犹豫"双声、有"犹与"等多种书写形式、唐人多错注等理由证明"犹豫"是他们说的"联绵字/词—双音单纯词",就连《中国大百科全书》释"联绵字"和《语言学名词》释"联绵词"也都举"犹豫"为例词。其实,这些理由与"犹豫"是否单纯词没有什么关系。为了进一步澄清是非,这里不妨把"犹豫"问题弄个究竟。"犹与"即"犹豫"。"豫"在上古本有"犹豫"义。如《楚辞·九章·惜诵》:"壹心而不豫兮,美不可保也。"王逸注:"豫,犹豫也。"又如《管子·君臣上》"民有疑惑贰豫之心"中的"豫"也是犹豫不决的意思。《老子》:"与兮若冬涉川,犹兮若畏四邻。"句中"与",他本多作"豫";该句于《四库全书》中共出现22次,16次作"豫",只有6次作"与"。清徐大椿《道德经注》卷上:"豫,犹豫也。冬日畏寒,故临涉而犹豫也。""犹"在古代也有犹豫不决义。"犹"在"犹兮若畏四邻"句中独立使用,与"豫"处在同一语法位置上,且上下句句法平行,意思相近,是"犹"也有犹豫不决之义。王筠《说文句读》:"猷、犹一字。凡谋猷,《尚书》作'猷',《毛诗》作'犹'。"清徐灏《说文解字注笺》于"犹"下曰:"凡谋事多犹豫审慎,故曰谋猷","可已而不已曰犹者,谓迟疑而遂行之也。""犹""豫"浑言义同,析言微殊。清程际盛《骈字分笺》:"先事而虑谓之豫,后事而虑谓之犹。"然则"犹豫"实由犹、豫双声转注而成的并列结构,无疑是个联合式合成词。自清初黄生《义府》卷下斥骂前人分释犹、豫为"有眼缝自未开尔"之后,多有争论,但均不支持今之"联绵字—双音单纯词"说。犹、豫转注而为"犹豫"后,其词义有了整体性,不可分别释之,但不证明它是双音单纯词。

错误（参看后面第二节）。

其实，如果不是被长期流行的"联绵字—双音单纯词"说所迷惑，只要承认王念孙有"连语者，上下同义"云云，是说连语的上下字含义相同，再拿王氏所举 23 条连语中任何一条看看其具体考释情况，就不会拿王氏之说来证明"联绵字是一种由两个音节联缀成义而不能分割的词"之类的观点了。本来，出现这种明显的失误只是"联绵字—双音单纯词"说流行之初的误会，但后来人不察，习惯从观念出发说话做研究，甚至走了天下文章一大抄的"捷径"，以致陈陈相因，谬误流传，当疑而不疑了。

上引《联绵字典·重印说明》第二自然节同样似是而非（参看沈怀兴2009b）。这里有必要再做点补充或概括交代。第一，分联绵字为双声词、叠韵词和无双声叠韵关系的双音词三类，其实并不能说明什么问题，结果只能误导读者。正像前面不止一次说过的那样，任何一个双音词乃至双音节词组都可以归入这三类之中的某一类里去。此前被误判为"联绵字—双音单纯词"的例子都是这样归类的，并没有能够证明"联绵字—双音单纯词"说。上面所举"饕餮""犹豫"二例的情况再一次证明了这一点。进一步看，"饕餮""犹豫"二词上下字之间有语音联系，实因它们均系转注构词之故。这就提示我们，某些所谓"联绵字"之所以双声或叠韵，实际上并不是什么双声叠韵构词法所为。第二，说"古人把无双声叠韵关系的双音节词也叫做联绵字"，更是似是而非之论，因为古今联绵字观念截然不同（参看沈怀兴2012b），古人的"联绵字"无一指双音单纯词者。第三，说"联绵字的字形往往不固定"，其实任何一个双音词不计时地差别都可能有许多不同的写法①。这也是前面各章节反复说过的。所以上录《说明》第四自然节中说"由于古今文字、语音的变化，同一个联绵字往往衍化出许多不同的写法"云云是对的。可是，在这一点上，所有的双音词

---

①　甚至连成语也不例外。《汉语大词典》中此类例子很少，刘洁修《汉语成语源流大辞典》（开明出版社 2009 年版）中更多。后者甚至在一条成语的正条下面列出了几十个副条，如"守正不阿"条下列出了 42 个副条，"披肝沥胆"条下列出了 52 个副条，即使扣除部分"不标准"的副条，其副条数量仍然很可观。如果照当前主流学者的说法，这些具有许多书写形式的成语也该归入"联绵字"了。不错，王国维的《联绵字谱》中的确收有部分成语和四字词组，但王国维作为一位传统语文学家，他的"联绵字"与当前主流学者用指双音单纯词的"联绵字"是完全不同的两个概念。

都是一样的，所谓"联绵字"与一般双音词乃至成语并没有本质性区别。第四，许许多多的联合式合成词都有过两个字可以上下颠倒位置而意思不变的情况（如事物—物事、介绍—绍介、情感—感情、雕刻—刻雕、讲演—演讲，等等）。在这一点上，信守派学人说的"联绵字"与这些双音词也没有什么不同①。如果一定要说它们有什么不同，则只能说"联绵字"的语素构成情况不容易判断，而这些双音词不存在语素辨认的困难。然而这样的理由算得上理由吗？上述问题充斥在主流学者著作中，既反映了汉语言文字研究领域里的一些薄弱之处，同时也在一定程度上反映出现代联绵字理论内容驳杂而混乱的特点。不过，这又是可以理解的。现代联绵字理论的核心理论"联绵字—双音单纯词"说本来自特殊历史时期的虚构（参看沈怀兴2007a、b，2010c），信守派学人中趋从者先入为主，千方百计地证成其说，反映到现代联绵字理论中，就出现了内容驳杂而混乱的特点。现代联绵字理论内容驳杂而混乱，却以"现代科学"的面目出现，遂使智者不敢生疑，贤者不敢致洁，一般学者自然安之为固然，遵之为谟训了。

　　上引《重印说明》第三自然节如果是站在传统语文学家"联绵字—双音词"角度说的，当然是对的。如果是站在"联绵字—双音单纯词"说角度这么说，则明显是曲解荀子之言以证成见。部分信守派学人引用古人观点一般有两个特点：一是寻行数墨，不顾古人本意；二是将现代联绵字理论强加于古人。②如上录《重印说明》第三自然节所引荀子"单足以喻则单，单不足以喻则兼"之言虽然是信守派学人经常引用的话，但他们从没有深入考察荀子这话的实际含义，只是一人引之，百人从之，都希望引以证明现代联绵字理论与古人观点一脉相承。因此，要想澄清事实，则需要多引几句。《荀子·正名》："心有徵知。徵知，则缘耳而知声可也，缘目而知形可也。然而徵知必将待五官之当簿其类，然后可也。五官簿之而不

①　部分学者可能不会同意这个观点。但是，他们唯一的理由也许是"联绵字"都不能用同形替代法进行全方位替代，但是他们不知道用同形替代法判断复音词语素是行不通的（参看沈怀兴2010a）。

②　客观地说，出现上述两种现象有时并不是他们有意识的。只是"联绵字—双音单纯词"说之成见在胸而强予附会，便表现出上述特点。这里姑且概括言之。我们因此受到启发，所以本书中严格区分传统语文学与现代语言学，不厌其烦地说明部分学者著作所引古人之说本来是什么意思，为什么不支持"联绵字—双音单纯词"说。

知，心徵知而不说，则人莫不谓不知。此所缘而以同异也，然后随而命之，同则同之，异则异之。单足以喻则单，单不足以喻则兼，单与兼无所相避则共；虽共，不为害矣。"这几句话的意思是说：心能感知事物。感知事物就是用耳朵听到声音，用眼睛看到事物的形状。然则感知事物，必须由五官应接特定事物，然后才可以实现。如果五官接触到某事物，而心中没有相应的印象，或者心里感知到了却说不出，那就没有谁不认为是不聪明的了。正常情况下，所接触的事物有了相同或相异的成像，然后随着所成物象的不同而给出相应的名称，相同的物象给出相同的名称，不同的物象就命以不同的名称。单字命名可以表明某事物的就用单字名称，单字命名不能表明某事物的就用二字名称；单字名称和二字名称无须特加区别时就用通称，因为这时即使用通称也没有妨碍。其中单字名称就是单音词，二字名称就是双音词，而不是今之信守派学者说的"联绵字—双音单纯词"。如果正确理解了荀子这"单足以喻则单，单不足以喻则兼"之说，一定会发现荀子这话与现代联绵字理论无论如何也扯不上关系，[①] 也就不会再拿荀子这话来支持"联绵字—双音单纯词"说了。

接下来，荀子又说："知异实者之异名也，故使异实者莫不异名也，不可乱也；犹可同实者莫不同名也。"这里明确强调命名的理据性，就更不是信守派学者所谓联缀两个双声音节或叠韵音节可以实现的了。否则，就必须证明他们所谓用一种特殊的构词法创造的"联绵字—双音单纯词"也有命名的理据性。然而，果真能够证明这一点，他们也就无须把索绪尔"能指和所指的联系是任意的""语言符号是任意的"之说教条化了。

随后荀子又讲到命名的原则："名有固善，径易而不拂谓之善。"意思是说：名称本来就有好的。直接、平易而不违反现实的名称就是好的。部分信守派学人所谓联缀两个双声音节或叠韵音节构成的"联绵字—双音单纯词"云云，正与这"径易而不拂"的原则背道而驰。因此，如果根据荀子之说，汉语中联缀两个音节构成一个单纯词的说法就很值得怀疑，甚至此前数十年的汉语词汇研究也需要认真反思一下。因为联绵字问题研究牵动着汉语学各分支学科的研究，更是汉语词汇研究的核心问题。

---

　① 这个问题牵扯着汉语词汇复音化发展规律，是一个较大的课题，沈怀兴（2013a：266—296）有简要的考察讨论，可参看。

　　上引《重印说明》第四自然节所谓"本书收集了六朝以前所有的联绵字"云云，站在传统语文学家立场上看大致不错，因为传统语文学家的"联绵字"基本上相当于现代语言学里的"双音词"，只有少数学者笔下的"联绵字"兼指多音节词，而相当于现代语言学里的"复音词"。但是，如果站在包括《重印说明》作者在内的今之主流学者角度看，就不是那么回事了。前面抄录了《联绵字典》子集第1—10页的34个"联绵字"，可见一斑，余容后叙。

　　综上所述，在20世纪80年代初，现代联绵字理论的基本观点就已经比较明确了，并且表现出以下特点。第一，信守派学者认定"联绵字"是一种由两个音节联缀成义而不能分割的词，但是他们所列举的例词却均不当其说，即它们都是由两个语素构成的合成词。这种情况不是《重印说明》一家特有的，而是遍及所有信守派著作。第二，信守派学者习惯引古人话语证明"联绵字—双音单纯词"说，但寻行数墨，并不真正理解古人话语实际含义；甚至由于现代联绵字理论之成见在胸，一再误解古人观点。第三，部分信守派学者由于现代联绵字理论之成见在胸，即使看上去最有力的"联绵字"有多种写法之说，也是只知其一不知其二，因为任何复音词不计时地之别都可能有多种书写形式。至于他们给"联绵字"分类之见，说得好一点也只是形式主义的贴标签，因为任何一个双音词或双音节词组都可以按照他们的"联绵字"分类法归类。所以确切地说，他们给"联绵字"的分类不过画蛇添足，因为这样做会误导后来者相信"汉语的双音词有一种特殊的构词法"之说。第四，《联绵字典·重印说明》说的不是《联绵字典》，原因在于《重印说明》作者心目中先有一套内容驳杂的现代联绵字理论，而忽视了它理应说明的《联绵字典》①。这个例子又一次反映出数十年以来信守派学人在联绵字问题研究上习惯从现代联绵字理论出发说话的基本特点。然则这样做不仅会阻碍汉语学健康发展，而且更严重的是使既有的错误理论"夺正"之后，堂而皇之地贻误一代代学

---

　　①　这么说，是假设《联绵字典·重印说明》的作者看过《联绵字典》。不过，看过《联绵字典》而写那样的"说明"，是现代联绵字理论之成见在胸的结果；没有看过《联绵字典》而写那样的"说明"，同样是现代联绵字理论之成见在胸的结果。在这一点上，二者都是从观念出发，不问事实，所以本质上没有不同。

子，并造成恶性循环。然而语言科学沦落到这一步，就不可能有什么积极意义了。

二　"联绵字典"是怎样命定的

由于传统语文学家和现代语言学家的联绵字观念截然不同（参看沈怀兴 2012b），所以符定一《联绵字典》问世以来七十多年间，学界对它的褒贬前后基本相反。大致说来，起初二十多年一片赞扬声。这是因为那 20 年间现代联绵字理论还处在产生、发展初期，当时传统语文学势力还很大，求真务实的学术环境不利于脱离汉语实际的现代联绵字理论发展，所以它的追随者很少。接下来的 15 年间没有反映，主要是社会历史的原因，众所周知，没有必要说了。值得注意的是近三十多年间多见批评，少见赞扬。虽有杨文全（2002）的文章有些例外，但那篇文章意在唱赞歌，可暂且不论。上录中华书局编辑部的"重印说明"表明有人在 20 世纪 80 年代初已经在追随现代联绵字理论了，具体情况如上所言。现在看来至少可以说它对符定一《联绵字典》的评说还隔着一层。只因为它的作者是站在现代联绵字理论角度说话的，所以上文才进行必要的考察分析。除了上述两篇赞扬的文章外，近三十多年间谈论符定一的《联绵字典》者，主要是不知根底的批评。客观地说，这类批评看上去都是直对符定一的《联绵字典》的，但是说到底它们也都不是在说符定一的《联绵字典》。它们是典型的乱来，所以又在《联绵字典·重印说明》之下远矣。为什么这样说呢？道理很简单，如果说不够准确的赞美有时可以激励研究者努力探索，而无的放矢的指责则可能引起无谓的论争，影响学术的正常发展。

考察信守派学者批评符定一《联绵字典》的文章，可知《联绵字典》收词问题最受信守派部分学者非议。如张永言（1985：123）批评《联绵字典》说："本书所收条目除联绵词外，还包括其他双音复合词和词组。……本书明标为《联绵字典》，就名实不符了。"[1] 并认定周法高对

---

[1]　符定一《联绵字典》是一部古汉语双音词词典，近三十年来各家对它的批评都是在忽视这一事实的基础上作出的。他们只是从符定一不一定了解的"联绵字—双音单纯词"说出发批评《联绵字典》，反映了习惯从观念出发说话的特点。"联绵字—双音单纯词"说所以流传广远，与信守派学者这一共同特点密不可分。

符定一《联绵字典》的肯定性意见为"其说不确",而给人的印象是张氏说这话时既不清楚传统语文学与现代语言学之别,又不真正了解《联绵字典》,很可能只是现代联绵字观念之成见在胸,大致翻了几页字典正文,同时不清楚周氏脑子里的"联绵字"不是他说的"联绵字—双音单纯词",更不知道周氏是否认可脱离汉语实际的"联绵字—双音单纯词"说(参看前面第五章第四节)。不过,在当今中国语言学界,像张氏做学问那样认真的学者并不是很多,而张氏受到现代联绵字理论的误导后尚且如此,就不用说一般人了。

又如《中国大百科全书·语言文字》(1988)在"《联绵字典》"条下说:"所收以双声、叠韵词和叠音词为主,兼收一般的双音复词,如'疲劳'、'发见'、'真伪'、'神采'、'秀才'、'始终'之类,体例未免芜杂。"这个批评也是现代联绵字理论之成见在胸,而没有仔细考察符定一的《联绵字典》,甚至连其诸叙及《凡例》也没有看。而《大百科》中的"《联绵字典》"条是由一位大师级学者撰写的,亦不免如此,可见现代联绵字理论影响学界之重!

再如有人在《语文研究》1997 年第 2 期发表文章批评说:"符定一的《联绵字典》更似清朝官修的《骈字类编》,以收双音节的复合词、词组为内容,确有名不副实之嫌。"说"以收双音节的复合词、词组为内容"是对的,而且说符定一的《联绵字典》"有名不副实之嫌",也是众多批评中最温和的,但同样是以传统语文学家符定一不一定知道的"联绵字—双音单纯词"说为依据说的,因为现在流行的"联绵字—双音单纯词"说到了1942 年才由吕叔湘先生较为明确地提出来(参看前面第三章第一节),而此时符定一呕心沥血 30 年著成的《联绵字典》早已在出版社等候出版两年了。

再如《新编联绵词典序》(河南人民出版社 2001 年版)中也说:"现代联绵词的著作有朱起凤先生的《辞通》和符定一先生的《联绵字典》两部。符先生的书里收的'联绵字'有好多是短语,如'一'部里就有'一半、一昔、一面、一朝'等条。"既然认定符定一的《联绵字典》是收释"现代联绵词的著作",怎么里面还有好多短语呢?或者换一句话说,既然已经看到《联绵字典》中收了好多短语,怎么又说它是"现代联绵词的著作"呢？学者们实在让"联绵字—双音单纯词"说给弄得张不得口了，因为张口只会宣传现代联绵字理论，结果是说得越多，错得越多越严重。这种现象在学术史上并不常见。

批评符氏之书名为《联绵字典》是名实不符和批评它体例芜杂，其实意见是一致的，理由也基本相同。前者现代联绵字理论之成见在胸，认定联绵字是双音单纯词；既然符定一的《联绵字典》中"还包括其他双音复合词和词组"，甚至以"复合词、词组为内容"，就不应该叫做"联绵字典"，否则就是"名实不符"。至于汉语中到底有没有批评者想象的那种"联绵字—双音单纯词"呢，就不管了，反正人家都说有。后者同样是先有了现代联绵字理论之成见，认为《联绵字典》中虽然"所收以双声、叠韵词和叠音词为主"，但是兼收"疲劳""发见""真伪""神采""秀才"之类非双声非叠韵的"双音复词"，所以说它"体例未免芜杂"。却不知道符定一的联绵字观念与批评者截然不同，符氏的"联绵字"根本不指双音单纯词。批评者更不知道《联绵字典·凡例》中一再强调书中"联绵字"包括非双声非叠韵者。如《联绵字典·凡例》第一条就指出："非双声叠韵者，如乎哉、云尔、焉耳、今夫、于是、所以、是故、然则等字，其性质确与此同类，自不可谓之非联绵字。"《凡例》第二条还专门强调联字不拘声韵。先指出其所宗"张（有）氏联字，不拘声韵"，并加注说："《复古编》联绵字都五十八，非双声叠韵十字。"接下来又考察了元代曹本的《续复古编》所收的 107 个联绵字中的非双声叠韵者，同时还考察了清代钱坫的《诗音表序》，加注指出："观正续《复古编》及《诗音表序》，知联绵字不限于双声叠韵。近人王国维撰《联绵字谱》亦有非双声叠韵者都七百余字。"而今批评《联绵字典》者连它的凡例也不看，便从现代联绵字理论出发横加指责，可见其所受现代联绵字理论毒害之重。这样的批评意见不幸借学界所宗的《中国大百科全书》传播开来，其误导学界、贻误后人之严重也许超出了一般人的预料。

此后学者凡批评符定一的《联绵字典》者，意见多类此，理由亦多同此，但是措辞却越来越可怕了。如有人在《中国语文》2003 年第 2 期发表文章说："如果把上述合成词也视作联绵词，那将重蹈符定一的覆辙。符氏在所纂辑的《联绵字典》中将大量的合成词不恰当地收录为联绵词，例如：庐舍、愚弄、感想、政事、时事、饥荒、头脑、门户。"把合成词"也视作联绵词"，就是"重蹈符定一的覆辙"①，那么符定一就是"覆"了。饱学而严谨的符定一呕心沥血 30 年著成的《联绵字典》，被后世一般人一判它"覆"，它便只好"覆"，天下有这样的学术研究吗？但是这不能只怪《中国语文》的那位作者，因为信守派学人著作中这样的批评太多了（参看前面第五章第二节），谁不这么讲就违背了"学界共识"，就站不住脚，文章也就不容易发表了。看来，一种错误的理论观念一旦被教条化，其后果往往非常人能够想象的。由此说来，现代联绵字理论的流行不仅仅是汉语言文字学领域的一场灾难。

说符定一的《联绵字典》"所收条目除联绵词外，还包括其他双音复合词和词组"或"兼收一般的双音词"，无疑是承认符书以收单纯词为主，如《中国大百科全书·语言文字》就说《联绵字典》"所收以双声、叠韵词和叠音词为主，兼收一般的双音复词"。这也是多数批评者的"共识"，因为他们多是现代联绵字理论之成见在胸，人云亦云②，谁也没有具体考察符定一的《联绵字典》的内容。但是，批评者大多没有想到符定一的《联绵字典》只是一部古汉语双音词词典。《联绵字典》所收双音词中97％以上是双音节合成词或词组，单纯词实不足 3％，并且基本上都是拟声词或拟声而来的词。这一点，除了刘福根（1997）以外，其他批评者都没有发现。汉语双音词中绝大多数是合成词，单纯词所占比例很小，符定一的《联绵字典》的收词与这一事实基本一致。③ 例如，《联

---

① 严格地说，符定一只知道联绵字，即今天说的双音词，根本不知道"联绵词"是什么。再说，就连"联绵词"这一术语的首次出现，也比符定一《联绵字典》书稿送交出版社晚了一年多。

② 其实人云亦云者也多无奈。汉语学界至今不够民主，不仅某些"权威"听不得逆耳之言，某些非权威也喜欢拿"学界共识"压人。他们以一贯正确或正统自居，一看到不同意见，便斥其"故意标新立异""学风问题"或"不懂语言学常识"之类。更有甚者攻击非主流学者为"'文革'造反分子""和谐社会的危险分子"。久而久之，就少有人发表不同意见了。即使发表，一般也只对非名家，且只限于某字某词某句，某些理论问题是动不得的。至于本书作者，的确发出了不少不同的声音，但论及名家权威者总要辗转投寄，每每石沉大海，也就只能承认水平不够了。其实，大环境如此，还有现代语言学代表着"现代科学"，代表着"语言学发展的方向"，杂志社也只能随之浮沉，又有什么办法呢？所以要从根本上改变这种局面，实现学术自由，必须掀起语言究竟是什么、语言研究的终极目标究竟是什么的大讨论，让所有思想观点在大讨论中充分展示出来，接受同行以及广大社会成员评价和取舍。

③ 所以比一般词典中合成词（占 94％—95％）所占比例高，那是因为所收词组多于一般词典。

绵字典》开头的一部和｜部共收符定一心目中的联绵字271个，其中比较明显的单纯词和目前尚不明其语素构成情况者共有7个：蛏丁、丁宁、丁丁、中馗、丰茸、丰容、串夷，即使把它们都算作单纯词，也只占2.58％。而其中合成词和词组占97％以上。其他部首的情况与此差不太多。也就是说，这个数字大致反映了符定一的《联绵字典》所收"联绵字"的情况。至于《中国大百科全书·语言文字》所谓《联绵字典》"所收以双声、叠韵词和叠音词为主"云云，像真有其事，但从来未见有人给出可信的证据，实不过想当然耳（参看下文引录的《联绵字典》诸叙及凡例的相关内容）。对此，读者可暂不管现代联绵字理论或现有评论如何，就近考察上面所记《联绵字典》中的两项事实——正文第1—10页的34个"联绵字"及其一部和｜部所收271个"联绵字"，也可就《联绵字典》进行抽样调查，看是否能够得出与本书大相径庭的结论，兹不赘言。

　　至此，有人可能会问：既然符定一的《联绵字典》中所收词条绝大多数是合成词或词组，单纯词不足3％，为什么叫《联绵字典》，而不叫"双音词典"？答曰："双音词"是现代语言学术语。符定一编纂《联绵字典》时，中国传统语文学家还不熟悉甚至不知道"双音词"这个现代语言学名词，他们所熟悉的只是传统语文学中的"联绵字""连绵字""联文""联字""复名"等，并且中国传统语文学中"联绵字"之所指基本上相当于现代语言学术语"双音词"之所指，而从不指双音节单纯词。例如王国维的《联绵字谱》所收"联绵字"中合成词与词组占3/4以上（参看沈怀兴2007a），方以智的《通雅》所收"謰语"中合成词与词组占91％以上（参看沈怀兴2015）。这样说来，符定一的《联绵字典》就不是"名实不符"了，符书中收了大量合成词或词组也不是"不恰当"了。时代在发展，认识在变化，以昔律今固然不可，而以今律昔——特别是以臆说之今强行律昔——又怎么可以？符定一的《联绵字典》以中国传统语文学家的联绵字观念命名，而今不幸秀才遇上兵，如果作者健在，不知能否笑而不答心自闲呢。

　　然而，上面的考察讨论在内行人看来只不过是站在外围发发议论而已。所以即使言之成理，也总给人以隔靴搔痒之感，终不能从根本上解决问题，尽管这是本书考察现代联绵字理论之负面影响不能不做的工作。因此，对于《联绵字典》，还得看看符定一与当时的学者们到底是什么意见，不能老是让"被告"缺席。

其实，符定一在《联绵字典·后叙》中就有对字典命名的简要说明："或曰：书纪联文，其名'字典'，于古有征乎？余曰：有之。荀卿偿言：'单足以喻则单，单不足以喻则兼，单与兼无所相避则共。'余谓单者单名，《急就》《说文》《玉篇》是也。兼者复名，《联绵字》（见《复古编》）《骈雅》是也。共者单复名同举，三雅、《方言》《释名》是也。夫单共之书，先民有作。兼名专著，余改造焉。若孔子称'正名'。名，今曰'字'。《聘礼·记》曰：'百名以上书于策。'策者册也。大册为典，见诸许书。然则今语'字典'，古呼'名策'，是其徵矣。"这段话告诉我们：第一，符定一的《联绵字典》里收释的是"联文"，他也叫"复名""兼名"，即二字联合而成一词语者，亦即今所谓双音词。这"联文""复名""兼名"就是二字名，绝不指"双音单纯词"。第二，符定一对他"联绵字典"的解释是"联绵/字典"，即解释联文＝复名（或兼名）＝双音词的，而不是"联绵字/典"，不是解释"联绵字—双音单纯词"的。① 这一点，符书在其他地方也有反映。如其《凡例》第廿三条说：本书"原名'字诂'，更名'字典'"。另外，即使仅从作者所举的例子——《复古编·联绵字》《骈雅》看，也会推知符定一的《联绵字典》本是一部解释双音词的工具书，因为宋代张有《复古编·联绵字》所收的 58 条"联绵字"中多数是复合词，少数是拟声词（包括拟声而来的双音词）和音译词，《骈雅》所收的双音词中至少 80％以上是合成词，这两部书所收的联绵字或骈字都无异于一般双音词，即一个用一种特殊的构词法构成的"联绵字—双音单纯词"也没有。

上述意思，结合《联绵字典·自叙》会看得更清楚一些。其《自叙》说："若其训诂博通，绳先启后，《释文》《纂诂》，彬彬兮集大成焉。然陆则音详谊略，尚有遗珠。阮则音缺谊存，犹非完璧。兼之讹文俗字，未能是正，识者病之。余子逐逐，仆逐不足数也。定一少习庭训，问字皮先，

---

① 不错，符定一有时谓其所收词为"联绵字"，但如上文所介绍的，他的"联绵字"谨承张有、曹本、王国维而来，就是他所谓的"联字""联文""复名""兼名"，与今之所谓"联绵字—单纯词"截然不同。

研稽小学，亦既有年。觉字书逐字诂谊，鲜及联文。《尔雅》诸书，虽有《释言》《释训》等篇，然语焉不详，略而未备。增冰积水，大辂椎轮。踵事曾华，竢诸来哲。定一体质驽下，学浅识暗，言之无文，曷敢述作？唯睹字例之条，喜旧执而嗜雅言；信而好古，欲罢不能。择撢群书，專陈故训，用集联字。稽撰其旨，郭兹雅例，臬之许书。守汉学之师承，戒腐儒之疏漏。解一字至数十说，证一谊至数千言。守约施博，所谓食不厌精，脍不厌细者也。其有不知，丘盖不言。知而未审，亦从舍旃。汰沙掇金，培苗去莠。斟酌品核，著之于篇。"在这段话里，作者首先指出训诂学著作之集大成的《经典释文》《经籍纂诂》的成就及存在的问题，并指出语文学史上"字书逐字诂谊，鲜及联文"之事实，提出问题，接下来说明自己是怎样解决问题的。特别是前面说"字书逐字诂谊，鲜及联文"，后面说"择撢群书，專陈故训，用集联字"，其联文即联字，即联合两字构成的语词，亦即其《后叙》中所讲的"复名"。用今天的话说，只能是双音词，无论如何也没有"双音节单纯词"的意思。联系其《后叙》来说，作者著《联绵字典》之初衷就是解释双音词，并且始终没有"单纯词"之类的概念，更没有区分合成词与单纯词的意识。

　　上面的意思，《联绵字典·凡例》中也讲到了。如凡例一就说："自有书契已来，联字尚矣。其见于《易》《礼》《诗》《传》者，尤难枚举。张有《复古》，特标联绵，唯语焉不详，不无遗恨。用广其范围，多所搜罗。"这里的"联字"，就是宋代张有的"联绵字"——双音词。符定一著《联绵字典》，只是为"广其范围"而已。

　　其实，当时其他论及《联绵字典》者也表达了同样的意思。如《黄（侃）叙》说："荀子曰：'名闻而实喻，名之用也。累而成文，名之丽也。用、丽俱得，谓之知名。'又曰：'单足以喻则单，单不足以喻则兼。'是知华夏之语，单复兼行。单以立其本，复以广其用。……后世训诂之书，虑皆仰遵其法，兼胪单复，从未有专采复名。依《说文》《字林》之法，排比整齐，以便寻览者有之，自吾友衡山符宇澄氏之《联绵字典》始。"在黄侃看来，符定一的《联绵字典》本是一部解释复名的工具书，也就是一部古汉语双音词词典。并且强调它是"依《说文》《字林》之法，排比整齐，以便寻览"的第一部古汉语双音词词典。

又如《王（树枏）叙》中也说："小学之书，莫古于《尔雅》。《尔雅》者，所以备训诂词章之用。而《释训》一篇，则为诸书联绵字之权舆。后世《骈雅》《叠雅》诸作，则专缉联绵字，以推广《释训》之所未备。而符字澄之《联绵字典》，则尤广搜博采，集其大成，洵文字之渊薮，故训之汇归也。"这里，王树枏同样认定符定一的《联绵字典》是一部古汉语双音词词典。否则，如果照现代联绵字理论来理解王氏之言，至少需要证明《尔雅·释训》以及《骈雅》《叠雅》中所收的双音词都是"联绵字—双音单纯词"。这却是谁也做不到的事情。

《王叙》中又说："以单词只字不足拟诸形容而广其意义也，于是联绵字行焉。所谓联绵字者，不第两字然也。《诗》之'仪式刑文王之典'，则以'仪式刑'三字为联绵。而《尔雅·释诂》之'谑浪笑敖'，《释训》之'子子孙孙'，则联绵且至四字矣。"从王树枏用例看，他的"联绵字"包括二字词语、三字词语、四字词语。也就是说，他的"联绵字"实与现代语言学中的"复音词"相当。这就更不是当今信守派学者能够容忍的了。

为什么上引符定一、黄侃、王树枏等人的话语都不支持被现代学者教条化了的"联绵字—双音单纯词"说呢？这首先是因为他们都在用传统语文学家的眼光来看传统语文学著作《联绵字典》。其次是他们讲话时，信守派先行者还没有提出"联绵字—双音单纯词"说。在上引符定一、黄侃和王树枏的话中，符定一的《联绵字典·后叙》写的最晚，但那也是1940年农历6月写成的，而"联绵字—双音单纯词"说是两年后才由吕叔湘（1942）提出的，即使"联绵字—双音单纯词"说正确，他们撰写文章也不可能先遵循"联绵字—双音单纯词"说。况且，他们传统语文学家没有复音词结构分析的意识，具体工作中又没有进行复音词结构分析的必要，即使"联绵字—双音单纯词"说在他们说话之前提出，他们也未必理睬这一理论。因此，他们讲的"联文""联字""复名""兼名""联绵字"等都只能相当于现代语言学里说的"双音词"或"复音词"，符定一的《联绵字典》只能是一部古汉语双音词词典。

现在不妨站在从现代联绵字理论出发批评符定一的《联绵字典》者的角度说句话：好读书，而不读前言、后记，一失也；怀成见读书，则不如不读书；不读符书而对符书横加指责，是所受现代联绵字理论之毒害至深，以致批评者与被批评者同遭不幸。试问：学术史上有几？

三　语文学家符定一不曾论及现代联绵字理论

从上面引录的材料中，读者已经不难看出符定一是一位传统语文学家，而不是一位现代语言学家。他做的是小学家的训诂工作，他的工作与现代联绵字理论没有关系。再说，他从 1910 年起为编写《联绵字典》而搜集整理材料，直到 1940 年才完成编写工作，这期间"联绵字—双音单纯词"说还没有被明确提出，照理说他不可能对没有行世的现代联绵字理论预先做出反应。如果我们仔细考察符定一的有关论述，还会清楚地看到，符定一自始至终不曾论及现代联绵字理论问题，尽管"联绵字—双音单纯词"说酝酿于 20 世纪二三十年代，在魏建功（1926、1935）、郭绍虞（1934、1938）、陈独秀（1937）等现代语言学家那里已有萌芽。

先看符书《联绵字典·凡例》。如果符定一脑海里有现代联绵字理论的影子，照常理讲他编写"联绵字典"，不管对现代联绵字理论的态度怎样，总不免要在其叙言或《凡例》等文字中有所反映。但是，反复考察其《凡例》及叙言，却不见有关现代联绵字理论只言片语的表述。先看符定一的《如何检阅联绵字典》一文对其《凡例》的概括介绍："凡例为本书纲领。……其中有较重要者，特为指出。例一叙联字由来①，例二说联字不拘声韵，例四规定反切采用，例五阐明音声韵来历，注有所折衷分析，颇为明确，例十一、十二、十三、十四、十五是本书汉学师承，例十六创立转语条例，全书转语均由此出，确是国学上重要发明②，例十八说金文难信，例十九说石文可凭，但须选择。此其荦荦大者。"这里全部是传统语文学家的工作内容，我们看不出"其荦荦大者"与现代联绵字理论有一丝一毫的联系。

是不是符定一的介绍有所遗漏？那就随机抽查几条看看吧。如凡例三

---

① 来自经史子集。例一曰："自有书契已来，联字尚矣。其见于《易》《礼》《诗》《传》者，尤难枚举。"

② 如符书第一例转语"一切"条下说："转为'一再'。见'一再'下。转为'一齐'，均声近。见'一齐'下。"又如其第二例转语"一元"条下说："转为'一旦'，韵同。见'一旦'下。"很明显，不管"一切""一再""一齐"，还是"一元""一旦"，虽然都是符定一的联字，但它们都跟现代联绵字理论没有关系。至于其转语之说有没有问题，则不在本书讨论范围之内。

说："本书宗旨，注重字义，帅由《尔雅》。《释训》《释言》，首诂联字，放'诶谀，累也'之文。继而解字，效'斤斤，察也'之体。"① 凡例九说："书自作注，征信将来……注中先述经典陈文，继述前贤旧注，文出何书何篇，注系谁校谁补，均照原书移录，无所变更。"凡例十五说："郝氏《尔雅义疏》、王氏《广雅疏证》，止就故训阐发。其于本字借字，未能分别。谁为正字俗字，竟不申叙。王氏恒谓某字与某字同，不但不符许书，且常轶出雅训，义不明确，流弊兹多。本书有鉴于斯，假借说明，讹俗是正。段（玉裁）氏、朱（骏声）氏之于通假，邵（瑛）氏、雷（浚）氏之于正俗，思过半矣。其有误者，检而订之。其未及者，考而补之。参校是非，较量同异。折衷南阁，探本仓籀。以视张有之复古不古，伯琦之正讹多讹，庶几免夫。"在上引《联绵字典》的三条凡例中，不管是其作书宗旨，还是其作注方式，抑或辨通假、正讹俗之特色，都与现代联绵字理论无关。特别凡例十五所谓辨通假、正讹俗完全是传统语文学家的训诂路数，与今之从现代联绵字理论出发做研究者截然相反②，就更不可绳之以"联绵字—双音单纯词"说了。否则，那就必须证明符定一的这些工作也错了。

又如其《联绵字典·后叙》中介绍说："其书义证分属，声韵兼咳。异文备陈，转语罗列。撮其梗概，有五难焉。其取材也，捃摭经史，掇拾子集，探索赜隐，搜厥遗佚，一难也。其纂诂也，若经有传，若礼有记，若图有说，若纲有目，二难也。其正形也，别古籀焉，判奇字焉，辨正俗焉，分本借焉，三难也。其审音也，反切别义，谐声察省，纽表自立，韵字参众，四难也。其定义也，本之经训，征之古今，准之字书，参之子史，五难也。"这些困难，在信守派学者著作中一般无所反映，因为他们根本没有兴趣去做这些工作③，也是他们所执共时论不允许做的；而传统

---

① 这段话中，"诶谀"是并列式结构，"斤斤"是重叠词，它们都是合成词。

② 今之信守派学人把不同书写形式视为"联绵字"的重要特点之一，一般不做辨通假、正讹俗工作。他们认为："由于联绵词是单纯词，最初大多没有本字，记录联绵词的两个字大多是纯粹的记音符号，所以同一个联绵词往往有多种文字形式。"（参看杨剑桥 2003：345—346）。

③ 必须再明确一句：传统语文学家符定一这里的"声韵兼咳。异文备陈"，与今天信守派学者讲的联绵字上下字之间有语音联系、联绵字有多种书写形式各是站在不同角度说的，二者没有相通之处。

语文学家研究联绵字却是绕不过的，因为他们的研究是帮助读者正确地理解和使用汉语言文字，所以必须刻意求真。

又如《联绵字典·跋尾》中也说："夙兴夜寐，诂训是攻。解字说文，形声相从。文异语转，音同义通。"训诂学家的这些常规工作，而今信守派学者多不熟悉了。

再如《联绵字典》后面有三个附录，也在从不同角度介绍《联绵字典》的内容。但是，它们也都没有反映现代联绵字理论的只言片语。如其附录一《本书与坊间辞典之比较》第五条说："本书则全录唐以前古注，或引述清儒学说，至为精审。"第十条说："本书则本《说文》，说明字之谁正谁俗，使读者不至谬种流传。"第十一条说："本书依《说文》判明孰为本字，孰为借字。本借分明，而义遂清晰……由本字得其本义旁义，而借字之以音通用者，不能淆乱矣。世有谓本字不必求者，瞽言也。中国文字，不外六书。六书之五，均说本字。其无本字而以声托事者，假借而已。假借者，亦对本字而言。"第十二条说："本书罗列异文，四千有奇。以谐声为之枢纽，或谐声同而字异，或谐声同而字同。求其异同，得所通假，因而是正，定其从违。此文字学之正轨，亦本书之特长也。"以上各条所示，均与今天信守派学者的联绵字研究无涉，有的甚至截然相反。如其第五条明确指出"本书则全录唐以前古注，或引述清儒学说"，是明确指出其汉学师承之本色。而今之信守派学者对古人之说要么予以误解，以支持现代联绵字理论；要么横加指责，以维护或附会现代联绵字理论（这两种现象在第五章第二、三、四节都有典型例子，可参看），这些做法在包括符定一在内的传统语文学家的著作里很难找到。又如其第十、十一、十二各条，所言均传统语文学家的工作，也都不是今之信守派学者愿意做或者能够做的工作。特别是其反复强调《联绵字典》中明正俗、辨本借之特色，并且明确指出此乃"文字学之正轨，亦本书之特长"，更是今之信守派学者的"必逃课"。如其不信，至少要证明从现代联绵字理论出发做研究，也需要做这类工作，或能够证明信守派学者就是在做了这类工作的基础上才提出"联绵字—双音单纯词"说的。可能吗？

总之，和其他传统语文学家一样，符定一不曾论及现代联绵字理论，他的"联字＝联绵字"是指双音词，而不是指双音单纯词；他的联绵字研究与今之信守派学者的"联绵字"研究完全是两股道儿上跑的车,他的《联绵字典》只是一部古汉语双音词词典,人们不可用现代联绵字理论的眼光评判它,就不要说现代联绵字理论远远脱离了汉语实际了。

那么,为什么旧时"联绵字"等术语不指单纯词呢?概括地说就是由有着内在联系的两个方面的事实决定的。第一,中国传统语文学家的研究绝大多数情况下只着眼于书面上的言语,其主要目的在于帮助读者正确理解文献典籍和正确使用汉字及书面语,而不是从语言本体角度分析某双音词是怎样构成的,因而缺乏考察某双音词是单纯词还是合成词的动力。换个角度说,中国传统语文学曾被讥为"经学的附庸"①,就是因为据说它只是为读经而存在。从这个角度讲,传统语文学家也不会去辨明某字串所标记的语言成分究竟是个怎样的结构。第二,中国传统语文学家不像现代语言学家那样严格区别语言和文字,更没有现代词汇学的知识和理念,因而没有可能涉足现代词汇学领域,去分析某字串所标记的语言成分究竟是个怎样的结构,考察其语素构成情况。这种大前提的分歧一旦被忽略,所有讨论都没有积极意义。

同时,我们还不能忽视这样一个事实:虽然词的语素分析是研究语言本体的现代语言学工作者的事情,但是面对某字串所标记的语言成分,现代语言学家往往不能正确说出它是个合成词呢还是个单纯词,特别是"联绵字—双音单纯词"说之成见在胸者更是这样。否则,包括《现代汉语词典》《汉语大词典》《语言学名词》在内的那么多权威著作均误举合成词证明"联绵字—双音单纯词"说的现象就不好解释(详见前面第三章各节)。既然专门研究语词内部结构问题的现代语言学家尚且不能准确辨认"联绵

---

① 即使现在,这种认识仍然比较普遍。如《现代汉语词典》2012年第6版"附庸"条下继续复制以前各版之释曰:"泛指依附于其他事物而存在的事物:语言文字学在清代还只是经学的附庸。"可以断定,这种历史虚无主义的认识不改变,实用的中国传统语文学很难得到有效的利用,被讥为"现代科学中最无用的科学"的现代语言学很难得到应有的改造。长期以来,中国语言学界存在这样一种认识误区:好像只有人家山上的石头是石头,自己山上的石头因为不像人家山上的石头就不是石头。一边否定传统语文学,一边寻求人家的东西来填充,直到理论方法全是人家的了,还在高喊"与国际语言学接轨"。殊不知,外来的填充物与汉语言文字不相容,却要它来主导汉语研究,看上去是"与国际语言学接轨"了,但是,终因对社会发展积极作用小,消极作用大,所以常为人所诟病。因此,现在必须承认我们的语言是汉语,同时力求使我们的语言研究更好地服务社会,至少不能像现代联绵字理论那样危害社会。这是本书第四章至第六章研究的基本结论。

字"语素，那些毫无语素分析之意识与动力的中国传统语文学家又怎么可以？明乎此，人们无论如何也不再去传统语文学著作中为"联绵字—双音单纯词"说寻找证据，不再从"联绵字—双音单纯词"说出发批评包括符定一在内的传统语文学家了，因为"联绵字—双音单纯词"说只是来自20世纪三四十年代极少数青年学者的臆断（参看沈怀兴2013a：63—87，100—106），后来偶尔遇上合适的社会环境与学术环境才日渐为主流学者所信从。

实际上，凡持"联绵字—双音单纯词"说者，不管是汉语学专著、语文词典、语言学词典还是"古代汉语"教材或"现代汉语"教材，我们至今没有发现哪一篇/部列举的"联绵字"例词中有正统的信守派学人说的双音单纯词①。像那部较早阐明"联绵字—双音单纯词"说而且长期被广泛使用的统编教材《古代汉语》，所举"联绵字"实际上也以合成词为多。即使有单纯词，也不是用什么特殊的构词法构成的（参看白平2002：172—208；沈怀兴2013a：87—100），就更不要说其他跟风之作了。了解了这一事实之后，人们会发现"联绵字—双音单纯词"说的无根性，甚至会自觉考察现代联绵字理论长期流行的负面影响，就更不会对符定一的《联绵字典》的收词问题做一些不切合实际的评论了。

四　汉语里没有"由两个音节联缀而成的单纯词"

有人可能要问：为什么所有持"联绵字—双音单纯词"说者都不可避免地要把某些合成词误判作单纯词呢？个中原因十分复杂，甚至因人而异。但一个最根本的原因就是持"联绵字—双音单纯词"说者大多迷信源自臆说的"一种特殊的构词法"（或者"双声叠韵构词法""异音联绵构词法""语音造词法""语音关联造词法""衍声联绵法""语音学造词法"

---

① 这话的意思是说，正统的信守派学人认定汉语里有像《汉语大词典》解释"联绵字"时说的那种"由两个音节联缀而成的单纯词"，但他们自己也没有举出这样的例子。不管谁持"联绵字—双音单纯词"说举的例词，一旦进行考察分析，都会发现它们不当其说，因为汉语里根本没有那种"联绵字—双音单纯词"。正统的信守派学人起初是先有观点后找例词，所以像《现代汉语词典》试用本那样只换例词不改观点是不解决问题的。趋从派只是跟风接受"联绵字—双音单纯词"说，做研究只从观念出发，所举例词只满足于表面上填个空儿，自然也只能举一些他们不明其语素构成情况的双音词。

"增字构词法""衍音法""分音法""联绵法""一分为二"法什么的)。其实，汉语史上从来就没有用来创造双声单纯词或叠韵单纯词的特殊构词法（参看下文）。人们迷信那种子虚乌有的"特殊构词法"，在学界至今还没有合适的方法辨认联绵字语素的情况下，一旦碰到不明其语素构成情况的双声词或叠韵词，不经探究或无力深究，即谓之单纯词，并谬与传统语文学家笔下的"联绵字"相比附，以致其结论靠不住，而在年轻人成长的道路上掘下了陷阱（参看第五章第一节），甚至让语言研究者难成正果（参看第五章第二、三、四节）。这是让人深感痛心而又无奈的事情。

由于迷信"汉语的双音词有一种特殊的构词法"之类的说法，部分学者发现名家著作中误举合成词做单纯词之例时，不是对其理论是否符合语言实际进行调查研究，而是用过渡说（或联绵字语素融合说、复合词蜕化说）为"联绵字—双音单纯词"说保驾护航。他们说："古代汉语的部分双音节合成词，其结构方式在后世渐不清晰，就变成了单纯词。"为了服人，还拿同形替代法演示一番。殊不知兄弟二人怎么变也变不成一个人。即使人们都辨不清他们在长相上的差别，都误认为他们是一个人，也不能改变他们是两个人的事实。同理，由两个语素构成的合成词怎样变也变不成一个语素。复合词的语素合成关系早在造词之初就形成了，有造词者特定的认知—表述方式在那里管着呢，不会随着后人认识的变化而变化。所以我们不要忘了一个最一般的道理：研究历史上形成的任何事物都必须坚持历史主义，研究词的语素构成只有考察造词之初的实际情况，才能找到发生学上的依据，从而得出符合客观实际的结论。

那么，怎样看待那些难以辨认其语素构成情况的双声词或叠韵词呢？信守派学人认为它们是用"一种特殊的构词法"创造出来的。其实，正如前面多次讲过的，那不过是"联绵字—双音单纯词"说之成见在胸的臆断。否则必须给予实证。不能像此前那样用"汉语的双音词有一种特殊的构词法"之类的说法与"联绵字—双音单纯词"说循环论证，或者用"汉语特色"与"联绵字—双音单纯词"说循环论证。必须证明为什么"汉语的双音词有一种特殊的构词法"？为什么有此"特色"？而且为什么只有西周至六朝千余年间的汉语里有此"特色"？对前面问题的回答往往是基于循环论证，加点不着边际的想象。对后一问，持说者寻得汉语词汇双音化发展规律作证，说那是因为周代以前单音词足够语言交际使用云云，其实那是不知道殷商汉语中已有大量复合词，汉语早在殷商时期就展示出复音化发展倾向。一般所谓汉魏以后复合词才迅速增加的观点不过想当然耳（参看沈怀兴 2013a：266—296）。

　　既然汉语里没有不同于其他民族语言的特殊构词法（参看前面第四章），那些被判作双音单纯词的"联绵字"就只能是用常见的构词法创造的。例如，就我们考察过的材料来看，被误判为"联绵字—双音单纯词"中最多的是用联合式构词法创造的合成词，其次是由偏正式构词法创造的合成词，余下的就是由其他复合式构词法以及拟声法（包括模拟感叹之法）、音译法或切音法创造的单纯词了。很明显，这里面只有用拟声法、音译法和切音法创造的词才是单纯词，但这些造词法又与正统的信守派学人说的"一种特殊的构词法"没有关系。换个角度讲，由拟声法、音译法和切音法创造的词不为汉语所独有，因此拟声词、音译词、切脚词都不是正统的信守派学者说的"联绵字—双音单纯词"。①

　　现在来看联合式合成词的"联绵字"。大家知道，构成联合式合成词的两个语素一般有近义、类义或反义关系。从词源学角度讲，它们多是从同一语源分化而来的。有同源关系的语素，多有双声、叠韵或双声兼叠韵的关系。在语言使用中，人们往往为取得绵连叠复之声律美的表达效果而联用同义、近义或类义语素，从而构成双声词、叠韵词或双声兼叠韵词。《诗经》《楚辞》、汉赋及历代骈文中这类现象大量存在，正说明了这一点。或者有时出于表意准确的需要，或出于满足标准音步双音节实施的需要②，而联用近义语素构成双声词、叠韵词或双声兼叠韵词，也是很常见

---

　　① 至于王力先生晚年主编《王力古汉语字典》把拟声词、叹词、音译词也列入"联绵字—双音单纯词"中，不管什么原因，那样做已经不是正统的信守派学者的主张了。我们判断一位学者是否属于正统的信守派，只凭他的学术主张，不看他是谁。比如王力先生，按照他早期的主张，基本上继承了传统语文学的联绵字观念，所以不属于信守派学者；按照他中期、后期的做法，就是正统的信守派学者（参看沈怀兴 2009a）；晚年主编《王力古汉语字典》时观点发生了较大的变化，就又不是正统的信守派学者了。

　　② 不管什么语境，不管标准音步双音节实施的要求多么强烈，所组成的双音节语词必须具有可理解性。换个角度说，都必须有特定的造词理据，都必须具有可验证性。从哲学角度说，都必须内容决定形式，而不是相反。所以下面接着说"而联用近义语素构成双声词、叠韵词或双声兼叠韵词……"云云。

的现象。或者有时出于表达某个新概念的需要而联用类义或反义语素，从而构成双声词、叠韵词或双声兼叠韵词。由这些途径产生的"联绵字"，起初合成词的身份是十分明确的。但是，随着岁月的迁延，两个语素本来的意思不怎么被语言社会单用了——不单用不是没有含义了；特别是有些词的书写形式也由于音变字易等原因发生了变化——衣服换了人没有换，到了现代，一般人不能一下子看出其含义了，两个语素间的结构关系在一般现代人眼里不清晰了，甚至有人说它们"囫囵一团"了，就被他们误判为"联绵字—双音单纯词"了。如联合式合成词"窈窕"，在刘毓庆（2002）的《"窈窕"考》发表以前的二三十年里，常有人举它为"叠韵联绵字"的例词，而且至今还有一些人表现出这种"惯性"①。

再如《现代汉语词典》遵循"联绵字—双音单纯词"说解释"联绵字"，所举例词被无数的著作因袭，而不知道它们无一例外都是合成词，并且其中以联合式合成词居多。《语言学名词》的情况与此差不多。至于一般著作，不管是遵循现代联绵字理论解释"联绵字"，还是从现代联绵字理论出发做研究，只要举例，同样没有让读者看到其观点与例词相吻合的事实。如白平（2002：173—208）对存在于某《古代汉语》统编教材中的典型错案集中作了辨正，胡正武（2005：52—80）也做了些类似的工作，马麦贞也曾经撰文对"参差""仓促"等被人误判作双音单纯词的"联绵字"进行过分析辨正，笔者在近年发表的文章中对被公认为单纯词的一些"联绵字"则有更多的考察辨正，大家所考辨的"联绵字"中也以联合式合成词为多，恕不一一考辨。然则信守派学者著作中为什么举不出确能支持"联绵字—双音单纯词"说的例词呢？其实这事不仅不奇怪，而且是注定的。道理很简单：汉语里根本没有正统的信守派学人说的用"一种特殊的构词法"创造的"联绵字—双音单纯词"，如果"联绵字—双音单纯词"说之成见在胸，一定要从现代联绵字理论出发讲话，不举例词则已，一举例没有不错的。这一点，即使只看过本书前面内容者，大概也没有太多疑义了。

---

① 这些人中，多数是现代联绵字理论之成见在胸，不看相反的意见。但是，也有些人不是不看反思派的文章，只是惑于语素融合说等理论而"随大流"了。他们的表现在不同程度上反映了习惯势力的强大和可怕。

另外，中国现代语言学工作者队伍庞大，但整体而言专业素质有待提升①。不少人蔽于共时论，对于文字通假、隐喻造词、换喻造词、语词被用了隐喻义或换喻义等情况不是很熟悉，而且受浮躁的社会风气的影响，缺乏锐意求真的精神，致令上述语文现象让研究者一下子看不出相关双音词的语素构成情况，从而被误判为"联绵字—双音单纯词"（参看本章第二节第三节的考察分析）。上述种种现象都说明，信守派学人的"联绵字"研究只是从观念出发，并且大致还停留在想象层面，而脱离了汉语实际。

五　余论

还有一些问题，前面讨论过的需要再强调一下，没有涉及的需要简单交代几句。

1. "联绵字"之所指，在中国传统语文学家笔下和现代信守派学人笔下截然不同。传统语文学史上没有人给"联绵字"下过严格的定义，而且各家笔下的"联绵字"之所指很不统一，但都有相应的语言事实。而现代信守派学人给"联绵字"下了严格的定义，或者如《现代汉语词典》释作"旧时指双音节的单纯词"，或者如《汉语大词典》释曰"旧称由两个音节联缀而成的单纯词"，但那只反映了特定历史条件下的虚构和三人成虎的跟风（参看沈怀兴 2013：63—106），根本没有可靠的语言事实做基础。历史上辑录联绵字的书所收词均以合成词为主。从宋代张有的《复古编·联绵字》到民国王国维的《联绵字谱》，无不如此。部分信守派学者不了解这一事实，而且"联绵字—双音单纯词"说之成见在胸，没有对符定一的《联绵字典》作必要的考察，却横加指责，其实是很不公道的，也是极不严肃的。至于明确站在现代联绵字理论的立场上鼓吹符定一的《联绵字典》者，其所言亦未沾边，亦不足信。符定一的《联绵字典》遭遇现代联绵字理论的悲哀，比较明显地反映出现代联绵字理论对词典学的危害，也从一个侧面反映了部分学者在语言本体研究方面存在的问题。

2. 由符定一的《联绵字典》的遭遇不由得想起这样一个事实："联绵字"在现行各种语文词典、语言学词典、百科辞典里的解释差别很大（参

---

① 这又是一句特别犯忌讳的话。但是有本书与其姊妹篇《联绵字理论问题研究》所记录的大量事实摆在那里，或许只能这么说。

看前面第一章附录一），特别是台湾出版的《大辞典》（台北：三民书局，1985）的解释和大陆各类词典的解释差别更大。这从一个侧面透露出联绵字问题研究的混乱，同时也透露出海峡两岸主流学者对联绵字研究的不同及认识上的分歧。这就要求人们坚持独立思考，锐意求真，为了学术的健康发展而深入探讨造成各种分歧的原因，借以弄清楚问题出在哪里，务必做个经验教训。

3. "联绵字—双音单纯词"说只流行于中国大陆，香港学者中认可者不多，台湾学界只是近十多年以来才有部分青年学者认可它（参看前面第五章第四节）。这种现象折射出汉语研究多个方面的问题，很值得进行深入调查研究。

4. "联绵字"及相关名词术语的产生，说明从宋代以来中国传统语文学家一直很重视词义的整体性研究，并且这一思想观点世代相传。这是中国传统语文学史上很值得称道的亮点，是中国传统语文学在社会发展中所做出的突出贡献。符定一的《联绵字典》的问世，增强了这一亮点的亮度，这是任何一个尊重历史的现代人都不能不承认的事实。然而，中国传统语文学一再被现代语言学家的误解、贬损，符定一的《联绵字典》也被部分信守派学人横加贬损，只能说明中国现代语言学已经到了应该深刻反思的时候了。

据悉，中华书局正在为符定一的《联绵字典》重新编写检字表，准备再次印刷《联绵字典》。由于笔者近三十年以来颇得力于《联绵字典》，于是顺便提醒读者：届时欲购此书者一定要先看看符定一的自叙、后叙、跋尾及23条凡例等，觉得可买，再看看黄侃和王树枏的两篇叙文，然后随机抽看几页正文，就可以决定是否买了。近三十年来，符定一的《联绵字典》的确比王昭君遭遇画工毛延寿丑化还冤，读者切切不要被某些胡言乱语给误导了。

第二节　《王力古汉语字典》中的"联绵字"

王力先生一生颇尽力于联绵字问题研究。随着时代的变化，他的联绵字观念也多有变化，并且前后大致可分为四期：早期、中期、后期、晚期。1944 年于商务印书馆出版的《中国语法理论》中的联绵字观念代表了他早期对联绵字的认识，与传统语文学家的联绵字观念大同小异。简单地说，王力先生早期的"联绵字"大致指双音词，只是范围小一点，还远不是现代联绵字理论中的"联绵字—双音单纯词"。1958 年出版的《汉语史稿》中的联绵字观念代表了他中期对联绵字的认识，围绕"联绵字—双音单纯词"说有了些新认识，并且产生了不小的影响，推动了现代联绵字理论的发展。王力先生主编的《古代汉语》1962 年由中华书局出版，1981 年出版修订本①，书中所反映出的联绵字观念代表了他后期对联绵字的认识，基本上保持了他在《汉语史稿》中的认识，但是也有一些小的变化，主要是现代联绵字观念的内容没有原来丰富了，但是表述更明确了。上述三个时期的情况，《王力先生联绵字观念的变化及其影响》（2009）中有具体的考察讨论，且已经整合到《联绵字理论问题研究》一书中了（参看沈怀兴 2013a：87—100），本书不再重复。中华书局 2000 年出版的《王力古汉语字典》（以下简称《字典》）中的联绵字观念反映了王力先生晚期对联绵字的认识。至此，现代联绵字理论在王力先生那里又发生了较大的变化。特别是他把拟声词重新判归联绵字，表明王力先生晚期对联绵字的认识在向早期认识回归，也就是在某种程度上回归传统语文学家对联绵字的认识，只是尚未发生根本性改变而已。王力先生的联绵字观念多变这一事实启发人们对现代联绵字理论进行全面反思。这一节主要考察王力先生晚期的联绵字观念及其在《字典》中的执行情况。

一 王力先生晚期的联绵字观念

王力先生的联绵字观念大体上是随着社会的变化而变化的。这只是遵循了那个时代所有想做点事的知识分子必须遵循的规则②。"文化大革命"

---

① 在王力先生去世后，这部《古代汉语》于 1998 年由吉常宏等修订再版。但不管联绵字观念有无变化，本书仍据 1981 年修订本说话，因为有变化则不是王力先生的思想，没有变化则需要采用更早的本子。

② 钱理群（1994）指出："那一时代服从政治需要的要求是绝对的，对其任何背离会直接威胁到自己的生存。这是我们考察那一代知识分子的选择时，所必须充分注意并予以理解的。"巴金（1987：438）则说："我终于感觉到必须甩掉'独立思考'这个包袱，才能'轻 （转下页）

以后经过数年拨乱反正，到 20 世纪 80 年代，中国社会日趋清平，开始进入正常的发展阶段。汉语言文字研究领域里也随着全国的形势趋于正常化，王力先生的联绵字观念也发生了较大的变化。但是，基本上还包含着现代联绵字理论的内核，即仍然坚持"联绵字—双音单纯词"说①，尽管底气不足。这个变化由《王力古汉语字典序》（以下简称《字典序》）与字典《凡例》反映出来。下面来看这一事实。

（一）《字典序》中的联绵字观念

王力先生的《字典序》写于 1985 年 10 月。序文述及《字典》特点时说：

> 第五是注明联绵字。这对读者了解词义很有帮助。联绵字实际上是一个双音词，其组成部分不能拆开来讲。例如"辟易"一词，它是叠韵联绵字（古音锡部），表示惊退的样子，其词义与开辟的"辟"、更易的"易"无关。《史记·项羽本纪》："赤泉侯人马俱惊，辟易数里。"《正义》云："言人马俱惊，开张易旧处，乃至数里。"这种解释是错误的。又如"壹郁"一词，它是双声联绵字（同属影母），表示郁闷的样子，其词义与专壹的"壹"无关。所以字又作"抑郁"，甚至倒过来做"郁抑"、"郁邑"、"郁悒"、"郁伊"、"郁纡"。新《辞源》于"壹郁"条注云："壹，闭塞；郁，积滞。"这种解释是错误的。有些双音词必须认为是联绵字然后好懂。例如"妥帖"是双声联绵字（同属透母），其词义与碑帖的"帖"无关，所以又写作"妥贴"。又

（接上页）装前进'，因为我已在不知不觉中给改造过来了。"这是说"文化大革命"中的情况。但是，之前政治运动也不少，有的运动甚至连少年儿童也没有放过。如有报道称，反"右"运动中，四川达县（现为达州市通川区）12 岁的小学生张克锦被打成"右派分子"，蹲了 7 年牢房，前后受管制 21 年（详见李可刚 2009）。各种政治运动严重影响着学界。所以要考察王力先生联绵字观念的变化，正确地理解其变化，不能不考虑当时的社会环境因素。特别是下面即将抄引的王力先生《汉语史稿》（1958）中的话，如果不考虑其写作背景，只从学术角度看甚至不容易理解。本书所以叙述这一事实，是因为今天的高校凡开汉语史课者多选用王力《汉语史稿》做教材，一些年轻教师不了解这一点，往往照本宣科，很难说不产生一定的后果。

　　① 所以至此，主要是时间不允许。现代联绵字理论内容庞杂而混乱，加之与左邻右舍的关系复杂，没有五年以上的专攻，很难出其泥沼。王力先生此时致力于《王力古汉语字典》的编写工作，而且从写《字典序》到辞世只有半年多时间，已经没有余力再将现代联绵字理论问题问个究竟了。

如"爡趢"是双声联绵字（同属清母），是巧佞的意思，其词义与爡细的"爡"、步趢的"趢"都没有关系。由此看来，联绵字的注明，是有助于词义的正确了解的。①

这段话大体上反映了王力先生晚年的联绵字观念。为了弄清楚王力先生的联绵字观念的变化，同时准确地理解上引《字典序》中的这段话，不妨把王力先生中期和后期对联绵字的认识拿来对照一下。王力先生中期的联绵字观念主要表现在《汉语史稿》（1958）第九节里：

> 汉语自始就不是单音节语；先秦时代已经有了大量的双音词。汉语的双音词有一种特殊的构词法；它们多数是由双声叠韵构成的。古人把纯粹的双音词（不能再分析为两个词素者）叫做联绵字，联绵字当中，十分之九以上都是双声或叠韵的词。这些联绵字并不像某些人所猜想的只是一些拟声词（如"丁当"）；相反的，先秦的拟声词往往只用单音（"击鼓其镗"）或叠音（"呦呦鹿鸣"），而不一定用双声叠韵。

在上面引录的文字里，"汉语自始就不是单音节语"这一观点不是王力先生最早提出的。薛祥绥（1919）、魏建功（1935）、陈独秀（1937）等早有类似的提法。这一观点是为驳斥汉语单音节幼稚落后论提出的。19 世纪中叶以后，施莱歇尔的语言进化论在欧洲渐有影响。鸦片战争之后，一边是帝国主义侵略扩张，一边是清政府割地赔款。军事侵略的同时，文化渗透亦日渐严重。文化渗透者依据语言进化论称汉语是幼稚落后的单音节语，认为使用"幼稚落后的单音节语"的汉民族是落后的民族，认为他们的屈折语是进化最完备的语言，那么他们就是先进的民族。这种舆论，在 19 世纪晚期已经相当严重。对此，刚接受了一些现代语言学知识的中国部分青年学者要驳斥这种外来污蔑，只能说"汉语自始就不

---

① 实际上无助于读者正确了解词义，因为被现代联绵字理论误导，《字典》中时常错释"联绵字"。本节后面逐一考察分析上引《字典序》中四个"联绵字"例词，发现解释均欠妥，可为一证。作者或许没有想到这么说是一种误导行为，其后果则是一般人不愿意看到的。

是单音节语"。于是他们相继著文强调"汉语自始就不是单音节语",于是慢慢酝酿出"联绵字—双音单纯词"说。待到吕叔湘先生（1942）正式提出"联绵字—双音单纯词"说,那是水到渠成的结果。进入20世纪50年代之后,语言进化论基本上没有市场了,但是中国学术正处在转型期,中国传统语文学遭到那个时代所有"旧"事物注定灭亡的命运,现代语言学则日益发展,"联绵字—双音单纯词"说赶上了学术转型这班车。在热火朝天的反帝反封建运动中,人们继续批判汉语单音节幼稚落后论以适应于反帝反封建的政治需要。然而何以见得"汉语自始就不是单音节语"呢?王力先生的根据是:"先秦时代已经有了大量的双音词"。何以见得它们是词而不是词组呢?在没有办法分清词与词组的当时,只能说"汉语的双音词有一种特殊的构词法",可以创造出双音单纯词。既然是单纯词,就不存在词与词组的区分问题了。然而何以见得是单纯词呢?那可是古人早就讲过的呀,一句"古人把纯粹的双音词（不能再分析为两个词素者）叫做联绵字"就可以省去许多麻烦了。至于"它们多数是由双声叠韵构成的""联绵字当中,十分之九以上都是双声或叠韵的词"云云,都是在证明"双声叠韵是汉语的特点之一",都是在证明汉语里有一种联缀两个有声韵联系的音节构成单纯词的特殊构词法,都是在坐实"汉语自始就不是单音节语",都是为更好地批判汉语单音节幼稚落后论服务的。

王力先生主编的《古代汉语》（修订本,1981）的相关论述反映了他后期的联绵字观念。该书《通论（三）》里说:

> 单纯的复音词,绝大部分是连绵字。……连绵字中的两个字仅仅代表单纯复音词的两个音节。

该书《通论（十六）》又说:

> 双声叠韵和上古汉语的构词法有密切的关系。

上引王力先生主编的《古代汉语》（修订本,1981）中的两段文字,《通论（三）》中,"连绵字中的两个字仅仅代表单纯复音词的两个音节"

这话比《汉语史稿》中的观点更明确了。《通论（十六）》中的话则是对《汉语史稿》中观点的高度概括。明显的不同就是把《汉语史稿》里的"联绵字"写作"连绵字"。

　　至此，读者只要把上面引录的王力先生中期和后期对联绵字的认识跟《字典序》中对联绵字的认识比较一下，就会看出其间发生的变化。王力先生在中期努力发展现代联绵字理论，表述坚定而明确，而且内容丰富（详见王力1958：45—47，342—346）；后期虽然发生了一些变化，看上去不像中期认识那么丰富了[①]，但表述十分明确，仍然是地道的现代联绵字理论。晚期则变化比较大，而且显得不是那么明确、丰富了。为什么会发生这样的变化呢？总的说来，现代联绵字理论没有可靠的语言事实支持，经不起实践的检验，也许是主要原因[②]。我们还可以换一个角度来看。如果有事实支持，则汉语史是客观的，不会再变化的，而王力先生的联绵字理论怎么会前后发生了这么多这么大的变化呢？很明显，是现代联绵字理论出了问题，使研究者备受折磨。然而，正是因为顶级学者王力先生被现代联绵字理论如此折磨，才更反映出现代联绵字理论问题研究的困难，同时也才启发我们对现代联绵字理论进行深入考察。

　　不过，王力先生也许没有意识到自己一生为联绵字问题研究所困的原因在于脱离汉语实际的现代联绵字理论的束缚。否则，他只要能够拿起笔来，就可能写一些反思现代联绵字理论问题的文章。特别是"文化大革命"结束之后，知识分子开始过上人的生活，只要王力先生已经清楚地看到现代联绵字理论的虚妄性，一定不会再继续坚持。他生前所以只对其中、后期的联绵字观念做了局部的否定，可能是在联绵字语素判断问题还没有好办法解决之前，已经初步意识到他中期和后期的联绵字观念不太容易证明，当时应急列举的例词有的不听话，才不再继续坚持原来那些明确的观点。这其实是在启发后人下大力气研究王力先生未来得及深入研究的

---

　　① 所以至此，一是教材非理论专著，不要求理论的系统性。二是该教材修订出版时，语言进化论在世界上早已没有市场了，国内社会政治环境也日渐趋于正常，无须继续批判汉语单音节幼稚落后论了。

　　② 臆造的理论不管多么新颖，只要进入实践领域，必然暴露出无根性。现代联绵字理论就是这样。这个观点不仅可以在词汇研究中得到证实，还可以在字典词典处理"联绵字"问题上得到验证（参看本章以下各节）。

现代联绵字理论问题，并且从考辨信守派所举"联绵字"开始，扎扎实实地做下去。

那么，《字典》中所注明的"联绵字"究竟是一些怎样的词呢？《字典序》说："联绵字实际上是一个双音词，其组成部分不能拆开来讲。"可是，这话不免有些含混：它既可以让信守派学人认为其"联绵字"是指双音单纯词，因为他们通常就是以"其组成部分不能拆开来讲"来证明某些双音词是"联绵字—双音单纯词"的①；也可以让没有现代联绵字理论之成见者认为说话人已经摆脱了现代联绵字理论的束缚，已经回到传统语文学家的立场上了。特别是这里说"联绵字实际上是一个双音词"，而不再明确说是一个"单纯复音词"，不再说"古人把纯粹的双音词（不能再分析为两个词素者）叫做联绵字"，也不再说"连绵字中的两个字仅仅代表单纯复音词的两个音节"，等等，很容易让人误以为作者已经不是信守派学人了。

但是，王力先生晚期的联绵字观念并没有发生根本性的变化。否则，《字典序》及其正文中就不可能坚持强调其"联绵字"上下字之间的语音联系，特意给某些双音词标上"双声联绵字""叠韵联绵字"之类。这样标注，只能是在"汉语的双音词有一种特殊的构词法""双声叠韵和上古汉语的构词法有密切的关系"思想主导下进行的。特别是其《凡例》第23条说，《字典》所收"复字词，主要是联绵字和少量的复合词"，把"联绵字"与"复合词"并列，其"联绵字"只能是指双音单纯词，只是从形式上看不像原来那样观点明确而绝对罢了。

具体点说，《字典》中所收的"联绵字"中，99％以上标着"双声联绵字"或"叠韵联绵字"之类（详见下文），这与其《汉语史稿》（第45页）中"联绵字当中，十分之九以上都是双声或叠韵的词"之说是一致的，而且正如上文所说，《凡例》中"复合词"与"联绵字"并列，说明

---

① 他们不知道"其组成部分不能拆开来讲"的原因是多个方面的。例如部分不成词语素组合成词的情况，隐喻造词或换喻造词的情况，用了词的隐喻义或换喻义的情况，词义发生了其他变化的情况，用了通假字的情况，用了后起专用字的情况，讹字夺正的情况，等等。以往信守派学人没有注意到这些情况，而"汉语的双音词有一种特殊的构词法"之说先入为主，于是发现构词成分不能直接体现双音词词义，"其组成部分不能拆开来讲"，就误判它为"联绵字—双音单纯词"了。

王力先生并没有真正放弃"双声叠韵和上古汉语的构词法有密切的关系"之思想，即继续认为由此而来的双音词是"联绵字—单纯词"。但是具体收词中，却多把字典编写者不明其语素构成情况的双音词视为"联绵字"①，而又联系上双声构词法、叠韵构词法，反映在《字典》中便有了"双声联绵字""叠韵联绵字"之类的标签。个别不明其语素构成情况的双音词，上下字之间又没有语音联系可说，就直接标上个"联绵字"。整部《字典》中只有6个双音词被直接标上了"联绵字"②。

然而，考察《字典》中所收的1526个"联绵字"，发现它们仅限于复合词、拟声词③、叹词、重叠词、音译词五类，由"特殊的构词法"构成的"联绵字"一个也没有（详见本节下文）。这又是怎么回事呢？

再具体点说，《字典》中注明"双声联绵字""叠韵联绵字"之类的双音词多数是复合词，就连《字典序》中所举的4个"联绵字"也全部是复合词（详后）。只是《字典》编写者没有对他们认定的"联绵字"进行深入考察，想不到它们多是自己不明其语素构成情况者。这一点是和其他信守派著作一致的（参看沈怀兴2007a、b，2010a、b，2011b、d）。这是因为，汉语里本来没有什么"特殊的构词法"，持"联绵字—双音单纯词"说者一定要为其成见举例，所举例词必然不出叹词、拟声词、音译词和复

---

　　① 联绵字语素判断是一项专业性极强的工作，具体工作中涉及许多领域的知识，谁也不可能准确无误地判断所有"联绵字"语素。特别《字典》编纂者，解释"联绵字"大多不注意求本字，不考虑隐喻造词或换喻造词、隐喻用法或换喻用法等因素，不能正确判断某些双音词语素构成情况，乃至不能正确地解释"联绵字"，其实是难以避免的。换个角度说，如果善于求本字，善于考察造词及用词情况，迟早会发现某些"联绵字"并非双音单纯词，所以迟早会离开信守派队伍。

　　② 王国维《联绵字谱》共收"联绵字"2718个，扣除重言841个，还剩1877个。其中非双声叠韵词705个，数量远超双声词的487个，也超过叠韵词的685个。《字典》中非双声叠韵词仅6例，若非"联绵字—双音单纯词"说之成见在胸，当不会有此悬殊，因为这不是传统语文学家与现代语言学家之别可以解释的。

　　③ 包括拟声而来的词和《字典》中注明"象声词"者。拟声而来的词如第107页："〔呃喔〕双声联绵字。鸟名声。"第108页："〔吽呀〕双声联绵字。犬相争斗时的叫声。"第110页："〔呢喃〕双声联绵字。燕子鸣声。"等等。象声词如第128页："〔啾嘈〕叠韵联绵字。象声词。"同页："〔啾唧〕双声联绵字。象声词。"同页："〔喤呷〕双声联绵字。象声词。"等等。其《汉语史稿》里将"联绵字"与拟声词区分开来，而《字典》中不仅收了拟声词，还在拟声词下注明"双声联绵字"或"叠韵联绵字"，足证其联绵字观念又发生了变化。不仅如此，《字典》所收"联绵字"中还有叹词、音译词，也都标上了"双声联绵字"或"叠韵联绵字"，与当年所发挥的不包括拟声词的现代联绵字理论矛盾。

合词之类（其他信守派学者也将切脚词归为"联绵字"）。信守派学者看不到这一点，却根据其所谓"联绵字"上下字的语音联系，贴上"双声联绵字""叠韵联绵字"之类的标签，不料把双音词的语音形式与其结构特点混为一谈了。如果再习惯从观念出发判定那些不明其语素构成情况者的身份，将它们归为"联绵字—双音单纯词"，就只能导致结论与事实不相符，而不可能有别的结果。

不错，信守派学人注明"双声联绵字""叠韵联绵字"之类，本是以王国维的联绵字分类法为法的。殊不知由于研究目的与研究方法不同，王国维作为传统语文学家，将联绵字分为双声之部、叠韵之部、非双声叠韵之字是对的，甚至是必要的，因为这样做可以让部分读者意识到那些双声联绵字、叠韵联绵字有可能是由同源单音词并列构成的复合词，成为双音词之后具有词义的整体性，因而不能望文生训或者拆骈为单。现在信守派学人从事语言本体研究，"联绵字—双音单纯词"说之成见在胸，对那些不明其语素构成情况的双音词也注明"双声联绵字""叠韵联绵字"之类，其根据只是"双声叠韵和上古汉语的构词法有密切的关系"，证明"汉语的双音词有一种特殊的构词法"之说，他们不知道那只是想象。然而，部分研究者没有就此止步，实际研究中又习惯从这种想象出发，给某些双音词标上"双声联绵字"或"叠韵联绵字"之类，并形成循环论证，所以他们的标注只是给错误的认识披上了一件"法衣"，因而不仅对接受者没有积极意义，而且使其危害更具合法性和隐蔽性了。

特别这个"其组成部分不能拆开来讲"之说问题多。

第一，它与传统语文学家王念孙的连语不可分训说有没有区别？仅从字面上看，似乎两者意思差不多。但是，王念孙讲的连语只限于联合式合成词，强调它们不可分训是说不能给某些同义语素并列组成的合成词之上下字作出不同的解释，实际上与信守派学人以"其组成部分不能拆开来讲"证明某双音词是"联绵字—双音单纯词"有着本质性不同。

第二，所谓"其组成部分不能拆开来讲"，是就哪些人的语文水平说的？即使古汉语功底如王力先生者，能不能把"其组成部分不能拆开来讲"的双音词判为"联绵字—双音单纯词"？肯定不能。为什么？这其实是具体研究中坚持客观标准呢，还是坚持主观标准的大原则问题。研究者不从研究对象角度看问题，深入实际考察具体的"联绵字"究竟是怎么构成的，却是根据自己的认识能力对研究对象"联绵字"的构成情况做主观判断，结论很难与客观实际一致。王力先生的《汉语史稿》及其主编的《古代汉语》中的"联绵字"词例均与其观点相左（详见沈怀兴 2009a），《字典》包括《字典序》中的"联绵字"也不例外（参看本节下文），已经足以说明问题了。其他信守派学者著作中因"其组成部分不能拆开来讲"而判定"联绵字—双音单纯词"者情况同此（参看前面第三章各节）。看来，信守派学人所谓"其组成部分不能拆开来讲"，形式上看是一笔糊涂账，究其根本原因却是在走了主观主义道路。同时又不区别传统语文学与现代语言学，误将"其组成部分不能拆开来讲"与王念孙的连语不可分训说等同起来，遂令不同时熟悉这两门学问的读者是非莫辨，而在名家效应的感召下稀里糊涂地跟着走了。

　　第三，不错，双音节叹词、拟声词、音译词之类，都不能拆开来讲。但是，考察古今注家之释双音节叹词、拟声词、音译词，很少看到其上下字有被拆开来解释的情况（尽管个别地方容有例外）。这是因为叹词、拟声词、音译词个性鲜明，在具体的语境中它们的身份比较容易识别，因此一般读者都不会误把双音节叹词、拟声词、音译词的上下字分开来理解，所以即使需要作注，注家们一般也不会拆开来解释。这样的话，再强调"其组成部分不能拆开来讲"，就有无的放矢之嫌了。

　　第四，不错，也确有某些同义语素联合构成的双音词拆开来理解似乎可通，因而被注家误予分释。但是，那只是破坏了合成词词义的整体性，而与"联绵字"上下字是否有语音联系没有关系。同时，某些同义语素联合构成的双音词是否曾被拆开来做不同的解释过，都改变不了它合成词的本质，更与今之"联绵字—双音单纯词"说无关。然则王力先生此时强调"其组成部分不能拆开来讲"之说，是否承认部分信守派学人所持的联绵字语素融合说之类的观点呢？如果不是这样，那又是什么意思？如果是这样的，那便真的对现代联绵字理论失去信心了，因为联绵字语素融合说、复合词蜕化说等自身存在悖论，它们只是信守派学人附会"联绵字—双音单纯词"说的产物，因此归根结底靠不住（参看沈怀兴 2008a、d）。

　　现在来考察《字典序》中所举的 4 个典型的"联绵字"例词："辟易"

"壹郁""妥帖""嬫趋"。如前面第四章考察的那样，"辟易"是个联合式合成词。但是，由于解释者没有抓住"辟易"的基础义，前后两部著作宣传现代联绵字理论均以"辟易"为例，而两处解释不同，而且都不够确切。下面来考察《字典序》的其他 3 个"联绵字"，看它们是否也属于这类情况。

"壹郁"，是动宾式合成词。《字典序》解释说："又如'壹郁'一词，它是双声联绵字（同属影母），表示郁闷的样子，其词义与专壹的'壹'无关。所以字又作'抑郁'，甚至倒过来做'郁抑'、'郁邑'、'郁悒'、'郁伊'、'郁纡'。新《辞源》于'壹郁'条注云：'壹，闭塞；郁，积滞。'这种解释是错误的。"这样解释与议论均欠妥。特别其所谓"……所以字又作'抑郁'，甚至倒过来做'郁抑'、'郁邑'、'郁悒'、'郁伊'、'郁纡'"明显不妥，因为这话与前面的话之间没有因果联系。而今从现代联绵字理论出发，强行加上"所以……"云云，赋予它因果关系，已经偏离了客观性要求，结论自然靠不住。具体点说，第一，《字典序》列举了"壹郁"的七种书写形式，但是，它们并非同时产生的；如果不计时空差别，任何一个复音词乃至词组都可能有多种书写形式。这就像一个人多年来穿了好几身衣服，但是他的"内部结构"并没有发生大的变化。这种情况，前面多次提到过，它们的共同之处是：一个双音词有多少种书写形式和它是否单纯词没有关系。换个角度看，词是语言符号，文字是记录词的符号。因此，任何一个词都可能有不同的书写形式，绝不会只有单纯词才有多种书写形式。翻开方以智的《通雅》看看，其所收诓语"专一""一簀"等词或词组全部有多种书写形式，同类著作如朱起凤的《辞通》中"一斗""一升"等词组也有多种书写形式。然则双音节词的多种书写形式与"联绵字"是否单纯词有什么关系？具体到"壹郁"的多种书写形式，朱起凤（1982：2362）有个简洁的按语："五方言语，清浊不同，故字亦随之而变。如'抑'字作'湮'，'伊'字作'纡'，并其例也。"这样说就对了。第二，说"抑郁"倒过来做"郁抑"，也不能证明它是双音单纯词。因为汉语里同素异序词太多了，却不能把了解其语素构成情况者谓之合成词，反之则谓之单纯词。我们必须牢牢记住：事实是事实，感觉是感觉，后者永远不能取代前者。第三，历史上常有人研究异体词问题，近五六十年以来，国家有关部门也一直在研究异体词的规范，但是他们谁也没有因为某复音词有多种书写形式而说它是单纯词。第四，说新《辞源》分释"壹郁"是错误的，也很过分，因为新《辞源》是先释"壹郁"为"忧闷"，可谓确论；然后又分释"壹""郁"，而且其分释"壹""郁"皆有本，只是未稍加变通而已。第五，说"（壹郁）其词义与专壹的'壹'无关"，亦似是而非。因为人们可以尽可能多地考察古今注释，但很难发现这个"壹郁"的"壹"有谁讲成"专一"，这样的话，如果不是为了贯彻现代联绵字理论，再说"其词义与专壹的'壹'无关"就没有太大的必要了。

实际上，一般语素都可能有多个义项，而且不止其本义有构词能力。比如"壹"的本义是专一，但还有"聚"义不容忽视。《礼记·玉藻》："壹食之人。"郑玄注："壹，犹聚也。为赴事聚食也。"《玉篇·壹部》："壹，聚也。""郁"也是多义词，而且其"忧愁"义常用。《楚辞·九叹·忧苦》："志纡郁其难释。"王逸注："郁，愁也。"《正字通·鬯部》："鬱（郁），愁思也。"然则"壹郁"直译即聚忧思，也就是忧思积聚的意思，用今天的话说就是十分忧愁或忧思重重的意思，也就是很忧闷的意思。《文选·贾谊〈吊屈原文〉》："国其莫我知兮，独壹郁其谁语？"吕延济注："'国'谓君也。言君既不知我心，独聚忧思，谁与语事者也？壹郁，谓聚忧也。"又，萧统《文选序》："耿介之意既伤，壹郁之怀靡诉。"吕向注："壹郁，忧思也。"此二例，吕延济注"壹郁"字字落实，吕向注"壹郁"乃浑言之，用今天的话说就是忧闷的意思。所以新《辞源》解释"壹郁"为"忧闷"是对的，尽管它分释"壹，闭塞；郁，积滞"缺乏变通。而《字典序》解释"壹郁"为"表示郁闷的样子"实不及新《辞源》之释简洁明了，亦即其"表示……的样子"实为蛇足[①]，尽管偏执现代联绵字理论者需要这么说。并且，如果做进一步考察，还可以看到释"壹郁"为"表示郁闷的样子"的"郁闷"，这个合理的成分也不是从现代联绵字理论得出的，而是参考新《辞源》等已有的解释得出的。现代联绵字理论所给予的只有"表示……的样子"这一蛇足。

至于"壹郁"的双声特点，照王力先生（1981：539）的观点，那是

---

　　①　这一点，把新《辞源》的"忧闷"和《字典序》的"表示郁闷的样子"分别代入"国其莫我知兮，独壹郁其谁语？"或"耿介之意既伤，壹郁之怀靡诉"中，两相比较，即可一目了然。

因为"双声叠韵和上古汉语的构词法有密切的关系",但上面的考察结果表明"壹郁"是动宾式合成词,其双声特点不能证明它是否单纯词。然则注明其"双声联绵字",客观上只起误导读者的作用。

　　"妥帖",是联合式合成词。它是《字典序》为证明"有些双音词必须认为是联绵字然后好懂"之观点举的第一个例词。说:"'妥帖'是双声联绵字(同属透母),其词义与碑帖的'帖'无关,所以又写作'妥贴'。"这里也是由于未求本字而错用了因果关系复句(参看下文),而结论与事实不相符。《字典》第188页"妥"字条下释曰:"〔妥帖〕〔妥贴〕双声联绵字。①稳当,合适。《文选·晋陆机〈文赋〉》:'或妥帖而易施,或岨峿而不安。'《资治通鉴·唐贞元二年》:'泌曰:"易帅之际,军中烦言,乃其常理,泌到,自妥贴矣。"'②安定。唐杜甫《故司徒李公光弼》诗:'拥兵镇河汴,千里初妥帖。'妥帖'亦省称'妥'。"上述解释多有不妥。第一,如果不是从现代联绵字理论出发下结论,为什么要注明"'妥帖'是双声联绵字(同属透母)"?如果是从现代联绵字理论出发需要这么说,那也要先证明该理论有坚实的语言基础,因为至今没有谁为它找到一条可靠的理论依据,所创造的理论均似是而非,同时连个可靠的例证也没有让人看到(参看沈怀兴2013a:80—99,144—179,258—264)。第二,说"其词义与碑帖的'帖'无关,所以又写作'妥贴'",也过于轻率。其实,没有人曾经说其义与"帖"有关。若非成见在胸,只要查一查现有的语文词典,就不会这么说了。如朱起凤的《辞通》(1982:2779)立"妥怗"为正条,又收了三个副条,最后加按语说:"'怗'字本从心旁,后人有误从巾者,此是'券帖'之'帖',非'妥怗'之'怗'也。'贴'字,《说文》云:'以物为质也。'义与'券帖'同。"朱起凤的观点是对的。然则"妥帖"的"帖",其正字是"怗",作"帖"是形近而讹。又,《广雅·释诂四》:"怗,静也。"王念孙疏证:"'帖'与'怗'通。"王氏之说不及朱氏的观点准确,但也肯定"怗"是其本字。又,"怗"在《广雅·释诂四》中与"安"同条,本义为"安静;安定",和"妥怗/妥帖"义通。然而,《字典序》却误以讹字"帖"为正字,说"妥怗"词义与"帖"无关,并据此说"妥帖"是"双声联绵字"——单纯词,失之远矣!第三,说"'妥帖'亦省称'妥'",但《字典》中所举"妥帖"的最早用例见于晋代陆机《文赋》，而"妥"字的独立使用却要早一千多年，且"妥帖"产生之前"妥"字一直独立使用，很难说是"妥帖"的省称。如《诗·小雅·楚茨》："以妥以侑，以介景福。"毛传："妥，安坐也。"《仪礼·士相见礼》："妥而后传言。"郑玄注："妥，安坐也。"《汉书·燕剌王刘旦传》："薰鬻徙域，北州以妥。"颜师古注中引臣瓒的话说："妥，安也。"上述各例中的"妥"或讲"安坐"，或讲"安"，不仅其单用例均早于"妥帖"，而且均与"妥帖"义通，肯定不能说是"妥帖"的省称。否则，就必须先证明早在《诗经》时代之前，"妥帖"就已有用例，然后证明西汉毛亨、东汉郑玄、唐代颜师古注"妥"统统错了。这大概谁也办不到。另外，"妥"作为自由语素还常参与构词，特别是"妥尸""妥妥""妥绥"等词用例都早于《字典》所举"妥帖"用例，也是持"'妥帖'亦省称'妥'"之说者无法解释的。

　　在上面的探讨过程中已经发现，"妥""帖"二字均与"妥帖"义通，然则"妥帖"的"妥当；合适；安定"义分明是同义单音词"妥""帖"组合的自然反映，"妥帖"是同义单音词"妥""帖"连用构成的合成词。《字典序》不辨讹字，不求本字，只是照讹误的"妥帖"作解，自然无法知道它为什么可以讲成"稳当；合适""安定"。如果读者也不辨讹字与正字，只是机械地接受《字典序》及字典正文的观点，把它认作"联绵字—双音单纯词"，甚至误传"妥"是"妥帖"的省称之说，这种"好懂"的代价实在太大了。就更不用说注明"双声联绵字"后，令人不知所以，给人的理解加上了一重障碍，实际上不如不作此注好懂了。要证明这一点，可以让没有现代联绵字理论之成见者拿不注明"联绵字"的字典词典来比较一下看，就不会有什么疑问了。至于《字典序》拘泥于形讹而来的"帖"字，以误为正，虽然现代联绵字理论贯彻到底了，但如此简单的问题因复杂化处理而导致多重谬误出现，就更不是好懂不好懂的事情了。

　　"孈趋"，是偏正式合成词。也是为证明"有些双音词必须认为是联绵字然后好懂"之观点举的例子。《字典序》说："'孈趋'是双声联绵字（同属清母），是巧佞的意思，其词义与孈细的'孈'、步趋的'趋'都没有关系。"又在《字典》正文第 211 页释曰："〔孈趋〕双声联绵字。巧佞。见《集韵》。《史记·日者列传》：'卑疵而前，孈趋而言。'""孈趋"的词义果真"与孅细的'孅'、步趋的'趋'都没有关系"吗？非也（详后）。其实，只要稍作考察，就会发现《字典序》及字典正文对"孅趋"的解释都靠不住。第一，《字典》自言是依据《集韵》解释"孅趋"的，但是翻开《集韵》核实一下，却发现它是释"孅"为"巧佞"，而不是释"孅趋"为"巧佞"。第二，《集韵》释"孅"为"巧佞"，而举《史记》"孅趋而言"的"孅"为例，是不恰当的（参看下文）。"孅"之"巧佞"义最早到唐宋时期才产生。如《新唐书·魏徵传》："徵尝荐杜正伦、侯君集才任宰相，及正伦以罪黜，君集坐逆诛，孅人遂指为阿党。"例中的"孅"字，《汉语大字典》释为"巧佞"，朝好里说也只是勉强可通①。笔者对《汉语大字典》的解释不放心，又逐一考察了《四库全书》中"孅"字的用例，也没有发现唐代以前的文献中有"孅"字粗可做"巧佞"讲的用例。这样说来，解释这样一个不太复杂的词，《集韵》只错了一层，而《字典序》及字典正文为贯彻现代联绵字理论作解释却错了两层。因此，对《字典序》之说的合理推测是另有所本。然而，不管本谁都靠不住，因为《史记》里的"孅趋"不是巧佞的意思（详见本节下文）。事实如此，何以证明"有些双音词必须认为是联绵字然后好懂"呢？换个角度说，如果读者以为这样的解释"好懂"而盲从之，其负面影响就不仅仅是这一错误解释不幸流传的问题了。其实词语解释，关键是准确；与准确相比，好懂是次要的。退一步说，即使只讲好懂，那也得好记。由源及流而来的解释不仅准确，而且要好懂也好记，因为其间联系便于人脑认知过程中由此及彼地理解与接受，不似《字典序》及字典正文只有一个孤立的释义，读者不知其所以然，看似好懂，实则不好记。特别又加上个蛇足——双声联绵字，误导读者，是既不确切，又因为不知其所以然而不好记。

　　现在考察"孅趋"。"孅"是常用词，本义为"孅细"，在古代与"纎②"字通用。《说文·女部》："孅，兑细也。"段注："兑，各本作'锐'……《汉书》曰：'古之治天下，至孅至悉也。''孅'与'纎'音义皆同，古通用。"《一切经音义》卷四十六："孅指，古文攕。攕攕女手。

---

　　① 此"孅人"实指小人，其"孅"即"小"义，由本义"孅细"而来，十分自然。而《汉语大字典》释为"巧佞"，就不是那么贴切了，所以说它朝好里说也只是勉强可通。

　　② 纎，现在简化为"纤"。这里为了便于比较，暂用繁体字"纎"。下同。

字书作'纤',同。思廉反。《说文》:'摲,好手貌也。''孅,细锐也。'
《方言》:'纤,小也,细也。梁、益之间,凡物小谓纤也。"后世"纤"字
通行开来,"孅"字用的少了。

"趋"也是常用词。快走。《说文·走部》:"趋,走也。"《诗·小雅·
绵蛮》:"岂敢惮行,畏不能趋。"郑玄笺:"岂敢难徒行乎?畏不能及时疾
至也。"朱熹注:"趋,疾行也。"然则"孅趋"即小步快走(以表谦恭)。
所以"孅趋"是偏正式合成词。《字典序》认为"其词义与孅细的'孅'、
步趋的'趋'都没有关系",殊失武断。这也是由于现代联绵字理论之成
见在胸,匆忙抄了一家经不起推敲的解释,而不管"孅""趋"的本义,
更不看"孅趋"的基础义,以致造成释义不确的缺憾(详后)。

但是,"小步快走(以表谦恭)"只是"孅趋"的基础义。在具体语境
中,由于换喻的应用,又在其基础义的基础上产生出换喻义。前人的解释
中有的已经注意到了这一点。如唐司马贞《索隐》释为"犹足恭也",旧
《辞海》释为"谦恭过甚之貌",新《辞海》释为"过分谦恭",《大辞典》
(台北:三民书局,1985)释为"过分谦恭的样子"。浑言之,这四家的解
释均较贴近"孅趋而言"之"孅趋"的实际含义。它们都较好地体现了
"孅趋"的小步快走(以表谦恭)这一基础义因换喻而产生的形容词之含
义,基本符合"卑疵而前,孅趋而言"之语境[1]。一言以蔽之,《辞海》
等现代词典都接受了司马贞《索隐》的观点。不过,也有的语文辞书没有
接受司马贞的说解,致令其解释还处在猜谜状态。如同一用例中的"孅
趋",新《辞源》释为"巧佞",《汉语大词典》释为"巧佞谄媚",《字典》
序文及正文沿袭新《辞源》释为"巧佞"[2],这三家对"孅趋"的解释与
"孅趋"的基础义相差太远,明显多了一层主观臆测的色彩,因而不够贴
切。由此说来,远离词的基础义的解释,只是给出了猜测义,往往似是而
非,不合作者意旨。这一点,看看"孅趋"所处的上下文,会更清楚一
些。《史记·日者列传》中说,中大夫宋忠和博士贾谊二人同车来到卜肆,

----

① 文献中"孅趋"用例极少,各家释者都举《史记》中这同一用例,所以这里就只能随文
释义。"孅趋而言"一句直译就是:(臣)小步快走向前(恭恭敬敬地向君)进言。

② 前面说《字典》释"孅趋"曰"巧佞"另有所本,至此可知它是沿袭新《辞源》之释。
至于"'孅趋'是双声联绵字(同属清母)"云云,不过贯彻现代联绵字理论的需要而已。

亲聆日者司马季主"语数千言，莫不顺理"，不觉肃然起敬，曰："吾望先生之状，听先生之辞，小子窃观于世，未尝见也。今何居之卑，何行之污？"宋、贾二人这话是说，司马季主作为举世无匹的贤者当居尊官而享厚禄。于是司马季主先申贤者之义，而后曰："今公所谓贤者，皆可为羞矣。卑疵而前，孅趋而言。"其中"孅趋"，司马贞《索隐》曰："孅音纤。纤趍（趋）犹足恭也。""足恭"指过分谦恭，由"孅趋"之基础义"小步快走（以表谦恭）"换喻而来。司马季主这话是说：现在您所说的贤者，都很可羞啊。（他们）卑躬屈节地向前迎合（主子），过分谦恭地（向主子）进言。如果照新《辞源》和《字典》序文及正文的观点，把其"孅趋"解释为"巧佞"，显然语义过重，与语境不合：中大夫宋忠和博士贾谊二人以司马季主为举世无匹的贤者，但不解其何以"居之卑""行之污"（即地位低，职业不体面）；此情此景，司马季主不管怎样清高孤傲，会当即直斥他们一帮身居高位的"贤者"巧佞吗？果真直斥其"贤者"巧佞，便直接违背了言语交际的合作原则，其品位之低下，为常人不齿，也就不是令人敬仰的司马季主了。所以这里的"孅趋"只能是由其基础义"小步快走（以表谦恭）"换喻而来的"过分谦恭"义。《字典》序文及正文则是错释"联绵字"。不错，错释有本①。但是，所本只错了一层，订正起来也容易。而今又被披上了现代联绵字理论的"法衣"，原有的错误被掩盖，一般人要想识别、订正也不容易了。《字典序》的作者初衷是《字典》注明"联绵字"，帮助读者正确了解词义，到头来却事与愿违，这大概是作者没有想到的吧。然而值得注意的是，"孅趋"由其基础义"小步快走（以表谦恭）"通过换喻，发展出"过分谦恭"义是很自然的，也是不难理解的，为什么《字典序》要认为"（孅趋）其词义与孅细的'孅'、步趋的'趋'都没有关系"呢？不是为了宣传现代联绵字理论的话，会不会这么说？

　　然则为宣传现代联绵字理论解释"联绵字"而落到了这步田地，不仅

---

　　① 其实，正是这个"有本"才给现代联绵字理论捅了个大娄子。如果不是现代联绵字理论的缘故，所本出错也难免。但现在宣传现代联绵字理论而解释"联绵字"，应该更准确才是，怎么到头来还得去本了一家错误的解释？现代联绵字理论在《字典》解释"联绵字"中究竟发挥了怎样的作用？看来，亮出的"门户"也许只是个花架子。正因为只是个花架子，处于支配地位而起误导作用，所以作释者心里没有底，每释"联绵字"只能翻看现行词典，沿用已有的解释；却不料捡了个错的来，而把个现代联绵字理论的底子给兜出来了。

再次说明现代联绵字理论于实践中行不通，而且反过来也证明了现代联绵字理论的无根性。没有语言基础的语言理论必不能指导实践，不能指导实践的语言理论一定没有可靠的语言基础，这是笔者长期研究现代联绵字理论及其实践问题的感受之一，而今又添一例。事实如此，即使不做上面的考察讨论，如果没有现代联绵字理论之成见，一般人也不难推知其后果。

现在换个视角，看看同一例句中的"卑疵"，也许还会有新的启发。《史记·日者列传》："卑疵而前，嬽趋而言。"如果照《字典》序文及正文解释"嬽趋"的做法，"卑疵"也应该看作"联绵字—双音单纯词"，因为古今辞书对"卑疵"的解释看上去都与表示低下的"卑"、黑斑的"疵"没有很明显的关系。如《骈雅》卷二："卑疵，倾佞也。"旧《辞海》："卑疵，佞人貌。"《汉语大词典》："卑疵，形容低眉弯腰的样子。"《大辞典》："卑疵，谄媚他人。"① 上述各家辞书对"卑疵"的解释多与表示低下的"卑"、黑斑的"疵"没有密切关系，能不能也判"卑疵"为"联绵字—双音单纯词"？不错，《字典》里没有收"卑疵"这个"联绵字"。可是，同样的语境，同样不能拆开来讲，为什么"卑疵"没有被看作"联绵字—双音单纯词"而收进《字典》呢？原因可能是《字典》编写者已经看出了"卑疵"是个合成词吧。然而，这样的话，"联绵字—双音单纯词"说就不攻自破了：研究者不明其语素构成情况者就判为"联绵字—双音单纯词"；能够猜出其为合成词者，即使它的上下字之间有语音联系，也不管了。由此看来，"双声联绵字（同属 X 母）""叠韵联绵字（古音 X 部）"之类，既然不能帮助读者正确理解词义，客观上就只起误导作用了。具体点说，也就是让读者相信古汉语里"有一种特殊的构词法"（参看王力 1958：45），或曰"双声叠韵和上古汉语的构词法有密切的关系"（参看王力 1981：539）。这样的话，事实服务于理论才是第一位的。既然如此，《字典序》中 4 个"联绵字"例词的理解均有问题就不奇怪了。然则研究对象仅为已有理论服务，并且久已成为汉语学界的主流，这不能不说是汉语研究的悲哀。

---

① 上述各家对"卑疵"的解释都只给了它一个猜测义，而很少考虑它的基础义。此类现象自古都不少，是汉语词汇训诂研究的薄弱环节。只是由于"联绵字—双音单纯词"说盛行，于今尤甚。如果解释者能够抓住其基础义，问题就容易解决了。如"卑疵而前"的"卑疵"，实际上不过是一种意动用法，其基础义就是"以（己）为卑为疵"，换个角度看便是卑躬屈节。先是卑躬屈节地向前，而后过分谦恭地上言，才是臣下常态。

　　上面的考察结果表明,《字典序》所举的"联绵字"例词全部是合成词("辟易"的情况见前面第四章),一个"联绵字—单纯词"也没有。它们被贴上了"联绵字"的标签之后,释义中偏离了其基础义,以至于解释、议论多欠允当。特别为证明"有些双音词必须认为是联绵字然后好懂"之观点所举的两个例词"妥帖""孈趄",说解过多可商,就更不可取了。然而,《字典》序例尚且如此,整部字典解释"联绵字"的情况又会怎样呢?如果不是被现代联绵字理论所左右,《字典》中肯定不会出现那么多硬伤。

　　实践证明,字典词典要想尽可能准确地解释复音词,则必须寻得它的基础义(参看前面第四章相关论述)。抓住了复音词的基础义,比较所作出的解释,如果大不相同,那就要看是否用了换喻义或隐喻义,或者是否采用了换喻或隐喻手法;如果都不是,那就要考虑是否用了通假字、后起专用字甚或讹字等原因;如果也不是文字通假、讹字、后起专用字之类的问题,那就要考虑所出的解释是否有问题了。[①]　然而,自从现代联绵字理论盛行以来,论者只道"联绵字"是双音单纯词,从来不考察"联绵字"的本字,不考虑通假或讹字等问题,更不会考虑"联绵字"的造词理据,不管"联绵字"的基础义,致令根据语境作出的解释没有了基础义的比较,在一定程度上只凭猜,其猜谜的结果不言自明。不错,现有字典词典解释某些不明其语素构成情况的复音词,慎重些的人总是不忘记查一查古人是怎么解释的,《尔雅》《方言》《释名》《广雅》等古代词典和《辞源》《汉语大词典》之类的现代工具书里是怎么解释的,但是问题有时仍得不到解决,因为对某些复音词的解释,前人也没有完全避免猜谜。更有甚者,现代联绵字理论之成见在胸,引古人之说也不够客观,就像《字典》第 211 页释"孈趄"曰"巧佞"而引《集韵》作证那样,就更反映出不顾词的基础义的可怕了。类似的教训太多了。这就告诉我们,要正确解释复音词,第一步就是要注意考察它的造词理据,弄清它的语素构成情况,抓住它的基础义。这是汉语词汇训诂研究亟待破解的难题,也是字典词典编写工作中必须留意的问题。

　　至此,我们再回过头来看看《字典序》介绍《字典》第五个特点时说的话。开头处这么说:"注明联绵字。这对读者了解词义很有帮助。"结尾

---

　　① 　实际上,要想准确解释单音词,也必须遵循上述路径,只是单音词不叫基础义,而叫本义罢了。合成词也有本义,就是在它各构词语素之本义基础上形成的第一个化合义。

时又说："由此看来，联绵字的注明，是有助于词义的正确了解的。"而上面的考察结果表明，实际情况却恰恰相反。持现代联绵字理论者解释"联绵字"而偏离了它的基础义，多是主观认定，有的甚至给解释错了，又怎么帮助读者正确地了解词义呢？由此说来，只要不从现代联绵字理论中解放出来，不抓住"联绵字"的基础义，字典词典中每每无法准确解释"联绵字"，也就更不用说帮助读者正确了解词义了。王力先生坚持现代联绵字理论数十年，在《字典序》中一再强调字典注明联绵字的好处，然而事与愿违，这件事极具典型意义。事实胜于雄辩，《字典序》作者美好愿望的落空再一次暴露了现代联绵字理论脱离汉语实际的本质性特点，证实了现代联绵字理论误导人们错释"联绵字"的严重性。

（二）《字典·凡例》中的联绵字观念

从上面的考察讨论，我们已经大致搞清楚了王力先生晚期的联绵字观念，也初步了解了一些现代联绵字观念主导"联绵字"解释出现的问题。简单地说，就是虽然缺乏底气但却不舍得放下的以"联绵字—双音单纯词"说为核心理论的现代联绵字观念，以及因为宣传现代联绵字观念而频频出现误释"联绵字"的现象。现在再考察《字典·凡例》中反映出的联绵字观念，看是否能够起到相互对比印证的作用。《字典·凡例》中言及"联绵字"者有两条：

> 《凡例·2》："有的字条下酌收复字条，以联绵字为主，如嘟哝等。也收少量的不能拆开来讲的双音词，如娀徒等。"
>
> 《凡例·23》："〔〕条目号。用在复字词，主要是联绵字和少量的复合词。"

与《字典序》中的联绵字观念相比，《凡例》中更明确地反映出其执行现代联绵字观念的思想。例如，《凡例·2》把"联绵字"与"不能拆开来讲的双音词"平列，表明其"联绵字"专指双音节单纯词。又如《凡例·23》把"联绵字"与"复合词"平列，这个"联绵字"也一定指双音节单纯词，而不会指派生词或重叠词，尽管《字典》在第1220页把重叠词"袅袅"也归为"联绵字"。这样说来，《凡例·2》和《凡例·23》共同表明

《字典》中的联绵字观念仍然是以"联绵字—双音单纯词"说为核心理论的现代联绵字观念。由此推断，《字典序》中"联绵字实际上是一个双音词，其组成部分不能拆开来讲"之说仍然是为现代联绵字理论服务的，只是态度不够明确，表现出一定的犹豫心理罢了。但是应该看到，这种犹豫心理作用下的表述"（联绵字实际上是一个）双音词，其组成部分不能拆开来讲"与《凡例》中的"不能拆开来讲的双音词（如娸徒等）"，单看括号外的话，二者之间是没有差别的。然而，前者"其组成部分不能拆开来讲"的双音词指"联绵字—双音单纯词"，后者"不能拆开来讲的双音词"却又指"娸徒"（合成词），这种自相矛盾的表述是怎么造成的，会不会是既留恋现代联绵字理论，又无法确证"联绵字—双音单纯词"说所致的呢？①

这便又一次应了那句重复了多遍的话：凡是没有可靠的事实支持的理论，必然经不起事实的检验。《字典·凡例》中明确贯彻"联绵字—双音单纯词"说，继续维护现代联绵字理论，不举例则已，举例则只会倒戈，只会反过来证明其观点不成立。这在上面考察《字典序》的所列例词中已经得到证明，现在来看看《凡例·2》所举的"嚅呢"与"娸徒"，同样会证明这一点，尽管这类事实在前面各章节已经多次论及。

先看"嚅呢"。《字典·凡例·2》说它是"联绵字—双音单纯词"。《字典》第 139 页释之曰："〔嚅呢〕双声联绵字。强笑顺从的样子。《文选·战国屈原〈卜居〉》：'将哫訾慄斯，喔咿嚅呢，以事妇人乎？'《楚辞·卜居》作'儒兒'。"这个解释与古代各家注释相比，只多了个"双声联绵字"算是新东西；与各家辞书相比，释义基本一致，例证相同，也是只多了"双声联绵字"五个字。② 那么，"嚅呢"是不是一个"联绵字—双音单纯词"

---

① 只要坚持"联绵字—双音单纯词"说，尴尬就无处不在。《字典序》中说"联绵字实际上是一个双音词，其组成部分不能拆开来讲"，即认定"联绵字"是不能拆开来讲的双音词。《凡例·2》又说："也收少量的不能拆开来讲的双音词，如娸徒等。"即承认合成词"娸徒"是不能拆开来讲的双音词。然则人们遇到不能拆开来讲的双音词时判它为"联绵字—单纯词"呢，还是判它为合成词？看来这个多功能的"不能拆开来讲"需要界定一下。可是如何界定呢？因此坚持"联绵字—双音单纯词"说看似无往而不胜，实则寸步难行。究其根本，还是由于"联绵字—双音单纯词"说脱离了汉语实际注定的，所以不是人力可以改变的。

② 上述现象的存在只能是《字典》沿用了古代注家或古今辞书的释义和例证，而绝非巧合。然则又有什么必要外加"双声联绵字"五个字呢？这样做，其根据只能是汉语古有创造"联绵字—双音单纯词"的双声构词法之臆想，却不料"嚅呢"本是联合式合成词（详见下文），这便又一次捅了自家娄子。

呢？要解决这个问题并不难。嚅呪，初作"儒儿"。朱起凤（1982：94）将"儒儿"立为正条，"嚅呪"收作副条，用的是同一语料，而加按语曰："儒训懦，儿训弱。天下惟懦弱者能曲从。《广韵》从口旁，盖不但存之心，而又徵之口矣。"这里辨通假而求本字，其释盖为确论，然则"嚅呪"是联合式合成词。由此说来，《字典》不应该把"嚅呪""姎徒"分别判为"联绵字—双音单纯词"与"不能拆开来讲的双音词（合成词）"，并且这样处理对读者正确了解"嚅呪""姎徒"二词的含义没有积极意义，甚至难免误导读者入迷途。

其实，没有根据证明"嚅呪"是由"一种特殊的构词法"创造的"联绵字—双音单纯词"。我们必须承认语言是人的，是人用来表情达意的；人是社会的，人通过语言表情达意不仅仅是个人行为。任何人创造一个新词语，都必须有其他人能够理解的造词理据，都必须具有可验证性。否则，它就不能进入言语交际领域，就不能被人理解和接受，就不会流传开来。合成词的情况不必说，都是凭着明确的造词理据及其可验证性进入言语交际领域的；即使复音节叹词、拟声词、音译词之类的单纯词，之所以能够进入言语交际领域，帮助交际双方顺利完成特定的交际任务，并且逐渐流行开来，同样是因为它们都有明确的造词理据，都具有可验证性。而今《字典》说"嚅呪"是个双声联绵字，分明是不了解它的造词理据而走了"联绵字—双音单纯词"说的"捷径儿"。然而，果真如朱起凤之说，"嚅呪"上下字有双声关系，只能证明"嚅呪"是同源词"嚅（懦）""呪（弱）"连用构成的合成词，亦即其上下字之间的双声关系只能证明它们本系同源单音词。退一步说，即使"嚅呪"不是朱起凤所解释的那样，那么它只能是象声词或由拟声而来的词。那样的话，也没有必要注明它是"双声联绵字"。由此看来，照《字典·凡例·2》的表述，只能是拟定这条凡例的人没有弄清楚"嚅呪"的语素构成情况，只是机械地按照现代联绵字理论的规矩，给"嚅呪"贴上了"双声联绵字"的标签。

再看"姎徒"。《字典·凡例·2》举它为"不能拆开来讲的双音词"之例词。《字典》第191页释之曰："〔姎徒〕汉代南方少数民族称渠帅为精夫，相呼为姎徒。见《后汉书·南蛮传》。"这个"姎徒"，古今解释比较统一。照一般的解释，"姎"是第一人称代词"我"。从《说文》到现在的一般工具书，几乎没有不同。徒，指徒党。《左传·襄公三十年》："岂为我徒？"杜预注："徒，党也。言不以驷、良为党。"然则"姎徒"即我辈，我们这班人。照一般语法书上讲的，可判它为偏正式合成词。

从上面的考察情况看，"姎徒"并非不能拆开来讲。《字典·凡例·2》举"姎徒"为"不能拆开来讲的双音词"之例词，如果这个"不能拆开来讲的双音词"的"不能拆开来讲"义同《字典序》中"联绵字实际上是一个双音词，其组成部分不能拆开来讲"的"不能拆开来讲"，则难免有读者会把"姎徒"也看作"联绵字—双音单纯词"。如果说两个"不能拆开来讲"含义不同，一般读者也许很难找到区别在哪里。一定要找到二者的不同，也许只能说：《字典序》中的"不可拆开来讲"是指"联绵字"说的，所以正文里都注明"双声联绵字"或"叠韵联绵字"之类；《凡例》中的"不可拆开来讲"是指合成词词义的整体性说的，所以"姎徒"在正文里没有注明它是"联绵字"。然而这种只以研究者认识为根据的理由能说得过去吗？所以至此，原因之一在于正统的信守派学者说的"联绵字—双音单纯词"是一种不存在的东西。部分信守派学者要把汉语中并不存在的"联绵字—双音单纯词"证明它实际存在，就只能发扬其主观能动作用了。其基本做法：一是坚持"联绵字—双音单纯词"说；二是拼凑一些似是而非的理论（参看沈怀兴 2013a：48—62）；三是举几个自己不明其语素构成情况的双音词附会想象出的特殊构词法，但这一招却很容易出漏子（参看第五章第三节相关论述）。

因此，《字典·凡例》言及"联绵字"，能不举例就不举例。如《字典·凡例·23》说："复字词，主要是联绵字和少量的复合词。"就没有举例①。但这又不免令人困惑：所谓联绵字，与复合词的界限究竟是什么？只从理论上讲，当然很容易回答："联绵字"是由两个音节联缀而成的单纯词（《汉语大词典》解释"联绵字"就是这么说的），只有一个语素，或者说"联绵字"是由"一种特殊的构词法"构成的双音单纯词（参看王力1958：45）；复合词是由两个或两个以上的词根语素构成的合成词，这里只指两个词根语素构成的词。然而复合词容易举例，"联绵字"却不容易

---

① 其实，只要继续坚持现代联绵字理论，就无法举出当其说的例词。

举例。一定要举例，则只能列举一些作者不明其语素构成情况的双音词（参看第三章各节及上面所考察的《字典序》）。如果要举靠得住的单纯词，就只能举那些复音节叹词、拟声词、音译词之类，无奈它们都不是汉语里特有的语言现象，并且古今很少有人把这几类词拆开来解释。同时，如果"联绵字"只包括这几类词，现代语言学里本来就有个现成的术语——复音单纯词，那就干脆叫它们"复音单纯词"好了。而今却借用传统语文学的"联绵字"指称"联绵字—双音单纯词"，混淆了古今"联绵字"之别，影响了汉语言文字研究的古今贯通，致使汉语语言学研究徒增混乱，而且由于不同系统的术语纠缠不清，给学子增加了不必要的学习负担（参看前面第五章第一节），同时也在一定程度上影响着学者继续成长（参看前面第五章第二、三、四节）。

二　《字典》正文里的"联绵字"

《字典》正文 1791 页，共收"联绵字" 1526 个[①]。第 1—100 页 68 个，第 101—200 页 131 个，第 201—300 页 157 个，第 301—400 页 86 个，第 401—500 页 63 个，第 501—600 页 95 个，第 601—700 页 148 个，第 701—800 页 72 个，第 801—900 页 74 个，第 901—1000 页 22 个，第 1001—1100 页 114 个，第 1101—1200 页 172 个，第 1201—1300 页 47 个，第 1301—1400 页 63 个，第 1401—1500 页 32 个，第 1501—1600 页 47 个，第 1601—1700 页 60 个，第 1701—1791 页 75 个。

上述 18 个百页段，收"联绵字"最少的是第 10 个百页段，只有 22 例"联绵字"；最多的是第 12 个百页段，收了 172 例"联绵字"，接近第 10 个百页段所收"联绵字"的 8 倍。造成这种巨大差别的原因是多方面的。下面重点介绍两个方面的原因，同时顺便将考察过程中所受的启发作以介绍。

第一，从客观方面看，每个百页段中"联绵字"的数量之多寡与由

---

　　① 　在这 1526 个"联绵字"中，1525 个注曰"双声联绵字""叠韵联绵字""准双声联绵字""准叠韵联绵字""双声叠韵联绵字""准双声叠韵联绵字"或"联绵字"之类，只有第 1474 页"部娄"一词注曰"叠韵联绵词"，实与其"叠韵联绵字"无别，因此具体讨论中通称"联绵字"。另外，这 1526 个"联绵字"中不包括重复出现的，但是包括其变体在内。

拟声而来的双音词的多少有较为密切的关系。如第一个百页段中刀部
97 个字头，只有两个"联绵字"，即"剞劂"和"剞劚"，而且这两个
"联绵字"还是一个词的两种书写形式。为什么这么少的"联绵字"？主
要原因是刀部字多表示用刀的动作，一般无声可拟。这个百页段中其他
部首的字，其指称物也多无声可拟，所以总的说来这个百页段中的"联
绵字"比较少，只有 68 个。第二个百页段就不同了。那里面有"联绵
字"131 个，数量接近第一个百页段的二倍。究其原因，主要是因为其
中有口部字，收了许多由口部字标记的拟声而来的"联绵字"，如叹词、
象声词、拟声命名而来的其他词。具体点说，口部 383 字，占了不到
42 页的篇幅。如果像上述刀部字那样，应该不超过 8 个"联绵字"才
是。但是却有 83 例"联绵字"，平均 4.6 个字头的篇幅里就有一个"联
绵字"。有的一页里面就有几个"联绵字"。如第 116 页里就有 6 个"联
绵字"："〔呺咷〕叠韵联绵字。哭声。""〔嗷咷〕叠韵联绵字。……②歌
声。""〔咿喔〕双声联绵字。强笑声。""〔咿呦〕双声联绵字。①人语
声。……②鹿鸣声。……③叹息声。""〔咿哑〕双声联绵字。①轳轳声。……
②摇桨声。……③小儿语声。""〔咿轧〕双声联绵字。……①车船摇动
声。……②水车摇动声。……③纺织机声。"它们多与口的行为有关，
只有最后一个"咿轧"看上去例外，但是离开了以口模拟其声也不成
词。这一切都是因为口的行为功能之一是发声，语言是通过声音表情达
意的，所以口部字中多有通过拟声而来的复音词。这样以来，第二个百
页段中去掉与口有关的叹词"联绵字"、象声词"联绵字"和由拟声而
来的其他"联绵字"，剩下的"联绵字"就只有 48 例[1]。整体而言，也
就与第一个百页段大致扯平了。

又如第 12 个百页段中收了 172 个"联绵字"。其中虫部 399 字，占
了约 58 页的篇幅，但里面有"联绵字"142 个，平均 2.8 个字头的篇
幅里就有一个"联绵字"。这是为什么呢？原来这虫部里的 142 个"联
绵字"，多是由拟虫鸣声而来的虫名。其他 42 页中只有 30 个"联绵
字"，同样主要是复合词，与第一个百页段的情况基本一致。再比较相

---

① 剩下的少数"联绵字"都是复合词。所以将一些复合词误判为"联绵字—双音单纯词"，
其原因较多。前面有关章节中多有对这类现象的考察交代，可参看。

邻的第 13 个百页段，各部字多无出声的指称物，所以整个百页段里面只有 47 个"联绵字"。例如这个百页段中的衣部 199 字，约占 39 页的篇幅，但只有 21 个"联绵字"。就是因为衣部字多与衣服有关，衣服是没有声音可拟的，所以衣部字里面"联绵字"少，而且都不是由特殊的构词法构成的，而统统是复合词（参看前面对《字典序》中"联绵字"的考察分析及下文考察讨论）。

上述事实给我们以下启示。

启示一：双音节拟声词（包括拟声而来的词和《字典》中注明象声词者）是汉语固有双音单纯词（即不包括音译词）的大户，其次是叹词（《字典》中有时称"感叹词"）。

启示二：《字典》中没有用王力先生所谓一种特殊的构词法构成的"联绵字—双音单纯词"，而将一些拟声而来的词视为"联绵字"，是对现代联绵字理论的部分否定。不过，从字典编写者角度说，这却是无法解决认识上混乱与内心矛盾的自然表现。否则，不标注"双声联绵字""叠韵联绵字"之类，可能会比添此蛇足好一些。

启示三：索绪尔总喜欢说任何语言中拟声词都是少数，那是被共时的眼光遮蔽了视线。《字典》中作"联绵字"看的拟声双音词和拟声而来的双音词共有 227 例，不作"联绵字"看而未收进《字典》的拟声双音词和拟声而来的单音节词不知道还有多少，这一事实足可证明索氏之说不妥①。

但看上去也有例外。如有些地方"联绵字"比较多，但却与是否拟声没有关系。其中最典型的是第三个百页段中山部的情况。《字典》山部

---

　　①　谁都知道，生活世界里的声音多得数不清，而且多与人的日常生活有密切关系，即使类型化以后反映到语言中，其数量也很可观，因此任何语言中拟声词和拟声而来的词都不会少。特别语言是通过声音帮助人们交流思想的。舍声，何以出乎甲之口而入于乙之耳？然则语词之声是怎么来的？果真如索绪尔所谓能指和所指的联系是任意的吗？故此有声语言起源于拟声之说不妥，尽管曾遭人一再批判。细考国内批评语言起源于拟声之说者的言论，不过被共时论障蔽了视线，见流不见源的臆断而已。当然，国内批评语言起源于拟声之说，也是模仿外国学者的口吻做出的。但是，国外学者没有汉语社会这样汗牛充栋的文籍，没有中国这样发达的传统语文学，臆断史事总有几分可原谅处。中国学者有举世无匹的历史文献以及丰富的方言活材料，有刻意求真的传统语文学思想方法，为解开语言起源之谜准备了无比优越的条件，本该做出些贡献才是，不料仍然跟在人家后面批判语言起源于拟声之说，不料恰恰暴露了中国现代语言学的依附性。

182字，所收"联绵字"包括异体词在内83个，扣去重复的一个，还剩82个"联绵字"，亦即平均约2.2个字头的篇幅中就有一个"联绵字"。这也是各部首中"联绵字"所占比率最高的。然而，山部字主要有山的名称、种类、形状等，都无声可拟，这又是怎么回事呢？这就是字典编写者的问题了。

第二，从主观方面看，《字典》不同百页段中"联绵字"的数量之多少，还与不同编写者对现代联绵字理论的理解和把握不同有着较为密切的关系。主要证据有五。

证据一：《字典》编写过程中拘泥于现代联绵字理论者所收"联绵字"必多，不太迷信现代联绵字理论者所收"联绵字"则少。"联绵字"的多少与其编写者对现代联绵字理论的偏执程度之大小有较大的关系。查《汉语大字典》第二版，山部1054字，不算专用名词，所收"联绵词"129个（参看后面第三节），平均约8.2个字头的篇幅里面就有一个"联绵词"。如果照《字典》中"联绵字"的比率，《汉语大字典》应该收475个"联绵词"；而今只收了参照量的1/4强。换个角度说，如果照《汉语大字典》第二版的比率，《字典》中山部字大约收22个"联绵字"才是，现在却收了82个"联绵字"，亦即整整多收了60个，是参照量的近四倍。《王力古汉语字典》与《汉语大字典》都是字典，都是遵循现代联绵字理论收释"联绵字/词"，而出现这么大的差别，只能说明是不同字典的编写者对现代联绵字理论的理解和把握不同所致。《汉语大字典》收释"联绵词"的随意性低于《王力古汉语字典》。然而，本章后面第三节的考察结果将证明"'联绵词'无异于一般双音词"，上面考见《字典序》中所举的"联绵字"没有一个单纯词，则更具有直接意义。由此可知，《字典》山部字中的"联绵字"也不是由特殊的构词法构成的双音单纯词。如果人们对那些"联绵字"做了考语源、求本字等工作，谁都会得出这样的结论。然而，它们却被注明"双声联绵字""叠韵联绵字"之类，其负面影响就不只是造成理论上的混乱了。

再看《字典》其他百页段的情况。第10个百页段只有22个"联绵字"，第13个百页段和第16个百页段都收了47个"联绵字"，第14个百页段收了63个"联绵字"，第15个百页段收了32个"联绵字"，如果不考虑不同编写者对现代联绵字理论的理解和把握不同这一因素，只强调上面第一个方面的原因，则很难说清楚其间差异。特别是第 13、14、15 三个百页段共收 142 个"联绵字"，且出自一人之手，就更可看出这位编写者不像山部字的编写者那样轻易认定"联绵字"了。然而不同研究者执同一理论做研究所得结论如此悬殊，同样在很大程度上透露出"联绵字—双音单纯词"说的虚妄性。

证据二：偏执现代联绵字理论者只从理论出发，不很注重语言事实的支撑作用。例如在《字典》山部字所收的 82 个"联绵字"中，有 58 个"联绵字"只有一条用例①。靠孤证收入的"联绵字"高达 2/3 以上。然而，如此仅凭一条书证立论，连个对照也没有，如果没有现代联绵字理论之成见在胸，不是强使语言事实服从现代联绵字理论，一般人大概不会这样判定"联绵字—双音单纯词"。然则想通过这样注明联绵字来帮助读者正确了解词义，只能事与愿违。

证据三：释义如猜谜，也是偏执现代联绵字理论做研究的必然。如在《字典·山部》收释的"联绵字"中，释曰"高峻貌"与"高峻的样子"者共 18 例，另外释曰"山高峻貌"和"山高貌"者共 9 例。如果《字典》不误，亦即其所收的"联绵字"的确是双音单纯词，同时其释义也准确无误，读者不明白古代汉语中为什么有这么多等义词，并且都是在"联绵字—双音单纯词"里。的确，语言中近义词很常见，但等义词却不多。而且，近义词一般说来都在合成词范围之内，汉语固有的单纯词中近义词则很不常见。而今"高峻貌"有这么多等义词，且都是"联绵字—双音单纯词"，是什么原因造成的呢？世界上有这样的语言吗？这种现象的存在，无疑是从现代联绵字理论出发做研究的结果。正是因为编写过程中为现代联绵字理论观念所左右，才将复杂问题简单化处理，不求本字，不考语源，看不到语词基础义的制约作用，从而出现了这类违背常理的解释。

---

①　不少情况下先引古代语文辞书之释义，然后再引古文用例，而所引古文用例正是那部古代语文辞书引以证明其观点者，这种情况只算一条书证，因为不管古代语文辞书还是《王力古汉语字典》，依据都是同一条古文用例，全部解释只比古代语文辞书多了"双声联绵字""叠韵联绵字"之类的标签。

　　证据四：有的编写者严重受制于现代联绵字理论，有些明显的合成词甚或词组也被判作"联绵字—双音单纯词"了，所以他编写的百页段里的"联绵字"就多了。如《字典》山部第 241 页释"屴崱"曰："叠韵联绵字。山峰高耸貌。元贡师泰《题颜辉山水》诗：'苍龙渡海成叠嶂，屴崱西来势何壮！'"而第 250 页解释"崱屴"则曰："叠韵联绵字。山貌。见《广韵》。《文选·汉王延寿〈鲁灵光殿赋〉》：'崱屴嶙峗。'""山峰高耸貌"与"山貌"是有区别的，至少可以说二者的含义不相等。然而"屴崱"与"崱屴"，《广韵》职韵均释为"山貌"，人们却说不出《广韵》这样解释有什么不妥，至少千余年以来没有人提出批评。这就又说明它们是一对同素异序同义词或同义词组，甚至到元代文献中还没有凝固成词。部分信守派学人多喜欢说部分"联绵字"上下字位置可互易，这至少是忽视了并列结构尚未凝固者的存在，而"崱屴/屴崱"正是其一。因为"崱"是个常用的单音词。如上录《字典》释"崱屴"引《文选·汉王延寿〈鲁灵光殿赋〉》中的用例，同篇中就有"崱"单用者："郁坱圠以嶒峣，崱缯绫而龙鳞。"李善引张载注曰："崱，崱巇然，皆其形也。"此与"崱屴"含义相同。又，《玉篇·山部》释"崱"曰"山名"，亦与"崱屴"义通。看来，"崱"不仅参与构词和单用，而且还是个多义词。部分信守派学人判断"联绵字"爱用替换法，要求全方位替换，或许是因为"屴"没有构词能力，其实不然。"屴"不仅可与"崱"构成"屴崱""崱屴"，而且还可以与"斳"构成"斳屴"，义为高峻耸拔。只是研究者有了现代联绵字理论这一"捷径"可走，往往不注意对研究对象进行具体深入的考察研究了。

　　又如《字典》第 241 页收了个词组"屯邅"，但却释曰："双声联绵字。难行不进貌。比喻处境困难。《易·屯》：'屯如邅如。'《文选·晋左思〈咏史〉诗》：'英雄有屯邅，由来自古昔。'"看到这个解释，读者不禁要问：两个用例，在前一个用例中是"屯""邅"还没有联合成一个双音词①，而且比后一个用例早了一千多年；在后一个例子中，"屯"与"邅"只是临时组合在一起，为什么只凭这个临时组合就判它为"联绵字"了？

---

　　① 按照一般语法书的说法，"如"看作后缀好一些。那样的话"屯如""邅如"就是两个派生词。但是，那也不支持"联绵字—双音单纯词"说，故暂不作计较。

再看《字典》第1458页"邅"字条下的解释："〔邅如〕〔邅回〕〔邅迴〕徘徊，盘旋不进的样子。《易·屯》：'屯如邅如，乘马班如。'孔颖达疏：'屯是屯难，邅是邅回，如是语辞也。'"至此，已经不需要再多做考证了，因为就《字典》自身前后解释的情况看，已经可以肯定"屯邅"是个临时词组了。然则中部中收它为"联绵字"，只能是被现代联绵字理论所左右的结果。这样说来，此时说它是"双声联绵字"，看上去只是多贴了个标签，但其误导作用却不限于一个方面。换个角度看，如果不为现代联绵字理论所束缚，只凭一般的古汉语功底，也不可能判"屯邅"为"双声联绵字"，因为"屯""邅"在古汉语中都是常用词、多义词，在一般大型字典词典中都有明确的解释，只要翻翻字典词典，就不会有多少疑义了。但是，如果一定要判"屯邅"为单纯词，其根据也许只有其上下字具有双声关系了。然而，这个"证据"是没有什么说服力的。另外，同一部《字典》，第241页收"屯邅"作"双声联绵字"，第1458页"邅"字条下的解释不予支持，则直接反映出《字典》的不同编写者对现代联绵字理论的偏执程度不同，语料处理也不相同的特点。然则汉语词汇研究乱象纷呈于此可见一斑（参看前面第四章）。

再如《字典》第416页释"斟酌"曰："双声联绵字。酌酒。《文选·汉班固〈西都赋〉》：'腾酒车以斟酌。'晋陶潜《移居》诗：'过门更相呼，有酒斟酌之。'"但是，第1490页于"酌"字条下却辨之曰："'斟'、'酌'都是从一个容器中舀取酒注入另一容器。一般'斟'是用斗，'酌'是用勺；斗大勺小，'酌'一般是舀酒注入饮器，'斟'往往是舀酒注入贮酒器。'斟'的工具较大，舀取的不限于酒，也可以是羹汤等别的液体；'酌'的对象很少不是酒的。"同一部字典，按照这里的说法："'斟'、'酌'都是从一个容器中舀取酒注入另一容器"，两个单音词连用组合成"斟酌"以得其换喻义"酌酒"，再经隐喻而得"考虑可否"义，都是再自然不过的了，怎么会变成"联绵字—双音单纯词"了呢？《字典》中这类例子不少，足以证明《字典》认定"联绵字"与其编写者受现代联绵字理论的束缚程度有密切关系。受制于现代联绵字理论之程度深者，其撰写的内容中所见"联绵字"必多，反之则少。这一点，与本章后面第三节考察分析之所见是一致的，可相互参看。

　　但更有甚者，受现代联绵字理论束缚严重者在自己编写的内容里也可能出现自相矛盾的现象，有时甚至在当页之中就会出现自相矛盾的情况。如《字典》第 147 页把"团"解释为"圆"，证据确凿，可谓确论。接下来解释重叠词"团团"为"圆貌"，也没有问题。但是，一旦接触到"联绵字"，就要出问题了。例如同页随后解释的两个"联绵字"就有些问题。如其解释"团栾/团圞"说："叠韵联绵字。圆貌。"又解释"团圆"说："叠韵联绵字。圆貌。"其实，这两个词都是同义语素并列构成的合成词，不是什么"联绵字—双音单纯词"。因为"团"为"圆"义，已如《字典》之释，而"栾/圞"解释为"圆"义，也没有问题①。怎么"团栾/团圞""团圆"就成了"叠韵联绵字—双音单纯词"了呢？退一步说，即使不讲词的结构，"团栾/团圞""团圆"的含义也是不言而喻的，给它们特意贴上"叠韵联绵字"这个标签，也没有积极意义。当然，站在信守派角度上看，这样做也许有利于推行其"双声叠韵和上古汉语的构词法有密切的关系"之说。但是，没有语言基础的语言学理论流行范围越广，其危害越大。现代联绵字理论盛行数十年，国内学术界、教育界付出的代价太大了！谁能让靠得住的证据来证明现代联绵字理论确有一点积极意义？

　　证据五：《字典》中一般不收音译词和重叠词作"联绵字"，但也不绝对。如第 1049 页"苜"字条下收了"苜蓿"，释曰："古大宛语音译词。叠韵联绵字。牧草名。"第 1220 页"袅"字条下收了"袅袅"，释曰："联绵字。诗词中也单用。"这两类"联绵字"看上去各收了一条，但是它们在某种程度上反映了不同编写者对现代联绵字理论的理解和把握不同。如果没有现代联绵字理论的干扰，解释"苜蓿"不标"叠韵联绵字"，解释"袅袅"不标"联绵字"，《字典》少了杂质，读者少了困惑，该多好啊。

　　上述事实给我们以下启示。

---

　　① "团栾/团圞"的"栾/圞"的本字是"圜"。《中华大字典·囗部》："圜，俗圞字。""圞"也是圆的意思。《玉篇·囗部》："圞，团圞也。"《集韵》桓韵："圞，圜也。""圜"即圆。《广雅·释诂三》："圜，圆也。"《离骚》："何方圜之能周兮，夫孰异道而相安？"朱熹集注："圜，一作'圆'。"

启示一：不同编写者对现代联绵字理论的理解与把握不同，判定"联绵字"的标准不同，所见"联绵字"多寡悬殊，这实际上透露出汉语中并不存在由什么特殊的构词法构成的"联绵字—双音单纯词"。否则，如果真有客观事实在，学者们照实反映，则《字典》中不会有上述巨大差别。这就像世界上本来没有鬼，迷信的人们都说有鬼，但每个人画出的鬼很不相同；世界上有狗，不同人画出来的狗差别就不是那么大。

启示二：《字典》编写者最注重其"联绵字"上下字的语音联系[①]，大概是在其"双声叠韵和上古汉语的构词法有密切的关系"之说主导下这么做的。但是，这样做的结果恰恰暴露了其所主"双声叠韵和上古汉语的构词法有密切的关系"之说的无根性，致使《字典》在处理"联绵字"的问题上走到了科学的反面。

启示三：编《字典》，顶级学者遵循现代联绵字理论处理"联绵字"问题时常捉襟见肘，矛盾百出，这便又一次告诉世人：盛行数十年的现代联绵字理论完全脱离了汉语实际。结合前面的考察讨论，则可以说它是一种只有危害而没有积极意义的理论。

三　结语

王力先生曾经积极发展现代联绵字理论。他中期和后期的联绵字观念中都不包括象声词和拟声而来的其他词以及叹词、音译词等，道理很简单，因为这几类词都不是他所谓特殊的构词法构成的。但是，晚年主编的《王力古汉语字典》中却将这几类词归入"联绵字"，就已经不是纯正的现代联绵字理论了。如《现代汉语词典》《汉语大词典》等解释"联绵字"，就都不把这几类词算作"联绵字"。有的古汉语知识词典还强调指出，联绵字是"除叠音词、象声词和叹词以外的汉语固有的双音节的单纯词"（参看杨剑桥2003：345）。至此，现代联绵字理论在信守派学者内部已发

---

① 在《字典》所收 1526 个"联绵字"中，标明"双声联绵字"者 518 个，标明"准双声联绵字"者 17 个，共 535 个；标明"叠韵联绵字"者 961 个（其中包括第 1474 页"部娄"一词注曰"叠韵联绵词"），标明"准叠韵联绵字"者 18 个，共 979 个；标明"双声叠韵联绵字"者 4 个；标明"准双声叠韵联绵字"者 2 个，共 6 个；标明"联绵字"者 6 个，不到总数的 4‰. 这是不是出于维护其理论的需要，把其他没有语音联系的"联绵字"给省略了？是的话，后果可怕；不是的话，有什么证据？

生了严重的分歧，在王力先生前后著作中也发生了很大的变化。这种分歧或变化透露了现代联绵字理论完全脱离了汉语实际的一面。特别是王力先生的前后著作都贯彻现代联绵字理论，而有这么大的变化，则充分反映出偏执现代联绵字理论者两难的处境：不把象声词和拟声而来的其他词、叹词、音译词等算作"联绵字"吧，则很难举出可靠的双音单纯词；把它们算作"联绵字"吧，一是它们都不是特殊的构词法构成的，这样以来既与先前的观点相冲突，又不符合信守派主流观念；二是古来少有将这几类词拆开来讲的，如今把它们划归"联绵字"，而强调"联绵字"各组成部分不能拆开来讲，则难免有蛇足之嫌。然则不管何去何从，只要不彻底放弃现代联绵字理论，都不能只收象声词和拟声而来的其他词、叹词、音译词等几类充数。可是，只要再举其他的词，则必然出错，就像《字典序》中所举的 4 个例词都是合成词、《现代汉语词典》《汉语大词典》《语言学名词》遵循"联绵字—双音单纯词"说解释"联绵字/词"而始终未能举出一个当其说的例词那样（详本节上文和第三章各节），因为汉语里本来并没有那种由特殊的构词法构成的"联绵字—双音单纯词"（参看沈怀兴2004a，2007b，2009a，2011b、d，2013b）。

考察中还发现，王力先生晚期联绵字观念的理论支柱主要有二：一是其所谓"联绵字"组成部分不能拆开来讲；二是"联绵字"上下字有语音联系，如《字典》收了 1526 个"联绵字"，其中 1520 个"联绵字"上下字有语音联系，都标着"双声联绵字""叠韵联绵字"之类。其实这两个支柱都不听话。其支柱二的问题前面不止一次讲过，这里不再重复。

其所谓"联绵字"组成部分不能拆开来讲的似是而非也曾反复讲过（参看沈怀兴2008a、d），本节前面也讲过。总的说来，它与王念孙连语不可分训说貌合神离。信守派学人习惯借王念孙连语不可分训说来证明"联绵字—双音单纯词"说，无疑是忽视了传统语文学的联绵字研究与现代语言学"联绵字"研究之目的、方法的本质性区别。而一般不能同时熟悉这样两种学问者根本看不出其貌合神离的实质，于是也就跟着这么讲了。这是现代联绵字理论得以盛行的原因之一。信守派中一般人不知道王念孙所论连语尽是同义语素并列构成的复合词，更不知道王念孙讲连语不可分训是在强调连语之词义的整体性，而王力先生及信守派其他学者所谓"联绵字"组成部分不能拆开来讲主要是在强调"联绵字"是双音单纯词。从本质上看，二者完全是两股道儿上跑的车。然而，其"双声叠韵和上古汉语的构词法有密切的关系"之说久已深入人心，《字典》中99.6％以上的"联绵字"被强调上下字之间的语音联系，就更让人深信其所谓联绵字组成部分不能拆开来讲是在强调"联绵字"的单语素性了。

毋庸讳言，出现这一现象，首先是王力先生等人没有把王念孙的"连语—同义语素并列构成的合成词"与现代信守派学人所谓"联绵字—双音单纯词"区别开来，而把"联绵字"组成部分不能拆开来讲的思想与王念孙的连语不可分训之说等同起来，一起为其偏执的现代联绵字理论服务，于是就有了《王力古汉语字典》里"联绵字"的收释情况。因此，企图在坚持现代联绵字理论的基础上注明"联绵字"，以便读者正确地了解词义，到头来充其量不过是一种美好的愿望。事实早已证明，只要坚持现代联绵字理论的基本精神做研究，就无法得出正确的结论，就只能将"联绵字"研究庸俗化，只会促使联绵字研究乃至汉语词汇研究向科学的反面滑落（参看前面各章节）。《字典》收释"联绵字"的情况又一次证实了这一点。

因此，要解决这个问题，一是必须认清现代联绵字理论的本质特点——完全脱离了汉语实际（参看沈怀兴2004a，2007b，2009a、b，2010a、b，2011b、d，2012b，2013b）；二是要分清传统语文学与现代语言学的研究目的与研究方法，弄清楚传统语文学与现代语言学的一些基本概念；三是做研究时必须坚持独立思考，坚持论从材料来，力避从观念出发；四是不可忽视语词基础义的制约作用，自觉将其猜测义与基础义对照一下，力避丢开语词的基础义而猜谜的说解习惯再次起作用（对照前面《字典序》中对几个"联绵字"的解释和本节讨论）；五是要搞清楚双音词不可拆开来讲的根本原因。如文字通假、讹字夺正、隐喻造词、换喻造词、隐喻用法、换喻用法等情况，都可能令一般人看不出某些合成词的语素构成情况，但它们都没有改变双音词的内部结构关系。然而，恰恰就是这些双音词，经常被现代联绵字理论之成见在胸的信守派学者误判为"联绵字—双音单纯词"。在这一点上,《字典》与前面第三章各节及本章第三节所考察的情况是一致的,因而本节可与这些章节互参。

《字典》中反映出的联绵字观念及其所收的"联绵字"有一定的代表性。但是全面考察讨论的话,需要写成一本大书。本节之所以挂一漏万,原因之一是同样的现象已经在其他章节考察过了,同样的理论问题已经在本书姊妹篇《联绵字理论问题研究》及其他相关文章中考辨过了,这里只有一节书,只能点到为止。就算是证明现代联绵字理论之负面影响的又一个例子吧。

第三节　第二版《汉语大字典》卷一收释的"联绵词"

《汉语大字典》(下简称《大字典》)第一版里没有出现"联绵词"这一术语,只用"复词"来涵盖了所有复音词。但到《第二版修订说明》里说:还对"联绵词"等内容"进行专项检查,对发现的错误和疏漏进行了纠正"。照理说,其"联绵词"经过专项检查,一定更可靠了。但是考察发现,其"联绵词"中至少约 4/5 是合成词①,实际上它们与一般双音词之构成没有什么不同。这是一种很值得关注的现象。《大字典》收释"联绵词"离不开现行词汇学理论的指导,其所收"联绵词"中至少约 4/5 是合成词的现象折射出此前主流派学者"联绵字/词"研究脱离汉语实际的现状。本节举《大字典》为例,一是希望利用不同的材料继续揭示现代联绵字理论流行的普遍性和危害的严重性;二是对上一节揭示现代联绵字理论误导字典错释"联绵字"之未及做点补充;三是反过来进一步证明现代联绵字理论的虚妄性。另外,借《大字典》考察讨论问题可以撇开具体的人,因而更便于就事论事,把话说得更到位一点。

---

①　这是个保守数字,是仅就初步考察的结果说的。其他约 1/4 的"联绵词"有待继续考察。

一　第二版《大字典》卷一所收复音词中的"联绵词"

《大字典》第二版始提"联绵词"，却没有给"联绵词"作特殊标志[①]。其"联绵词"与其他复音词一样，均外加〔〕括起。所以要研究《大字典》中的"联绵词"，就只好把书中外加〔〕的复音词全部摘录出来，然后以《现代汉语词典》解释"联绵字"所示范围为标准，排除不合标准者，保留其"联绵词"[②]。据统计，《大字典》第二版共收"联绵词"2463 例。全部考察分析约需 150 万—200 万字。尝鼎一脔，余乃同味。下面重点考察其卷一的"联绵词"。

第二版《大字典》卷一中外加〔〕的复音词总共 458 例，可分 11 类。[③]

1. 地名、山名、水名、古国名共 48 例：丞阳 21 乱毒 61 承乡 63 承阳 63 承水 63 卑水 72 邯勾 116 共池 120 同并 124 令居 143 梼余 161 余吾 161 伽倍 174 佷山 189 徐州 198 闽侯 203 安俾 217 偪阳 225 傂祁 242 僪伥 275 包来 285 龙兑 296 亶爰 320 枹罕 333 朐卷 347 扑剸 394 厹由 418 慫晋 436 卝郛 448 玜郛 459 垌冢 471 垧瑶 471 黄埔 476 大埔 476 董阴 484 埻端 490 埻夷 497 盛塘 517 圪塂 520 壔阳 521 五股墥 522 橐门 524 县壅 530 壇端 537 坏隤 537 弅兹 559 太末 567 畲枲屯 589

2. 复姓、人名、官名共 14 例：万俟 11 函冟 128 化倠 154 无伿 188 俞儿 190 倢伃 210 倱伅 214 偼伭 236 傛华 245 僞伴 279 亢桑 309 裔商 370 土门 446 仆射 550

3. 古代车名、器物名、石名及传说中的动物名等共 11 例：堪豯 64

---

① 第二版《大字典》对"联绵词"进行了专项检查，却没有明确标出来，实有难言之隐。《王力古汉语字典》（2000）不仅会给"联绵字"做了标记〔〕，而且还注明"双声联绵字""叠韵联绵字"之类，但整部字典里用王力先生所谓一种特殊的构词法创造的"联绵字"一个也没有（详见上一节）；《新编联绵词典》（2001）亦然（详见下一节）。然而为什么要说还对"联绵词"进行了专项检查呢？现代联绵字理论已成"学界共识"；《大字典》要出修订本，跟不上"科学"的步伐，何以体现修订质量？

② 这样做只是为讨论方便临时搭建个平台，并非已承认《现代汉语词典》的观点（参看第三章第一节）。

③ 说明：1. 统计中凡重复出现的，只录其一。但异体词的处理姑且从《大字典》。如 gāngà，《大字典》有"尴尬""尴尬""尴尬""尴尬"四体，统计时都录下。2. 各词后的数字是该词所在的页码。3. 对繁体字进行偏旁类推而得的简化字，如果电脑打不出，仍录繁体字。4. 遇有僻字，照《大字典》电子版复制。

唐厗 83 历鹿 84 鬴氏钟 93 瓯㼌 102 离俞 190 伽倻琴 207 脩螽 241 僬儿钟 273 儳匦 278 师奎父鼎 575

4. 民族名 8 例：突厥 88 仡佬族 146 仫佬族 146 佤伍族 164 傈僳 240 僬羯 270 党项 298 契丹 580

5. 双音节科技术语 2 例：醇淦 328 巯基 545

6. 双音节叹词、非叠音象声词和拟声而来的鸟名共 10 例：于嗟 5 夫不①13 欸乃 56 罩奄 76 脊令 143 匐匐 285 沕潏 325 剺剥 363 飍䬠 538 奥休 590

7. 双音节音译词 3 例：南无 75 伽蓝 174 傻伽 276

8. 重言共 57 例：丁丁 3 趴趴 30 趀趀 75 匪匪 100 冉冉 113 伋伋 147 伝伝 150 伎伎 151 仰仰 158 伈伈 159 偝偝 182 佪佪 182 侁侁 183 侒侒 188 俣俣 195 偮偮 197 徎徎 200 脩脩 213 偈偈 228 偲偲 229 偶偶 230 傞傞 232 翛翛 241 傍傍 244 俗俗 245 似似 252 傑傑 254 焦焦 260 播播 260 僮僮 267 懱懱 271 儵儵 273 勿勿 282 囷囷 288 炕炕 296 几几 303 几几 303 覃覃 323 浸浸 327 瀽瀽 332 劲劲 400 勖勖 408 反反 427 叟叟 433 延延 438 迾迾 441 趼趼 444 蛆蛆 499 填填 505 堆堆 521 墫墫 525 澄澄 526 辣辣 533 蘱蘱 536 央央 568 查查 578 夐夐 587

9. 普通双音词共 301 例，又分无僻字者和有僻字者两组。

A. 无僻字者 153 例：丽尔 30 刁斗 54 孚尹 59 厈厔 80 厓呰 81 厌浥 91 㭭㭭 98 乌㭭 98 踦区 101 区雺 101 蝉蟺 104 弟靡 122 什么 140 伶仃 140 令辟 143 彴约 146 仔肩 147 仿佛 158 仿佯 159 家伙 159 伟僙 160 接余 161 偦佒 162 佂伀 162 估衣 163 佔恒 165 佝督 171 伴奂 172 委佗 173 伺候 173 佛仡 173 怡儗 174 佶屈 178 侰佬 178 侏儒 183 奇侅 188 佗傺 188 律魁 189 响俞 190 魁梧 193 伶俐 198 佝促 204 仓兄 205 伥悙 206 倰㬪 206 俱儗 207 伎俩 209 徘徊 211 傲侥 212 倘佯 213 们浑 214 倭迟 216 倭堕 216 俾倪 217 倜傥 219 偶然 219 倥侗 221 倥偬 221 偠绍 225 偪伛 229 傻俅 229 傀偏 230 倸池 240 翛然 241 偈僁 241 寒伧 242 傢伙 244 偻翆 250 侼偬 252 偆俅 252 偉遑 253 焦侥 255 仸侨 259 憔侥 260 憔眇 260 憔沙 260 僧陵 261 倜僙 264 黾

---

① 鸟名"夫不 13"是单纯词，有人认作"联绵词"，但它由拟声造词而来（参看李海霞 2005：204），遵循《现代汉语词典》解释"联绵字"的标准，没有把它列入"联绵词"一类中。

勉 264 侥傲 265 僝僽 265 僮侗 267 僮漫 267 儱儳 270 儖儢 270 儧佷 272 倰
儦 278 儀佯 278 和儺 279 棽儷 280 卬勿 283 匍匐 286 匉訇 287 兜鍪 298 亮
阴 315 屯亶 320 雍渠 320 㳠洌 329 溟泠 330 灌澄 330 尤豫 332 颠冥 335 冥
晦 335 刉利 362 刺促 365 削格 372 剖剈 375 一划 376 劙流 387 剖劂 388 勊
勤 402 勎励 406 振动 409 劷扐 410 牦勤 412 厽矛 418 参差 422 豚耳 436 土
苴 446 坎坷 461 坷垃 461 垃圾 466 解垢 472 埋怨 477 壎箎 481 塯塔 486 埤
垸 488 垰坷 489 塎垣 491 堤封 496 堂埠 498 珊瑚 514 塿垲 514 堆堆 516 圪
垯 521 墨垢 524 坛曼 529 坎壒 530 魄垒 535 郁垒 535 専且 549 弊擞 561 夭
斜 567 契阔 581 散夑 582 夑诉 582 肃爽 588 倰俞 588 奋子 589 兀秃 596 龙
茸 598 㜔尴 602 尴尬 602

　　B. 有僻字者 148 例：𡿨尒 44 屮凵 55 屮凵 58 出迶 65 厓反 85 扁虒 87 厰
崟 89 厰崄 89 黑酥 91 厷诸 92 阿匟 99 圖匩 102 匰匝 102 匲璇 103 黗胜 110
臧颟 132 掩圹 147 份俥 157 仴倘 167 家牲 167 偓儴 177 解你 186 佴儍 191
俌佴 191 侥傋 193 侳傜 194 俍傷 202 㑣儴 208 恈倸 208 傶倡 216 侚倘 216
侗僚 219 位集 221 儢俣 223 便儾 225 仯偂 229 㑶怬 229 偹傮 232 傋傚 238
傑傱 238 偫傝 239 佳傞 239 偈僆 241 傴俟 243 偅佩 244 皮傅 248 㤴偘 252
庶伢 253 儆徛 253 㑟僧 254 锁傪 254 覽傚 254 婉伴 259 傝㢃 260 儰价 264 傪
侃 264 儰偒 264 蛾恒 265 㑛倏（shǔsù）265 㑛倏（dúsù）265 㑛倏（tūsù）
265 僻儁 267 儦僻 267 儣降 268 儑借 270 儌廞 271 僩𠺦 273 儠跰 275 僴僆
276 优侗 277 优倈 277 优偅 277 儹伽 278 儠佟 278 傮偶 278 儠跰 279 倓伢
280 傮匐 287 匊匌 288 匐匌 288 言言 310 戫戜 322 冷泽 325 洛泽 326 浇洗
327 浃渫 327 滓泠 328 渰沍 328 㳶沷 329 滂溏 330 瀏㳅 330 灉㳖 330 冻濃
330 灉凝 332 刮划 365 刺刻 370 骱契 374 剖剧 379 劃剝 386 劤勑 400 劥
（liǎng）劈 406 劥（liáng）劈 406 倰肋 406 劤傾 410 牫牿 414 耖耕 414 劖劈
416 勅勰 416 吉吉 448 垃哩 474 奂夐 478 垺塿 479 絇昫 482 培塿 490 垠壃
497 埭埲 498 塯塌 498 塯塌 498 壹壺 502 堨沟 505 埃壒 514 陲鮏 516 倭坚
516 圪塔 524 塌壃 525 圪坊 526 壏坷 527 坎壒 529 壏垗 531 步塯 536 坎壒
537 险壒 538 块壤 540 阆陾 556 夸夅 570 夑夑 582 尬奂 586 夏实 591 㳻沮
（shuǐruǐ）598 㳻沮（zhuǐruǐ）598 尯憒 599 魺脆 599 尴尴 599 尴尴 600 㞇
㞑 600 㞘尷 601 㞘尷 602 㞖㞑 603

10. 普通三音节词 2 例：大伯子 170 夹肢窝 574

11. 儿化词 2 例：自个儿 215 压根儿 532

第二版《大字典》卷一中所收外加〔〕的复音词如上，11 类，共458 例。仅以《现代汉语词典》解释"联绵字"的例词范围为标准来看，《大字典》修订本里的"联绵词"只能是上录第 9 类。因为前五类很少有人归为"联绵字/词"，并且有的在《大字典·第二版修订说明》中是与"联绵词"平列的，可知字典修订者已经明确把它们排除在"联绵词"之外了；第 6、7 两类虽然都是单纯词，但是它们是叹词、象声词和音译词，都不在《现代汉语词典》解释"联绵字/词"所列范围之内；第 8 类重言也不在《现代汉语词典》所释"联绵字/词"的范围之内。至于第 10、11 两类，所有信守派学者都不把它们看作"联绵字/词"，《大字典》里收了这几个词，大概是因为其中伯、夹、个、压在那4 个词里各有特殊读音。总之，按照《现代汉语词典》认定"联绵字/词"的标准，在上录第二版《大字典》卷一所收外加〔〕的 11 类 458例复音词中，所谓"联绵词"只有上录第 9 类 301 例双音词。为了考察讨论的方便，本书姑且把这第 9 类 301 例双音词看作《大字典》修订者进行专项检查的"联绵词"。不过，读者逐个考察之后，或看过下文的考察讨论之后，就会发现这些"联绵词"至少在构成方式上无异于一般双音词，而不是什么"联绵词—双音单纯词"。

二　第二版《大字典》卷一"联绵词"的考察分析

下面试对上录第 9 类 301 例"联绵词"进行微观和宏观两个角度的考察分析。

（一）微观角度的考察分析

在这 301 例"联绵词"中，两字都无僻字的 A 组 153 例。为了便于交流，同时也为了节省篇幅，现在只列出这一类考察之所见。至于有冷僻字的 B 组 148 例，其合成词所占比例与 A 组差不多，只录词目，以便后面进行宏观考察分析，也便于读者核查或继续研究。

考察结果表明，在第 9 类 A 组 153 例"联绵词"中，至少有 121 例

是合成词，亦即下面加了着重号的词都是合成词①，约占 79.08％。其他
32 例待考。这项考察历时 142 天，一一写出其考察分析情形需要 9 万
多字，只好在它们下面分别加上着重号，读者可以自行检查验证。同时
逐一录出对第二版《大字典》卷一第 1—100 页共 8 例无僻字"联绵词"
如丽尔、刁斗、孚尹、厃屋、厓罸、厌浥、匼匝、乌匼的考察分析，以
见一般。

〔丽爾②〕30：《大字典》释曰："疏朗。《说文・쵏部》：'爾，丽爾，
犹靡丽也。此与爽同意。'"照《说文》的解释来看，"丽爾"是联合式合
成词。因为既然《说文》说"爾"与"爽"同义，《说文・쵏部》释"爽，
明也"，"丽"也有"明"义③，"丽爾"就只能是联合式合成词，而不会
是单纯词。"靡丽"也是联合式合成词。《庄子・天下》："道术将为天下
裂，不侈于后世，不靡于万物。"成玄英疏："靡，丽也。"《汉书・司马相
如传下》："滂濞泱轧，丽以林离。"颜师古注引张揖曰："丽，华靡也。"
"靡丽"指光华明丽，与爽明义的"丽爾"义近，故许慎说"犹靡丽也"。
"靡丽"是联合式合成词，与它意思相近且有同一语素"丽"的"丽爾"，
也只能是联合式合成词。

《大字典》第二版中"丽爾"的释义同第一版，本来没有错，但是第
二版讲它是"联绵词"，则未免画蛇添足，影响读者对它进行全面正确的
理解。④ 后面所见"匼匝"的情况同此，"乌匼"的情况类此。

〔刁斗〕54：《大字典》释曰："古代军中所用的一种有柄的小斗，白
天可供一人烧饭，夜间敲击以巡更。（例略）"单凭《大字典》的解释不容
易弄清"刁斗"的造词理据，也无法断定"刁斗"的内部结构方式，这就

---

① 暂列这 121 例。下余 32 例中还有不少合成词。如照古书注释，"焦侥""僬侥"同"侏
儒"，都该是联合式合成词。但其证据尚嫌单薄，本书暂将它们列入待考类。另外，在这 121 例
合成词中，有些是参考了时贤研究，如"侏儒"见郭万青（2009），"参差"见白平（2002：
178—179），"垃圾"见萧旭（2011：1383—1392），"雍渠"见李海霞（2005：210—211），等等。

② "爾"简化字为"尔"。为了讨论起来直观一些，暂录繁体字。

③ 如《文选注》卷七扬雄《甘泉赋》："云飞扬兮雨滂沛，于胥德兮丽万世。""丽万世"即
明万世，亦即照亮万世。卷二十六谢朓《赠西府同僚》："金波丽鳷鹊，玉绳低建章。"刘良注：
"丽，犹'明'也。"

④ 如果连这类词也没有被看作"联绵词"，《大字典》的"联绵词"是指哪些词呢？既然
《大字典》修订者不便明确标出"联绵词"，又打了"联绵词"的广告，读者就只好权且这么看
了。下同，不再作注。

让当前的一般读者误认为它是"联绵词"了。

"刁斗"一词，古今释者甚多，但是没有哪一家的解释可以证明它是单纯词。在各家的解释中，《汉语大词典》卷 11 第 1394 页"鐎斗"条下所引马衡之说比较可信。它说："马衡《中国金石学概要》第三章五：'鐎斗，温器也。三足有柄，所以煮物……用之于军中者，则谓之刁斗。《广韵》以刁斗释鐎，孟康以鐎器释刁斗……二者之容量皆受一斗，实同物而异名也。'"此言刁斗即鐎斗，是可"受一斗"的鐎/刁。清高翔麟《说文字通》也说："鐎与刁同。"

然而，"鐎""刁"谁在前谁在后呢？答曰："鐎"在前；"刁"在后。《史记·李将军列传》："广行无部伍行陈，就善水草屯，舍止，人人自便，不击刁斗以自卫。"《史记集解》："孟康曰：'以铜作鐎器，受一斗，昼炊饭食，夜击持行，名曰刁斗。'……《埤仓》云：'鐎，温器，有柄斗，似铫无缘。音焦。'"《说文·金部》："鐎，鐎斗也。"那么，"鐎斗"为什么又叫"刁斗"呢？清徐灏《说文解字注笺》于"鐎"字下解释说："《汉书》师古注曰：'鐎音谯郡之谯。温器也。'今本《史记·李将军传》作'刁斗'。《索引》曰：'刁音貂。'此相沿之误。盖缘谯声近雕，而鐎通作刀，遂读刀如雕，俗书因改刀字左笔斜上以别之耳。《史记》各本皆误，惟《汉书》汲古阁本不误。"清王筠《说文句读》对许慎释"鐎，鐎斗也"解释说："言此器一名鐎，一名鐎斗也。且又转音而名刀斗。……按：刀俗作刁。"据此，"鐎"是本字，在前，"刀"是假借字，在后。"刁"是"刀"的俗写字，又在后。鐎/刁斗是容一斗的鐎/刁，"鐎/刁""斗"均含义实在而明确，"刁斗"无疑是个合成词。①

〔孚尹〕59：《大字典》解释说："玉采。《集韵》谆韵：'尹，孚尹，玉采。'《礼记·聘义》：'孚尹旁达，信也。'郑玄注：'孚，读为浮。尹，读如竹箭之筠。浮筠谓玉采色也。'"从郑玄注看，"孚、尹"是"浮、筠"的通假字，所以《集韵》不求本字，释曰"尹，孚尹，玉采"，乃自误误

---

① 从上面的考察讨论看，《大字典》第一版把字头"刁"归刀部，是对的；第二版不知道为什么改归乙部。第二版中"刁斗"释义与第一版完全相同，本来也没有错，但是第二版说它是"联绵词"，就是加蛇足了。另外，主流学者研究"联绵字"大多不求本字，面对一些双音词，只要发现字面义与词义无关，便判归"联绵字/词—双音单纯词"，这就不只是混淆字与词的关系问题了。

人。特别是《集韵》作为语文词典职在通释语义，就更不该这么做。《大字典》同样职在通释语义；而且，它既知道"孚尹"的出处，又看了郑玄的解释，却不知道为什么仍然采用《集韵》不够负责的解释。这个问题，如果多引《礼记》几句，或许看得更清楚一些。《礼记·聘义》："夫昔者，君子比德于玉焉：温润而泽，仁也；缜密以栗，知也；廉而不刿，义也；垂之如队（坠），礼也；叩之其声清越以长，其终诎然，乐也；瑕不掩瑜，瑜不掩瑕，忠也；孚尹旁达，信也。"郑玄注："孚，读为浮，尹，读如竹箭之筠；'浮筠'谓玉采色也。采色旁达，不有隐翳，似信也。"孔颖达疏："孚，浮也；浮者在外之名。尹，读如筠；筠者若竹箭之筠，筠亦润色在外者。"然则"孚尹"所通的"浮筠"本指竹箭外在的光泽，是偏正式合成词；又喻指玉之明美，仍然是偏正式合成词[1]。最终以玉之明美喻人之德信，"孚尹"所通的"浮筠"结构并没有发生变化。《礼记》里用了通假字"孚尹"，记录的还是指竹箭外在的光泽的"浮筠"这个偏正式合成词，这就如同张三换了件衣服还是张三。《大字典》没有注意到这些，而因袭《集韵》释"孚尹"曰"玉采"，且引《礼记》之文及郑玄之注以证之，殊不知郑玄先求本字而得"浮筠"，并随文释义谓"'浮筠'谓玉采色"是对的；《集韵》既不辨通假，又没有足够的同类实例，而释曰"尹，孚尹，玉采"，是不负责任的。《大字典》沿袭《集韵》之误，同样把通假字误作本字看，一旦率以为常，也许所有的汉文古籍都读不通了。然而，为什么会出现这种近似常识性的错误呢？可能还有别的原因，比如在现代联绵字理论的影响下曲解了王念孙的连语不可分训说等。但是，不管是什么原因，解释"孚尹"不先辨通假而求本字，所释很难确保准确。

《大字典》中"孚尹"的释义也和第一版相同。只是第一版错了一层，第二版没有改过，而是趋附现代联绵字理论加了个蛇足，使第一版的错误合法化，让人误以为"孚尹"是两个音节联缀而成的单语素词，"孚"

---

① 近三十多年以来，学者总爱说某词"内部结构方式已经模糊不清"，或者说"两个语素已经圆囵一团，浑然不可分"，就是单纯词了。其实这是站在研究者角度上说话的。这样说很大程度上忽视了学术研究的客观性要求。语言研究必须力避"主观标准"的干扰，严格以研究对象的自身特点为标准。

"尹"二字只记录了两个无义音节，从而不予深究了。后面"厌浥"的情况同此，"厓眥"的情况类此。

另外，宋代又有人为上引文中的"孚尹"作解，较有影响的是卫湜《礼记集说》卷一百六十所引的陆游之说："尹，正也。'孚尹'犹言信正；玉坚贞之德外达，信也。"此说虽可通，但它也证明"孚尹"是合成词，而不是什么"联绵词—双音单纯词"。

〔厈厊〕80：待考。

〔厓眥〕81：《大字典》释曰："即'睚眦'。小怨小忿。"这个解释放在某个具体语境中，作为随文释义也许凑合。但是，作为通释语义的《大字典》，这么解释欠妥。较好的解释是古注中的"怒视""瞋目貌"（详见下文）。具体点说，"睚"是"厓"的后起区别字，"眥/眦"是一对异体字。厓，《集韵》佳韵："宜佳切。《说文》：'山边也。'""睚"亦在《集韵》佳韵，亦音宜佳切，与"厓"同音，释曰："目际。一曰举目。"实际上，指山边的"厓"通过隐喻指目际，是很容易理解的；加"目"于"厓"而成"睚"，专指目际，故"睚"为"厓"之后起区别字①。又，怒视必目际上举，故"举目"乃"睚"之隐喻义"目际"基础上产生的换喻义。眥，《说文·目部》释曰"目睚"，段注："《字林》作'目厓'。"全依《说文》之释，"厓眥"（睚眦/眥）指眼角和眼睚，是类义词连用构成的合成词。综合《说文》《字林》之说，"厓眥"（睚眦/眥）是联合式合成词。这就不难理解了："厓眥"或"睚眦/眥"之所以指"怒视""瞋目貌"，是因为早在造词之初就用了它的换喻义，亦即它是由换喻造词而来的。一般说来，人的心理变化总不免表现在脸上，而眼睛的反映最为明显。如欢笑时，眼睛眯成一条线，眼角下垂；发怒时眼角上举。语言表达者如果单用"悦""怒"类词描述人物的情感变化，就不如运用隐喻或换喻的手法，通过描写人物外貌，特别通过描写人物的眼睛变化来得生动形象。如《战国策·韩策二》："夫贤者以感忿睚眥之意，而亲信穷僻之人，而政独安可嘿然而止乎？"宋鲍彪注："睚眥，怒视也。"这是现有文献中"睚眥/厓眥"

────────────

① 《集韵》卦韵在同一处收了"睚、厓"，同释曰："目际也。一曰'怒视'。""目际"是"厓/睚"的隐喻义，"怒视"则是这隐喻义基础上产生的换喻义。后来这两种含义都由后起字"睚"表示了。

最早的用例。句中"睚眦/厓眥"紧跟"以感忿"之后，使"贤者"因激愤而怒视的形象跃然纸上。但这同时说明"厓眥/睚眦"不是《大字典》之释："小怨小忿。"看来，字典释义不可偏离通释语义的原则，不能满足于看似可通的随文释义。

再看"厓眥/睚眦"在后世的应用情况。由换喻造词而来的"厓眥/睚眦"因有形象生动的表达效果，后世使用较多。如《史记》中凡四见，《汉书》中凡九见，《后汉书》中凡十见，均以讲"怒视""瞋目貌"为常。如《史记·范雎蔡泽列传》："一饭之德必偿，睚眦之怨必报。"《史记索引》："睚眦，谓相瞋而怒目切齿。"《汉书·扬雄传下》："羌戎睚眦，闽越相乱。"颜师古注："睚眦，瞋目貌。"《后汉书·窦宪传》："宪性果急，睚眦之怨莫不报复。"句中"睚眦"，李贤注曰"或谓裂眦瞋目貌"。在这些例子中，注家之释均不离"怒视""瞋目貌"义，都和《大字典》第81页的解释相去甚远，但是他们的解释明显确切一些。

特别值得注意的是，《大字典》第二版第81页释"厓眥"曰"即'睚眦'。小怨小忿"，是名词；第2671页释"睚眦"曰"恨视；怒视"，是动词。然则《大字典》对同一个词的前后解释分歧如此之大：词义不同，词性各异。结合上文的考察讨论，可知其后是而前非。

需要顺便指出，换喻造词和隐喻造词是人类语言中普遍存在的现象。它们是人类语言表达化抽象为具体，追求形象生动，便于理解接受的结果；只提升语词的表达效果，不影响语词的内部结构方式。研究者一旦忽视了这一事实，机械地拿某词的换喻义或隐喻义去对照其构词语素的本义或常用义，发现不能对应时就判它为"联绵词—双音单纯词"，其结论没有不错的。这种现象在主流学者著作中较普遍（参看沈怀兴2013：80—99，247—265），对于"厓眥"，《大字典》第81页不采用古人正确的解释，另作解释而致误，可能有这方面的原因。并且，这种情况在《大字典》中不乏其例，尽管其表现形式不尽相同，所以这里不妨提一提。

〔厌浥〕91：是联合式合成词。《大字典》把"厌浥"判为"联绵字—单纯词"，也是由于没有求"厌"的本字。具体考察见前面第四章。

〔匼匝〕98：《大字典》释曰："匝；周绕。《龙龛手鉴·匚部》：'匼，匼匝。与帀同。'（例略）"第947页"帀"字义项❶："帀匼：也作'匼帀’、'庌帀’。环绕。"《大字典》解释"匰/庌"过于囫囵。从其释义体例看，这是把"匰/庌"作无义音节看的。从其《第二版修订说明》所谓还对"联绵词"等内容"进行专项检查"看，也是把"匰匝/庌匝"作"联绵词—单纯词"看的。其实，"匰/庌""匝"均非无义。《正字通·匚部》："匰，周绕貌。"《中华大字典·广部》："庌，帀也。"根据丁声树先生（1962）的研究，"匰/庌"都是"匋"的别体。《说文·勹部》："匋，帀也。"《帀部》："帀，周也。"匝，同帀。《礼记·檀弓上》："四者皆周。"郑玄注："周，帀也。"陆德明《经典释文·礼记音义》："帀，本又作'匝'，同。"看来，《龙龛手鉴》这里是以同义单音词联用构成的合成词"匰匝"解释"匰"。从上面的简单考证，已经不难看出匰/庌/匋、匝/帀二字同义，"匰匝"是联合式合成词，而不会是单纯词。

　　〔乌匼〕98：匼，《大字典》第98页依据《古今韵会举要》音 ē。不过，丁声树《说"匼"字音》（1962）却考得当音苦合切，即当读 kē，稍长。

　　又，《大字典》解释"乌匼"说："古头巾名。《古今韵会举要·合韵》：'匼，乌匼，巾名。'唐杜甫《七月三日戏呈元二十一曹长》：'晚风爽乌匼，筋力苏摧折。'仇兆鳌注引薛梦符曰：'乌匼，乌巾也。'"仇兆鳌注杜诗引薛梦符之说，释"乌匼"为乌巾，即黑色的帽子，是"实"的解释；《大字典》释"乌匼"曰"古头巾名"，不关其"实"，因而含混不确。试看其他词典的解释。《大辞典》解释说："即乌巾。参见乌巾条②。"又释"乌巾"曰："②黑头巾。隐逸者之服。参见乌角巾条。"又释"乌角巾"曰："隐士戴的帽子。"《汉语大词典》卷7亦释曰："即乌巾。"又释"乌巾"曰："黑头巾。即乌角巾。古代多为隐居不仕者的帽子。"又释"乌角巾"曰："古代葛制黑色有折角的头巾。常为隐士所戴。"浑言之，上引两部语文词典对"乌匼"的解释准确地揭示了乌匼的本质。然而它们问世都比《大字典》第二版早得多，是什么原因让《大字典》没有借鉴它们的观点而准确解释"乌匼"呢？特别是"乌匼"的"乌"，一般人都知道其基本义为"黑"，现行词典中大都这么解释，为什么《大字典》解释"乌匼"而不见"乌"呢？

　　也许有人要问："乌匼"怎么会有《汉语大词典》等所解的意思？难道"匼"有"帽子"义？其实这里面有个换喻造词问题。如上引杜甫诗

"晚风爽乌匼，筋力苏摧折"，宋郭知达所编《九家集注杜诗》卷十二引赵彦材注曰："乌匼，今亦有'匼顶巾'之语。"这里"匼"字单用，义同"匼匝"之"匼"。"乌匼"之"匼"受"乌"修饰而名物化，故"乌匼"由换喻造词而指黑色的帽子。古代隐士戴这种帽子，故上引两部语文词典如是解。

　　还有一种观点，认为"匼"的本字是"帢"。如《正字通·匚部》释"匼"而引杜甫诗"晚风爽乌匼，筋力苏摧折"后说："按：《六书》：乌匼或作帢，音帢。杜诗俗本讹作匼。"照一般字典词典的解释，帢同帢。《汉语大词典》："帢：便帽。"这样的话，"乌匼/乌帢（帢）"即黑色的便帽，其造词理据清清楚楚；隐士所戴，也更容易理解了。

　　上面逐一列出了对《大字典》第1—100页中无冷僻字的8个"联绵词"的考察内容，已考见其中7个合成词，约占87.50％，比A组全部153例"联绵词"中合成词所占比例的79.08％高8.42％。两相参看，可以大致了解《大字典》所收的"联绵词"的实际情况。这里说"大致了解"，是因为"厎厗"等32个双音词限于资料，尚未得出令人满意的结论。但是，即使仅这4/5的合成词，已经足以证明《大字典》所收"联绵词"多是修订者及一般研究者未考其造词理据、不明其语素构成情况的合成词①，而不是正统的信守派学者说的"联绵词—双音单纯词"。至于少数待考的"联绵词"，我们不能凭着一些单薄的证据判它们为合成词；只能继续搜集材料，进行更全面的考察研究，直至得出可靠的结论。同时，也不能拿它们来附和"联绵词—双音单纯词"说或其他臆说，因为它们身份不明，不能出来作证。上面所见《大字典》在对"联绵词"收词释义中反映出的问题当引以为戒。唐代庞蕴居士有一句名言："但愿空诸所有，慎勿实诸所无。"我们研究者如果能以这种精神对待眼下不明其语素构成情况的双音词，而不是仅从现代联绵字理论出发轻率地判它们为"联绵词—双音单纯词"，则联绵字研究绝不会像现在这样成了汉语研究的至难，汉语双音词研究也一定会大有改观。

―――――――――

　　①　有些被误判为"联绵词—双音单纯词"的合成词，修订者可能知道它们的语素构成情况，但受联绵字语素融合说之类理论的影响而误判。具体原因只有修订者自己清楚，无法说得很具体。

第二版《大字典》卷一所收的"联绵词"中约 4/5 是合成词。它们虽然被认定为"联绵词—双音单纯词",但就其内部结构关系看,它们其实无异于一般双音词。它们最大的不同是有的在书面上用了通假字、后起专用字或讹字,有的是隐喻造词或换喻造词而来,有的用了词的隐喻义或换喻义,等等①。诸多原因造成的同一结果是给今天的研究者认识它们造成了一定的困难。但是,它们不是部分研究者想象中的"联绵词—双音单纯词"。如果一定要判这类词为"联绵词",不仅会给汉语词汇训诂研究造成严重的负面影响,而且有损于字典词典的"联绵词"解释的准确性,如其对"孚尹""厌浥"的解释就是这方面比较典型的例子。"厓皆""乌匜"等词,则是由于现代联绵字理论的干扰,妨碍了字典编纂者和研究者进一步求真。

其实,《大字典》收释的"联绵词"中约 4/5 是合成词的情况不是它自己特有的现象(参看前面第三章各节和本章第二节)。主要是因为数十年以来现代联绵字理论盛行,人们习惯从观念出发做研究,甚至不能不从现代联绵字观念出发做研究。如《汉语大词典》释"联绵字"曰:"旧称由两个音节联缀而成的单纯词。包括:双声的,如'仿佛'、'伶俐';叠韵的,如'阑干'、'逍遥';非双声非叠韵的,如'玛瑙'等。"其"旧称由两个音节联缀而成的单纯词"之释是进入 20 世纪 80 年代以来比较流行的说法,所举 5 个例词都是从《现代汉语词典》解释"联绵字"抄来的,但是它们都是合成词(详见前面第三章第一节)。这表明,两部权威词典没能为它们要证明的观点"联绵字—双音单纯词"说举出一个可靠的例词。而从《汉语大词典》角度说,则是不能不从观念出发解释"联绵字",因为认定联绵字是由两个音节联缀而成的单纯词的观点早已成了"定论",《汉语大词典》解释"联绵字"必须坚持通释语义的原则,没有理由另行一套。因此,本节前面本着《现代汉语词典》解释"联绵字"所划定的范围判定《大字典》中收释的"联绵词",主要是想预先设置一个主流派学

---

① 其他常见的还有字形变化因素,如隶变、草书楷化、音变字易、俗字夺正等,一旦字理改变,则有可能影响部分研究者对某些双音词造词理据的理解,以致相关的合成词被误判为"联绵词—双音单纯词"。这就要求研究者先求本字。有些疑难词,只要求得本字,其疑难也就迎刃而解了。

者能够认可的平台，以便顺利地讨论问题罢了，倒不是已经承认了《现代汉语词典》对"联绵字"的解释。在各类辞书中，第一个宣传"联绵字——双音单纯词"说的是《现代汉语词典》。但它至今例词与观点相左，正是由于它解释"联绵字"脱离了汉语实际（详见第三章第一节）。

（二）宏观角度的考察分析

如果"联绵词"是一种语言现象，不管多么特殊，在语言中的分布都会是比较均匀的。例如，双音词是汉语里一种语言现象，它在语言中的分布就比较均匀。试看《现代汉语词典》第 5 版前 600 页中双音词的分布情况①。其第 1—100 页有 2229 个（包括异体词，但不包括儿化双音词，如挨个儿、棒儿香之类不包括在内。下同），第 101—200 页有 2478 个，第 201—300 页有 2285 个，第 301—400 页有 2228 个，第 401—500 页有 2221 个，第 501—600 页有 2223 个。在这 6 个百页段中，最多的百页段只比最少的百页段多 10.37%。可见现代汉语中双音词的分布是比较均匀的。特别值得注意的是，除了第二个百页段之外，其他都是 2200 多个双音词，相差不到 3%。双音词分布如此均匀，可以说它是现代汉语里一种语言现象。

然而，如果说"联绵词"也是一种语言现象，《大字典》中的"联绵词"分布也应该比较均匀才是。否则，就需要说明原因。如果其"联绵词"在语言中分布很不均匀，又说不出个所以然来，读者就有理由怀疑其"联绵词"是字典修订者或研究者未进行深入考察，不明其内部结构关系，而从脱离汉语实际的现代联绵字观念出发所见到的；或者虽明其内部结构关系，但为联绵字语素融合说等理论所左右，于是附和流行的现代联绵字理论而误判合成词为"联绵词——双音单纯词"了。否则，不仅其所见"联绵词"分布极不均匀的现象与上面微观考察分析之所见都无法作出合理的解释，同时那些不符合"三存"条件（详见《大字典·凡例 19》）而收入《大字典》的例子也不好解释。

有人说：《大字典》是字典，《现代汉语词典》是词典，无法比较。其实不然。第一，人称汉字是语素文字。既然"联绵词"是双音单纯词，其

---

① 本节初成于 2006 年冬，《现代汉语词典》第 5 版就是当时的最新版本。其实，不管用它的哪个版本，从事这项考察都会得出同样的结果。

单字不表义，而且《大字典》解释"联绵词"时也多在其首字下立词目〔AB〕，然后又在第二个字下说"见 A"，如果"联绵词"真的是一种语言现象，在收录单字 60370 个的《大字典》第二版中不仅不会遗漏，而且分布一定比较均匀。第二，可以考察所有词典，看"联绵词—双音单纯词"在哪部词典中分布是均匀的，让事实说话才有利于解决问题。

不过，还有两部词典"联绵字/词"看似例外。一部是符定一的《联绵字典》。但它其实是一部古汉语双音词词典，因为正如本章前面第一节考见的那样，符书中合成词占 97％ 以上，而且符定一没有现代联绵字观念，不知道"联绵字—双音单纯词"是什么意思。另一部是高文达主编的《新编联绵词典》（河南人民出版社，2001）。高氏信奉现代联绵字理论，自觉遵循现代联绵字理论编写词典，却不料整部词典中所收五千多条"联绵词"，无一条超出复合词、重叠词、拟声词（包括拟声而来的词）、叹词、音译词和切脚词六类词的范围，亦即一个用特殊的构词法构成的"联绵词"也没有。《新编联绵词典》大体上是一部收有多种书写形式的双音词典（详见后面第四节），也有部分词只有一种书写形式，如刚刚、好好、缓缓、傲岸、海棠、和尚等。因此，上述两部词典都只能证明汉语中双音词分布均匀。另外，如果真的像一些学者说的那样，"联绵字/词是汉语里一种特有的语言现象"，那么包括《现代汉语词典》在内，多数字典词典《凡例》中没有"联绵字"或"联绵词"字样，其正文中更没有明确为其"联绵字"或"联绵词"作出标记，这又是为什么呢？[①] 一边是一般字典词典中没有给"联绵字"或"联绵词"做标记，一边是《联绵字典》《联绵字谱》《新编联绵词典》《王力古汉语字典》等书中所收的自名其"联绵字"者都不是正统的信守派学人说的"联绵字—双音单纯词"，一边又是主流派学者力挺"联绵字—双音单纯词"说，这到底是怎么回事呢？看来，联绵字问题研究领域里可疑之处太多了。

现在来看第二版《大字典》卷一中 301 例"联绵词"的分布情况。第

---

① 有人问：既然"'联绵词'无异于一般双音词"，其"联绵词"分布怎么如此不均匀？原因在于不同的修订者对现代联绵字理论认识不同以及专业功夫不同所致。不迷信现代联绵字理论的修订者，或者专业功夫深一些并且肯下功夫的修订者，眼中"联绵词"必少，甚至没有；反之必多（详见本节下文）。

1—100 页有 19 例，第 101—200 页有 48 例，是第一个百页段的 253％，
第 201—300 页有 107 例，第 301—400 页有 36 例，第 401—500 页有 39 例，
第 501—600 页有 47 例，第 601—606 页有 5 例。第三个百页段是第一个百
页段的 563％，是第二个百页段的 223％，是第四个百页段的 297％，是第
五个百页段的 274％，是第六个百页段的 228％。为什么相同的篇幅，而
"联绵词"分布如此不均匀？联系上一节所见《王力古汉语字典》中"联绵
字"的分布情况，则可以肯定地说，这不会是语言本身的问题。[①]

不错，第四个百页段和第五个百页段的"联绵词"数量差不多，第二
个百页段和第六个百页段"联绵词"数量差不多。但是，如果再深入考
察，就会发现这两个"差不多"仍不能证明"联绵词"在语言中分布是均
匀的。就以第四个百页段为例吧。这部分收了 8 个部首的字，还收了力部
25 字和"劼勑$_{400}$"。在这 8 个部首中，匕部、几部、凵部和卩部都没有"联
绵词"。下余 4 个部首中，宀部 122 字，5 个"联绵词"；冖部 58 字，3 个
"联绵词"；氵部 136 字，竟有 15 个"联绵词"；刀部 541 字，只有 12 个
"联绵词"。"联绵词"分布如此不均匀，到底为什么？与此相应的，有的地
方二三十页不见一个"联绵词"，有的一页之内就有好几个"联绵词"（如
第 265 页和第 330 页都分别有 6 个"联绵词"），这又是为什么呢？[②]

特别是匚部 126 字，"联绵词"9 个，平均 14 字就有一个"联绵词"；
氵部 136 字，"联绵词"15 个，平均约 9 字就有一个"联绵词"；而一部 247
字，只一个"联绵词"——丽尔$_{30}$；又部 186 字，只有一个"联绵词"——
豚耳$_{436}$。还有一些部首下收字不少，但均未见"联绵词"。如十部 107 字，
冂部 81 字，等等，就都没有"联绵词"。这究竟又是什么原因造成的？

其实，造成上述种种重大差别的原因虽然是多方面的。但是，毫无疑
问，其主要原因在人。不过，在人，却不是一个简单的"随意性"可以解

---

① 上述差别，是否与其"三存"原则有关？并非尽然。第一，《大字典》所收复音词中不合
"三存"条件者占大多数。第二，其"三存"说不能解释第一个百页段 19 例"联绵词"，第二个百
页段 48 例"联绵词"，第三个百页段 107 例"联绵词"的巨大差别。第三，如果只为了"三存"，
则无须提"联绵词"，只用"复音词"就可以了。

② 十部字中有四个外加 ◯ 的双音词，即水名"卑水 72"、音译词"南无 75"、重叠词"甘
甘 75"、拟声词"崒拿 76"；冂部字中有两个外加 ◯ 的双音词，即重叠词"冉冉 113"、汉邑名
"邯沟 116"。但照《现代汉语词典》给"联绵字/词"划定的范围，它们都不在"联绵字/词"的范
围之内。

释的，因为不管现代联绵字理论给字典编写者及修订者提供了多少"方便"，字典编写及修订工作的随意性都是相对的。例如在现代联绵字理论流行的时代，一位字典修订者①如果相信"联绵字—双音单纯词"说，对某些双音词的处理确有一定的自由度；但即使这样，也还在一定程度上受到字典学术要求的制约及其自身专业功夫、工作态度等方面的影响。如果一位字典修订者不相信"联绵字—双音单纯词"说，涉及某些双音词就会进行深入考察，因为字典编纂工作要求他必须作出令一般人信服的解释。因此，上述种种差别与修订者是否遵循现代联绵字理论工作有密切关系。比如一个显而易见的事实是，《大字典》出自众人之手，受现代联绵字理论影响较重者所见"联绵词"必多，反之则少；而不受现代联绵字理论束缚者眼中则无"联绵词"，只是具体工作中多下一些考察分析的功夫就是了。惟其如此，各段所见"联绵词"数量差别很大的现象才能得到合理的解释，各部首字内"联绵词"或有或无、有"联绵词"者比率悬殊的现象也才容易理解。如其匚部字、冫部字中"联绵词"所占比例最高，如果换一部字或又部字的修订者来做这两个部首字的编写工作，一定不会有那么多的"联绵词"。如果换上十部字或冂部字的修订者，或许一个"联绵词"也看不到。因为他们会发现被判为"联绵词"的并非双音单纯词（参看许惟贤 1988；白平 2002：172—208）。这样的学者参加《大字典》的编写及修订，负责某部首各字的解释，则可能没有"联绵词—双音单纯词"。某百页段内这样的修订者多，其"联绵词"就少；反之则多。这样，出现各百页段"联绵词"数量差别巨大的现象就不难理解了。这一点，与上一节考察《王力古汉语字典》中"联绵字"分布不均的情况是一致的②，可与上一节互参。

　　此外，即使同受现代联绵字理论的束缚，语文专业功夫更深一些和工作态度更严谨一些的修订者，其所见"联绵词"必少；反之必多。这也是

---

　　① 经过一一对照，发现《大字典》第二版的"联绵词"与其第一版中相对应的双音词之释多相同。这里只提修订者，是因为《大字典》到了第二版才说"联绵词"。第一版只称"复词"，不称"联绵词"。下同。

　　② 在《王力古汉语字典》中，所收象声词、叹词、音译词也标上了"双声联绵字""叠韵联绵字"之类，《大字典》所收的"联绵词"没有特意标出，统计时依据《现代汉语词典》的收词范围没有把这几类词算在内，这是"联绵字/词"认定标准的差异。

造成《大字典》中"联绵词"分布不均的重要原因。不这样理解，冫部136字有15个"联绵词"和一部247字、又部186字都只有一个"联绵词"的巨大差别就很难做作出令人信服的解释。

那么，怎样解释一部字和又部字都只有一个"联绵词"？需要这两个部首字的编写者及修订者更加努力，直至不再误判一个合成词为"联绵词—双音单纯词"。一部字中"丽爾（尔）"是联合式合成词，上文已经考察过了。现在来看又部字唯一的"联绵词"——豚耳。简单地说，如果《大字典》的修订者看过《广雅疏证·释草》"……马荙也"条下王念孙的解释之后，进一步认识到"豚耳"乃隐喻造词而来，就会准确地判它为偏正式合成词，而不再收这唯一的"联绵词"了①。看来，收有247字的一部和186字的又部中本来并没有"联绵词"。

然而，其他部首里为什么有"联绵词"，并且像冫部136字里面就有15个"联绵词"？如果不从人的方面找原因，无论如何也没有办法对这个问题作出合理的解释。并且，读者通过求本字考语源的方法，一一考过冫部字的15个"联绵词"，就知道多数"联绵词"的问题出在哪里了。剩下的几个"联绵词"，考过它在历史上的使用情况，了解了它义变的原因，也不成问题了。即使由于资料限制，个别"联绵词"暂时解决不了，也会留待以后考察解决。换一个角度讲，包括《大字典》冫部字的15个"联绵词"在内，不管学者著作中认定了多少个"联绵词—双音单纯词"，只要读者考见其中有被误判的合成词，就可以断定著书人还没有正确辨认"联绵词"语素构成情况的方法和能力，并且可以断定他们的"联绵词"不过受"联绵字—双音单纯词"说之左右而误举一些不明其语素构成情况的双音词以附和流行的现代联绵字观念而已。否则，他们的著作里就不会有被误判为"联绵词"的合成词。因此，关键是从现代联绵字理论的迷信中解放出来，知道任何一种有效的构词法都是人类认知思维规律在语言中的印迹，人类的任何认知思维规律都不可能仅限于对个别事物认知—思考—表述，所以任何构词法都不会只造出个别的"联绵词"。

如果受现代联绵字理论束缚较重，仍然不敢承认"皇帝的新装"本属

---

① 也许有人怀疑收"豚耳"是为了存"豰"之形。那样的话，其词目就该是"豰耳"，而不会是"豚耳"。并且那也只能证明"豰耳"是偏正式合成词。

子虚乌有，仍然不敢对盛行数十年的现代联绵字理论说"不"，自己不妨做个实验：不用现有的拟声法、复合法、重叠法、派生法、音译法、切音法等构词法，而任意联缀两个双声音节或叠韵音节创造一些"联绵词"，看看它们分别是什么意思，再看看能不能推广出去，也就会悟出问题出在哪里了。如果仍不奏效，自己给它们规定个意思，用于交际，看看有没有人理解和接受，也就会消除困惑，义无反顾地跳出现代联绵字理论之陷阱了。

至此，人们大概不会怀疑造成《大字典》中"联绵词"分布极不均匀的主要原因在人，在字典不同的编写者及修订者对现代联绵字理论的认识态度和执行情况不同，而不在语言了。至此，与前文微观考察之所见对照一下，同时比较上一节考察《王力古汉语字典》所收"联绵字"之所见，其原因主要在不同的编写者及修订者对现代联绵字理论的认识态度和执行情况不同而不在语言的结论也许就没有人怀疑了。然而，一种理论指导不同的人实践，而结果大不相同，这只能证明这种理论很可能来自向壁虚造；其之所以广泛流行，只因为三人成虎，说到底是跟风效应起了关键作用。

如果上面的表述仍有限于理论推断之嫌，那么只要把考察的范围再扩大一些，便可以更清楚地看到"联绵词"无异于一般双音词，以及造成《大字典》中"联绵词"分布极不均匀的主要原因在人而不在语言了。例如信守"联绵字—双音单纯词"说者多爱想象汉语古有一种特殊的构词法（参看王力 1958：45—47；参看任学良 1981：246—257；参看徐朝华 2003：272—277；等等）。但是，从魏建功（1926）有类似的揣测算起，学者们为此积极探索了八九十年，却至今没有人寻得服人的证据（参看沈怀兴 2004a，2007a、b、d，2008b、c，2009a、b，2010a、c，2011b、d，2013b）。至于他们所列举的例词，则多是论者不明其内部结构方式的双音词。这类事实，白平（2002：172—208）多有发现，笔者考辨更多，而且前面第三章各节中有集中考辨，本章第二节也有随机考辨，均可参看。因此，就已有的研究结果看，不管从哪个角度说，"联绵字—双音单纯词"说及相关理论均系臆造或拼凑，其所指实际上并不存在。从这个角度看，《大字典》中"联绵词"分布极不均匀的原因也只在人，只在字典编写者及修订者对现代联绵字理论的理解与执行不同，在编写者及修订者的专业功夫参差不齐、工作态度不够一致。

至于部分学者习惯上把不可分训的双音词判为"联绵字/词—双音单纯词",也只是概念不清造成的误会。因为一个复音词是否单纯词是结构问题,属于语言本体研究范畴;能否分训是理解问题,属于语文应用研究范畴,二者不能混为一谈。单纯词固然不可分训,但历史上很少有人对双音节拟声词、叹词、音译词等没有争议的单纯词分开来解释。如果坚持把不可分训的双音词判为"联绵字—双音单纯词",遇有更多音节而不可分训的语词就不好办了。如 2008 年以后曾经流行的新词红薯党(俗称"托儿"。被商家雇来冒充顾客激发大众购买欲望的人)、开领工人(自由职业者)、马一王十(指极有钱极吝啬的生意人)、经济适用男(有些姑娘寻求的爱情专一、无不良嗜好而且月薪较高的对象),等等,谁都不会说它们是单纯词,但它们都不可分训,因为它们的含义都不是各构成成分之含义的简单相加之和。看来,在这方面"联绵字/词"跟一般复音词也没有什么不同。只是标记某些双音词的字有的用了通假字,论者不求本字探语源而不明其语素构成情况,却从现代联绵字理论出发误判它们为"联绵字/词—双音单纯词"了。他们不知道,如果用了通假字而不求本字的话,即使三音节或三音节以上的词也不可分训(如上举新词"红薯党"①)。有时,研究者不知道某双音词是由隐喻或换喻手法创造的,而从现代联绵字理论出发,看到它不能分开来解释就误判它为"联绵字/词—双音单纯词",不知道更多音节的复音词只要是用隐喻或换喻手法创造的也不可分训(如上举新词"经济适用男""马一王十")。有时,研究者不知道某双音词本义隐而比喻义行,见不可分训就误判它为"联绵字/词—双音单纯词",却不知道更多音节的语词只要用了比喻义也不可分训。如 2008 年10 月底以后的一年多里,大学生中间悄然流行的"看星星",如果有人按照其字面意思理解就闹笑话儿了。还有其他一些情况,如字形变化、音变字易,等等,都可能让部分学者感性地看到某些双音词"不可分训",从而误判它们为"联绵字—双音单纯词"。总之,部分信守派学者通常的做

---

　①　2008 年 9 月 18 日与次年 4 月 18 日,厦门"红树康桥"楼盘两次开盘,有同一个人制造抢购效应,被疑为房托儿,网友因"红树康桥"(树→薯)而戏称他为"红薯大叔"。后又把各种托儿称"红薯党"。

法是发现某双音词字面义不能反映词义，就认为不可分训，就判为"联绵字/词—双音单纯词"，而不知道复音词不可分训的原因有很多，实际上他们眼中的"联绵字/词"至少在结构上与一般复音词没有什么不同。

上述事实都是宏观角度的一般性比较与探讨，同样证明"联绵字/词"无异于一般双音词。至此，再联系第三章各节和本章第二节的考察讨论以及本节前面的微观考察与分析之所见，"联绵词"实际上无异于一般双音词的结论就很值得汉语词汇研究者参考了。对于第二版《大字典》来说，要纠正上述偏误其实并不困难，只要把其"联绵词"重新改为"复词"，亦即通常所谓"复音词"，同时对第一版存在的错误进行具体研究，及时纠正过来（而不是给它贴上个"联绵词"标签，把原有的错误"合法化"在那儿），把修订本中因为受现代联绵字理论误导而出现的错误也纠正过来，同时再将相关的表述进行适当的调整，也就差不多了。关键是独立思考，牢牢记住跟风现代联绵字理论的教训，力避从理论观念出发下结论①。

上面以第二版《大字典》卷一为例，考察了一般双音词被误判为"联绵词—双音单纯词"的情形，从一个侧面反映了三四十年以来"联绵字—双音词"问题研究的现状。这不是《大字典》修订本一家的事情。没有近三十多年现代联绵字理论大流行，《大字典》修订本就不会出现上述问题。

本来是一般双音词，由于研究者为现代联绵字理论所左右，而误判为"联绵字/词—双音单纯词"，并且这样的工作一做就是几十年，早已形成了一系列根深蒂固的理论观念，长期主导着汉语双音词研究，于是汉语双音词研究越来越向科学的反面滑落了。

（三）结论

上面微观和宏观两个角度的考察与分析，不仅使我们看到第二版《大字典》所收"联绵词"无异于一般双音词，而且还看到那些一般的双音词被误判为"联绵词—双音单纯词"的主要原因在人们趋从现代联绵字理论

---

①　这首先需要打破"基本原理"说之迷信。例如，由于应试教育不注意提倡独立思考和其他一些原因，人们大多从小就养成了一种过分迷信"基本原理"的习惯，甚至某些杂志社也要求稿件外审专家审核文稿中论述是否符合基本原理，致令审稿人很纠结，因为审稿者年轻时虽曾迷信什么语言学基本原理，但老来却不知道现代语言学中哪条"基本原理"还靠得住。

处理语言材料，解释其研究对象。第二版《大字典》中的"联绵词"问题不是一种孤立的现象，它从一个侧面折射出联绵字研究的现状，同时也在一定程度上折射出现代语言学思想方法关照下的汉语研究现状。

三 几点启示

从上面的考察讨论中可以得到以下几点启示。

1. 从前文对孚尹、厓眥、厌浥、乌匼等词的考察情况看，字典修订者趋从现代联绵字理论而误判某些双音词为"联绵词—双音单纯词"，往往会影响词义训释的准确性。结合本章第二节的考察讨论，可以说，由于现代联绵字理论的误导，特别是其核心理论"联绵字—双音单纯词"说的误导，新修语文字典对部分双音词的解释靠不住。这不仅是今后字典词典编辑工作需要注意的，也是广大读者应该注意的。

2. 要正确地判断"联绵词—双音词"的语素构成情况，必须坚持历史主义，求本字而探语源。一些双音节合成词之所以被误判为"联绵词—双音单纯词"，往往是由于研究者没有求本字，而且没有注意到前人已有的研究成果。他们习惯从现代联绵字理论出发下结论，只要看不出标记某双音词的字与自己熟悉的词义有什么联系，就判为"联绵词—双音单纯词"。如果不是趋从现代联绵字理论做研究，而是在研究过程中善于求本字而探语源，同时注意参考前人的研究成果，一般情况下问题并不难解决。如"刁斗"的"刁"、"孚尹"以及"厌浥"的"厌"，只要分别求得本字"镰""浮筠""渒"，就可以正确判断"刁斗""孚尹""厌浥"的语素构成情况，而不会误判它们为"联绵词—双音单纯词"了。

3. 有些双音词不能拆开来解释是由于它是由换喻造词或隐喻造词而来，有时则是用了词的隐喻义或换喻义（参看前文对"厓眥""孚尹/浮筠"的考察分析）。对此，研究者也必须坚持历史主义，从源头上抓起，顺流而下，才可能正确地解决问题。

4.《大字典》之所以把某些合成词误判为"联绵词—双音单纯词"，主要原因是趋从现代联绵字理论。这说明语言研究不能只从理论观念出发，而必须从可靠的材料出发，让可靠的证据说话。实际上，任何理论观念充其量都不过是一种工具。既可能给科学研究带来方便，也可能使结论违背事实。在中国现代语言学史上，这样的教训实在太多了。所以在使用一种理论工具时，必须弄清楚该理论产生的历史背景，看它是由谁在什么动机下提出的，用哪些语言材料支撑这一理论的，这些语言材料是怎么产生的，到底能不能支撑他的理论观点，等等；该理论的创造者后来有没有更换论据，为什么要更换，等等。还有，他这个理论对后世有怎样的影响，是在什么背景下产生影响的，受影响的人有没有补充新论据，那些新论据是否靠得住，不同的追随者之间有没有矛盾，是什么性质的矛盾，等等。《史记·伯夷列传》曰："夫学者载籍极博，犹考信于六艺。"中国的学问之所以博大精深，素以实用著称，而且历久弥新，数千年来靠的就是这种不轻信、不盲从的独立思考精神，就是这种考镜源流、实事求是、永不满足的优良传统。今天要实现中国语言学的健康发展，仍然要继承和发扬这种优良传统。

5. 微观的探讨分析与宏观的考察比较相结合，有利于澄清现代联绵字理论问题。这里面其实给了我们方法论的启示，或许具有广泛意义。

《大字典》误判一般双音词为"联绵词"之事反映了数十年以来人们研究双音词而趋从现代联绵字理论的情况。这个例子很能让人反思数十年以来的双音词研究。如果反思得彻底，不仅可以提高词义训释的准确性，直接服务于语文教学和字典词典编纂，而且还可以肃清汉语学某些分支学科研究中所受现代联绵字理论的影响，从而促进汉语学健康发展。

第四节　现代联绵字理论左右下的《新编联绵词典》

2001 年底第一次听到图书馆有新进的《新编联绵词典》（河南人民出版社，2001。以下非特殊需要时简称《新编》）时，略感新奇，就去借了看，发现它不如半个多世纪以前问世的朱起凤《辞通》有用，就没有继续看。现在找来看，是因为它对考察讨论现代联绵字理论问题有些价值，是现代联绵字理论贻误词典编纂的重要证据之一，绝没有批评它的意思。

并且，即使这些年发表了那么多讨论现代联绵字理论问题的文章，为了让事实说话，差不多否定了所有遵循现代联绵字理论做研究的代表性著作，但从来没有针对哪一家，没有跟任何一位信守派学者商榷的意思。本研究针对的主要是影响汉语学健康发展、影响国内人才培养、误导语文辞书错释"联绵字"的现代联绵字理论，所以绝不会针对一篇/本附和现代联绵字理论的著作。相反的，笔者认为包括《新编》在内的信守派著作都有其特殊意义。也就是说，对它们进行考察分析，可以从一个侧面看清楚现代联绵字理论脱离汉语实际的本质，看到它在实践中如何行不通，看到它在各领域造成了哪些危害，是怎样造成危害的，从而尽快摆脱现代联绵字理论的束缚，做点有积极意义的工作。下面来看《新编》。

一　书名游移不定是受现代联绵字理论左右的结果

《新编》一部词典，三个名称，即封面上是"新编联绵词典"，《序言》里是"《新编汉语联绵词典》"，《后记》里是"《汉语联绵词典》"。书名上出现这种游移不定的现象是很少见的。表面上看，这像是编写者不同时期的思考，疏忽了检查，末了未予统一。果真如此，那倒不是多大的问题。只要有名副其实的客观存在摆在那里，最后选出一个较能体现其内容特点的名字来就好了。但这在《新编》却不是从现有三个名称中选出一个就可以了，因为这里面可能反映了词典主编的一些思想顾虑。比如说，最初词典名字可能是《后记》里的"《汉语联绵词典》"，到请名家写序时处于种种考虑而加上"新编"二字，希望作序者能够朝好处理解该词典的性质特点；序作者作为积极追随和大力提倡现代联绵字理论者，看到"新编"就拉朱起凤的《辞通》和符定一的《联绵字典》来给《新编》垫个底儿，以后出转精之论全人之美（详见后文）。待到词典编写者看到序文：既然名家说《辞通》《联绵字典》就是"现代联绵词"词典，那么就保留"新编"而去"汉语"，从而有了"新编联绵词典"这个名字。但是，用盛行已久的"联绵字/词—双音单纯词"说标一标《新编》内容，里面收的并不是"纯正"的"联绵词"，未免底气不足，便仍旧保留了《后记》里的"《汉语联绵词典》"。在局外人看来，这些思想顾虑正是《新编》主编所贯彻的以"联绵字—双音单纯词"说为核心理论的现代联绵字理论缺乏可靠的语言基础造成的。任何一个对现代联绵字理论缺乏深入研究的人，都可能觉得它"科学而独到"，而且简明易从，却不料它是明净的浅水下的泥潭，没有坚实的基础，一旦陷进去就难出来了，此之谓"泥潭效应"①。并且，还有一种常见的现象，就是陷进去的人有时不免产生这样那样的困惑情绪，却往往想不到造成困惑的根源在他们所遵循的现代联绵字理论（参看沈怀兴 2007a、b，2009a，2010c，2013b）。他们常常在想方设法解除困惑的过程中创造出一些新理论。不同理论交集，则免不了产生一些不可调和的矛盾。汉语双音词研究长期处于混乱状态，无疑这是一个重要原因。

现在对这部"联绵词典"的三个名称作进一步的考察比较，探讨其相关问题。

首先，该词典前两个名称里都有"新编"，大概是对"旧编"说的。《新编联绵词典·序言》第一句就是"现代联绵词的著作有朱起凤先生的《辞通》和符定一先生的《联绵字典》两部"，可为之证。但是，这么一来，却可能让一些了解中国语文学史的人大惑不解。朱起凤的《辞通》大致是方以智的《通雅·释诂·诔语》的扩大版，是一部古汉语双音词词典。书中类聚一个双音词的不同写法，把音同音近通假、义同通用、形近而讹的双音词"变体"放在一起，比较常见的一种写法放在前面做正条，辅以较多的书证，接下来是副条及书证，最后加按语进行辨析和说明。其"因声求义"的主导思想与现代联绵字理论支配下的"联绵词典"编纂思想没有本质上的联系，连助其父编纂《辞通》的吴文祺也说《辞通》是"搜罗古籍中的通假词和词组"的一部书（参看吴文祺 1982）。然而何以证明《辞通》是一部"现代联绵词"词典？就语词结构情况看，《辞通》所收词的 91％以上是合成词（参看沈怀兴 2007a），也绝不是旨在收"联绵词—双音单纯词"的书，尽管旨在收"联绵词—双音单纯词"的书里也没有收到用一种特殊的构词法构成的"联绵词"（参看下文）。至于符定一的《联绵字典》，其实也是一部古汉语双音词典。所不同的是合成词及词

---

① 五十多年前，笔者老家一带流传着一个故事。某人去赶圪墩儿集卖西瓜，回来时路过毛河边（按：沭河在临沂市河东区的一段，当地人叫"毛河"），天色还早，就到河岸的一棵大树下乘凉。不一会儿看到一只乌龟从河里爬上岸来，跃身前去捉乌龟，乌龟又朝回爬，他紧追不舍，不料陷进深不知底的泥潭，稀泥没过了头顶，那个人再也没上得岸来。据说那泥潭上面原有不到一尺深的清水。这里的"泥潭效应"借用了这个故事，表明只要人们陷入了现代联绵字理论这个大泥潭，就很难返身上岸。看他们的著作，越是卖力有问题越多。这一点，看过前面第三章第一节和本章第二节者或许没有多大疑义吧。

组更多一些，占 97％以上（参看本章第一节）。《新编》的"新"，主要新在它试图贯彻现代联绵字理论。之前只有《王力古汉语字典》试图贯彻现代联绵字理论，但也许因为是字典，只收了 1526 例"联绵字"，也都不是用特殊的构词法构成的"联绵字"（详见本章第二节）。《新编》整部词典都收"联绵词"，而且方法不同于《王力古汉语字典》，如果能够实现这一愿望，当然称得上"新"，因而其《凡例·收词范围》第 2 条说："本词典所收联绵词基本上以双音节单纯词为限。"至于未能真正照此做去，未能贯彻现代联绵字理论，原因在脱离汉语实际的现代联绵字理论，就连《现代汉语词典》《汉语大词典》谨遵现代联绵字理论解释"联绵字"也没有举出一个当其说的例子（详见第三章第一节）。《新编》的失败是早已注定了的。学术研究允许出错，关键是要找到出错的原因，今后做研究必须坚持独立思考，严格从事实出发，力避从理论观念出发，杜绝盲目跟风。

　　其次，这部词典的后两个名称里都有"汉语"二字，大概是意在强调"联绵词"是汉语里特有的一种语言现象。因为信守派学者多认定"联绵字/词"是汉语里特有的一种语言现象，所以编词典要反映主流观点，必须标上"汉语"二字。然而词典封面上却是"新编联绵词典"，没有"汉语"二字，又是怎么回事呢？原因也许是这样的：既然"联绵词"是汉语里特有的一种语言现象，不提"汉语"人家也知道，倒不如简洁一点，于是省去了"汉语"二字。也可能像名家《序言》中所说，既然《辞通》《联绵字典》也是"现代联绵词"词典，就干脆省掉"汉语"二字好了，何况《新编》中所收的双音词并非纯正的"联绵词"呢①。

　　然而，书名的命定不是一种孤立的现象，只是信守现代联绵字理论者对自己的困惑各有不同的解决方法，尽管从现代联绵字理论出发所想到的解决方法是靠不住的。仅就《新编》而言，其名称的游移不定则在一定程度上凝聚着整部词典从构思到收词、分析整理、撰写作解、通稿、修改、审定，直到出版之前的一些理论性思考及其得失之取舍。从这个意义上讲，《新编》的命名过程也就是词典编纂者为现代联绵字理论所折磨的具

---

　　① 这一点，只是就事实说的。词典编写者是否已经知道这一事实，尚不得而知。照理说，他们也许不知道，但至少应该清楚词典中收的主要是自己没有认真考察其身份的词，同时困惑伴随词典编写全过程。

体反映。

特别是《新编》的三个名称中都有"联绵词",这是历史上第一次用"联绵词"给词典命名,更是明确告诉读者:它是在现代联绵字理论主导下编写而成的。但是,如果名不副实,《新编》中所收的"联绵词"不能支持赖以指导编纂工作的现代联绵字理论,《新编》的问世就是对现代联绵字理论做了一件强有力的证假工作,证明现代联绵字理论没有可靠的语言基础,因而于实践中行不通。读者还可以在本书各章节的不少地方清楚地看到这类事实的考察讨论,这也许完全超出了部分学者的想象。

至于将"联绵字"改为"联绵词",并逐渐推行开来,原因之一是结构主义思想主导下的现代语言学理论深入人心。在现代语言学中,字只是记录语言的书写符号,是书面上词的书写形式。在部分信守派学者看来,"联绵字"这个术语不伦不类,必须改为"联绵词"才符合现代语言学的科学精神。另外,"联绵词"这一术语的确立和流行,《中国大百科全书》(1988)解释"联绵字"的观点也发挥了一定的作用。不过,《大百科》的观点只是现代联绵字理论之成见在胸的产物,是靠不住的(参看沈怀兴2008c)。

二　序文反映出重观念而轻事实的特点

《新编联绵词典·序言》是一位名家写的。读过之后会发现,不管哪位学者,只要被现代联绵字理论所左右,都会说出一些不够客观的话,乃至出现泥潭效应。所以现在讨论这篇序文,也只是拿它做个例子,让我们从这个例子中看到现代联绵字理论贻误学者之严重,一点儿批评序文作者的意思也没有。实际上,序作者凡不涉及联绵字问题研究的著作大多较为严谨;只是受现代联绵字理论束缚较重,一谈到"联绵词/字"就只能随大流,以致不可避免地说错话。因此,以其序文为例,进行考察讨论,也具有比较典型的意义。该序文很短,为了便于交流,现在全文录如下。

> 1)(按:序号为引者所加。下同)现代联绵词的著作有朱起凤先生的《辞通》和符定一先生的《联绵字典》两部。符先生的书里收的"联绵字"有好多是短语,如"一"部里就有"一半、一昔、一面、一朝"等条。不过,这两部书都很有参考价值。2)现在高文达先生

主编的《新编汉语联绵词典》即将问世，披览稿本，觉得这部约九十万字的巨著对联绵词的研究很有贡献。这部书的收词限于严格的联绵词意义的条目，不似符定一先生那样真正的联绵字和短语杂陈。3）全书体例谨严，材料丰富，如"委蛇"一条，副条达三十三条之多，可以概见。其余条目，大多与此相似，可以窥见编纂者用力之勤。看毕稿本，欢喜赞叹，聊志数语，以示心赏，兼告读者。

很明显，这是一篇名家广告，是现代人做学问的终南捷径。序文从现代联绵字理论出发，把与现代联绵字理论没有关系的《辞通》《联绵字典》拉来作陪衬，因为它们"都很有参考价值"。但是，如果不是序作者没有弄清楚中国传统语文学与现代语言学之别的话，就让人弄不清这是什么逻辑了。

这篇二三百字的序文，在"现代联绵词"的基调上立说，拿一版再版的《辞通》《联绵字典》两部古汉语双音词词典与之相比，只想说明《新编》后出转精，言简意明，在初学者那里也许具有一定的宣传作用。但是在没有现代联绵字理论之成见者看来尽是虚美之辞，短短的序文里反映出不少问题。

1）下将朱起凤的《辞通》和符定一的《联绵字典》认作"现代联绵词的著作"，看上去序作者好像不知道朱起凤与符定一作为传统语文学家，根本没有现代联绵字观念，他们二人更不知道"现代联绵词"是什么，至少在他们的著作里找不到与此相当的术语。其实，直到今天，联绵字语素判断仍是汉语词汇研究中尚未解决的难题（参看沈怀兴 2013a：247—265），信守派学者著作中列举的"联绵字/词"都不过为附和现代联绵字理论而乱点鸳鸯。序文一边把符定一的《联绵字典》看作"现代联绵词的著作"，一边批评符定一的《联绵字典》中有"一半、一昔、一面、一朝"等短语，产生这种不可调和的矛盾，其原因之一在于偏执现代联绵字理论而导致泥潭效应。纵观近三十多年以来的"联绵字"研究，这种泥潭效应在信守派学者著作中呈弥漫性，论者大多混淆了传统语文学家就"联绵字—双音词"理解及应用发表看法与现代信守派学者对所谓"联绵字/词—双音单纯词"做研究的区别，误把传统语文学家的联绵字观念与现代联绵字观念等同起来，从而大大促进了没有语言基础的现代联绵字理论日渐流行，在某种程度上促使汉语词汇学研究越来越脱离汉语实际。

顺便说说"现代联绵词"这个时见人用但却不见有人界定的术语。仅就字面上看，它可以有不止一种理解。比如是说"现代的联绵词"呢，还是说"现代人心目中的联绵词"或者"现代学者说的联绵词"？如果是前者，说"现代的联绵词"，是否意味着还有"古代联绵词""近代联绵词"？而这"古代联绵词""近代联绵词"是怎么产生的？各有什么特点？它们与"现代联绵词"的关系是什么？区别又在哪里？如果是后者，难道古人也说"联绵词"？看起来这两者都不像，那么这"现代联绵词"到底是什么意思？从事学术研究，如果已有的术语不够用，要创造新术语，也该界定一下。怎么从来没有人给"现代联绵词"这一术语下一个明确的定义呢？是无须界定呢，还是无法界定？客观地说也许是无法界定。因为它没有可靠的语言事实做基础，即使予以界定，也举不出可靠的例证，就像所有的"现代汉语"教材都明确解释"联绵词"而例词无一支持其观点一样。所以如果不想继续走各家"现代汉语"教材都走不通的老路，除非撇开现代联绵字理论，同时还得不怕它成为现代语言学术语"双音词"的同义语。不错，有人在想象上古汉语联绵词、中古汉语联绵词、近代汉语联绵词什么的，但那只是想象，并没有举出正统的信守派学人能够认可的"联绵词—双音单纯词"，因为汉语史上没有他们想象的可以创造"联绵词—双音单纯词"的特殊构词法。

不错，最早遵循现代联绵字理论解释"联绵字"的《现代汉语词典》试印本解释"联绵字"曰"旧称双音的单纯词"，到 2005 年第 5 版说"联绵字"也叫"联绵词"，并且到 2012 年出第 6 版时干脆改立"联绵词"为主条，释曰："指双音节的单纯词。"但是，《现代汉语词典》解释"联绵字/词"所举的例词始终都是编写者不明其语素构成情况的合成词（详见第三章第一节）。有明确界定的"联绵字/词"没有可靠的语言事实支撑，这"现代联绵词"到底该怎么界定啊？遗憾的是，在主流学者著作中这样的情况并不少见。尽管这类情况的出现是可以理解的，因为迷信某种理论观念，不惜钻皮出其毛羽，学术史上不乏其例。但既然如此，读这类文章时就该多留点神儿，无征不信，一定要注意考察它们的例证。像"现代联绵词"之类，只是围绕现代联绵字理论创造的新术语，根本不见实例，也举不出可靠的实例，只能暂持保留态度。

2）后面的观点主要是进一步"全人之美"，因此只求"拔高"，而不怎么讲事实。可以肯定地说，直到今天，无人能编出"收词限于严格的联绵词意义的条目"的词典，就连《新编·凡例》也说："对那些介于合成词、联绵词之间，难于确定的词目，亦酌于选收。"也许正是因为《新编》中收词"不纯"，《新编》问世后不久，华东师范大学的一位教授又与上海辞书出版社商定从《辞通》中选材，率人编一部新的联绵词典，而今十多年过去了，却没有见它问世。而且还可以断言，不管从哪里取材，都永远不会有人编出"收词限于严格的联绵词意义的条目"的词典。这是因为巧妇难为无米之炊，谁也不可能编出语言中没有的词的词典①。至于《辞通》里确有少量单纯词，但那主要是拟声而来的，而不是用特殊的构词法构成的"联绵词"。所以《新编》的贡献倒是不在于"收词限于严格的联绵词意义的条目"，而在于用失败证明无根的现代联绵字理论于词典编纂的实践中行不通（参看下文）。它亲自见证了现代联绵字理论误导之严重，并从一个侧面透露出现代联绵字理论只能证其伪而无法证其真的信息。

3）后面的话与2）后面的话性质差不多。其溢美之辞可能会让词典编写者惭愧，也可能会让年轻的读者误以为真，还可能会引导部分学者在这个泥潭里越陷越深。例如，说《新编》"全书体例严谨"，读者不知道被现代联绵字理论误导的人在汉语中没有"联绵词—双音单纯词"的情况下编出的"联绵词典"如何做到体例严谨。又如，说《新编》"材料丰富……用力甚勤"，唯一的例证是"委蛇"收了33种变体，读者不禁要问：370多年前问世的方以智《通雅·释诂》卷六《连语》中已经收了"委蛇"32种变体，而且姜亮夫《诗骚联绵字考》（1932）中收了"委蛇"变体两组共69种，《新编》（2001）只收了"委蛇"正条1、副条32（《序言》说《新编》收"副条达三十三条之多"，误），能说它"材料丰富……用力甚

---

① 信守派先行者认定"汉语自始就不是单音节语"（参看王力1958：45，魏建功1935/1996：58），强调"联绵字—双音单纯词"是一种特殊的构词法构成的（参看王力1958：45，吕叔湘1942/1982：8），但是他们著作中的例词都不支持其观点（参看沈怀兴2007b，2009a，2010b），他们的研究共同证明汉语里没有他们说的"联绵字"。

勤"吗？还有，不计时地之别的话，历史上产生的任何一条复音词都可能有多种书写形式，自从方以智考察语现象以来，同类著作中都反映了这一事实。然而，《新编》中有些条目只有正条，连一个副条也没有，又怎么能说它"材料丰富……用力甚勤"呢？读者有理由怀疑《新编》的编写者连前人已有的研究成果也没有看全，何谈"材料丰富……用力甚勤"？其实，继方以智之后，清代吴玉搢的《别雅》、民国时期朱起凤的《辞通》等都做了广收双音词变体的工作。特别是朱起凤的《辞通》资料丰富。后人要编写双音节异体词词典（《新编》充其量也只是一部异体词词典，而且被现代联绵字理论给扭曲了），有前人丰富的经验和已经准备好的大量语言材料，也许无须"用力甚勤"，尽管不容易编出超过朱起凤的《辞通》水平的书来①。我们应该承认，前人著书多不为稻粱谋，今人著书多反是，因此要想后出转精，写出超越前人的著作，必须低下头来下点硬功夫。顺便说一句，如果有人想借前人所准备的材料依据现代联绵字理论编一部"联绵词—单纯词"词典，前车之鉴尚在，也许没有必要再去品尝失败的滋味了。

综上所述，序作者论《新编》而一味拔高，不讲为学术负责的话，客观上讲主要是误执现代联绵字理论的结果。这个例子又一次告诉我们：灰色的理论到处都有；从事语言研究一定不可围绕现有理论兜圈子，而必须从材料出发，让靠得住的事实说话。

三　收词困难表明现代联绵字理论于实践中行不通

照常理说，任何词典收词，比较而言都不是一件多么困难的事情。一般说来，只要确定了读者对象，词典的收词范围也就确定了。收词范围一旦确定，就去这个范围里选取语料，并且从中把需要解释的词语一条条抄出来就可以了。比如为《史记》的读者编一本《史记词典》吧，先讨得一

---

① 本书中这类话不少，很是犯忌讳，弄不好要被扣上"是古非今"或"散布今不如昔言论"之类的帽子。此前少数学者长于做这事（这在《中国现代语言学问题研究》一书中将专节介绍），所以这里先做三点声明。1）本书仅在汉语研究领域里就事论事，所论不关乎政治。2）本书意在考察现代联绵字理论的负面影响，无意针对任何个人，将不参加口水战。3）本书坚持有一分证据说一分话，欢迎有不同观点的学者一起讨论现代联绵字理论问题，大家一起来为汉语学的健康发展进献力量。

部善本《史记》来，再把古今注释和研究《史记》的著作尽可能找全，以《史记》语料为干，重点选录其中当解的词语，以其他材料为枝，择其出现频率高一些的词语和一些虽出现频率不高但有其特殊性的词语，就可以了。词典的价值主要体现在体例的严谨和注音释义的准确，所以不仅需要高水平，而且还需要下大功夫。相比之下确定词目不是多么困难。但是《新编》却不同。它的最大困难是如何寻得"联绵词—双音单纯词"。《现代汉语词典》自 1960 年出试印本，到 2012 年出第 6 版，对"联绵字/词"的释义是一致的，但是始终没有能够找到一个当其说的"联绵字/词—双音单纯词"，何况《新编》要寻得编一部词典的"联绵词"呢？所以搜寻"联绵词—双音单纯词"，确立"联绵词"词目无疑是《新编》最困难的工作。这一点在《新编·凡例》中已经有所透露。如它的《凡例·收词范围》第 2 条说："本词典所收联绵词基本上以双音节单纯词为限，明显的合成词、专有名词一律不收。但对那些介于合成词、联绵词之间，难于确定的词目，亦酌于选收。"特别是这段话中"那些介于合成词、联绵词之间，难于确定的词目"之说最能反映《新编》收词的困难。就是这样一条凡例，一个没有现代联绵字理论之成见的读者，比如国外汉语研究者和国内不那么迷信现代联绵字理论的学者，看了之后难免会产生以下困惑。

第一，什么是"联绵词"？《现代汉语词典》第 6 版（2012）解释说："指双音节的单纯词。（例略）旧也叫联绵字。"看来，"联绵词"就是"联绵字"。《汉语大词典》于"联绵字"条下也解释说："旧称由两个音节联缀而成的单纯词。"那么，既然是"联绵词"词典，所收就应该是清一色的"联绵词—双音节单纯词"，不允许有"基本上"的。所以这"基本上"至少从理论上讲不过去。现在却是"基本上"，是不是反映了现代联绵字理论无法贯彻到底的困惑？自觉遵守现代联绵字理论新编联绵词典，而在具体工作中却无法贯彻到底，问题出在哪里？其实，考察《新编》所收词，没有发现一个正统的信守派学者能够认可的"联绵词—双音单纯词"（参看下文），客观地讲就连"基本上……"也谈不上。

第二，"明显的合成词……不收"，那么，怎样区别明显与不明显？有公认的客观标准吗？不明显的合成词收不收？不错，《新编》说"……酌于选收"。那么，如何酌于选收才能避免将不明显的合成词收入联绵词典？

换个角度说，某些双音词是否为明显的合成词往往因人而异，究竟是以谁的判断为标准的？谁的判断才是语言事实的客观反映？所以编词典要附和强势的现代联绵字理论，也许只能凭着自己的认识"酌收"吧？然则这酌收而来的词会是"限于严格的联绵词意义的条目"吗？这样编出来的"联绵词典"会是"联绵词—双音单纯词"词典吗？会"体例严谨"吗？由于脱离了汉语实际的现代联绵字理论根本经不起实践的检验，所以信守派学者著作里这种虽然务求天衣无缝但却漏洞百出的现象太多了。读者只要坚持独立思考，就很容易看出问题来。

第三，就现在通行的词汇学理论而言，任何语言词汇中都只有单纯词与合成词两类。然则"那些介于合成词、联绵词之间"的词是一些什么样的词？一般说来，信守派先行者的"联绵字/词"只指汉语里特有的语言现象——双音节单纯词。尽管大量事实已经证明这只是他们的想象，但后来正统的信守派学者仍然继承这种认识。那么，《新编》收了一些"介于合成词、联绵词之间，难于确定的词目"，还叫"联绵词典"吗？再说，见到"难于确定的词目"就将它与"联绵词—双音单纯词"收在一起，这究竟是什么逻辑？如果不是被现代联绵字理论所左右，为什么不能把它们归入待考类？夫子曰："君子于其所不知，盖阙如也。"不错，词典编写者这里说"酌收"。可是，怎么个"酌"法？看来，一个"酌收"恰恰道出了编写者的无奈：那个长期被主流学者奉为圭臬的现代联绵字理论想必是科学的，我们在联绵词典的编写工作中就只好"酌"了。又是一个"泥潭效应"！

还有，所谓"难于确定的词目"，会不会是编写者自己"难于确定的词目"？是的话怎样证明其客观性？不是的话又有什么证据？这样的研究，其积极意义在哪里？所以《现代联绵字观念贻误学人例说》一文中总结说：信守派学人的遭遇是，在联绵字及其理论问题研究工作中，著作越丰，负价值越高。的确，《新编》这种被现代联绵字理论扭曲了的做法不是特殊现象，而是在信守派著作中普遍存在着。但是，这种做法如果被年轻人学了去，其后果就更不堪设想了。考察近三十多年以来现代联绵字理论流行的情况，可知一些信守派学者著作之误导与被现代联绵字理论扭曲了的广大教师之传谬是其重要原因。

再换个角度看，其所谓"对那些介于合成词、联绵词之间，难于确定的词目，亦酌于选收"云云，某种程度上说就是对信守派先行者"一种特殊的构词法""双声叠韵构词法""语音关联造词法""异音联绵构词法""衍声法""联绵法"之类想象的质疑和否定。否则，汉语中如果真有上述构词法，怎么会产生出"介于合成词、联绵词之间"的四不像呢？一个双音词是否单纯词或合成词，其身份是确定的，是非此即彼的。一个"难于确定的词目"正是在提醒读者：学者著作中的"联绵字"很有可能都是他们自己"难于确定的词目"！看来，一种不存在的东西一定要说有，不管怎样小心翼翼，都不免会暴露出这样那样的矛盾，到头来还是自家捅了自家的娄子。换言之，一种臆说在误导实践的同时，往往要被实践打出荒谬的原形。

　　现在来看《新编》中收的"联绵词"。就语音形式上看，《新编》中所收的"联绵词"可分为重言与非重言两类。重言又分重叠词（如哀哀、安安、昂昂）和拟声而来的叠音词（如欸欸、嗷嗷、呲呲），它们都不是正统的信守派学人认可的"联绵词—双音单纯词"。理由很简单：正统的信守派学者认为"联绵字/词"是一种特殊的构词法构成的，而重叠词、叠音词都不是由特殊的构词法构成的，其他语言中都有重叠词和叠音词。《新编》中收了这两类词，是因为其作者未得正统的信守派学人之"真传"，不知道"联绵字/词"的确切含义，懵懵懂懂地接受了现代联绵字理论，并迷信它的"科学性"，实际上并不了解它的实质。

　　再看《新编》所收非重言的一类。从结构上分，这类词又可分为合成词和单纯词两类。合成词过半，多是编写者所谓"那些介于合成词、联绵词之间，难于确定的词目"。这一点与《王力古汉语字典》的情况是一样的（详见本章第二节）。但是，也有一些较为明显的合成词，如晻霭、昂藏、傲岸、跋扈、斑斓、不过、不托、仓卒、蝉联，等等。这些词，一般人都不难看出它们的合成词身份，自然不该收入《新编联绵词典》。这一点，同类著作中的情况不像《新编》这么明显，可能与编写者的古汉语水平有一定的关系，同时与编写者各自对"联绵字—双音单纯词"说的理解不尽相同也有一定的关系。至于《新编》所收的双音节单纯词，多数是拟声词和音译词，极少数是叹词、切脚词，这与语言中叹词、切脚词本来就很少有关。拟声词、叹词、音译词和切脚词都不是汉语里特有的，自然也都不是正统的信守派学人认可的"联绵词—双音单纯词"。《新编》收这几类词为"联绵词",像是在说:除了其他语言中也有的拟声词、音译词、叹词和部分语言中也有的切脚词之外,汉语里再也没有双音单纯词了。

综上所述,《新编》所收词中能被正统的信守派学人认可的"联绵词—双音单纯词"一条也没有。《新编》以其失败告诉学界:现代联绵字理论于实践中行不通,说明它完全脱离了汉语实际。联系前面各章节的考察讨论,这一结论已经是无法回避的了。

四　已有的"联绵词"分类法近似蛇足及陷阱

《新编》中"联绵词"的分类也是采取了较为通行的方法。它把所收的"联绵词"分为双声联绵词、叠韵联绵词、既是双声又是叠韵联绵词、非双声叠韵联绵词四类(详见《新编·凡例·收词范围》第 3 条)。这与《现代汉语词典》《汉语大词典》等书的"联绵字/词"的分类相比,又多出了"既是双声又是叠韵联绵词"一类。

分联绵字为双声的、叠韵的和非双声叠韵的三类的做法由来已久。但前面多次说过,这样做是在把中国传统语文学与现代语言学混为一谈的基础上,忽视了传统语文学家王国维的联绵字分类目的,且不知照猫画虎终非虎,硬说是虎充其量不过贴上了似是而非的标签,一旦强与偏执的"联绵字—双音单纯词"说联系起来,使之为后者服务,就只能产生负面的影响了。如果不是"联绵字—双音单纯词"说之成见在胸,一般研究者都会想到所有的双音词及双音词组都可以归入这几类之中,如书山、树上、熟睡都是双声的,看管、坦缓、安敢都是叠韵的,一个、两个、三个都是非双声非叠韵的,没有哪个双音节词或词组不能归入这三类中的某类里。至于把某些不容易辨认语素构成情况的双音词归入"联绵字/词—单纯词"中,乃是极大的错误。因为那样做是站在研究者角度,以研究者认识能力为标准说话的,而不是站在研究对象角度如实地反映客观存在。这样的研究,对无力考辨某些双音词的初学者来说,就只有承谬受害的份儿了。而今《新编》又多出"既是双声又是叠韵联绵词"一类,不过给信守派学者多提供了个标签罢了。

但是,部分信守派学者也许没有看到这一点。他们大多喜欢拿这些标签贴到自己不明其语素构成情况的双音词上，不知道这样做只会给"联绵字"研究添乱。一个不争的事实就是，他们为支持"联绵字—双音单纯词"说所举的"双声联绵字""叠韵联绵字"，等等，都是他们不了解其语素构成情况者，而不是他们所谓衍声联绵法、特殊的构词法之类构成的"联绵字—双音单纯词"。部分学者所谓联缀两个双声音节、叠韵音节构成单纯词的构词法，只是语文学功底有待提升同时"联绵字—双音单纯词"说之成见在胸的想象①，汉语里并没有那种构词法。否则，任何人都可以根据所谓联缀两个双声音节或叠韵音节构成单纯词的方法创造几个"联绵词"，读给自己听听，看看它们究竟表达了什么意思，就不会再倡导或趋从"联绵字—双音单纯词"说了。十多年以来，笔者凡遇坚持"联绵字—双音单纯词"说的朋友，往往如法请教。开始是笔者如法创造几个"联绵字"，请他们说说是什么意思，后来又请他们自己如法创造几个"联绵字"，自己说说是什么意思。他们无人过得此关，一般也就不再那么坚持了。

信守派中也有人不满意那种只是依样画葫芦地分分类、贴贴标签的研究。他们讲得最多的是："联绵字/词"不能拆开来解释；能够拆开来解释的就是合成词。《新编》把"难于确定的词目"归入"联绵词"者，也就是编写者自认为不能拆开来解释的某些双音词。不过，这种不管语言事实如何，只凭研究者感觉下结论的方法，实在太没有说服力了。因为即使姑且不论那样说是否合适，即使可以站在语文理解角度讲，复音词的能否拆开来解释也有点儿像论石头重量，论者不管一块石头实际上多重，只看能否搬得起，搬不起的就说它重，搬得起的就说它轻。至于搬石头的人力气有别等因素，就不管了。而词的能否拆开来解释，问题还要复杂得多。如果不考虑古今人所执不可分训说有其本质不同，同时造成复音词不能拆开解释的原因也有很多，自以为不可拆开来解释就怀疑它是由一种特殊的构词法构成的，就判它为"联绵字—单纯词"，其结论没有不错的。然而，

---

① 有人说了：他们的语文功底未必不如本书作者！所以这里需要补充一句：不管他们的语文功底超过笔者多少，只要误判合成词为"联绵字—双音单纯词"，只要误引语文学家张有、郑樵、朱郁仪、方以智、顾炎武、程瑶田、钱坫、王念孙、王筠、章太炎、王国维等观点证明现代联绵字理论，都不能说明语文功底好。本书只就信守派著作中常见现象说话，只凭事实下结论，绝没有针对信守派任何学者的意思。

如果没有这样那样的标签，同时没有那么多"法衣"，脱离汉语实际的"联绵字—双音单纯词"说即使产生，也不会有那么多信众，甚至早已传为笑柄了。

从上面考察分析的情况来看，包括《新编》在内宣传现代联绵字理论的著作关于"联绵字/词"的分类不过蛇足，相关辩辞只是从研究者角度发出，脱离了语言实际，所以从读者角度看，则难免有陷阱之嫌。如站在一般信守派读者角度说吧，如果真像正统的信守派学者说的那样，"联绵字/词"是一种"由两个音节连缀成义而且上下字具有一定声音关系的单纯词"（见《语言学名词》第 163 页），现在又分出"非双声非叠韵的"一类来，就不容易解释作为规范推行的"（联绵词是）由两个音节连缀成义而且上下字具有一定声音关系的单纯词"这一定义了。所以这种分类行为也是不小心拆了现代联绵字理论台的蛇足。站在读者角度说，如果汉语里没有《汉语大词典》解释"联绵字"说的"由两个音节联缀而成的单纯词"，现在这样煞有介事地给"联绵字/词"分类，就是在"无中生有"的前提下分类的，也就是在误导读者轻信"没有便是有"，因为"0＋0＝1"。[①] 趋从派学者著作中普遍存在的无根之说多是从这里开始的，所以这种"联绵字/词"分类行为的唯一价值实际上是负面的，也就是误导读者以非为是。

五　条目安排反映出的语音决定论

上面第四部分所述信守派学者按照语音形式给他们的"联绵字/词"分类的做法已经是典型的语音决定论之表现。现在再从《新编》"联绵词"条目安排特点看其语音决定论之倾向。

《新编》中凡有多种书写形式者也分正条、副条，有点像《辞通》，但

---

① 现实生活中，人们都不会认同"'没有便是有'，因为'0＋0＝1'"之类的"理论"，但这却是"联绵字—双音单纯词"说的逻辑。汉语里没有什么由特殊的构词法创造的"联绵字—双音单纯词"，而今人多认定有，举不出当其说的例词仍然认定有，因为这是"学界共识"。这里面实际上贯彻着"没有便是有"的逻辑。为什么会有这样的逻辑呢？那是因为还有这样一个算式：0＋0＝1。流行观点认定"联绵字/词"是由两个音节联缀而成的单纯词，构成"联绵字"的任何一个音节都没有意义，构成"联绵字"后才有意义，这不是"0＋0＝1"（非语素音节＋非语素音节＝1 个语素）算式吗？凭着这种算式，任何人都可以驰骋想象，于是名目繁多的构词法纷纷被提出，再加上诸多附庸理论，那"没有便是有"的逻辑就更不容置疑了，脱离汉语实际的现代联绵字理论也就成为不容置疑的科学了。

无《辞通》辨之审、论之切的按语，更没有《辞通》那样丰富的一手材料及精当的释义，因此没有《辞通》那么实用。特别是《新编》将其所收词条按照现代汉语普通话音系音序排列，好的方面只是方便检索，而不足的方面却不少，甚至误入语音决定论之歧途[①]，掩盖了历时研究的薄弱，有时把本来不同的词误作某词的变体列为副条，在读者的知识学习中可能会起到一定的负面影响；有时又把本来是同一双音词的不同变体分列于不同的正条之下，使读者看不到它们在意义上的联系，在一定程度上影响了读者正确探讨汉语词汇的发展规律。毫无疑问，这两种情况的存在，不仅影响了《新编》的学术性，同时也削弱了它的实用价值。其实，这些情况，被现代联绵字理论左右的人们在词典编纂过程中是难以避免的。因为既然"联绵词—双音单纯词"是用一种特殊的构词法创造的，"联绵字/词"是一种"由两个音节连缀成义而且上下字具有一定声音关系的单纯词"（见《语言学名词》第163页），以音为纲就是必要的，而且现代汉语普通话音也是音；遇有音、义不合之处，就该舍义而从音，兼之出于方便检索的考量就用现代汉语普通话音序了，自然历时研究也就显得不是那么重要了；只要某词语音上有联系，列为副条也就"名正言顺"了。至于朱起凤的《辞通》在作者所掌握的某双音词各种变体全部罗列、解释之后一并加按语说明其用法及形、音、义三者的流变，本不是现代联绵字理论主导下的编写任务，不管多么实用，似乎都可以省略，于是就"从简"了。然则趋附现代联绵字理论而陷于语音决定论之泥沼，大致是《新编》早已注定的归宿，并且今后如果还有此类著作，同样逃不出这一规律。

　　从上面简单叙述的情况来看，同是语音决定论，《新编》比正统的信守派学者又多迈了一步。它不再强调古音，而是把现代联绵字理论彻底"平民化"了。尽管由于编写者的名位影响了这种做法的普及，现在看不足以与流行观念抗衡，但是它的存在从某种意义上讲也可看作信守派内部矛盾。这矛盾的价值就在于配合其《凡例》《序言》以及无法实现的收词

---

　　①　对此，有人曾拿出《现代汉语词典》中词条用音序排列的例子质疑此说，殊不知《新编》要编出水平，就离不开历时研究，离不开字形演变情况的考察，离不开通假字的辨别，离不开语音发展变化的审视，比较而言这些对《现代汉语词典》来说都不是那么需要。不错，《辞通》以每词下字为准，按平水韵编排，看上去也是一种音序法。但那是因声求义的自然要求（详见《辞通·释例》第二条），不似《新编》以现代汉语普通话音系排列，只有方便检索一利。

原则等，较为全面地揭示了现代联绵字理论的虚妄性。至于它的消极作用，如果《新编》版次多、发行量大，其后果一定很可怕。而《新编》只印了一版，印量不大，进入数据库搜一搜，看不到它有多大影响，所以站在社会效益角度说，这未必不是一件幸事。

本节独立发表之前，有一小节题为"现代联绵字理论左右下的'联绵词'释义问题"，只举了几个例子，做了点考察分析，希望能够说明这样一个事实：受现代联绵字理论误导，容易错释"联绵词"。后来发现所列举的几例，主要是《新编》不小心抄了某家错的，怀疑即使不受现代联绵字理论影响，《新编》中也可能有抄了错解的现象。同时，《新编》发行量不大，没有太大的影响，再通过考察它的释义情况来揭示现代联绵字理论之危害的话，实在说不上有什么典型意义。所以就把它抽掉，希望通过考察权威字典来实现这种想法。而通过集中考察它的书名、《序言》及《凡例》、收词情况、联绵词分类、词条安排等一般性内容，揭示现代联绵字理论的虚妄性及其危害性，却是蛮理想的。现在看来，本章前面各节已经考察的某些"联绵字/词"的释义情况，数量虽然还不够多，但都比较典型，其实已经初步揭示了"受现代联绵字理论误导，容易错释'联绵词'"这一事实，也就大致给了读者一个交代。特别是第二节对《王力古汉语字典序》中的典型"联绵字"做了穷尽式考察讨论，最能说明问题。王力先生半生倡导现代联绵字理论，而施之于字典编纂，却导致"联绵字"释义问题率100％。读者只要了解了这一点，知道现代联绵字理论容易误导人们错释"联绵字/词"，遇到受现代联绵字理论影响而解释"联绵字/词"者，多留点心，必要时再查一查其他字典词典，也就可以大致免受其误了。关键是坚持独立思考，对以"联绵字—双音单纯词"说为核心理论的现代联绵字理论有一个正确的认识。

六　结语

总起来说，就多数条目而言，《新编》大致是一部按现代汉语普通话音系音序编排的具有多种书写形式的双音词词典，不是什么"联绵词—双音单纯词"词典。《新编》所收的"联绵词"，要么是重叠词或拟声及音译而来的叠音词，要么是复合词，要么是非叠音的音译词或拟声而来的词，还有极少数叹词或切脚词。这几类语词都不是汉语里所独有的，都不是信守派学人说的由一种特殊的构词法创造的"联绵词—双音单纯词"。如其不信，则需要证明其他语言里都没有拟声而来的词、叹词、音译词、重叠词、复合词以及切脚词，只有汉语里有这几类词；同时证明只有汉语里有拟声造词法、音译造词法、重叠造词法、复合造词法和切音造词法。这可能吗？

《新编》的出版发行本该有一定的负面影响，但调查结果表明少有人知道此书，绝大多数被调查的同行都不知道它的名字。因此，它的问世还是有一定积极意义的，确切地说是具有特殊意义。它遵循现代联绵字理论编纂"联绵词"词典，却以失败告终，这一典型事例使我们又一次清楚地看到：汉语里没有正统的信守派学人说的那种由特殊的构词法构成的"联绵词—双音单纯词"，已经盛行数十年的现代联绵字理论实际上在实践中行不通。实践中行不通的理论绝非客观现实的正确反映；现代联绵字理论于实践中行不通，所以现代联绵字理论的核心理论"联绵字—双音单纯词"说只能是脱离汉语实际的向壁虚造，尽管其间有社会历史的原因（参看沈怀兴 2007a、b，2009a，2010c），整个庞杂的现代联绵字理论群只能是多方臆造及拼凑而成的。换一个角度看，完全脱离汉语实际的现代联绵字理论被用于主导词典编纂，结果导致词典编写失败，《新编》的失败只是其中一例（其他可参看本章前面第二、三节所考察讨论的两部字典的情况）；间接危害就是读者在此类著作的学习和使用中渐受其害而不知，以致习非成是，只是像《新编》者，读者极少，危害极小罢了。

现代联绵字理论盛行数十年了，为害之广，之烈，实为世界语言学史上所罕见。这一结论，一般读者在读过本书之后，同时再结合其姊妹篇《联绵字理论问题研究》各章节的论述，或许没有什么疑义了。

主要参考文献

巴金　1987　《随想录》，生活·读书·新知三联书店。

白平　2002　《汉语史研究新论》，书海出版社。

曹炜　1994　《论汉语词义的理据性和非理据性》，《中国语研究》总第36号。

曹先擢　1979　《并列式同素异序同义词》，《中国语文》第6期。

陈独秀　1937　《中国古代语音有复声母说》，《东方杂志》第21期。

陈瑞衡　1989　《当今"联绵字"：传统名称的"挪用"》，《中国语文》第4期。

丁声树　1962　《说"匼"字音》，《中国语文》4月号。

董为光　1986　《汉语"异声联绵词"初探》，《语言研究》第2期。

方以智　1985　《通雅》，文渊阁《四库全书》（影印本）第八百五十七册。

冯蒸　1987　《古汉语同源联绵词试探》，《宁夏大学学报》第1期。

顾炎武　1982　《音学五书》，中华书局。

郭珑　2006　《〈文选·赋〉联绵词研究》，巴蜀书社。

郭绍虞　1934　《中国诗歌中之双声叠韵》，《文学》二卷六号。

郭绍虞　1938　《中国语词之弹性作用》，《燕京学报》第24期。

郭万青　2009　《〈说文解字系传〉引〈国语〉例辨正》，《汉语史学报》第八辑。

郭小武　1993　《试论叠韵联绵字的统谐规律》，《中国语文》第3期。

胡裕树主编　1987　《现代汉语》，上海教育出版社。

胡正武　2005　《训诂阐微集》，中国社会科学出版社。

黄伯荣等　2007/2012　《现代汉语》增订四版、五版上册，高等教育出版社。

姜亮夫　1932/2002　《诗骚联绵字考》，云南人民出版社。

李国正　1990　《联绵字刍议》，《厦门大学学报》第 2 期。

李海霞　2004　《联绵词的来源和定义》，《庆祝刘又辛教授九十寿辰学术研讨会论文集》，西南师范大学出版社。

李海霞　2005　《汉语动物命名考释》，巴蜀书社。

李可刚　2009　《中国最小的"右派"》，《龙门阵》第 2 期。

李如龙　2009　《论汉语的单音词》，《语文研究》第 2 期。

李添富　2009　《〈诗经〉中不具音韵关系的联绵词研究》，《先秦两汉学术学报》总第 11 期。

李运富　1991　《是误解不是"挪用"——兼谈古今联绵字观念上的差异》，《中国语文》第 5 期。

李正芬　2006　《试论联绵词组构要素的历史变化与发展——以〈经典释文〉音义注释为主》，《汉学研究》第 2 期。

刘萍　1999　《"蝴蝶"考》，《中国语文》第 6 期。

刘福根　1997　《历代联绵字研究述评》，《语文研究》第 2 期。

刘毓庆　2002　《"窈窕"考》，《中国语文》第 2 期。

陆宗达主编　1981　《训诂研究》，北京师范大学出版社。

吕叔湘　1942/1982　《中国文法要略》，商务印书馆。

吕叔湘　1979　《汉语语法分析问题》，商务印书馆。载吕叔湘《汉语语法论文集》，商务印书馆，1984。

马真　1980　《先秦复音词初探》，《北京大学学报》第 5 期。

马秀月　2012　《现代语言学"联绵字"内涵及分类之商榷》，《淮南师院学报》第 4 期。

潘文国　2013　《索绪尔：绕不过去的存在》，《社会科学报》（学术探讨版）6 月 13 日。

戚桂宴　1984　《汉语研究中的问题》，《山西大学学报》第 4 期。

钱绎　1984　《方言笺疏》，上海古籍出版社。

钱理群　1994　《一代学者的历史困境》，《读书》第 7 期。

全国科学道德和学风建设宣讲教育领导小组　2012　《科学道德和学风建设宣讲参考大纲》，中国科学技术出版社。

任学良   1981   《汉语造词法》，中国社会科学出版社。

沈怀兴   1992   《汉语规范化求疵》，《语文建设》第 11 期。

沈怀兴   1993   《试论研究现代汉语也需要历史观点——从"蝴蝶""凤凰"结构说起》，《河南师范大学学报》（哲学社会科学版）第 1 期。

沈怀兴   1996   《再论研究现代汉语也需要历史观点》，《河南师范大学学报》（哲学社会科学版）第 1 期。

沈怀兴   1998   《汉语偏正式构词探微》，《中国语文》第 3 期。

沈怀兴   2000   《汉语词汇复音化新探》，《中国语文通讯》第 4 期。

沈怀兴   2001   《汉语词汇复音化发展续探》，《汉字文化》第 1 期。

沈怀兴   2002a   《〈"蝴蝶"考〉献疑》，《中国语文》第 2 期。

沈怀兴   2002b   《汉语商论》，河南人民出版社。

沈怀兴   2004a   《双声叠韵构词法说辨正》，《汉字文化》第 1 期。

沈怀兴   2004b   《试析词目"联绵字"的不同解释》，《语文建设通讯》总第 78 期。

沈怀兴   2005   《〈汉语大词典〉"连语"释义补证》，《辞书研究》第 3 期。

沈怀兴   2006   《"语言是一种符号系统"说疑义》，《宁波大学学报》（人文科学版）第 5 期。

沈怀兴   2007a   《中国现代语言学早期的联绵字观念》，《语文建设通讯》总第 88 期。

沈怀兴   2007b   《现代联绵字观念的来历》，《中国语研究》总第 49 号。

沈怀兴   2007c   《"联绵字"与语文学史上的相关名词》，《古汉语研究》第 3 期。

沈怀兴   2007d   《〈联绵字典〉的收词及相关问题》，《辞书研究》第 4 期。

沈怀兴   2007e   《由"慨而慷"看"慷慨"构成——兼论现代联绵字理论问题》，《汉字文化》第 2 期。

沈怀兴   2008a   《联绵字语素融合说疑议》，《汉字文化》第 1 期。

沈怀兴   2008b   《语文学史上说的"长言"说及相关理论》，《中国语学研究开篇》总第 27 期。

沈怀兴   2008c   《从"联绵字"之释看现代联绵字理论之谬》，《汉字文化》第 3 期。

沈怀兴　2008d　《"联绵词不可分训说"辨疑》，《汉字文化》第 5 期。

沈怀兴　2009a　《王力先生联绵字观念的变化及其影响》，《宁波大学学报》（人文科学版）第 4 期。

沈怀兴　2009b　《从王筠连语说看现代联绵字理论》，《汉语史学报》第八辑。

沈怀兴　2010a　《现行联绵字语素判断方法的局限性》，《宁波大学学报》（人文科学版）第 3 期。

沈怀兴　2010b　《试用历史考证法判断联绵字语素》，《语言教学与研究》第 5 期。

沈怀兴　2010c　《"联绵字—双音单纯词"说产生的历史背景——兼论先秦汉语构词方式问题》，《汉字文化》第 4 期。

沈怀兴　2011a　《现代联绵字观念贻误学子例说》，《汉字文化》第 2 期。

沈怀兴　2011b　《与衍音说相关的几个问题》，《语言研究》第 3 期。

沈怀兴　2011c　《现代联绵字观念贻误学人例说》，《汉字文化》第 4 期。

沈怀兴　2011d　《双声叠韵说问题辨疑》，《宁波大学学报》（人文科学版）第 5 期。

沈怀兴　2011e　《现代联绵字观念对台湾学人的影响》，《汉字文化》第 6 期。

沈怀兴　2012a　《现代联绵字观念左右下的〈新编联绵词典〉》，《汉字文化》第 2 期。

沈怀兴　2012b　《古今联绵字观念截然不同的原因》，《汉字文化》第 5 期。

沈怀兴　2013a　《联绵字理论问题研究》，商务印书馆。

沈怀兴　2013b　《衍音说平议》，《宁波大学学报》（人文科学版）第 1 期。

沈怀兴　2013c　《学术研究慎言"学界共识"》，《中国社会科学报》（评论版）2013 年 6 月 10 日。

沈怀兴　2013d　《中国语言学怎样与国际语言学接轨》，《社会科学报》（学术探讨版）2013 年 8 月 29 日。

沈怀兴　2014a　《〈语言学名词〉解释"联绵词"问题》，《宁波大学学报》（人文科学版）第 3 期。

沈怀兴　2014b　《〈汉语大字典〉误释双音词举例》，《现代语文》（语言研究版）第 12 期。

沈怀兴　2015　《方以智"謰语"问题辨察》，《语言研究》第 1 期。

沈兼士　1941/1986　《联绵词音变略例》（1941 年 12 月在辅仁大学语文学会上的演讲），收入《辅仁大学语文学会讲演集》，又收入《沈兼士学术论文集》，中华书局。

苏宝荣　2007　《论语素的大小与层级、融合与变异》，《中国语文》第 3 期。

孙德宣　1942　《联绵字浅说》，《辅仁学志》第十一卷第一、二合期。

孙剑艺　2013　《联绵转语考论——以窝囊、偎依、唯诺为例》，《山东大学学报》（哲学社会科学版）2013 年第 3 期。

王力　1958　《汉语史稿》，科学出版社。

王力　1985　《汉语语音史》，中国社会科学出版社。

王力主编　1981　《古代汉语》（修订本），中华书局。

王念孙　1985　《读书杂志》，江苏古籍出版社。

王宁　2006　《〈文选·赋〉联绵词研究序》，巴蜀书社。

王引之　2000　《经义述闻》，江苏古籍出版社。

王增辉　1984　《"缤纷"小议》，《南充师院学报》（哲学社会科学版）第 1 期。

魏建功　1926　《读〈帝与天〉》，《国学月刊》第 3 期。

魏建功　1935/1996　《古音系研究》，中华书局。

吴文祺　1982　《辞通·重版前言》，上海古籍出版社。

吴文祺　1983　《关于〈辞通〉和〈辞通补编〉》，《辞书研究》第 4 期。

萧旭　2011　《群书校补》，广陵书社。

谢纪锋　2011　《联绵词浅说》，载龙庄伟等主编的《汉语的历史探讨——庆祝杨耐思先生八十寿诞学术论文集》，中华书局。

徐芳敏　2007　《汉语方言本字考证与古汉语联绵词》，《台大文史哲学报》总第 67 期。

徐通锵　1997　《语言论——语义型语言的结构原理和研究方法》，东北师范大学出版社。

徐朝华　2003　《上古汉语词汇史》，商务印书馆。

徐振邦　1998　《联绵词概论》，大众文艺出版社。

许惟贤　1988　《论联绵字》，《南京大学学报》第 2 期。

薛祥绥　1919　《中国言语文字论略》，《国故论衡》第 4 期。

鄢丹　2008　《"谈、讲""缤纷"考源》，《现代语文》（语言研究版）第 10 期。

严修鸿　2002　《也谈"蝴蝶"命名的理据》，《中国语文》第 2 期。

严学宭　1979　《论汉语同族词内部曲折的变换模式》，《中国语文》第 2 期。

杨伯峻　1983　《春秋左传注》，中华书局。

杨黛、咨津　1986　《"骈词无定字"辨正》，《杭州大学学报》第 2 期。

杨文全　2002　《中国现代辞书的奇葩——《联绵字典》平议》，《乐山师范学院学报》第 1 期。

杨荫深　2005　《细说万物由来·枇杷》，九州出版社。

姚淦铭　1991　《论清以来联绵字观念嬗变》，《争鸣》第 1 期。

殷焕先　1990　《联绵字和古音》，《徐州师范学院学报》第 2 期。

殷焕先　1999　《联绵字简论》，载《语海探珠》，山东教育出版社。

俞樾等　2005　《古书疑义举例五种》，中华书局。

张斌　2002　《新编现代汉语》，复旦大学出版社。

张寿康　1984　《中学教学语法系统提要解说前言》，《语文战线》增刊。

张永言　1981　《关于词的"内部形式"》，《语言研究》创刊号。

张永言　1985　《训诂学简论》，华中理工学院出版社。

赵元任著、吕叔湘译　1979　《汉语口语语法》，商务印书馆。

郑通涛　2013　《全球孔子学院云管理模式的探讨》，《孔子学院发展研究》第 1 期。

周荐　2003　《论词的构成、结构和地位》，《中国语文》第 2 期。

周法高　1970　《联绵字通说》，《中国语文论丛·语文学》，正中书局。

周法高　1973　《二十世纪的中国语言学》，《中文大学学报》第 1 期。

周一农　2012　《汉语语素学通论》，中国社会科学出版社。

周志锋　1998　《大字典论稿》，浙江教育出版社。

周志锋　2012　《周志锋解说宁波话》，语文出版社。

朱芳圃　1925　《联绵字概说》，《民铎》第九卷第 5 期。

朱广祈　1985　《〈诗经〉双音词论稿》，河南人民出版社。

朱歧祥　2004　《论殷商金文的词汇》，《古文字研究》第二十五辑。

陈海洋主编　1992　《中国语言学大辞典》，江西教育出版社。

陈彭年等　1982　《广韵》，中国书店。

丁度　1983　《集韵》，中国书店。

丁福保　1988　《说文解字诂林》，中华书局。

顾野王　1987　《玉篇》，中华书局。

桂馥　1987　《说文解字义证》，齐鲁书社。

汉语大字典编辑委员会　2010　《汉语大字典》第二版，崇文书局、四川辞书出版社。

郝懿行　1983　《尔雅义疏》，上海古籍出版社。

李圃主编　1999—2004　《古文字诂林》，上海教育出版社。

陆德明　1983　《经典释文》，中华书局。

罗竹风主编　1986—1994　《汉语大词典》，汉语大词典出版社。

马熙文等　2004　《古汉语知识辞典》，中华书局。

阮元主编　1980　《十三经注疏》，中华书局。

王力　1982　《同源字典》，商务印书馆。

王力等　2000　《王力古汉语字典》，中华书局。

王念孙　1983　《广雅疏证》，上海古籍出版社。

王先谦　1984　《释名疏证补》，上海古籍出版社。

王筠　1983　《说文释例》，武汉古籍书店。

王筠　1983　《说文句读》，上海古籍出版社。

许慎　1981　《说文解字》，上海古籍出版社。

杨剑桥　2003　《实用古汉语知识宝典》，复旦大学出版社。

语言学名词审定委员会　2011　《语言学名词》，商务印书馆。

朱起凤　1982　《辞通》，上海古籍出版社。

宗福邦等　2003　《故训汇纂》，商务印书馆。

德·索绪尔著，高明凯译　1980　《普通语言学教程》，商务印书馆。

洪堡特著，姚小平译　1997　《论人类语言结构的差异及其对人类精神发展的影响》，商务印书馆。

鲁道夫·阿恩海姆著，滕守尧译　1987　《视觉思维》，光明日报出版社。

后　记

　　几经删削，书稿暂定，但却没有一点轻松感，因为亟须做的工作更重。例如本书姊妹篇《学者惑于现代联绵字理论问题研究》的撰写一直不顺利，因为容易犯忌讳的地方较多，致使欲进无计，欲罢不能，不知如何是好。后来写着写着，发现考察主流学者惑于现代联绵字理论现象，即使不怕指名道姓犯忌讳，一些重要问题仍然不容易解释。要想说明问题出在哪里，就必须寻根究底。但是，它的大根扎在现代语言学身上，扎在舶来的现代语言学思想理论里面，所以一度认为先写《中国现代语言学问题研究》一书更好一些。于是用了半年多的时间考察中国现代语言学问题，写出第一章——《中国现代语言学的性质》。然而，现在静下心来看看这章书稿，很担心犯大忌讳。在学界，虽然至今没有人给"中国现代语言学"准确地下一个大家都能够认可的定义，人们对中国现代语言学的内涵、外延还没有一致的认识，但是国内大多数现代语言学工作者都把现代语言学与现代科学等同起来。其间似乎贯穿着这样一条逻辑：现代语言学因为是现代的，所以是科学的。有人曾出版《语言学是一门领先的科学》一书，随后就有语言学工作者高喊"语言学是现代科学的排头兵！""语言学是一切科学的火车头！"在这样的语境里，笔者把根据自己的观察研究所揭示的中国现代语言学三大性质如实讲出来，泼了颂扬派的冷水，无论如何也无法让人满意，无论如何也无法避免误解。即使讲它最明显的依附性，虽然已经下意识地轻描淡写了，仍可能让那些一力颂扬现代语言学的人们心里不舒服，甚至勃然大怒。怎么办呢？

　　不错，现在从事有价值的学术研究，只要不图名利，已经比较自由了。但是，一时不慎，引起无谓的论争，于学术发展总是有害而无益的。

不错，现代联绵字理论久已为主流学者所信守，我们发表了大量的文章批评它，否定它，暂时尚未引起论争，甚至即使以后情况有变也无须担心，因为大量事实已经明摆在那里。但是，现代联绵字理论问题与中国现代语言学问题相比，不过是汉语语言学发展道路上的一片"荆棘丛"而已，只要肯下力气，迟早会铲除的。中国现代语言学的研究已经 116 年了。我们的语言学工作者队伍之庞大是世界上任何国家都无法比拟的，但是，我们却远没有取得与大国相称的成绩。它的问题也许不是一代人能够解决的。因此，现在即使不怎么全面地讲它的问题，也可能无法执行我们既定的原则——既讲事实又尽可能不引起论争。眼看此事无法两全。特别是考察讨论学者惑于现代联绵字理论的原因无法绕过舶来的语言观与方法论，却又无中间道路可走。所以本书虽然写完了，但只是完成了一项阶段性的工作，最需要做的工作还等候在那里，却不知怎样做才好，因而没有一点儿轻松的感觉。

这便迫使笔者思考权宜之计，亦即为了下一步的研究工作，本书稿在修改过程中反复斟酌、加工谈及中国现代语言学问题的地方①，希望出版后看看学界的反映情况，再做下一步的打算。这期间先做其他课题，如语言究竟是什么、语言研究的终极目标是什么以及汉语复音词研究的几个难点、实现汉语言文字研究古今贯通的意义与途径等课题，都亟待研究。这里不妨先列出来，希望对这些课题研究感兴趣的朋友分出点笔墨，尽早研究这些课题，因为要实现中国语言学与国际语言学的正常接轨，咱们就该拿出点自己的东西来，自觉为语言学在世界范围内的健康发展做点实实在在的贡献，而不是像此前一百多年那样老是跟在人家后面遛弯儿。

本书另一姊妹篇《联绵字理论问题研究》去年出版，重在揭示现代联绵字理论脱离汉语实际的本质特点。本书重在多角度考察现代联绵字理论的危害，兼论现代联绵字理论的虚妄性。但是，现代联绵字理论的危害较为广泛，本书只能不避挂漏之嫌，略述一二，更多事实有待同仁继续考察。

---

① 既然现代联绵字理论的大根扎在现代语言学身上，扎在舶来的现代语言学思想理论里面，从事本课题研究就不能不涉及现代语言学问题。这么做的确忌讳犯大了，但却没有中间道路可走。

正像第一章开头所说，笔者是被脱离汉语实际的现代联绵字理论逼着站在了主流学者对面考察讨论问题的，所以行文中有个原则：只对某种潮流，不对个人；只希望将事儿问个究竟，尽可能避免抓小放大而指名道姓；坚持论从史出，论从材料来，力避引起不必要的论争。即使讨论某种潮流问题时有几位学者绕不过去，考察研究中也只着眼于其典型性和代表性。至于反思派学者，只要他们的文字稍稍体现了独到的认识，引用时一定交代出处，不掠人之美。因此，本书与其姊妹篇《联绵字理论问题研究》一样，只同已经盛行数十年的现代联绵字理论较真儿。间或涉及著名学者，也只是在绕不开他们的情况下，希望把问题讨论得透彻一些，绝没有批评任何人的意思。换个角度说，正是著名学者力证现代联绵字理论或从现代联绵字理论出发做研究而失败，才充分证明现代联绵字理论脱离了汉语实际。说到底，是他们的失败给同仁提供了前车之鉴，因此从某种意义上说，是他们为汉语学健康发展做出了特殊的贡献。至于有人看到"信守派的研究是失败的"这一结论不舒服，也是可以理解的。信守派学者的研究是否已经失败，相信事实与时间会做出公正的评判。

本书与其姊妹篇《联绵字理论问题研究》的共同结论是：汉语里只有人类语言中共有的造词法，没有什么特殊的构词法；"汉语的双音词有一种特殊的构词法"之类的说法不可信，所有为附和"联绵字/词—双音单纯词"说而创造的构词法名称都仅仅停留在想象层面；汉语里没有用特殊的构词法创造的"联绵字/词—双音单纯词"；就已经考察过的学者著作而言，它们用来支持"联绵字/词—双音单纯词"说的所有理论都靠不住，所有例词均不当其说；现代联绵字理论盛行数十年以来，给我国人才培养、汉语语言学中各相关分支学科研究以及字典词典解释"联绵字"造成了严重的负面影响，读者不可不察。

本书的姊妹篇《联绵字理论问题研究·后记》里说："这本文稿，平心而论，里面讲现代联绵字观念问题颇像安徒生童话《皇帝的新装》里那个小孩儿说的那句话。因此，即使这项考辨工作微不足道，而不折不扣的真话也许可资借鉴。这便是作者送给读者特别是后辈读者的礼物了。"这也是本书的写作原则。不过，两年多以来与朋友、同道交流才知道，不少认识其实他们也知道，只是"多一事不如少一事，说了也没用，或者发表不出，或者发表了也讨人厌，实在犯不上。"也许就是鉴于这一事实吧，本书稿外审时，一位较为认真的专家在原稿第 17 页右边工工整整地给出一个大大的"傻"字！然而，如果大家都不来做这种傻事，中国语言学将向何处去？至于那些满口"多么美丽的花纹呀！"的看客，或许真的认识不同，也可能另有美意，说到底也都是可以理解的。从事学术研究而观点一样，众口同辞，还研究什么呀？至于笔者不识时务，拙作中所言多不合主流学者口味儿，这实在是没有办法的事情。有道是：试玉待烧三日满，直待春风满山川！

至此拙作定稿之际，特向所有支持本课题研究的朋友致以诚挚的谢意！

感谢本书稿各位外审专家，感谢宁波大学校评委各位专家，感谢学校人文社科处的支持！

感谢宁波大学给我提供了良好的工作学习环境，感谢人文学院领导与同事的支持与帮助，特别感谢周志锋老师十年如一日的关心和支持！

感谢河南师范大学老朋友们的长期帮助，感谢文学院院长曹书文教授百忙之中操心我的事。牢牢记下这份情谊，但愿人长久！

特别感谢河南师范大学校长王键吉教授！王校长得知我准备调走，曾在文学院前院长黄国泉老师陪同下亲临舍下劝我留下来，情真意切，此生难忘。

特别感谢北京马国凡先生和香港姚德怀先生的长期指导和帮助！

还要特别感谢临沂大学谢亚非教授！感谢老师当年给予特殊照顾，让一个穷学生顺利度过严冬，且一直激励这名穷学生在为学的道路上摸索前进。

责任编辑陈肖静老师为本书的出版付出了艰辛的劳动，特致谢意！同时感谢郭晓鸿博士曾提出宝贵意见。

本书中所有不当之处概由作者负责。

2014 年 11 月 28 日